日本古代の木簡と荘園

原　秀三郎著

塙書房刊

養父母　武夫
まつ　に捧ぐ

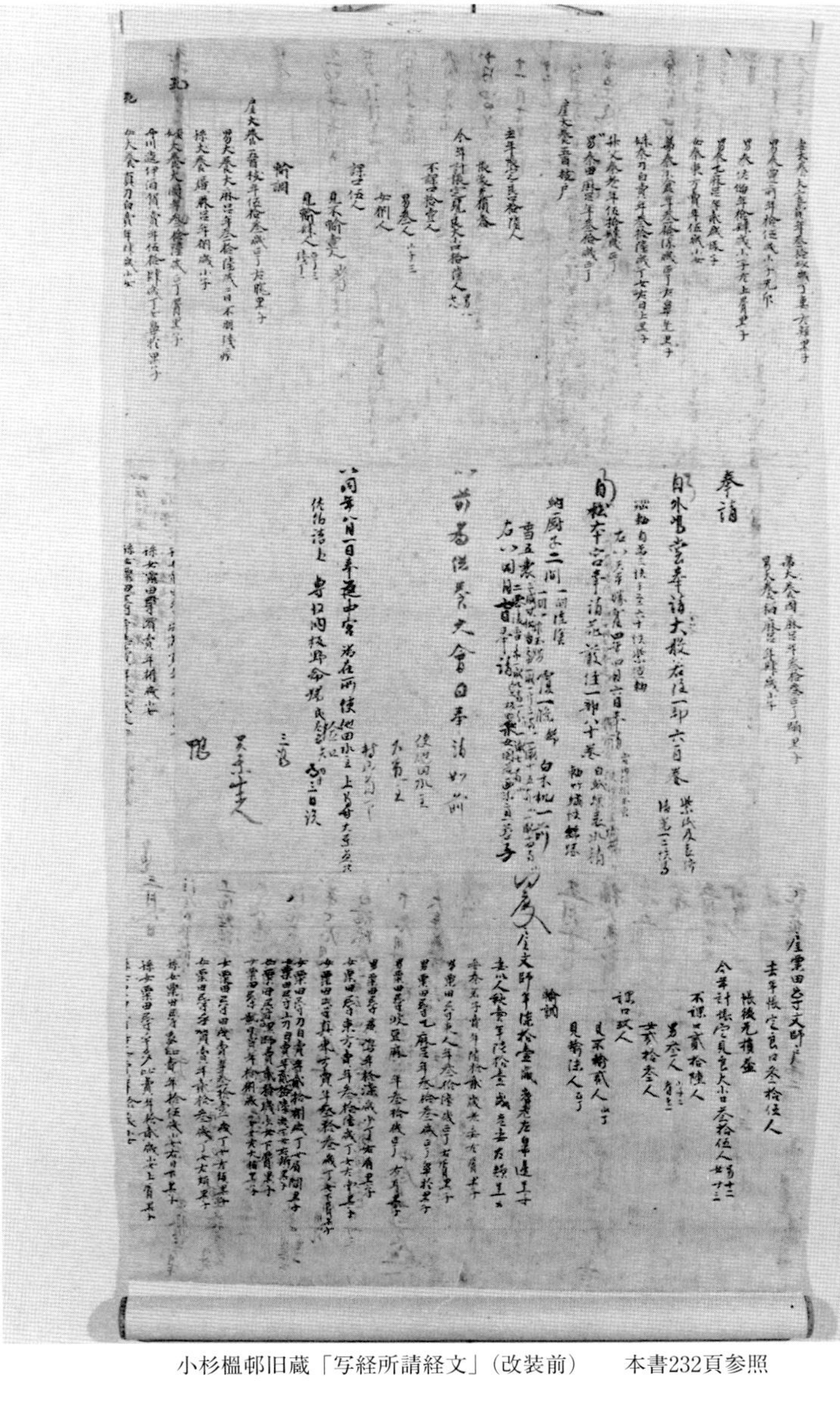

小杉榲邨旧蔵「写経所請経文」（改装前）　　本書232頁参照

例言

一、本書は、これまでに発表した標題「木簡と荘園」に関わる論文・調査報告等を取り集め、一書とした。

二、全篇を、第一部「木簡・土器墨書と正倉院文書」、第二部「荘園と地域研究」の二部に分かち、それぞれの冒頭には、総論・概説的な論考を配し、以下に、各論的個別論文、報文等を、発表年次と時代背景などを勘案して配列した。

三、論考・報文等を収載するに当たっては、初出時の文体・表記の尊重を第一としつつも、誤字・脱字等の訂正のほか、段落・句読点などについて旧態を改め、また、ルビなどについても学術論文に準じて加除を行なった。

四、発表年次の早い、いわゆる若書きの論文には、配慮が行き届かず、章・節名などを欠くものがあった。本書収録に当たっては、新たにこれらを加え、読解・検索などに便ならしめた。

五、表記を改めた箇所については、説明の必要があると思われるものには補記・補注を付け、その理由を略記した。また、各論文で採り上げた主題及び論点などのうち、その後の調査研究や解釈等の進展に照らし、記述に影響を与える成果等についても、管見の限りで、同様の措置を加えた。

六、本文中の敬称については、可能な限り統一につとめたが、この間に逝去された方々については、行き届かぬ点があったかと思われる。関係者各位の御寛恕を得たいと思う。

七、本書の題名は、第一部「木簡・土器墨書と正倉院文書」は「木簡」で代表させ、第二部「荘園と地域研究」では、主題である「荘園」で要約して、「日本古代の木簡と荘園」と命名した。

目次

目　次

目　次

日本古代の木簡と荘園

第一部　木簡・土器墨書と正倉院文書

第一　木簡と土器墨書

はじめに

木札および木質の材料に墨書されたものを、今日わが国では広く木簡と総称し、また、墨書のある土器を墨書土器と呼んでいる。木簡が、主として文字による意思の伝達、または、記録ないし物品の管理などに使われるのに対し、墨書土器は、その用途や所属、つまり、土器とその使用者との関係、すなわち、所有関係を文字で示している点に特質がある。

書写の材料という点から見た場合、木簡に使われる木札と、文書に使われる料紙には、物理的な性質を捨象すれば、本質的な区別はない。しかし、墨書土器の土器は、単なる書写の材料ではなく、土器としての用途がまずあって、その上に墨書行為が成立するのであり、書写材料としての木札と土器には、本質的な区別がある。

しかし、このような区別はあくまでも一般的なものであって、例えば、題籤《だいせん》や箱などの木製品の残片が、習書のための手段として使われた場合も、木簡の範疇に含めているし、また、すでに機能を失った土器やその破片が、木片・紙片に代用される場合もある。こうした例外的事例については、行論の中でふれることがあろう。

木簡の何たるかについては、木簡学会編『日本古代木簡選』（岩波書店、一九九〇年）や沖森卓也・佐藤信『上代木簡資料集成』（おうふう、一九九四年）があって、概要を知ることができる。また、『木簡研究』（一九七七年創刊・木簡学会発行）は、木簡の出土と研究に関する情報を毎年集約している。

墨書土器については、各県別、あるいは遺跡別の集成がなされつつあるが、全国的情報の集約機関はなく、その量の膨大さからも、その作業は困難であろう。さしあたって、概要を得るためには『月刊文化財』「特集　墨書土器の世界」（一九九三年一一月）や、拙稿「土器に書かれた文字」（一九八八年）などを参看されたい。

木簡・墨書土器ともに、高度経済成長期以降の発掘調査体制の整備にともない、資料の増加には著しいものがあり、また、報告・研究の蓄積も、加速度的に進行している。その概況や特徴は他書にゆずり、本稿では、木簡の形態や機能に関する本質的問題や、墨書土器が古代の生活文化に占める位置、などについて考えるところを述べてみたい。

1　木簡

日本木簡の形態的特質

木簡は文字文化の産物であるから、記載されている文字の正確な解読が、第一に留意されなければならない。しかし、木簡の多くは、地中から遺物として発見されるという事情から、出土状態の精確で的確な観察や、記録が不可欠であり、また木簡の形状・材質など、木簡それ自体に即した観察と、考察とを必要とすることは、岸俊男氏のくり返し強調した点であった。[1] このことは、木簡を考古学的遺物として扱うということであり、また、木簡の形態的研究の成立根拠でもある。歴史史料として、木簡のもつ情報は、文字と形態と出土状態の総合なのである。

木簡のもつこうした特質から、形態分類が発見当初から意識にのぼり、現在では一五型式にまとめられている。次に、日本木簡の特質について、狩野久氏の説くところを要約しておくと、[2] これらの一五型式のうち原形を留めるものは九型式であり、これをさらに集約すると、基本となる形態は①短冊形、②短冊形の両端または一端の近くに左右から切り込みを入れたもの、③短冊形の一端のみを両側から削って尖らせたもの、の三種類になる。また、木簡を記事内容の点から分類すると、(イ)文書木簡（意思の伝達にかかわる狭義の文書と記録）、(ロ)付札（調・庸・贄などの、貢進物付札と物品管理用付札）、(ハ)その他（習字・落書など）の三分法がとられている。これらをさらに、形態と大きさとの関連でみると、(イ)の文書木簡には①の短冊形が使われ、藤原・平城の木簡についてみると、長さ一二―二六センチメートルのものが普通で一八センチ前後が多く、(ロ)の付札には②の切り込みのある短冊形と③の先の尖ったものが用いられ、藤原木簡では一〇―一六センチであったものが、平城木簡では一三―二二センチと若干長くなる。これは、平城京時代になって、貢進物付札の記載形式が整い、文字数が増えたため、といわれる。これを概して言えば、長さ二〇センチ前後の短冊形が、日本木簡の標準形ということができる。

しかし、これはひとまず傾向性を示したにすぎず、中国漢代の居延や敦煌の木簡が、一尺（二三センチ強）または一尺五寸に作られたのとは異なり、日本木簡は特定の寸法で作られなかった、という点にこそ特色があり、これは、紙・木併用時代の中国魏晋代の、紙が中心で木簡はその補助手段であったという役割機能を継承したため、と推定されている。

このように顕著な規格性を欠くという、わが国木簡の基本的特徴のなかにあって、数は少ないが特異な形状を示すものがある。以下、こうした木簡に着目し、あわせて当時の木簡呼称にも注目しつつ、考察を加えてみたい。

長大木簡の機能と系譜

一九八三年、藤原宮西北隅の調査（第三六次）中に、平安時代初頭の井戸から、二本の長大な木簡が出土した。そのうちの一本は長さ九八・二、幅五・七、厚さ〇・五センチ（以下〔982×57×05〕の表記を用いる）の短冊形の木簡で、弘仁元年（八一〇）の年紀を有し、表裏にあわせて七〇〇字以上の文字が記されていた。もう一本〔840×51×06〕は、一面のみに百余字が書かれ、年紀は「六年」とだけあったが、弘仁六年と推定されている。

これらの木簡には、荘園経営（荘名不詳）にかかわる内容が記されていて、弘仁元年簡は、その年一〇月から翌二年二月までの出納簿であり、弘仁六年簡は、その年一二月の京への上米《あげまい》のほか、何年かにわたる記事があったらしく、単年度で終わる弘仁元年簡とは、やや性格を異にするものであったらしい。

この大和国某荘の出納木簡とは別に、一九七九年、滋賀県鴨遺跡から、貞観一五年（八七三）の年紀がある、短冊形の「日本一長大な木簡」〔1665×(64)×13・（ ）内は、現存部分の数値〕が出土していた。現在もなお、これを超える木簡は出土していないが、およそ二一五文字からなる記事は、九月一七日から一〇月七日頃までの、茢《レツ》（葦の穂のことで、ほうきの材料となる）を刈り取った作業日誌と思われるもので、「茢員百八十一扮《フン》」（扮は握《ひとにぎり》に同じで、一束の単位を示す）などと書かれていた。(3)

こうした、長大木簡（六〇―七〇センチ以上のものをひとまずこう呼ぶことにした）が、出納簿や作業日誌の記帳のために使われていたのは、平安初期の荘園のみではなかった。（なお、鴨遺跡の木簡にも「庄田」の文字が見えるが、田とは区画された居住地区、または耕地の意で、稲作の水田のみを意味する表記ではない。鴨遺跡の荘田は、葦の穂をとるための田、すなわち葦田と思われる。）

一九九〇年の奈良県山田寺跡第八次調査で、宝蔵の雨落溝から、この種の長大木簡四点が出土した。そのうちの7号簡〔(835)×(86)×04〕は、大同二年（八〇七）と弘仁二年（八一一）の年紀を併せもち、短冊形と推定されている。両面に百数十字があり、文字のよく残っている面（仮りに表とする）には、三段に分けて、経典の出納が記されていた。また興味ぶかいことに、第一段に弘仁二年一一月一六日の記事があり、その下の第二段に大同二年一一月二〇日の記事があるが、こうした逆転現象は、この木簡が長期にわたって使用され、不用となった記事を削りとった上に、新しい記録を書いたため生じたもの、と推定されている。また、左辺の下端より五一センチの個所に切り込みがあり、欠損している右辺にも、これに対応する切り込みが確認でき、ここに紐をつけ、この木簡を、蔵のどこかに結びつけるか、懸けるかしていたらしい。

また、10号簡〔(1215)×(107)×03〕は、材を横長に使う、いわゆる横材の木簡で、両面にあわせて二百数十字が記されていた。筆跡は異筆を多く交え、また、天地を逆にした記載や見せ消《け》ちによる抹消、削り残しの文字などがあり、年紀も、天平勝宝八歳（七五六）と、宝亀七年（七七六）が残り、相当長期にわたって使用され、書き継ぎ、書き換えられていたことがわかる。

このほか、9号簡〔(485)×(107)×03〕は、やはり、横材の木簡で「天平」の文字が残り、貸出し経典、検定の記事のある断簡であり、11号簡〔(193)×(86)×04〕も、やはり横材の断簡である。こうした横材の木簡は、記録・帳簿などに多いことが指摘されている。[4]

長大木簡は、奈良・平安時代に特有なものではなく、七世紀の後半に遡るものがある。静岡県浜松市伊場遺跡出土の屋椋帳《やくらちょう》と呼ばれている木簡〔(1165)×(62)×10〕がそれで、一段に三～四行で、合せて一四段、二百数十字が書かれている。姓名の下には屋または椋（＝倉）の数が書き上げられている。文中に「駅評人」とあり、評が大宝元年（七〇一）の国郡制成立以前の名称であることから、七世紀後半の木簡と、推定されている。

天武朝の伊場遺跡には、私部が置かれ、持統皇后（のち天皇）の直轄領として、いわゆる屯倉的経営が行なわれていたと推定されることから、（補注）この木簡は、そうした王権の直轄地支配と結びついたもの、と推定される。(5) この木簡は使用済みののち、俵を編む台の横木に転用されているので、原形は不明であるが、おそらく、一五〇センチ級の短冊形木簡とみて、大きな誤りはあるまい。

こうした長大木簡は、それが荘園であれ、経典を収めた宝蔵であれ、また、私部の置かれた屯倉的施設であっても、いわゆる、クラ（倉・蔵・庫・椋）の出納や管理にかかわる、日記・帳簿などとして使われている点に、共通点がある。かつて私は、こうした木簡が、天平勝宝七年（七五五）七月五日の、正税の管理に関する「太政官宣」（『延暦交替式』）に付された「今案」の一節に、「又有下長官（国司）率二史生一分頭収納上、共署二倉朼一」とある、正倉の「倉朼」（朼は札の異体字）にあたるものであろうと推定した。(6)

このような推定にいたるうえでヒントとなったのが、兵庫県塩田遺跡出上の「札家」と書かれた墨書土器であった。塩田遺跡は高砂市曾根町鍋田にあり、『播磨国風土記』の印南郡大国里か、あるいはそれに隣接する地域であったと推定されている。この遺跡からは、「札家」のほか「三宅」「大使」（田使《たづかい》のことか）などと書かれた、八世紀前半の墨書土器のほか、「伊保田司」の刻書がある円面硯の一部も出土していて、八世紀の前半になお、「伊保三宅」と呼ばれていたらしい令制以前の屯倉の形態を残す施設が、存続していたことが判明したのである。この「伊保三宅」で札家と呼ばれた施設とは、倉札の置かれた管理棟のことであり、また、ミヤケの管理が、倉の出納簿である倉札によって象徴されていたところから、札家の名称が生れたのではあるまいか、と考えたのである。[7]

倉の管理に木札が使われていたことを示す文書に、正倉院御物出納文書中の大同二年（八〇七）八月二一日・二五日付の、「西行南第二倉公文下帳」[8]がある。この記録文書によると、勅命によって、正倉院の開封状況を点検するため、「公文下帳」（別に倉下文とも、また単に公文・下帳・倉下とも呼ばれていたらしい）と呼ばれたものの四巻（たぶん紙に書かれていた）が、八月二一日に提出されたが、これだけでは不充分だったようで、二五日に「板札一枚始従去延暦廿四年二月十八日至同年十月廿四日之并四箇日[9]」が追加提出された。

この板札は、いわゆる倉札のことで、山田寺跡出土の宝蔵経典出納簿木簡と類似のものと思われ、おそらく、先に提出された公文下帳（倉下文）とつき合せるためであろう。この板札は、九月九日に倉下四巻、政所交替帳一巻とともに返却されたが、その返納記録には「又収納（延暦）廿四年板策一枚」とあって、別に「板策」とも呼ばれていたことがわかる。

このような、倉札や板札・板策と呼ばれていた長大木簡は、当時すでにその他の木簡と区別して、意識的にそう呼んでいたのか、あるいは、その時の事情によって使われた、偶然的な名称にすぎなかったのか、ということはひとつの問題である。

ところが、たまたま桑原隲蔵《じつぞう》「紙の歴史」を一読するに及んで、この問題を考えるヒントを得た。桑原氏は論文冒頭で、紙の発明に先だつ、先秦時代の書写の材料について簡潔に論じ、唐の孔穎達《くようたつ》（五七四―六四八年）の『春秋左伝正義』の疏を引いて「先秦時代には、字数の僅かなる事柄は簡に書き、法律の箇条などは版に書き、書籍はたいてい策に書いた」と概括した。[10]桑原氏の、この『春秋左伝正義』からの引用は、一部を省略した取意

文と思われるので、いま、その箇所の全文を示すと、

簡之所レ容一行字耳、牘乃方版、版広二於簡一、可三以並容二数行一、凡為二書字一有レ多有レ少、一行可レ尽者書二之於簡一、数行乃尽者書二之於方一、方所レ不レ容者乃書二於策一、（四部備要本『春秋左伝正義』巻一）

とある。

この疏文から、いわゆる木簡（なお、疏文中の他の箇所には「郭璞云、今簡札也」とあり、中国晋代では簡札といったらしい）には、簡と牘（または方版、あるいは単に方・版）と策の三区分があり、書くべき文字の多少によって、これらが使いわけられていたことが判明する。孔穎達は初唐の学者であり、この解釈は、同時代のわが国にも知られていたと推察されるから、木簡の使用にあたっては、簡と牘（方版・方・版）と策の三種の区別が知られていた、と見てよいと思うのである。

簡は、一行書きの文書簡や、付札などがこれに当たり、長さ二〇センチ前後の、わが国の木簡の大半はこれである。次に、牘は方版、または単に方、ないし版と呼ばれ、数行の文字を書くためのものである。版の字源は「形声。判也。木を二つに判つこと。転じて判ちし一片、又は平たきイタの義。故に片をかく」（『大字典』）とあり、板に同じとされる。方は正方・長方の四角形を意味し、また、フダ（札）の意がある。この方版に相当するものが、わが国出土の木簡中に見ることができ、これを簡と区別して、独自の範疇とみなすべきことは、次に述べる。

ついで策であるが、方版にはおさまりきれない、多量の文字を書く場合がこれに当たり、中国では、簡を何枚も用いて書き継ぎ、これを編綴《へんてつ》した。冊と呼ばれているのがこれで、策と冊は同字とされる。[11] わが国では、この簡を編綴する習慣が、何故か全くみられない。しかし、簡を何枚か使い、組み合せてひとつの文書とした事例に、

静岡県城山遺跡出土の具注暦木簡がある。(12)

この木簡は、全長五八・〇、幅五・二、厚さ〇・五センチ（天平尺で長二尺、幅二寸、厚二分に相当）の短冊形で、やや大きめの木簡に属し、表に、神亀六年（七二九）の歳首部が二行書きされ、裏には、天地逆方向から、同年正月一八日・一九日・二〇日の三条が三行に書かれていた。

このことから、この木簡は、単独でみれば牘または版の範疇に含められるべきものと思われる。しかし、この簡が一枚だけで完結していた、とみるには理由がなく、(13)反対に、一年分の暦の一部とみた場合、第二簡以下に、月首部を含めて正月一七日までの一八行（一簡に三行）が六枚並び、そしてこの第一簡の裏に、天地逆方向から同月一八日・一九日・二〇日の三条が書かれていたことになる。

これを敷衍すれば、一年分が六二枚に収まり、これに白木の一簡を加えると、七枚が九段積み（閏年は白木の三簡を補って七枚一〇段）で、縦二尺・横一尺四寸・厚一寸八分の長方体に収まることになり、これらがおそらく、そっくり箱に収められ、三日ごとに一簡をめくる暦として使われていたと推定した。

こうした、組合せ簡の存在を窺わせるものに、江戸時代の位記簡（京都大学文学部博物館所蔵）がある。このことはまた後にとりあげる。

このように、わが国では編綴された策・冊の事例は存在せず、それに代って、組合せ簡がみられるのであるが、これとあわせ、倉札ないし板策・板札と呼ばれた長大木簡のあったことが注目される。倉札（これはおそらく、和語クラフダに漢字があてられたのであろう）が板策（これは漢語表記であろう）と呼ばれていたのは、版にして策を兼ねていたからであろう。

このように考えると、倉札・板策・板札としての長大木簡は、簡を編綴する策＝冊を欠いた日本木簡を特徴づけるもの、ということができよう。そしてまた、この長大木簡は、紙がひろく実用段階に入り、策や冊の機能をになうようになっていた、という事情があるにしても、木簡それ自体としてみた場合、編綴された策・冊の機能の一部を代位するものであった、ということを看過してはならないと思う。

倉札＝板策の使用がいつから始まるか、という問題に関連して想起されるのは、『古語拾遺』雄略天皇段にみえる、蘇我麻智宿禰が斎蔵・内蔵・大蔵（蔵は物品、倉は米穀、庫は兵器、を収納したといわれる）を検校し、秦氏には出納、東西文氏には簿を勘録させた、という伝承である。

簿とは帳簿のことで、その字源は「形声。冊籍（とぢぶみ）也」（『大字典』）とあり、「竹簡を縛ったもの、とじぶみの意」（『角川大字源』）とされ、本来は策の範疇に含められるべきものであるが、簡を編綴する習慣がなく、しかも、紙使用以前のわが国では、簿は倉札・板策を意味したとみてよい[14]。

倉札の使用が雄略朝に遡るかどうかは、今後の検証にまたねばならないが、欽明・敏達朝の吉備の白猪《しらい》屯倉で、王辰爾《おうしんに》の甥の白猪史胆津《しらいのふびといつ》が、田部《たべ》の丁籍《よぼろのふみた》や名籍《なのふみた》を作って、経営にあたったと伝えられるその籍は（欽明紀三十年条・敏達紀三年条）、木簡であった可能性がある[15]。

籍の本義は「文字の書かれている竹札の意」（『角川大字源』）であり、また、戸籍に載すことを貫籍《かんじゃく》・籍貫《せっかん》といい、故郷を本貫というところからみると、籍は簡札＝名札をさしぬいて、束ねたものらしく、板策に書かれた、帳簿ではなかったようである。戸籍・計帳（手実）が歴名の帳簿となるのは、紙の使用が一般化してからのことで、屯倉経営の丁籍や名籍は、簡札だったのであろう[16]。

簡・策が上述のようなものであったとすると、牘すなわち、方版とはどんなものか。その実例とみなすべきものに、滋賀県中主町《ちゅうず》湯ノ部遺跡出土の丙子年木簡〔274×120×20〕がある。この木簡は胴張りをもつ厚手の木簡で、表面に三行、裏面に三行、そして、右側面の背に当たる個所に一行「丙子年十一月作文記」と記されていて、これが文頭となって、表・裏とあわせ、七行に約七〇字が書かれている。丙子年は六七六年（天武五）に当たり、文面は、玄逸なる人物の官職任用を求めた上申書の写（控）で、おそらく文例として用いられたものと思われる。右側面の背文字は見出しの役割をもち、立て並べて置かれたものであろう。

これに類似のものとして、静岡県浜松市伊場遺跡出土の乙酉《いつゆう》年木簡〔366×111×10〕がある。丙子年木簡より大ぶりであるが、形は整えられず、厚みも上方は厚く下方は薄くなっている。文字は、片面三行に約五〇字が書かれ、完結していたと思われる。側面に文字はない。乙酉年は六八五年（天武一四）に当たり、文面は、私部の政《まつりごと》（貢納物）に差し詰って、何物かを売却した売券と思われ、手なれた書風で書かれているところからみると、丙子年木簡と同様に、文書の写（控）が文例として留め置かれたものらしい(17)。

この二点の方版はいずれも天武朝のもので、一面三行書きという点に共通性があるが、大きさには若干の隔りがある。この他に、方版の事例として、奈良県薬師寺境内の井戸跡出土の一面に、「千字文」冒頭と、年月とを三行に習書し、裏にも、三行習書した木簡〔121×64×11〕と、平城京二条大路木簡中の、漢詩七言絶句を四行に書いた木簡〔124×73×07。裏にも、習書四行あり〕がある。前者には、「霊亀二年（七一六）三月」とあり、後者は、天平三〜八年（七三一〜七三六）のものと推定されているが、この規格の類似は注目に価する。少ない事例ではあるが、ここには定形化を看取ることができ、一面に三ないし四行の詩文が書かれる習わしであったらしいことが、推察できるのである。

方版に関連して、正倉院文書中に「板写公文(18)」の文言がみえる。これについては、従来、木簡に記された記録を意味するのではないか、と考えられてきた。しかし、この解釈には疑念がある。

「雑物収納札」とか、「銭用札」・「用札」などと呼ばれる、木簡の出納記録が紙に写され[19]、その後さらに、それをもとにして、帳簿が作成されたとする、文書の作成過程を推定した東野治之氏の作業を再吟味してみると、「石山院解《げ》」の中で、下道主《しものみちぬし》が「道主板写公文未レ了」とか、「為二板写公文読合并経所食口抜出一二箇日阿刀乙万呂所レ請如レ件」などと記しているところから見えてくるのは、東野説とは反対に、「板写公文」とは「板に写した公文」ではなく、「板を写した公文」、すなわち、板策＝倉札に書かれた出納記事を紙に写した公文、のことと解すべきであろう。

また、（天平宝字六年）一二月八日「下道主啓」[20]に見える「経師等借用銭札一紙」とは、東野治之氏が「経師らが木簡に書いて提出した借用銭の解を（中略）紙に整理し直した文書」としたのに対し、弥永貞三氏は「紙箋」と解釈したが、しかし、借用銭札とは「銭用札」の一種で、その日その日に貸し出した銭を書き上げた板策＝倉札のことであり、一紙とはそれを写した公文、すなわち、経師らに貸し出した銭の記録である用銭札を写した板写公文一紙のことではあるまいか[21]。木簡に書かれた月借銭解《げつしゃくせんのげ》は、平城宮SK八二〇土壙《どこう》出土木簡に実例がある（平城宮木簡一―七〇）。他方、正倉院には、紙に書かれた月借銭の借用文書が一〇〇通ほど残されていて、月借銭解は木簡とは限らなかったのである。

策と宣命簡、位記簡

簡を編綴した策、または冊書はわが国では見られず、それに代るものとして、長大な木簡が使われ、板策とよばれたことは先に述べたが、それとあわせ、簡を複数組み合せて長文の文章を書写する方法も用いられた。その実例として具注暦のあることはすでに述べた。

冊書の問題は、早くに、岸俊男氏がとりあげて論じている。岸氏は、藤原宮跡出土の宣命簡の残簡〔(181)×

(16)×03〕に注目した。この木簡は、慶雲三年（七〇六）一一月の文武天皇譲位の意思表示、あるいは翌年六月の元明天皇即位にかかわる宣命の一部と推定されるものであって、表裏に宣命文の書かれていることに難点を含むとしながらも、冊書であった可能性を予見した。そして、これに関連する実物資料として、近世後期の「宣命簡」（厚手の紙片に宣命を書きつけたもの。これを「紙簡」の範疇に含める見方もある[22]）と、「位記簡」（木簡の表裏に位記の書様を記したもので、木箱に収める）とに着目したのである[23]。

しかし、『日本書紀』以下六国史などに、策・策文・策命（冊命）などの語句が見えながらも、故実書の中には冊書の存在・使用を確証する記述のないことから、岸氏は、藤原宮跡出土の宣命簡と、現存の宣命簡・位記簡とを直に結びつけ、わが国における冊書としての木簡利用を立証するのは困難である、と結論しつつも、なお、神社への宣命発給に、笏が使用されていることから、予見成立へ一縷の望みを残したのである。

今回、本稿執筆のため、京都大学文学部博物館所蔵の宣命簡・位記簡、および京都府立総合資料館所蔵の平田家文書中の宣命簡・詔書簡・勅書簡・上表簡・祭文《さいもん》簡などを実見した。短時日の調査ではとうてい満足すべくもなく、後日を期さなければならないが、二、三興味ぶかい事実に気づいたので、所見の概要を記しておきたい[24]。

これらの宣命簡・詔書簡等は、天皇家の発給文書を司った東坊城家（平田家はその下役）に伝わった文書の一部で[25]、しかも単独に切り離されて保存されたのではなく、例えば京大本の文化一〇年（一八一三）の「石清水臨時祭宣命簡」は「石清水臨時祭部類」とウワ書された紙袋に、(1)宣命様書《ためしがき》（白紙）と、(2)宣命（黄紙）と、(3)宣命簡（黄紙・一七簡）の三点が納められていて、これらは一連のものであった。

この紙袋は、もとは包紙であったらしく、その時のウワ書（今は袋の内側）の一部に、「宣命草之艸　一通／宣命艸　一通／宣命留　一通」と、横並び三行に書かれた文字があり、この三点の当時の名称が判明する。このうち宣命簡がどれに当たるかが問題であるが、後述のように宣命留とみてまず誤りなく、これらは⑴・⑵・⑶の順序で対応している。

他方、平田家文書中の文化一四年三月「光格天皇勅符簡」（13）の包紙ウワ書に「開関解陣　勅符清書簡」とあり[26]、また安永六年（一七七七）六月二七日「後桃園天皇宣命簡」（7）の包紙に「清書之簡」、文化一一年一一月二二日「光格天皇宣命簡」（14）の包紙には「賀茂臨時祭清書之札」とあって、これらの勅符簡や宣命簡が、「清書簡」あるいは「清書之簡」「清書之札」と呼ばれていたことがわかる。

では、石清水臨時祭における、(イ)宣命草之艸、(ロ)宣命艸、(ハ)宣命留（清書簡・清書之簡・清書之札）の関係はどのようであったか。それを推察させる手掛りは、文化一二年二月一七日「光格天皇勅書簡」（12）を収める「鷹司政凞准三后宣下部類」中の「准后宣下次第」（折紙二枚）の儀式次第にある。

それによると、仗座《じょうざ》についた上卿《しょうけい》の前に、内記（当時、東坊城聡長は大内記であった）が筥に入った勅書草を持参し、内覧を行なう。ついで、上卿は弓場に参り、内記は、草の入った筥を持って従い、職事に命じて奏聞し、清書の許可のあったところで、上卿は仗座にもどり、内記に清書を命ずる。次に内記は、勅書の清書を筥に入れて持参し、上卿の披見（点検）の後に、再び弓場に参って奏聞を経て、御覧があり、上卿は、仗座にもどり、内記は、清書の入った筥を置いて退出する。これで、勅書の本文が成立し、前半が終了する。後半は、外記に命じて中務輔を召し、勅書を与えるのであるが、この勅書は、もちろん当人に給されるわけで、現存していない。

右の、宣下次第の清書にかかわって、作成されたのが清書簡＝勅書簡で、外記を通じて、中務輔に渡された勅書（宣命の場合は宣命文）が、おそらくは写として残されたものであろう。また、石清水臨時祭の場合は、宣命文の写として留め置かれたため「宣命留」とよばれたのであろうが、宣命や勅書の本文が、簡の形で残された、ということは甚だ重要である。

宣下次第の草案から清書へという手順は、『小右記』寛仁二年（一〇一八）一一月二三日条の、賀茂臨時祭の宣命作成準備記事中にも、「宣命草返二給義忠《（藤原）》一、仰下当日可レ奏二清書一之由上」と見えて、古来の作法を継承するものであったことを知ることができる。

平安中期に清書簡が作成された確証はないが、江戸時代の宣命簡の存在はその可能性を強く示唆する。私はこの事実をもって、わが国古代に策（冊）書の存在と、その使用とを推定する有力な根拠を見出し得たように思う。そして、その策は編綴したものではなく、おそらく、かつて私が推定復元した具注暦木簡のように、組合せ木簡の表裏に書かれ（藤原宮跡の宣命簡がそうであった）、筥に収められていたのではあるまいか。現存の江戸時代の位記簡は、その形態を今に伝えるものとして、改めて重要性を帯びてくるのである。

このように策書の存在を推定できるとすると、岸俊男氏が拾いあげた『文徳実録』『三代実録』に見える「策文」・「策命」は、木簡そのものとは言えないまでも、それに関わりあるものとみてよく、また、『日本書紀』の孝徳紀・天智紀および『藤氏家伝』鎌足伝に見える「策」・「金策」（金泥で書いた策書といわれるが、策命の美称とみるべきか）・「策書」も単なる漢文的修辞ではなく、七世紀中葉には、天皇の意思が、実際に木簡の策書で示されていたことを示すもの、とも解釈できるのである。(27) 岸俊男氏が一縷の望みをつないだ予見は、ここに確実に蘇生したといえよう。

以上、簡・牘（方版・方・版）・策（冊）の中国的概念が、わが国の木簡においても通用し、現実に機能していたことを、ほぼ明らかにすることができた。このことは、今後の日本出土木簡の形態分類や、機能の解明、さらに、ひいては、日中両国木簡の比較研究に、新たな視点を提供することになろう。

封緘木簡

平城京二条大路木簡や、新潟県八幡林木簡のなかには、封緘《ふうかん》木簡と呼ばれる、羽子板状の取手をもった木簡があり、近年その用途や機能が注目されている。(28) この木簡は、紙の文書をはさみ、表に「上郡殿門」とか、「上大領殿門」などと書いて、書札などを相手方に送る礼儀・作法の用具であり、題箋などと同じく文具の一種で、書杖に通ずるものとみてよいと思われる。(29) 封緘木簡や、宣命簡・勅書簡等、これに、板写公文なども加えることができるが、これらにまつわる木簡と紙文書との関係は、今後の興味ある研究課題といえよう。

2　墨書土器

土器墨書の思想的根拠

墨字の書かれた土器を墨書土器といい、また、土器に書かれた墨書を土器墨書と呼んで、相対的に区別しつつ、なぜ土器に文字が書かれたのか、という問題について思いをめぐらした折に、その多くが、土器の機能にかかわって、所属や使用目的、つまり、所有関係や用途を表示したものであることを指摘した。(30)

このことは、宮廷や中央官庁、あるいは地方の国府や郡家、神社・寺院、さらに、貴族の邸宅や、豪族の居館などの、集団生活と深いつながりがあり、他人の使用や、取り紛れを防ぐためであった。平城宮跡出土の坏（浅い埦《わん》）の外側に、直接「弁埦勿他人者」（埦を弁《わきま》え、他人のものとする勿《なか》れ）とか、「弁坫勿他人取」（坫《わん》を弁え、他人の取ること勿れ）と書かれている文言・ことばが、この間の事情をよく示している。日常食器の自他の厳格な区別は、今日なお、茶碗や箸などに見られるところであり、佐原真氏に委曲を尽したエッセイがある[31]。

こうした習慣の、いわば思想的根拠とも言うべきものを、私は、『神皇正統記』の「名与レ器は人にかさず」という文言に求め、「日本の中世において、名と器とは、その人についた天与のものであって、他人に貸与することのできない人格と一体不二のものと認識されていた[32]」と記したが、論述がいささか性急で、十分意を尽すに足らなかった点があり、再考を必要とする。

佐原真氏も指摘するように、この文言は、『春秋左氏伝』成公二年条に、「唯器与レ名、不レ可ニ以仮レ人、君之所レ司也」とみえるもので、衛の将軍・孫良夫が新築の人、仲叔于奚の救援によって助かった時に、衛人は于奚に邑を与えて恩に酬いようとしたのに対し、于奚はこれを辞退し、代りに諸侯用の曲県（三面の楽器掛け）と、繁纓（馬の頚飾）を望んだのでこれを与えた、という故事に対する仲尼（孔子）の批評のなかの言葉である。

その前後を小倉芳彦訳で示すと、「残念なことだ、邑を多く与えた方がよかったのに。（曲県や繁纓のような）器と名（爵号）とは、国君が掌握すべきで、他人に貸してはならぬものだ。名によって威信が生まれ、威信によって器が保持され、器によって礼が実施され、礼によって義が行なわれ、義によって利が生じ、利によって民が安定する。これが政権の要である。（器と名を）他人に貸すことは、政権を他人に与えること。政権が亡《うしな》われれば、国は亡《な》きに等しく、もはや歯止めは不可能になる[33]」とある。北畠親房はこの孔子の批評をふまえて、謬挙（誤った任用）と、尸禄《しろく》（禄盗人）とは、国家・王業を傾けるものだ、と論じたのである。

器は以て礼を蔵す

孔子が「唯、器と名とは、以て人に仮すべからず」と批判したのは、于奚が諸侯の名、つまり資格なくして諸侯の実を得たためであるという[34]。そうであれば、器（実）は、名（身分・地位）の可視的表象、つまり象徴ということになる。器は、もちろん曲県や繁纓に限るものではない。名の実体である爵が、本来は酒器の杯であったように、器とは広く象徴となりうる器物一般を意味し、その中には、とうぜん食器も含まれうる。

このように考えると、名＝身分・地位と、器＝可視的表象とは、名と実のように、本来一体不二の、相即的連関性をもつもの、と見なされていたことが、理解できる。こうした観点から、孔子の言を見ると、「名によって威信が生まれ、威信によって器が保持され、器によって礼が実施され、礼によって義が行なわれ、義によって利が生じ、利によって民が安定する。これが政権の要である」（名以出㆑信、信以守㆑器、器以蔵㆑礼、礼以行㆑義、義以生㆑利、利以平㆑民、政之大節也）といっている点が注目される。すなわち、器には礼が蔵され、礼こそが政の大節、つまり根本であると見なされていたのである。

礼すなわち、儀礼・礼制は、原始宗教の禁忌《タブー》と霊力《マナ》に起源をもち、儒家思想の根幹をなすものであり、また中国社会を律する生活規範でもあって、とくに飲食の礼は、すべての儀礼の最後に存在する、重大な儀礼であったといわれる(35)。中国文化の摂取を通じて文明化を遂げたわが国古代においては、集団生活における食器の所有と用途の厳格な弁別が、礼的秩序の具体的表現のひとつとして位置づけられていた、と思われるのである。

注

（1）岸俊男「創刊の辞」（『木簡研究』創刊号、一九七九年）。
（2）狩野久「古代木簡概説」（『日本古代木簡選』岩波書店、一九九〇年）。
（3）『木簡研究』2。
（4）橋本義則「山田寺出土の木簡」（『考古学ジャーナル』三三九（特集・木簡）、一九九一年）。
（5）拙稿「遠江・駿河・伊豆三国の成立」（『静岡県史　通史編1　原始古代』第二編第二章、静岡県、一九九四年）。

(6) 拙稿「倉札・札家考」（『木簡研究』8、一九八六年）。本書第一部第三に収録。
(7) 注（6）。
(8)『大日本古文書』二五附録、五五頁以下。
(9)『大日本古文書』は「板杜《(帳カ)》」とするが、杜は朼の誤りで、「板札」とすべきことについては、角林文雄「木簡を意味する文字について」（『続日本紀研究』一九四、一九七七年）、および、東野治之「「朼」と「札」」（『続日本紀研究』一九五、一九七八年、『日本古代木簡の研究』塙書房、一九八三年、所収）、参照。
(10) 桑原隲蔵「紙の歴史」『芸文』2―9・10、一九一一年（『東洋文明史論』〈東洋文庫〉平凡社、一九八八年、所収、二四八頁。
(11) 注（10）。
(12) 拙稿「静岡県城山遺跡出土の具注暦木簡について」（『木簡研究』3、一九八一年）。本書第一部第二に収録。
(13) 今泉隆雄「木簡」（『季刊考古学』一八、特集・考古学と出土文字、雄山閣、一九七八年）。
(14) 紙の初見は、僧曇徴《どんちょう》が紙墨を作ったという、推古紀一八年（六一〇）三月条の記事である。
(15) 岸俊男「宣命簡」（『柴田實先生古稀記念　日本文化史論叢』一九七六年、『日本古代文物の研究』塙書房、一九八八年、所収）。
(16) 角林文雄、注（9）。
(17) 拙稿「遠江・駿河・伊豆三国の成立」（『静岡県史　通史編1　原始古代』第三編第二章、静岡県、一九九四年）。
(18)「石山院解」（『大日本古文書』五、二八八頁）。
(19) 天平宝字六年（七六二）一二月二一日「写経料雑物収納并下用帳」（『大日本古文書』一六、八八頁以下）。
(20)『大日本古文書』一六、二四頁。
(21) 東野治之「奈良平安時代の文献に現われた木簡」（『正倉院文書と木簡の研究』塙書房、一九七七年、五三頁）。
(22) 吉岡真之「紙簡」（『日本歴史』五〇四、一九九〇年）。
(23) 岸俊男、注（15）。

(24)　調査にあたっては、吉川真司氏の協力と示教を得た。吉川真司「後桃園天皇即位奉幣宣命簡」解説（『公家と儀式』京都大学文学部博物館、一九九一年）。
(25)　京都府立総合資料館歴史資料課『改訂増補文書解題』（京都府立総合資料館、一九九三年）。
(26)　武田修「平田家文書中の「紙簡」について」（『資料館紀要』二〇、京都府立総合資料館、一九九二年）。以下、番号はこれによる。
(27)　岸俊男、注(15)。
(28)　佐藤信「郡符木簡と封緘木簡」（木簡学会新潟特別研究集会『古代越後と木簡』一九九四年）。
(29)　吉川真司「申文刺文考」（『日本史研究』三八二、一九九四年）。
(30)　拙稿「土器に書かれた文字─土器墨書」（『日本の古代』14、中央公論社、一九八八年）。本書第一部第四に収録。
(31)　佐原真「「わたしの茶碗」「わたしの箸」」（田中琢・佐原真『考古学の散歩道』岩波新書、一九九三年）。
(32)　拙稿、注(30)、六二三頁。
(33)　小倉芳彦訳『春秋左氏伝』中（岩波文庫、一九八九年）。
(34)　諸橋轍次「名及び名実論」（『東京文理科大学紀要』4、一九三一年）。
(35)　加藤常賢『礼の起源と其発達』（中文館書店、一九四三年）。

【補注】

伊場木簡八四号の「私部政」については、保存処理後の再釈読（二〇〇四年～〇六年）で、「種々政」と訂正された。これに伴ない、再考の必要性が生じたが、後考に俟ちたいと思う（『伊場遺跡発掘調査報告書第十二冊　伊場遺跡総括編（文字資料・時代別総括）』浜松市教育委員会、二〇〇八年）。

第二　静岡県城山遺跡出土の具注暦木簡について

はじめに

一九八〇年三月六日、静岡県浜名郡可美村阿原・川北に所在する、城山遺跡を発掘調査中、木簡に書かれた具注暦（以下、具注暦木簡と略称）が出土した。城山遺跡は、浜松市伊場遺跡の西隣に位置し、出土遺物の類似性や、立地関係などから、伊場遺跡と元来一体のものではなかったか、と考えられている遺跡である。また、すでに一九七七年の調査において、木簡五点が出土、今回の調査では、具注暦木簡を含め三四点、通算三九点の木簡が発掘されており、伊場遺跡とともに、地方の木簡出土遺跡としては、質量ともに注目されている遺跡である(1)。

具注暦木簡の出土直後、私もこれを一見する機会を得た。その時点では、裏面の日付部の記載しか判読できなかったが、その後、奈良国立文化財研究所史料調査室の精査により、表面に、歳首部の記事があることが判明し、釈読が完了した。

本具注暦木簡の年代決定については、広瀬秀雄・岡田芳朗両氏が、調査団の依頼により、暦学の専門家の立場から、それぞれ鑑定を行ない、日付の干支と十二直の組合せ等から、儀鳳暦による、神亀六年（七二九）正月一八日、一九日、二〇日の暦であることを明らかにした(2)（神亀六年八月五日、天平と改元）。その後、歳首部が判明、その記事に、「太歳在己巳」と判読できる記載のあることから、右の推定が明確に裏付けられた。

この結果、本具注暦木簡は、わが国に現存する具注暦のうち、最古のものであること、(補注)および、正倉院に伝来する奈良時代の三種の具注暦断簡(3)は勿論、近年各地で出土が伝えられる奈良・平安時代の具注暦断簡が、いずれも紙に書かれたものであるのに対し、(4)本具注暦は木簡に書かれているという点で、きわだった特徴を有することが明らかとなった。

それ故、本具注暦木簡は、単に暦として、暦学的な考察の対象となるにとどまらず、同時に、その素材の特徴から、また、木簡学の俎上にも上せらるべきものといえよう。小稿は、暦学に対する私の素養の欠如から、暦学的考察についてはその方面の専門家にゆだね、専ら木簡学的関心から、若干の考察を試みることとし、それに必要な限りで、暦の歴史や、制度的・文化的側面についても言及することとしたい。また、本具注暦木簡を出土した城山遺跡、およびそれと関連の深いとされている伊場遺跡の性格についても、小稿の考察を基礎に、一、二の論及を試みたいと思う。

1　具注暦木簡の復元的考察

今回、城山遺跡より出土した具注暦木簡は、木簡それ自体としては、ほぼ原形をとどめているとはいえ、具注暦として見た場合、この一簡のみで完結するものではなく、具注暦を構成する一片、一単位にすぎない。それ故、木簡に書かれた具注暦全体として見た場合、それはどのような形態や構成、あるいは機能等が考えられるか、まず、木簡それ自体に即して考察しよう。

具注暦木簡の形状は、全長五八・〇センチメートル、幅五・二センチメートル、厚さ〇・五センチメートルで、いわゆる短冊型の〇一一型式に属する。両端は、下端がほぼ正しく方頭であるのに対し、上端はやや左に傾斜した方頭形を示している。右辺は、ほぼ原状を保っているが、左辺は、上部約四分の一、下部約二分の一が、割れて欠損しており、その間の四分の一程度は、かなり腐朽はしているものの、ほぼ原形を保っていると見られる。左辺上端より九・二センチメートルのところに、一見、えぐり、または切り込み、によるかと思われる凹みが認められるが、これは、意図的な加工によるものとは思われない[5]。

・「□□□□　□□□□□□〔五カ〕　七月□　九月大　十一月□　□□〔大カ〕□〔在カ〕己巳太陰在卯大将□□□〔軍卯歳カ〕
□□　□□□□〔在カ〕□□〔歳カ〕□□〔在カ〕□宮□〔甲カ〕　天□〔道カ〕□丁癸　人道□〔在カ〕乙辛」

・「□十八日己酉土危〔カ〕　歳後天恩移徙治竈解除雑吉
『居　居□□』
十九日庚戌□□〔金成カ〕　□□〔鎮カ〕厭
廿日辛亥金収　歳後天恩母倉嫁娶加冠移□〔徙カ〕起土修宅□戸井竈□〔吉カ〕」

木簡の表には、具注暦の歳首部が、裏には、天地を逆にして、反対方向から日付部が記されている。表は、全般に腐朽がはげしく、肉眼では文字の判読はほとんど不可能であり、わずかに下半部が、赤外線撮影によって判読可能である。裏は比較的保存がよく、肉眼でも、ある程度まで文字の識別はできるが、正確な判読には、やはり赤外線撮影を必要とする。奈良国立文化財研究所史料調査室による釈読の結果は、右に掲げた通りである[6]。

本木簡を、暦を構成する一単位としてみる時、まず、その規格性に注目せざるを得ない。全長五八センチメートルは、いわゆる天平尺のほぼ二尺に相当するが、幅五・三センチメートルは、尺に直して二寸弱、厚さは、現存〇・五センチメートルであるが、表面の腐朽が甚しい点を考慮すれば、約二分と想定して大過あるまい。

したがって、以上のことから、長二尺・幅二寸・厚二分を標準的規格とする木簡を想定し、それらの組合せによって木簡に書かれた具注暦が構成されていた、と考えることができるのではあるまいか。長さを除き、幅と厚さについて尺寸の整数値を得られないことは（もっとも、長さについても、上端がやや左に傾斜しているので、厳密には、二尺という規格が守られているわけではないが）、この規格が、長さを除いては、厳格に守られていたとはいえないとも言えるが、しかし、幅についても、裏に三行三日分が書かれていることから、少なくとも、三行分に必要な幅は確保されなければならなかったと思われ、現状から見て、幅二寸という数値を、一つの基準とみれば、容認しうるであろう。長さ、幅に、このような規格性が認められれば、当然、厚さについても不揃いであってよいわけはなく、二分程度の厚さが、基準として意識されていた、と見て大過ないと思う。

すでに述べたように、本木簡の表には、神亀六年の歳首部が、裏には、同年正月一八日、一九日、二〇日の三条が書かれているのであるが、この事実は、本木簡が、神亀六年暦歳首部と正月条とが、何枚かの木簡の組合せからなるものの一部であること、および、その組合せにおいて、歳首部につづく正月条が、木簡何枚かを使って一七日で終り、ついで、一八日からは、第一枚目の歳首部の裏に、逆方向から書かれて、三〇日に至る（神亀六年正月は大の月であった）というものであった、ということを予測させる。では、こうした条件を満すような、木簡の組合せは、どのようなものであったろうか。

この問題を考える上での手掛りとして、正倉院文書（続修十四）に収められている「天平勝宝八歳具注暦断簡」

がある。

○天平勝宝八歳具注暦 正倉院文書（続修十四）

天平勝宝八歳暦日　　凡三百五十五日
正月大　二月小　三月大　四月大　五月小
六月大　七月小　八月小　九月小　十月大
十一月小　十二月大
太将在丙申　大陰在午　大将軍在午　歳刑在寅
歳破在寅　歳殺在未　黄幡在辰　豹尾在戌

右件太歳已下其地不可穿鑿動土因有
崩壊事須営者日与上吉并者修営無妨

歳徳在南宮丙　天道在乙辛　人道在丁癸
右件歳徳已下其方造挙百事往来乗之大吉
月下亦同
（中　略）

1

正月大 天気南行 月徳在丙　天道乙辛 人道丁癸　月煞在丑 月破在申　土有在日 取丙土吉　時甲庚丙壬 方乾巽艮坤乙辛　人神
日遊 震　一日乙卯水除　歳前歳祀拝官結婚移徙修宅解除吉
二日丙辰土満　歳前九坎厭対

2

三日丁巳土平　歳後小歳前祭祀拝官移徙吉
四日戊午火定　歳後祭祀往巳修宅吉
五日己未火執　歳後

3

巽　六日庚申木破　歳後療病壊垣葬吉
七日辛酉木危　歳後葬吉
八日壬戌水成　歳後厭

4

九日癸亥水収上弦　大小歳位母倉作井吉
十日甲子金開　大小歳位天恩母倉加冠修宅起土療病治戸井竈吉
十一日乙丑金閇　〃〃〃〃〃帰忌血忌塞穴吉

5

離　十二日丙寅火建　〃〃〃〃〃加冠拝官移徙嫁娶吉
十三日丁卯火除 啓蟄 正月中　〃〃〃〃〃結婚嫁娶移徙起土修宅療病解除斬草吉
十四日戊辰木満　歳位小歳前天恩九坎厭対

6

十五日己巳木平　歳位雑祭祀加冠拝官移徙納奴婢吉
十六日庚午土定望　歳位祭祀加冠拝官吉
坤　十七日辛未土執　歳位

7

1′
十八日壬申金破　歳位療病解除斬草葬吉
十九日癸酉金危　歳位解除啓殯斬草吉
廿日甲戌火成　大小歳対厭

2′
廿一日乙亥火収　〃〃〃母倉
廿二日丙子水開　〃〃〃母倉加冠拝官結婚嫁娶移徙入
学起土
兌　廿三日丁丑水閇下弦　大小歳対帰忌血忌塞穴吉

3′
廿四日戊寅土建　〃〃〃天赦加冠拝官移徙修宅吉
廿五日己卯土除　歳対天恩加冠拝官結婚嫁娶徙徙療病
治竈解除吉
廿六日庚辰金満　歳位天恩九坎厭対

4′
〔廿七日〕
〔廿八日〕
〔廿九日〕

5′
〔卅　日〕

この具注暦は、歳首部から正月二六日までと、某月三日から四月一八日までの四六日分、合せて七二日分を残す二断簡からなり、正倉院に現存する、奈良時代の具注暦三種中もっとも長大なもので、しかも、歳首部を完全に伝えている点で、他に類を見ない。文中歳首部の月の大小の記述で、「八月大」とすべきところを「八月小」

と誤記したり、同じく、歳首部八将神の方位で「大歳在丙申」とすべきところを、「太将在丙申」としたり、また、凶会日の記事中にも、若干の錯乱が指摘されている他、本文の暦注記事にも、若干の誤記・誤脱が見られるとはいえ、「三暦中最も体裁の整ったもので、誤記や誤脱も少いものであり、陰陽寮で作成され、内外諸司に頒布されたものと推定される」(7)とされている。

かつて、この天平勝宝八歳暦については、当時用いられていた儀鳳暦とは別の暦法によるものではないか、とする論がたてられたことがあったが、岡田芳朗氏により、その根拠となる歳首部の八月小とする記載は、すでにのべたように、大月の誤りであることが、古文書の日付を検討することによって明らかにされ、疑問は氷解した(8)。

右のような性格を有する、天平勝宝八歳具注暦断簡は、具注暦木簡の復元的考察にとって、暦法上からも、また歳首部および正月条の遺存ということからも、まことに好史料といわざるを得ない。

まず、歳首部の比較検討から始めよう。具注暦木簡の表が、歳首部の書き出し部、すなわち、木簡でいえば、第一簡の第一面に当ることは、第一行の割書で書かれている月の大小の記事を、勝宝八歳の具注暦の当該部分と、比較対照することによって判明する。したがって、具注暦木簡第一行の書き出しは、誤記のない限り、

神亀六年暦日　凡三百五十四日　一月大　三月大　五月大…／二月小　四月小　六月大…

で始ったと推定される(9)。現在までに確認されたところでは、具注暦木簡の第一面は、一部二行割書（月の大小）を含む二行書きであるが、裏面の、本文日付部が三行書きであること、および、赤外線フィルムによる写真から判断して、第一行、第二行が、それぞれ左右の端寄りに書かれていて、中間に、もう一行入りうる余地のあること、などから、或いは、裏面同様三行書きではなかったか、という疑念が生じうる余地がある。当初、私はそうした可能性も考慮して考察を進めていたが、墨痕等、文字の存在を示す積極的根拠に欠けること、および、次に

述べるように、具注暦木簡の歳首部は、勝宝八歳具注暦歳首部のように整ったものではなく、それの省略された形式であることが判明し、元来二行書きで、しかも、具注暦木簡の歳首部は、第一面のみで完結することが明らかとなった。

木簡学会第二回大会席上での、岡田芳朗氏の示教によれば、具注暦歳首部は、天平勝宝八歳具注暦を例にとれば、第六行、第七行（「右件太歳已下…修営無妨」の三二字）、および第九行（「右件歳徳已下」云々）以下、全部が省略されうるものであるという（『日本暦日原典』一一七～一一八頁参照）。

このような前提にたち、具注暦木簡第二行の下半部、すなわち「□□□□（在カ）　□（歳カ）□□（在カ）宮□（甲カ）」云々から始まる二〇字分を、勝宝八歳具注暦の対応部分と比較してみると、

〔八歳暦〕　豹尾在戊　歳徳在南宮丙　天道在乙辛　人道在丁癸

〔木簡暦〕　□□□□（在カ）　□（歳カ）□□（在カ）宮□（甲カ）　天道□丁癸　人道□（在カ）乙辛

となり、一見して、八将軍の方位につづいて歳徳、人道、天道の方位が書かれていたことが判明し、具注暦木簡歳首が、省略型であることが証明される。したがって、具注暦木簡第二行の上半部には、歳刑、歳破、歳殺、黄幡の四神の方位を示す一五文字があった、と推定される。このことは、第二行上半部の、文字不明部分のスペースから判断しても、矛盾はない。

右の推定の上に立って、歳首部の八将神以下の方位を記した部分を復元すると、欠字部分に誤記がない限り、

大歳在己巳、太陰在卯、大将軍卯、歳」（以下第二行）刑在申、歳破在亥、歳殺在辰、黄幡在丑、豹尾在未、歳徳在東宮甲、

天道在丁癸、人道在乙辛（○印は意による補字、」は段落を示す）

ということになろう[10]。なお、記事中、第一行に、「大将軍在卯」とあるべきところ、在字を欠き、また第二行の

「天道在乙辛、人道在丁癸」とあるべきところが、天道と人道の干支が入れかわっているなど、脱字、誤記が見られる。(11)

以上、具注暦木簡歳首部は、簡略化された形式で、しかも、一部二行割書を含む二行で終っていたと推定される。この前提にたち、具注暦木簡の正月条が、さしあたり何枚の木簡を必要としたかについて考察してみよう。

具注暦木簡の裏面は、すでにのべたように、表とは逆方向から、正月一八日、一九日、二〇日の三日分が三行で書かれている。一部判読不能の文字があるが、岡田芳朗氏の推定復元を参考に私案を示せば、次のようになろう。

艮十八日己酉土危　歳後天恩移徙治竈解除葬吉
十九日庚戌金成　陰錯厭
廿日辛亥金収　歳後天恩母倉嫁娶加冠移徙起土修宅□戸井竈吉

（○印は意による補字、追筆は省略）

なお、岡田氏によれば、「□戸」の二字は不明で、暦注に戸字を用いることはなく、また井竈に続く文字としては治、又は作が考えられ、暦注の末尾に近いものには種蒔、斬草が比較的多いとのことである。(12)

さて、このように、具注暦木簡の裏面第一行が一八日から始まるということは、この間正月一七日までの分が欠けていることを意味する。そこで、天平勝宝八歳具注暦を参照すると、前掲（二七頁）のように、歳首部につづいては、「正月大天気南行月徳在丙」云々と、その月の方位を記した月首部があり、以下、一日一行で日次が続く。月首部は、『大日本古文書』四では、方位等を二行割で組んでいるが、『古事類苑』方技部が引く『観古雑帳』の「天平勝宝八歳具注暦抄写」によると、原本には、「竹刀《ヘラスヂ》痕ノ白界」が引かれ、双行の部分もそれぞれ一行を用いて、二行どりで書かれていることが判明する。(13)

この事実はマイクロ・フィルムによっても確認でき（但し白界は確認できない）、『大日本古文書』の組版が、原本に忠実でないことを示している。では、具注暦木簡の場合も、月首部が二行分を使って書かれていたかというと、私はその可能性が皆無とは言えないが、歳首部で月の大小を二行割書にしていることから、一行分で収めていたと推定する。そうであるとすれば、正月の月首から数えて一七日まで一八行で収まることになり、これを一簡三行書とみて三で割ると、六枚の木簡が必要ということになる。

この結果、歳首から正月一七日までの分として、七枚の木簡が必要であったことになり、これら七枚の木簡の表には、歳首部に始り、以下正月条の一八行が書かれていたことになる。そして、一八日からは、これら七簡を縦に裏返して、第一簡の裏から表とは逆方向に、一八日以降の九日分が一簡三行三日ずつの割で書かれ、第五簡（九日、一〇日、一一日）の裏の第一行に、正月三〇日がきていたと推定される（本書二七頁以下参照。なお、1・2・3は表を、1′・2′・3′は裏を示す。）。

では、第五簡の裏の二行目以下と、第六簡（一二日、一三日、一四日）、第七簡（一五日、一六日、一七日）の裏面には、何も書かれていなかったであろうか、それとも、つづいて二月条が書かれていたのであろうか。当初私は、一ヶ月分が一組となり、一二ヶ月分一二組（歳首部は正月分に含む）によって具注暦木簡一年分が構成されるのではないかと考えていた。

ところが、こうした前提で考えると、容易に解きがたい疑問に逢着する。それは、この正月分が、何故七枚でなければならなかったのか、六枚であっても、第六簡の裏は二行分の余白が生ずるのである。つまり、木簡の表裏を有効に使うとすれば、一ヶ月分は六枚で十分であり、七枚を必要とはしないのである。

そこで、現存する奈良時代の具注暦を見ると、いずれも、前月条に引きつづいて次月条が書き継がれており、また『延喜式』によれば、後述するように、頒暦の一年分は一巻からなっていた。とすれば、やはり、木簡の場合も同様に、ひとつづきのものとして考えてみる必要がある。太陰太陽暦の場合、平年は三五四日、又は三五五日であるが、この木簡具注暦の形式、すなわち、歳首は実際は二行書きであるが、三行分＝一面を使うとして計算すると、三五四行（一日一行）＋一二行（月首一行）＋三行（歳首）＝三六九行となり、木簡表裏合せて六行で除すと、六一・五枚、すなわち、裏面に余白を残す一簡を含め、一年分六二枚で足りることになる。三五五日の場合も、同様の方法で計算すると、やはり六二枚で十分である。

次に、六二に近い七の倍数を求めると、九であるが、七×九＝六三という数は、七枚を九段重ねた数であり、六二枚に白木の一簡を加えることによって、きっちりと長方形（縦二尺、横一尺四寸、厚一寸八分）に収まることになる。この結果は、一年分の具注暦木簡の構成を考える場合、きわめて興味深いものがあり、また、何故七簡を一単位として表裏が使われているかという疑問に対し、合理的説明が可能となる。

余白の一簡を加えて、長方形にきっちりと収めるためには、九簡を一単位とした、七段の組合せでもよいのではないか、とする意見も予想されるが、この疑いは、太陰太陽暦では、二年又は三年に一度あった閏年の場合を考慮すれば直ちに氷解する。閏年の場合は、一年三八三日、又は三八四日であるが、これを基礎に、同様の計算をすると、いずれの場合も六七枚を必要とすることになる。これを、七枚を単位に重ねて見ると、三枚の白木の簡を補って一〇段で収まるが、九簡を一段とした場合には、八段で五枚の補足を必要とすることになり、七枚単位の組合せが、平年、閏年を通じて、最も合理的であることが判明する。

右の考察から、具注暦木簡が、何故七枚を単位として構成されているか、また、一年分の構成が、月別に一組となって、一二組（閏年には一三組）からなっているのではなく、現存の紙に書かれた奈良時代の具注暦と同様、前月に引き続いて、次月が間断なく書き継がれていた、と見るのが合理的であることが判明した。そして恐らくは、平年の場合は七枚九段重ね（約二尺・一尺四寸・一寸八分）、閏年は七枚一〇段重ね（約二尺・一尺四寸・二寸）の、長方形にきっちりと収まるものではなかったか、と推定されるのである。

一年分の具注暦木簡の構成を、右のように復元想定することは、ありうべき一つの可能性にすぎないのであって、他にもっと合理的な想定が可能であるかも知れない。しかし、ここで唯一つ、ほぼ確実に言えることとして、当初私が考えた、月別に一組をなすという想定は、ほとんど成立しがたいということがある。私がこういう想定をした背景には、いまふり返って見ると、現行のカレンダー方式が、暗黙の前提となっていたことに気付かざるを得ない。その時には、それと自覚していたわけではないが、過去の理解の前に、しばしば仕掛けられている、常識の陥穽の一事例として、自戒したい。

具注暦木簡の構成が、仮に以上のようなものであったとすると、それは、どのように使用されていたのであろうか。この問題は、不確かな基礎の上に、屋上屋を架す危険性があるが、木簡の機能論としては、避けて通るわけにはいかない問題であろう。

すでに述べたように、当初の私案では、七枚の木簡が一ヶ月分の冊書として編綴されていたのではないかと想定し、木簡学会第二回大会では、その趣旨で報告した。しかし、この点については、編綴の痕跡等証拠となるものに欠けるため、大会席上、反対意見もあり、広く承認されるところではなかった。他方、編綴に反対する見方の場合も、特にそれに代る積極的な提言があったというわけではない。

そこで、改めて今回新たに到達した私案にそって考えてみると、七枚を一単位として、その整数倍で一年分がきっちりと収まるように配慮されていることから、一つには、七枚を一段として積み上げた状態で、日次の進行に従い、反転したり、積み換えたりして利用したのではないかということが考えられる。この場合、七枚九段の木簡暦を収納する、外函（匣）の存在が予想されよう。

もう一つの、ありうべき想定として、一段七枚ずつが編綴された上で、暦として使用された、ということも考えられる。この場合、編綴していた痕跡が残っていないという問題があるが、七枚一組で考えた場合、使用される日数は約四〇日程度であり、木簡それ自体に痕跡の残る程の期間とも思えない。こうした利用の場合でも、やはり、木簡を収納する外函の存在は、当然考慮されて然るべきであろう。

以上、木簡に書かれた具注暦が、どのような形態と構成をとり、どのように使用されたかという点について、可能な限り想定を試みたが、もとより、以上の考察があり得べき可能性の凡てを尽した、などとは毛頭考えてはいない。しかし、ほぼ原形を保つとはいえ、一簡のみの単独出土では、その形態・構成・機能等の解明には自ずから限界がある。発想の転換もさることながら、やはり、今後の関連資料の出現が期待されるところである。とはいえ、木簡の形態論および機能論上、今度の具注暦木簡の出現は、誠に意義深いものがある。

従来、わが国の木簡は、近年の出土例の増加とその形態の多様性にもかかわらず、いずれも単独で用いられたと見られる事例のみで、中国でそうであったように、冊書として編綴して使用されたとみられる事例は皆無であった。しかし、今回の具注暦木簡の出現は、明らかに、冊書として編綴されて使用された、とする確証には欠けるものの、同一規格からなる複数の簡が、組合されて一つの機能を果しているという、新たな事例を提供した点で、わが国の木簡の単独的機能という特質に、若干修正をせまるものがあった。また、それと同時に、冊書としての可能性をも、なお残している点に興味が持たれるのである。

具注暦木簡のこうした木簡学上に占める意義を、更に一層鮮明にするためには、やや観点を変えて、具注暦木簡を暦としての側面から考察してみる必要がある。勿論、その場合、暦の内容に関わる天文・暦学的な考察としてではなく、いわゆる暦の文化的・制度的な側面について、検討を加えてみたいと思う。そして、それを経た上で、この具注暦木簡の木簡学的意義について、再考してみたい。

2　太陰太陽暦の受容と造暦・頒暦

中国で発達した、いわゆる太陰太陽暦がわが国にもたらされ、王権を媒介として次第に定着してゆくのは、六・七世紀にかけての頃で、時あたかも、古代国家の形成期にあたっていた。

太陰太陽暦採用以前に、わが国固有の暦法が存在したことは、すでに、本居宣長が「真暦考」[14]において考察したところである。この日本古暦＝自然暦の性格は、荒木俊馬氏によって「四季一循環の一年周期と、月の満ち欠けの周期たる朔望月とを強いて調和せしめようとはせず、したがって閏月などと言った概念も全然生じようがなく、また『一年を十二月と定むることはなかりし』ほど、大らかな暦であったが、暦としてはむしろ純粋太陽暦の性格を有していたもののようである」[15]とされている。そして、こうした、わが国固有の自然暦から、朔望月による月次日次がようやく整い、これを、一年四季の季節に配する、中国流の太陰太陽暦形式へと移行して行った時期を、荒木氏は「履中朝から継体朝に至る約百年間のこと」[16]としている。

中国流の暦法の伝来に関する『日本書紀』の記事は、欽明紀一四年六月条に、

別勅㆓医博士、易博士、暦博士等㆒、宜㆑依㆓番上下㆒、今上件色人正当㆓相代年月㆒、宜㆘付㆓還使㆒相代㆖、又卜書、

暦本種種薬物可㆓付送㆒

とあるのが初見である。この記事は、欽明一四年正月乙亥、百済が使を遣して軍兵を乞うたのに対し、同年六月、内臣某を遣し、馬・船・弓箭を贈った記事につづいて見えるもので、ここに見える医・易・暦の三博士は、百済の博士であり、この時、交代の期限がきたため、還使とともに帰国することになったのである。その交代要員の来朝は、翌一五年二月条に、

別奉ㇾ勅貢㆓易博士施徳王道良、暦博士固徳王保孫、医博士奈率王有㥄陀、採薬師施徳潘量豊、固徳丁有陀、楽人施徳三斤、季徳己麻次、季徳進奴、対徳進陀㆒、皆依ㇾ請代之、

と見える。交代にあたって送付を要望した、卜書、暦本のことは見えないが、恐らく、交代の博士らとともにもたらされたと見て大過あるまい。

この時、五経博士や僧侶も交代したことが記されているが、五経博士の渡来は、すでに継体紀七年六月条に、

百済遣㆓姐弥文貴将軍、洲利即爾将軍㆒、副㆓穂積臣押山㆒、貢㆓五経博士段楊爾㆒

と見え、同一〇年九月条には、五経博士、漢《あや》の高安茂が、段楊爾に代って渡来したことが見えるから、百済によるこうした知識人、技術者の交代制による提供は、六世紀初頭の継体朝に始まり、欽明朝には多方面にわたって、次第に定着しつつあったと見られる。このことは、この時期のわが国は、こうした文化的方面の知識人、技術者を擁さず、その提供を、百済に依存していたことを意味するのであり、しかも興味深いことには、こうした文化の提供が、大和王権の軍事力提供の、代償として行なわれていた、と見られることである。ここは、この問題についてたちいった考察をする場ではないが、わが国の文明化が、軍事力の提供と引換えに開始されたということは、注目されてよいことのように思われる。

欽明朝に渡来した、暦博士や暦本が、如何なる暦法によるものであったかは、『日本書紀』による限り不詳であるが、『周書』百済伝には、

兵有二弓箭刀矟一、俗重二騎射一、兼愛二墳史一、其秀異者、頗解二属文一、又解二陰陽五行一、用二宋元嘉暦一、以二建寅月一為二歳首一

とあり、また、元嘉暦使用のことは、『隋書』百済伝にも見える。このことから、百済の暦博士や暦本は、宋の何承天が作り、元嘉二二年（四四五）から六五年間行用されたといわれる元嘉暦によっていた、と考えられている(17)。

このように、百済から暦博士や暦本が直接もたらされていた六世紀においては、暦の使用が始まったとはいえ、国内に暦法を解し、暦を製作する能力や技術はなかったと見られるから、当然、暦の使用は、百済の暦博士を擁する、王室周辺に限られるもので、広く民間に普及するというようなものではなかった、と思われる。

暦法技術の習得と導入は、よく知られているように、百済僧観勒によって、伝授されたところであった。『日本書紀』推古一〇年一〇月条には次のように記されている。

百済僧観勒来之、仍貢二暦本及天文地理書、并遁甲方術之書一也、是時選二書生三四人一、以俾レ学二習於観勒一矣、陽胡史祖玉陳習二暦法一、大友村主高聰学二天文遁甲一、山背臣日並立学二方術一、皆学以成レ業、

これによれば、陽胡史の祖、玉陳が暦法を学び、その技術を習得したとある。また『政事要略』巻二五には、

儒伝云、以二小治田（推古）朝十二年歳次甲子正月戊（戌カ）申朔一、始用二暦日一、

とあり(18)、観勒によって伝えられた暦法が、推古一二年（六〇四）の甲子年を期して、実施に移されたと思われる。

このことは、欽明朝に百済の暦博士が交代で常駐し、暦の必要を満していた段階とは本質的に異なり、暦法が、

自国の技術として、定着したことを意味するものといえよう。わが国における暦の始用は、厳密にはこの時期に求めらるべきであろう。

ところで、わが国で最初に暦法を習得した玉陳のことであるが、その後裔、陽胡史一族に暦法技術が伝承された形跡はない。この一族からは、義老令の刊定に従い、また、漢語にもよく通じていたといわれる、陽胡史真身が出ているところを見ると、[19]確かに学問の伝統が伝えられはしたが、それが暦法とは限られなかったようである。

王権の伸長と国家形成の進捗の中で、暦の必要性とその定着化は益々高まり、かつ進展していったと見られるが、今日遺存する金石文史料で暦注の見えるものとして、野中寺金銅弥勒菩薩像銘文がある。そこには、

丙寅年四月大旧八日癸卯開記云々、

と見え、[20]丙寅年は天智五年（六六六）に比定されている。また、文中の旧とは、唐の高宗の麟徳二年（六六五）に採用された、李淳風の作成になる新暦、すなわち、麟徳暦に対して、それまで中国で使われていた、元嘉暦のことをさすとする説があるが、これには異論もあり、[21]解釈は確定していない。開は、十二直の一つ、ひらくである。十二直は、わが国で用いられた暦注のうちで、最も古いものの一つといわれ、[22]ここに、それが使われていることは、七世紀中葉の天智朝に、具注暦が存在したことを示すものといえよう。なお、大宝以前の十二直記載例として、他に「戊戌年四月十三日壬寅収」云々と刻した、妙心寺鐘銘文があり、戊戌年は文武二年に比定されている。[23]

暦は、人間の予定行為の指針や尺度となるものであり、集団の組織的行動にとって不可欠のものであるから、国家組織の発達、官僚機構の整備は、必然的に暦の需要を増大させたと思われる。天武末年から持統朝にかけては、律令の編纂も進み、官僚機構も漸次整えられて、律令国家体制が急速に創出されてゆくが、これに伴って、暦制も次第に整えられていったと考えられる。

『政事要略』巻二五には、

右官史記云、太上天皇持統元年正月、頒二暦諸司一

と見え、持統朝に、陰陽寮が作成した暦を内外諸司に頒布する、いわゆる頒暦の制度が始まったことが記されている。勿論、後にやや詳しく述べるような、頒暦の制度がこの時に整ったとは言えないが、その濫觴をここに求めることができると思う。

右官史記とは、伴信友が「日本紀年暦考」の中で、「持統天皇の御世の事を、太上天皇元年と記せるをおもへば、文武天皇の御世の右大史の記なるべし[24]」と言っているように、右官とは右弁官の前身で、史記とはその史の記録ということであろうか。『日本書紀』にはこの記事を欠くが、記事の信頼性は高いと見なければならない。

しかし、問題は「太上天皇元年」を、称制元年（六八七）とするか、即位元年＝持統四年（六九〇）とするかにある。干支を欠くため、いずれとも即断できないが、称制元年とすれば、天武の死は九月九日であるから、すでに天武存命中に頒暦の準備がなされていたということになるし、即位元年とすれば、即位は正月一日であったから、それにあわせて頒暦が行なわれたと見ることができる。持統四年という年は、造籍を始めとして、浄御原官制の施行、百官の遷任など、律令制成立史上注目すべき年であり、右官史記にいう、太上天皇元年が持統四年である可能性は、決して小さくはないように思われる。

持統朝における頒暦の開始につづいて、『日本書紀』は持統四年一一月一一日のこととして、

奉レ勅始行三元嘉暦与二儀鳳暦一

と記している。元嘉暦は、すでに述べたように、南宋の何承天が作ったといわれる暦で、百済を介してわが国でこれまで使われていたものであり、儀鳳暦は、唐の麟徳二年（六六五）甲子歳を以て暦元として施行された、李

淳風の作になる暦で、中国では麟徳暦と呼ばれているが、わが国ではこれを儀鳳暦と呼んだとされている。

何故、儀鳳暦と呼んだかについて、『大日本史』は、かの地で儀鳳と改元（六七六年）したことにより、その暦もまた儀鳳の名ありとしているが、中国で儀鳳暦と称した事実はないとされ、また別に、儀鳳年間にわが国に将来されたことによりこの名があるとする説もあるが、これまた根拠が明示されているわけでもなく、その名称の起源は明らかではない。[25]日本古典文学大系本の頭注は、『日本現在書目録』に「麟徳暦八、儀暦三」とあることを理由に、「麟徳暦と同じとみるにはやや疑問がある」[26]としているが、暦学的にそれを裏づける事実が特に指摘されていない現在、両者は同じものと見て大過ないものと思われる。

この記事の最大の問題点は、元嘉・儀鳳両暦が併用されたということの意味である。二種類の暦が同時に併行して用いられるということは一般的には考えられないことであり、この記事の解釈をめぐっては、古くは、『類聚三代格』貞観三年六月一六日の太政官符に引く、陰陽頭兼暦博士大春日朝臣真野麿の解状に、「有レ勅始用二元嘉暦一、次用二儀鳳暦一」と見える他、江戸時代以来、種々の論議がなされてきた。[27]暦学の今日的達成によると、すでにのべたように、元嘉暦の行用は欽明朝以来考えられるところであるから、この持統四年の記事は、両暦併用の開始とみるべきであるが、その場合、併用とは二様の暦日が頒暦に記載されるということではなく、元嘉暦によって暦日を定め、「儀鳳暦はようやく誤差の累積してきた元嘉暦の補正、特に日蝕の推算などに補足的に使用された」[28]と考えられている。

しかしながら、この併用が何時まで続けられ、儀鳳暦の単独行用に移行したのは何時か、といった問題は今日なお明らかではない。持統一〇年（六九六）までいわゆる併用が続いたこと、および、文武二年（六九八）からは儀鳳暦によっていることについては、ほぼ確定的であるが、持統一一年すなわち、文武元年（六九七）の暦日が、いずれの暦法によっていたか、その点が不明瞭なのである。

あたかもこの年は、『日本書紀』の最終年、『続日本紀』の第一年に当る年で、八月一日に持統譲位・文武即位が行なわれた。このことにつき、『日本書紀』と『続日本紀』とでは、日付の干支が相違しているのである。すなわち、

(イ)『日本書紀』持統一一年条

八月乙丑朔、天皇定二策禁中一、禅二天皇位於皇太子一、

(ロ)『続日本紀』文武元年条

八月甲子朔、受レ禅即レ位、

とあり、(イ)は元嘉暦の暦日であり、(ロ)は儀鳳暦のそれである。

右のように、同一年が二つの暦法によって記録されていることから、岡田芳朗氏は元嘉暦から儀鳳暦への移行について、

(1)持統一一年年初（作暦は前年中）

(2)文武即位の際（作暦は持統在位中）

(3)文武二年年初（作暦は文武元年中）

の三つの場合が考えられるとし、なかでも(3)がもっとも可能性が高いとした(29)。(3)とした場合、続紀の八月朔日以降の記事が儀鳳暦によっていることが問題となるが、これは『続日本紀』の編纂過程で、巻初から儀鳳暦によって統一された結果であるとした。そして、「この場合、即位を甲子朔とすることも意識されたであろう」とし、さらに、「元嘉暦から儀鳳暦への移行は、すでに行用二百年に達して誤差の累積していた元嘉暦を廃し、現に唐

朝行用の儀鳳暦に改めていこうという国際的趨勢のなかで、きわめて政治性に《ママ》、その時期が選定されたものと考えられる[30]」と論じた。

この岡田氏の推論は、大筋において承認さるべきものと思われるが、唯一つ補足的に私見を加えるならば、文武即位を八月甲子朔に行なうということが為政者の最大関心事であったのではないかということである。いわゆる甲子革令ということは、当時の為政者の強く意識していたところであり、かの改新之詔が大化二年正月甲子朔に発せられたとする『日本書紀』の作為も[31]、そうした思想にもとづくものといえよう。

勿論、誤差の累積した元嘉暦の廃止にせよ、また、文武即位にせよ、早晩着手しなければならない問題であったに相違ない。しかし、いわゆる両暦併用のもとで、儀鳳暦によって八月一日甲子という日を予め選び、その日を期して文武即位を挙行したということには、それによって、二つの課題を一挙に果そうという狙いがあったと見なければならない。私はこの事実の中に、古代における暦の政治的性格が端的に表現されている、と考えるのである。

文武即位を契機とし、文武二年から一般に行用されたと推定される儀鳳暦は、その後、天平宝字七年（七六三）までの六六年間用いられた。『続日本紀』天平宝字七年八月戊子条には、

廃二儀鳳暦一、始用二大衍暦一

と記されているが、大衍暦が実際に用いられたのは、翌宝字八年正月一日からのことである[32]。この事実は、儀鳳暦の施行に関する、さきの推定を助けるものとなろう。

新たに採用された大衍暦は唐僧一行の作になるもので、唐の開元一七年（七二九）に始用され、三三年間にわたって用いられた[33]。わが国へは天平七年（七三五）、入唐留学生・下道朝臣真備によって、大衍暦経一巻・大衍暦

立成一二巻などがもたらされ(34)、天平宝字元年一一月には、大衍暦議が暦竿生の教科書の一つとして採用された(35)。そして、天平宝字八年から天安元年（八五七）に至る、九四年間施行され、さらに天安二年より貞観三年（八六二）までの四年間、五紀暦と併用された。貞観四年からは、貞観元年に渤海大使馬孝慎がもたらした宣明暦が施行され、貞享二年（一六八五）、保井（渋川）春海が、わが国独自の技術によって編暦した貞享暦が施行されるまで、実に、八二三年間にわたって用いられた(36)。

以上、太陰太陽暦のわが国への伝来と定着、および、暦法の変遷について略述したが、次に、造暦と頒暦について、制度的側面を中心に見ることにしよう。

すでに述べたように、古代においては、暦は王権や皇帝の独占するところであり、律令制下では、暦の作成は陰陽頭の所轄するところで、陰陽寮には暦博士一人と暦生一〇人がいた。暦博士の相当位階は従七位上で、その任務は職員令に、「掌三造レ暦、及教二暦生等一」と規定され、また、暦生は「掌レ習レ暦」とある(37)。暦の作成に関する令の規定としては、雑令造暦条に、

凡陰陽寮、毎レ年預造二来年暦一、十一月一日、申二送中務一、中務奏聞、内外諸司、各給一本、並令三年前至二所在一、

とあり、造暦は、暦博士が暦生を使って行ない、それを通じて、博士は暦生の教育を行なっていたものと考えられている(38)。

造暦の過程を、『延喜式』の規定を中心に、その概略についてたどってみると、まず陰陽寮式暦本条に、

凡暦本進レ寮、具注御暦八月一日、七曜御暦十二月十一日、頒暦六月廿一日、並為二期限一、

とあり、暦本すなわち暦博士が作成する来年の暦の原稿の提出期限が定められていた。文中、具注御暦とは、天

皇および中宮・東宮の用に供される具注暦、七曜御暦とは、天皇に供される日、月、五惑星（木・火・土・金・水）の、天上の位置を記した天体暦であり、[39] 頒暦とは、内外の諸司に頒布される具注暦で、内容的には具注御暦と同じものであったろうといわれている。なお、当時暦といわれたものには、具注暦、七曜暦の他に、八二年に一度造進される中星暦と呼ばれるものがあった[40]。

暦本が陰陽寮に提出されると、陰陽寮では、必要数を書写して一一月一日に中務省に申送り、中務省は、その日に天皇に奏聞（義解によれば、太政官を経ず中務が直奏する定めであった）、それと同時に、諸司に各々一本を給付し、年内に配り終えるのが令の定めであった（前掲雑令造暦条）。

内外諸司への給付については、雑令造暦条義解に、

謂、被レ管寮司及郡司者、省国別写給、

とあり、頒暦の配付先は省国止りで、省国被管の寮司や郡司には、省国の責任で書写して配付することになっていた。

この一一月一日の中務奏聞、および内外諸司への頒暦について、延喜太政官式新暦条には、

凡陰陽寮造二新暦一畢、中務省十一月一日奏進、其頒暦者、付二少納言一令レ給二大臣一、大臣転付二弁官一、令レ頒二下内外諸司一

とある。これを造暦条と比較すると、次のような相違に気付く。

まず第一に、令で中務奏聞とある点が、太政官式では、中務による新暦の奏進となっていることであり、第二には、令では、その手続が明示的でなかった頒暦が、太政官式においては、太政官の職務として明文化されていることである。第二の点は、令に対する、式本来の性格に由来する事柄で、令の規定をうけて、その施行細則を

明記したものである。『三代実録』元慶七年一一月甲子朔条には、

陰陽寮奏㆓御暦㆒、并進㆓頒暦於太政官㆒、例也、

と見え、頒暦の造進先は、太政官であったことが判明する。しかしながら、『貞観儀式』進御暦儀には、一一月一日、中務が陰陽寮を率いて、御暦と頒暦とを奏覧させた後、退出して、

大臣即以㆓頒暦㆒賜㆓太政官㆒、転付㆓弁官㆒令㆑頒㆓下内外諸司㆒

と記しているから、[41]頒暦は太政官に進めるとはいえ、一旦は、御暦とともに、天皇に進覧したものと思われる。したがって、第一の相違も、同じことの別な表現とみるべきであろう。

一一月一日の新暦奏進は、御暦奏とよばれ、年中行事化した。その儀式のありさまは、右にあげた『貞観儀式』の他、延喜陰陽寮式進暦条や、『北山抄』、『政事要略』巻二五所引の『清涼記』などに見える。それに立入ることは、やや本筋から外れることになるので省略する。

右の御暦奏において供進される、天皇および中宮の具注御暦は、上・下二巻からなり、六月以前が上巻、七月以後が下巻であった。また、頒暦は一六六巻であった（弘仁陰陽寮式逸文・延喜陰陽寮式進暦条）[42]。これらを、御暦の場合は、黒漆函に納れて黒漆机に置き、また、頒暦は赤漆韓櫃にいれ、布綱三条をかけて、延政門外に運び、そこから宮中に入り、御暦奏の儀が執り行なわれた（同進暦条・造暦用度条）。

これら、御暦六巻三組、頒暦一六六巻は、どのように作られたか。そのための用度と人功が、延喜陰陽寮式造暦用度条に詳細にわたって記されている。その一々については繁雑にわたるため省略するとして、[43]まず、料紙に注目してみると、具注御暦二巻分の料紙は四七張で、それに七曜暦料二三張と、破損料・閏月料五〇張を合せ、上紙一二〇張が計上されている。これに対し、頒暦一六六巻料としては、巻別一六枚で、合計二六五六張（紙質

については、特に記してないから、並紙であろう）が計上され、閏月のある年は、巻別に二張が加えられる定めであった。

ところで、頒暦一六六巻について広瀬秀雄氏は、具注御暦が、上下二巻からなるものであることから類推し、「頒暦を百六十六巻造るということは、八三組のことであろう」(44)としている。しかし、陰陽寮式造暦用度条には、

頒暦一百六十六巻料、紙二千六百五十六張（巻別十六張、有㆓閏月㆒年巻別加㆓二張㆒、）

とあり、また同条に、

暦本三巻料九十張（卌七張具注本料、廿四張七曜本料、十九張頒暦本料、）

とも見えることなどから、頒暦本が一九張一巻で完結していたように、頒暦もまた、平年一六張・閏年一八張一巻で完結していた、と見なければならない。

暦と暦本とでは、御暦の場合には、ともに四七張で同数であるが、頒暦の場合には、閏年の場合でも、暦本の方が一枚多く計上されている。暦本には、頒暦にはない字句が若干加えられていたのであろうか。御暦と頒暦とでは、紙質ばかりではなく、料紙の数も倍以上の差があるが、内容的にはすでに述べたように差はなかったとされている。勿論、本質的な違いがあろうとは考えられないが、字配りや表具などに相当なひらきのあったことは、軸一つをとっても、御暦が花軸であるのに対し、頒暦は檜軸といったように明らかである(45)。

頒暦が、一年分一巻であったとなると、一六六巻という数が、改めて問題となる。義解によれば、配付の対象となる内外諸司は、省国止りであったから、どう数えても八〇数巻で足りるはずである。それがどうして、その倍も必要なのであろうか。

今仮に、『延喜式』に載す内官の寮司以上を数えると、総計五三に達するが、これに国以上の外官を加えても

一三〇程度であり、一六六まではなお余裕がある。してみると、『弘仁式』の段階で、義解のいうような所管の寮司については、省別に写して給付するという頒暦のありかたは解体していたと見なければならず、またさらに、内外諸司以外にも配付されていた可能性がでてくるのである。

御暦・頒暦とも、その造暦は書写によっていたのであるが、その人功について、延喜陰陽寮式造暦用度条には、

装潢手単卌五人、写二御暦一手単五十五人並図書寮人、（中略）写二頒暦一手卌一人諸司史生廿三人、内豎四人、大舎人四人、並不レ在二給食之限一、

などとある。御暦については、図書寮の官人が当り、延べ五五日を要し、頒暦の場合には、諸司の史生、内豎、大舎人ら、三一人が動員されるとしている。

頒暦が持統朝に遡るものであるとすれば、造暦も当然その頃から行なわれたわけであるが、藤原宮跡から暦作に関する木簡が出土している。文面は、

・恐々受賜申大夫前筆

・暦作一日二赤万呂□　(121)×(24)×3　019

とあり、筆の請求に関する文書とされている。[46]『延喜式』では、紙・筆・墨等の請求は、中務省図書寮に出す定めであったから（陰陽寮式造暦用度条）、この文書の宛先も図書寮の可能性が大きい。なお、文中「暦作一日二」の二は、筆数とも暦数とも思えず、甚だ難解である。

ところで、書写に必要な人員は、造暦用度条に定める人員だけでは済まなかったようで、延喜式部式上、写暦書手条には、

凡陰陽寮写レ暦書手者、簡二取諸司史生一充、其頒二諸国一暦者、省令二朝集雑掌写一レ之、

とあり、諸国への頒暦は、諸国から上京してくる朝集雑掌に書写させていたことが判明する。朝集雑掌について

は、天平九年の「駿河国正税帳」に、

去年朝集雑掌丈部大嶋半布臣広麻呂

当年朝集雑掌半布臣嶋守廬原君足磯

などと見える。(47)彼らはいずれも国府の下級官人で、駿河国府の所在地である安倍郡や近郡の廬原郡に、本居を有する地方有力氏族の一員で、同じく国府下級官人である郡散事と出身階層を等しくするものであったと思われる。(48)したがってまた、彼らは、時には郡家の主政や主帳にもなり得たであろう識字階級で、上京時に、頒暦の書写を命ぜられたばかりではなく、国府においては、国府から郡司に給付する暦の書写に当った可能性もある。

朝集雑掌による頒暦の書写ということが、何時頃まで遡りうるか明らかではない。しかし、国府に給付された頒暦を、いわば暦本として、国内の郡司向けの暦が作成されるということは、恐らく頒暦の開始と同時に行なわれたと思われるから、その際国府で、朝集雑掌・郡散事クラスの国府下級官人が、書写に参加したことは十分考えられるといわねばならない。

このように考えると、城山遺跡出土の具注暦木簡は、太政官から遠江国府に給付された頒暦を、暦本にそれを抄出する形で書写したものとも考えられるのであるが、その場合、朝集雑掌、郡散事等の国府下級官人の書写によるものとする推定も、あながち的外れとはいえないように思えるのである。

3　具注暦木簡の意義―むすびにかえて―

以上、具注暦木簡について、まず、木簡それ自体について検討し、ついで、具注暦の歴史と制度的側面について考察を加えてきた。最後に、これらの考察をふまえ、具注暦木簡の意義について、二、三の私見を述べたいと思う。

第一に、具注暦木簡のもつ木簡学上の意義について考えてみると、本木簡の出現によって、一文書が規格性をもつ複数の木簡によって構成されるという、これまでわが国の出土例では知られていなかった事例が、初めて確認されたということが指摘できる。

これまでも、何枚かの木簡が連結されるという事例が知られていなかったわけではない。その一つとして、いわゆる成選短冊に類する式部省考課・選叙関係木簡がある。これらはいずれも上端近くの側面に小穴が貫通しており、同種のものを紐を通して、編綴（『延喜式』では「綴貫」という表現を用いている）できるようになっている。しかしこの場合、個々の木簡は内容的に独立していて、狩野久氏が言うように、いわゆる整理カードとして利用されており、首尾完結した一文書を構成する、いわゆる冊書ではない[49]。

また同一内容の木簡を一括するために、木簡の上方や下方、あるいは中央部などに小穴をあけたものもある。なかでも、下方に小穴をあけたものの多いのは、「檜扇形に綴って、検索に便利ならしめるための処置[50]」と考えられている。こうした事例は地方出土の木簡にも見られ、静岡県二之宮遺跡出土の「大郷　小長谷部宮□」（〇一一形式）、と記された木簡は、上部がやや広く、下方にすぼまった形をしており、檜扇形に束ねるのに好都合な形態を示している[51]。この場合もやはり、整理カードとして使われたと思われる事例で、一文書を構成するものではない。

これに対し具注暦木簡は、個々の独立的な内容からなる木簡の、不特定多数が集合したものではなく、首尾一貫した一文書が、少なくとも六二枚の木簡の表裏を使って構成されている、と考えられるのであるから、従来、わが国では知られていなかった事例に属する、といわねばならない。この意味からも、本木簡の発見は、木簡学上特筆すべきものといってよい。

第二は、これら少なくとも六二枚の木簡が、どのような状態で結合されていたか、いわゆる中国の漢簡がそうであったように、編綴されていたかどうか、という問題がある。すでにのべたように、私見によれば、これら六二枚の木簡は、白木の簡一枚を加えることにより、七枚を一段として、九段重ねできっちりと、縦二尺、横一・四尺、厚一・八寸の長方形に収まるものであった。したがって、編綴されていたと仮定しても、七枚が単位で表裏と続いているから、六二枚が一つに連結されるということは考えられない。ありうるとしても、七枚ずつの編綴である。

しかし現在までのところ、編綴されていたことを裏付ける積極的根拠はない。したがって編綴問題についていえば、その可能性が皆無というわけではないが、現在までのところ、その可能性は稀薄であるといわざるを得ない。では、これらの木簡はどのように使われていたか。この点については全く憶測の域を出ないが、すでに述べたように函（又は匣）に収められて、七枚ずつを順次、裏返したり積み換えたりして、使用したのではなかったかと考えてみた。一つの可能性として提示し、識者の御批判を得たい。

第三に、具注暦木簡を右のように復元した場合、木簡様式論上、これを如何に位置づけるかという問題がある。木簡様式論が今日到達したところによれば、日本簡は木紙併用期の木簡として、中国の楼蘭・ニヤ出土の魏晋簡に類似し、形が一定せず、表裏両面に文字が書かれ、一簡独立的で編綴されることがなく、したがって書かれる内容に応じて、簡の大きさが変化するという特徴をもっているとされ、内容的には、Ⅰ文書様木簡、Ⅱ付札、Ⅲ

落書・習字、Ⅳその他の四種類に分類されている。[52]

具注暦木簡の出現が、〝日本簡に編綴なし〟という大原則を、決定的に覆すに至らなかったということは、また右の分類についても同様に言えることであって、この一簡の出現によって、四分類に大きな変更が加えられるというわけではない。

では、具注暦木簡は、右の四分類のどの範疇に入れるべきか。まず、Ⅱ、Ⅲでないことは明らかであるから除外すると、最初に文書様木簡との関係が問題となる。ところが、この様式は「書式上何らかの形で授受関係が明らかにされているもの[53]」という規定になっているから、具注暦木簡の場合はあてはまらない。したがって、結局、伊場遺跡出土の百怪呪符木簡や、平城京東三坊大路側溝出土の告知札などと同様に[54]、特殊例として、Ⅳその他に分類する他はない。そして、少なくとも六二枚の木簡を必要とするという本木簡の特殊性は、具注暦という長文の文書を、木簡に写す（或いは木簡に書く）という場合に生ずる、例外的な事例とすべきであろう。

こうした事例は、具注暦以外にも、例えば写経、写本などの典籍、あるいは戸籍の前身としての名籍、年籍などにも考えられるが、現在までその存在は確認されていない。今後こうした事例が出現すれば、一つの分類項目を立てることも可能であるが、現状では、特殊例としてその他に含める他はないのである。

次に、具注暦木簡の出現が意味する、暦の歴史上、制度上の意義について要約しよう。

まず第一に注目すべきは、当然のことながら、神亀六年（七二九）という年に、地方の郡家と推定される官衙遺跡において、木簡に書かれた具注暦が使用されていたという事実のもつ重みである。

このことは多面的な意義を有し、一言で尽すことはできないが、私が関心を引かれたことの一、二を記せば、一つには、木紙併用ということが、地方では意外と根強く残っているという印象であり、二つには、私の復元に大過がなければ、その計算された構成の美事さである。

前者については、紙の貴重度について再考せねばならないし、同時に、そのことの裏返しとして、時代を遡れば、木簡が書写手段として、予想以上に広汎に利用されていたのではなかったか、という問題に連なる。また、後者についていえば、こうした計算された構成は、一朝一夕に出来上るものとは思えず、暦に木簡が使用されるということは、長い伝統を有する事柄ではなかったかと考えさせるものがある。ここに至れば、自ずから、前者の問題にも関連してくるのである。

第二は、この具注暦木簡が、何処で書写されたものか、という問題である。

この問題は、歳首部にみられた省略をどう見るか、ということと深く関連している。すでに、指摘されているように、天平勝宝八歳具注暦断簡が、諸司に配付された頒暦であるとすれば、遠江国府に給付された頒暦も、基本的にはそれと同一の形式のものと見なければならない。そして、国府はこれをもとに複本を作り、国内の郡司に配付する責務を負っていたわけであるが、その場合、省略なしのものを作成して配付したのか、それとも、具注暦木簡に見るような抄出本であったかが問題である。

この問題については、現状では決め手を欠き、見方によっては、そのいずれとも解しうる。計算された構成に着目すれば、一郡衙の創意とは見做しがたいし、また頒暦の性格からすれば、原則的に抄出本は考え難いように思えるからである。いずれにもせよ、この問題は今後の課題である。

最後に、具注暦木簡が、城山・伊場両遺跡の性格の解明に有する意義について、二、三付言しておきたい。

城山遺跡の性格については、すでに一九四九年の国学院大学伊場遺跡調査隊の発掘調査において、墨書土器、緑釉陶器、宝相華文を描いた須恵器片、富寿神宝などが出土したことから、敷智郡衙ではないかと推定されていた。[55] しかしその後、隣接する伊場遺跡が脚光を浴びたのと対照的に、久しく閑却されてきたが、一九七七年以来、埋立工事に伴う事前調査が着手され、現在まで三回にわたる調査が行なわれた。

その結果、遺構としては、整地層・杭列・掘立柱建物・井戸・小溝などが、また、遺物としては、奈良時代から平安時代にかけての多量の須恵器・土師器の他、灰釉陶器・唐三彩陶枕を含む彩釉陶器、木簡・墨書土器・円面硯・平瓦・銅製壺鐙、斎串・人形・馬形・曲物等の木製品が出土し、中心的建物の検出はできなかったものの、遺物において注目すべきものがあり、郡家址としての性格は一層顕著になった。[56] なかでも、「郡」・「厨」と墨書した土器の出土は、有力な証拠となるものであるが、特に具注暦木簡の出土は、他の木簡とあいまって、郡家としての性格を決定づけたといってよい。

すでに述べたように、具注暦は、国府から郡司に給付さるべく義務付けられていたものであり、国家機構の末端としての郡家を象徴するもの、といって過言ではない。今回出土の具注暦木簡が、国府から給付された頒暦そのものであるか否かにはなお問題は残るとしても、そうした頒暦を前提としない限り、本木簡の存在も理解できないことは明白である。

城山遺跡出土の墨書土器の中に、「少毅殿」と書かれたものがあり、伊場遺跡出土の「竹田二百長」の墨書と合せ、城山遺跡が、軍団にかかわる遺跡ではないかと言われたことがある。確かに、少毅にせよ二百長にせよ、軍団にかかわる名辞ではあるが、これらの名辞を記した土器の出土が、直ちに軍団の遺構と結びつくものではない。

「少毅殿」という敬称づきの名辞は、むしろ、少毅が賓客的立場にあることを示している。したがって、軍団の少毅が、客として迎えられる場こそが考えられなければならない。そしてそのような場とは、何よりもまず、郡家を措いては考えられないのである。このように考えると、郡家とするには一見矛盾するかに思える墨書土器の存在も、逆に、郡家説を補強するものに転化するのである。

こうした問題は、伊場遺跡についてもあてはまる。伊場遺跡の性格をめぐっては、敷智郡家説をはじめとして、栗原駅家説、国又は郡の津説、あるいはそれらの複合説など、百家争鳴の観を呈しているが[57]、これらの混乱とも見える諸説の錯綜は、遺跡の本質と属性とを、論理的に区別することなく混同して論じているところに、その原因がある。

ここは、この問題を詳論する場ではないので、要点のみ記しておくと、元来、城山・伊場両遺跡は一体のもので、律令国家成立期の、評から郡に至る地方行政組織の推移を体現している遺跡であり、また、少なくとも令制下においては、城山地区に郡家の中心があり、伊場地区は「下厨南」の墨書が意味するように、郡家を構成する一部に過ぎない。この両遺跡の関係は、あたかも、駿河国志太郡家址、御子ヶ谷遺跡と秋合遺跡の関係に類似している[58]。

したがって、両遺跡の本質は郡家たる点にあり、そうした郡家が、それの有する政治的・経済的・文化的諸機能の多面性において、軍団や駅家や郷里、あるいは国府や中央政府などといかなる関係をもち、そしてその関係が出土遺物の中に、どのように具現されているかを具体的に考察することによって、個々の遺物のもつ意義と、郡家機能の多面性とが、矛盾なく統一的に理解しうるのである。

栗原駅家との関係についていえば、隣接する駅家の長としての駅長は、常時郡家に出入し、郡家での給食や饗宴にしばしば参加していたと考えられるのであり、また、伝馬をはじめとする交通や水運の機能も、郡家の本質的属性の一つとして、多面的に位置づけることができると考えるのである[59]。

従来ややもすれば、郡家は、政治的機能のみ、一面的に強調される傾向があり、それのもつ交通や文化などに果した多面的機能が、看過されてきたきらいがある。城山・伊場両遺跡をはじめとして、静岡県御子ヶ谷遺跡や坂尻遺跡、あるいは岡山県百間川・当麻遺跡など、近時、各地で調査されつつある、注目すべき地方官衙遺跡の提供する、豊かな資料を総合し、生々とした歴史認識にまで高めてゆく仕事が、いま古代史研究者に課されている。この課題に応えてゆくためにも、叙上の諸点が、われわれの研究方法にかかわる問題として、反省されなければならないと思うのである。

注

（1）『浜名郡可美村城山遺跡範囲確認調査概報』（可美村教育委員会、一九七八年）。「一九七八年出土の木簡―静岡・城山遺跡」（『木簡研究』創刊号、一九七九年）。「一九七九年出土の木簡―静岡・城山遺跡」（『木簡研究』第二号、一九八〇年）。辰巳均「城山遺跡と唐三彩」（『月刊考古学ジャーナル』一九六号、一九八一年）。

（2）広瀬秀雄「城山遺跡出土木簡具注暦の年代」（一九八〇年五月二一日付、静岡県可美村教育委員会宛提出）。岡田芳朗「木簡具注暦年代調査報告書」（一九八〇年六月二日付、静岡県可美村教育委員会宛提出）。

（3）天平一八年具注暦〔正集八、続修十四〕（『大日本古文書』一ノ五七〇〜五七四頁）。天平二一年具注暦〔正集八〕（『大日本古文書』二ノ三四七〜三五三頁）。天平勝宝八歳具注暦〔続修十四〕（『大日本古文書』四ノ二〇九〜二一七頁）。

（4）具注暦出土遺跡として現在までに知られているものに、岩手県胆沢城跡（漆紙）、宮城県多賀城跡（漆紙）、茨城県鹿ノ子遺跡（漆紙）などがある。いずれも東日本である点が興味深い。

（5）奈良国立文化財研究所史料調査室調書、木簡番号二〇。

（6）「一九七九年出土の木簡―静岡・城山遺跡」前掲三二頁。

（7）岡田芳朗「奈良時代の頒暦について」（『日本史攷究』文献出版、一九八一年、二九頁）。

（8）岡田芳朗「天平勝宝八歳・九歳の暦日について」（『女子美術大学紀要』第三号、一九七一年）。大谷光男「正倉院所蔵の具注暦」（同『古代の暦日』雄山閣、一九七六年、所収）。
（9）月の大小は、内田正男『日本暦日原典』（雄山閣、一九七八年）によった。
（10）岡田芳朗「奈良時代の頒暦について」（前掲）所収の八将神方位表（二五頁）、歳徳方位表（二六頁）を参照し、また岡田氏より直接示教を受けた。
（11）岡田芳朗「木簡具注暦年代調査報告書」（前掲）。
（12）岡田芳朗「奈良時代の頒暦について」（前掲）三二頁。
（13）『古事類苑』方技部六、暦道下、三七七～三七八頁。なお、岡田芳朗『日本の暦』（木耳社、一九七二年）口絵二頁に歳首部の写真が掲載されている。
（14）『本居宣長全集』第八巻（筑摩書房、一九七二年、所収）。
（15）荒木俊馬『日本暦学史概説』（恒星社、一九六〇年、五六～五七頁）。
（16）同右、六一頁。
（17）広瀬秀雄『暦』（近藤出版社、一九七九年、七〇頁）。日本学士院編『明治前日本天文学史』第三編「暦法及び時法」（日本学術振興会、一九六〇年、二四二～二四三頁）。
（18）正月戊申朔は、新訂増補国史大系本頭注に、「当拠書紀作戊戌」とあり、また『日本暦日原典』（前掲）も朔日の干支は戊戌としている。或いは誤記か。
（19）『日本古代人名辞典』第六巻（吉川弘文館、一九七四年、一七六二頁）。
（20）『飛鳥・白鳳の在銘金銅仏　銘文篇』（奈良国立文化財研究所、一九七七年、一〇三頁）。
（21）岡田芳朗「歴史考古学と紀年法」（『古代』六九・七〇合併号、一九八一年、六〇頁）。
（22）同右、五九頁。
（23）『古京遺文』（日本古典全集刊行会、一九二八年、二〇頁）、および山田孝雄「妙心寺鐘銘考」（同書所収）参照。
（24）『比古婆衣』巻之一（『伴信友全集』第四、国書刊行会、一九〇七年、一八頁）。

(25)『明治前日本天文学史』（前掲）六〇頁。日本古典文学大系本『日本書紀』下（岩波書店、一九六五年、五〇六頁頭注）。
(26)日本古典文学大系本『日本書紀』下（前掲）五〇六～五〇七頁頭注。
(27)『明治前日本天文学史』（前掲）二四三～二四五頁。
(28)岡田芳朗「古代暦日の諸問題　第二編」（『聖徳太子研究』第十四号、一九八〇年、八〇頁）。
(29)同右、八二頁。
(30)同右、八二頁。
(31)拙著『日本古代国家史研究』（東京大学出版会、一九八〇年）第二編二　一二九頁。
(32)内田正男『日本暦日原典』（前掲）一二〇、五三〇頁。
(33)『明治前日本天文学史』（前掲）二四七頁。
(34)『続日本紀』天平七年四月辛亥条。
(35)同右、天平宝字元年一一月癸未条。
(36)『明治前日本天文学史』（前掲）第三編、第二章「中古の暦法」参照。
(37)『令義解』職員令陰陽寮条。
(38)なお、暦博士、暦生等の待遇については、岡田芳朗「奈良時代の頒暦について」（前掲）にまとめられている（三頁）。
(39)広瀬秀雄『暦』（前掲）六二頁。
(40)延喜陰陽寮式中星暦条に「凡中星暦者、八十二年一度造進、其用途者、博士臨レ事勘録進レ寮、寮即申レ省請充、」とある。
なお、広瀬秀雄『暦』（前掲）六三頁参照。
(41)日本思想大系本『律令』（岩波書店、一九七六年、六九六頁）。
(42)すでに弘仁陰陽寮式には具注御暦二巻、七曜暦一巻、頒暦一六六巻と見える（同逸文、日本思想大系本『律令』四七六頁頭注）。
(43)岡田芳朗『日本の暦』（前掲）に、造暦の用度＝材料について整理がされている（六八～七一頁）。
(44)広瀬秀雄『暦』（前掲）六二頁。

(45) 岡田芳朗氏は「『御暦』は『頒暦』一部の約三倍の紙数を用い、一年を二巻に分けたのは、一日ごとに二〜三行の余白を備えていたことを示しており、平安時代以後の公卿の用いた具注暦の起源となったものと考えられる」（同『日本の暦』七一頁）といっている。
(46) 『藤原宮木簡』一（解説）（奈良国立文化財研究所、一九七八年、五〇頁）。
(47) 『大日本古文書』二ノ六七頁。
(48) 拙稿「静岡の古代氏族」（『静岡市史』第一巻第三編第二章第二節、静岡市役所、一九八一年、六〇〇、六〇三〜六〇四頁）。
(49) 狩野久『木簡』（至文堂、一九七九年、二六頁）。なお、滝川政次郎「短冊考―払田柵址出土の木札について―」（同『法制史論叢』第四冊、角川書店、一九六七年）参照。
(50) 狩野久『木簡』（前掲）二七頁。
(51) 『御殿・二之宮遺跡発掘調査報告』Ⅰ（静岡県磐田市教育委員会、一九八一年、七一〜七三頁）。
(52) 狩野久『木簡』（前掲）「木簡の内容」項。なお、岸俊男「木簡」（『新版考古学講座』7、雄山閣、一九七〇年）は、木簡の種類を(A)文書記録類、(B)付け札類、(C)その他の三種に分類している。
(53) 狩野久『木簡』（前掲）二八頁。
(54) 同右、六二頁。
(55) 国学院大学伊場遺跡調査隊編『伊場遺跡』（浜松市役所、一九五三年、一〇七〜一〇八頁）。
(56) 「一九七九年出土の木簡―静岡・城山遺跡」（前掲）、辰巳均「城山遺跡と唐三彩」（前掲）。
(57) 例えば『伊場遺跡遺物編』2（浜松市教育委員会、一九八〇年、五二〜五四頁）、および竹内理三編『伊場木簡の研究』（東京堂出版、一九八一年）の諸論文等参照。
(58) 『日本住宅公団藤枝地区埋蔵文化財調査報告書Ⅲ　志太郡家跡』（藤枝市土地開発公社・藤枝市教育委員会、一九八一年）。
(59) 拙稿「古代駿河遠江両国の東海道」（『静岡県歴史の道調査報告書―東海道―』総説Ⅰ、静岡県教育委員会、一九八〇年）は、こうした観点から郡家と交通の関係について若干考察を加えた。拙著『地域と王権の古代史学』塙書房、二〇〇二年、第三部第三に収録。

【付記】

（1）本稿は、一九八〇年一二月七日に行なわれた、木簡学会第二回大会での報告を基礎に、成稿したものである。

同大会の席上、加藤優氏により、慶雲元年（七〇四）のものと推定される、暦日記事を記した次のような木簡が、藤原宮跡東面大垣地区から出土したことが報告された。

五月大一日乙酉水平　　七月大一日甲申　　（〇八一型式・『藤原宮木簡』五）

本木簡について、岡田芳朗氏は、「各月の大小、朔干支、五行、十二直を具注暦から書抜いた一種の略暦」と性格づけた（「歴史考古学と紀年法」前掲、六三頁）。岡田氏は、また、「大の月と小の月とに分けて記されていた一種の『月頭暦』」（同前）とも言っているが、私見では「五月…　七月…／六月…　八月…」というように、並列で書かれていたものの一部と思われ、これに類似の暦簡として、中国敦煌出土の永光五年（三八）の漢簡がある（森鹿三「敦煌・居延出土の漢簡について」、同『東洋学研究』漢簡篇、同朋社、一九七五年）。森氏が「漢簡のA型式」と名付けた、この種の略暦は、一枚の簡に書かれており、別に、六十干支の表を手許において、使うものだったようである（同書一五二頁）。

この結果、木簡暦としては、藤原宮出土のものがわが国最古であるが、略暦と推定されるため、各月の朔日から晦日までの暦注を記した具注暦としては、やはり、城山遺跡出土のものが、わが国最古の例ということになろう。

（2）脱稿直前、狩野久氏より、具注暦木簡の類品かと目される、重要資料を迂闊にも見落していたことを示教された。問題の資料は、松原順正編『正倉院宝物銘文集成』（吉川弘文館、一九七八年）の楽器・楽具の項に収められている、伎楽面「（29）第十五号（酔胡王）」の、「頭内部埋木」に書かれた、具注暦断簡とおぼしきものである。次に関係部分を示そう。

(29) 第十五号(酔胡王)〔右頬裏〕(同)「相模国」
(頭内部埋木)「□歳□《(後カ)》天恩
歳前天恩
春分三月中歳前恩□
歳前円□　」

忽々の間、現物はもとより、写真についても実見していないため、不安は残るが、これは、具注暦下段の一部と見て、まず誤りはないものと思う。暦学的検討は識者の手にゆだねるとして、木簡学的観点から、一、二気付いた点を記しておきたい。

まず第一の問題は、これを木簡と認定しうるかどうか、ということである。

材質の点からは、埋木として転用されている以上、まず問題はない。法量が不明であるため、多くは言えないが、四行分が現存することは、或いは、城山遺跡出土の具注暦木簡より、幅広と見なければならないのであろうか。しかし、伎楽面の内部の埋木として使われている以上、著しく広幅のものとは思えない。木目の方向なども知りたいと思う。いずれにしても、現状では確定的なことは言えないが、具注暦木簡の可能性は少なくないように思われる。

第二の問題は、この具注暦が、どこで使用されたかという点である。

そこで注目されるのが、右頬裏に書かれた、「相模国」という銘文である。伎楽面の左右の頬裏、又は、頭部内面などに国名を記したものが一〇例ある。「周防」四、「長門」一、「讃岐」三、「常陸」一、そして「相模国」二である(同書一九七〜一九九頁)。これらがもし、伎楽面を製作・貢上した国名を示すとすれば、この具注暦断簡は、相模国に関係するものということになるし、また埋木は京内、または東大寺の工房で行なわれたものとすれば、木簡に書かれた具注暦が、京内または中央官司にも存在したことを示唆することになろう。いずれにしても、甚だ興味深い問題といわねばならない。今はただ、問題の所在の一端を示して、識者の垂教をまちたい。

（3）最後に、本稿の作成にあたっては、可美村教育委員会、浜松市博物館、静岡県教育委員会文化課、および奈良国立文化財研究所より、多大の便宜を与えられた。また、岡田清子氏、岡田芳朗氏からは、暦について懇切な垂教をいただき、特に、岡田芳朗氏からは、多数の論文抜刷の恵与を得、多大の恩恵に浴した。そして、狩野久氏には、いつに渝らぬ励ましを受け、重大な目こぼしを救っていただいた。銘記して、各位に深甚の謝意を表したい。

【補注】

一九八〇年、静岡県城山遺跡で具注暦木簡が初めて発見されてから、今年で約四〇年となる。この間、新たに三例の出土・発見があった。

年代の比較的新しい具注暦木簡から示すと、まず、奈良県平城京二条大路濠状遺構（北）出土の、天平七年（七三五）〜一〇年頃の小破片断簡、次いで、新潟県延命寺遺跡の天平八年八月五日、同七日の断簡、そして、奈良県明日香村石神遺跡の、円形蓋状に再加工された持統三年（六八九）の具注暦木簡断片である。

この石神遺跡出土具注暦木簡は、城山具注暦を遡ること六〇年前の木簡で、飛鳥時代の遺品である。現状は、中央に小穴のある蓋物であるため、復元の手掛りに乏しく、暦の全体構成が不詳な点は惜しまれる。

七〇一年の画期的な大宝律令成立をはさんで、城山具注暦との比較検討が望まれるが、後考に俟ちたい。尚、木簡データベースの提供をはじめ、奈良文化財研究所副所長・渡辺晃宏氏の御教示と援助を得た。（「石神遺跡（第十五次）の調査」『奈良文化財研究所紀要』二〇〇三年六月、竹内亮「木に記された暦―石神遺跡出土具注暦木簡をめぐって―」『木簡研究』第三六号、二〇〇四年一一月）

第三　倉札・札家考

はじめに

昭和五八年三月、藤原宮西北隅（第三六次）の調査において、平安時代初頭に掘削されたと推定される井戸の中から、二本の長大な木簡が出土した[1]。その一つは、弘仁元年（八一〇）の年紀を有する、長さ九八・二センチメートル、幅五・七センチメートル、厚さ〇・五センチメートルの短冊形の木簡で、表裏に七〇〇字以上の文字を有するという、この種のものとしては比類のない記事の豊富さが、大きな関心をよんだ。もう一本は、長さ八四・〇センチメートル、現存幅五・一センチメートル、厚さ〇・六センチメートルで、表面だけに一〇〇余字が書かれ、年紀は六年とだけあることから、弘仁六年の木簡と推定されている。

これらの木簡は、いずれも荘名は不詳であるが、荘園の経営にかかわる内容が記されており、特に、弘仁元年簡には、その年の一〇月の稲の収納にはじまり、翌弘仁二年二月までの、支出の詳細が書き継がれていることから、大和国の某荘の出納簿と考えられている。

これに対し、弘仁六年簡は、その年の一二月の、京への上米に関する記載のほかに、墨付からみて、さらに何年かにわたる記載があったものとみられ、弘仁元年簡が単年度で終るのとは、やや異なる性格を有していた。

これら二本の木簡の記事に関する検討は、すでに狩野久・加藤優両氏の簡要を得た報文があり、また先頃、村井康彦氏も検討を試みている(2)。私自身についていえば、かつていわゆる初期荘園の研究に手を染めたことから、木簡出土直後、奈良国立文化財研究所飛鳥藤原宮跡発掘調査部の招きによって、本木簡の検討会に参加する幸運に浴したが、その時以来、本木簡に魅せられてきた一人である。

この木簡の魅力は、何といっても、弘仁元年簡の出納記事にある。しかし同時に、こうした豊富な記事を載す木簡それ自体に対する興味も、また尽きるところがない。すでにこれに先だつ昭和五四年、滋賀県鴨遺跡から、貞観一五年（八七三）の年紀とおよそ二二五文字の記載を有する、長さ一六六・五センチメートル、現存幅六・四センチメートル、厚さ一・三センチメートルの「日本一長大な木簡」が出土し(3)、大形木簡への関心を刺激していたのではあったが、藤原宮西北隅出土の二木簡は、その記事の豊富さと、形状の長大さにおいて、木簡の形態と機能に関する問題意識を決定的にしたといってよい。

1　倉札と札家

すでに明らかにされているように、日本木簡の大きな特徴として、一簡で完結し、かつ形態上の規格性が稀薄であり、かつ多様性に富む、という点があげられている(4)。このことは、中国で発達した木簡の使用が、わが国にもたらされた頃には、すでに中国では紙木併用という解体期にあり、そのことが、紙の使用を前提に、木簡が導入されたということと、深くかかわっていたとみられる。しかし、現在までのところ、七世紀初頭以前に遡る木簡は発見されていないから、両者の関係について軽々に論断することはできないが、七世紀中葉以降についていえば、日本木簡の多様な用途に応じた形態的多様性は否定しがたい。

　こうした、日本木簡の特質に関連して、すでに短冊や呪符などについては専論があり、木簡学的解明が加えられているが、(5) 弘仁元年簡のような大形の長大な木簡については、特にこれらを対象に、木簡学的検討を加えた論考はまだないようにも思う。

　私が弘仁元年簡に接して、素朴に抱いた疑問というのは、こうした長大で、内容上も特異な木簡は、当時何と呼ばれていたのであろうか、ということであった。とくに調べるということもなく、打過していたのであったが、その後ほどなくして、正税帳を取扱った修士論文の審査中、はからずも『延暦交替式』天平勝宝七年七月五日「太政官宣」に付せられた「今案」の一節、

　　又有下長官率二史生一分頭収納上、共署二倉朼一、後至二下尽一、所レ納有レ欠、史生以下可レ預二其事一、

に接し、ここにいう「倉朼」が、公と私、正倉と荘倉、というちがいはあれ、弘仁元年簡に該当するのではないかと思い当ったのである。倉朼の朼については、すでに、東野治之氏がフムダ（札）を意味する文字であることに着目し、「セン」と読んで、木簡を意味するとしたのに対し、角林文雄氏がこれを批判し、札の異体字であることを明らかにしたことは承知していたが、(6) その時は自分なりに納得してそれ以上詮索することもなく放置していた。

　ところが先頃、黒田慶一氏の論文を一見し、兵庫県高砂市の塩田遺跡より「朼家」と書かれた土器墨書が出土していることを知るにおよんで、(7) 弘仁元年簡に抱いた素朴な疑問が、倉札・札家の二語を得てようやく解明の手

がかりを得たと確信するにいたり、がぜん調べる意欲がわき、改めて東野・角林両氏の論文をはじめ、関連諸論文を披見することとなったのである。

2　札と奉請文

東野治之氏によれば、倉札とは『延暦交替式』和銅元年閏八月一〇日「太政官符」に、

国郡司等各税文及倉案、注㆓其人時定倉㆒

とみえる、倉案と同一のものであろうとし、また、大同二年八月二五日「東大寺南第二倉公文下行帳」（『大日本古文書』二十五、付五五頁）にみえる「板札」や「板策」も「倉札」と呼んで差支えあるまいとしている。[8] その上で、「明確に倉札の実物といえるものは存しない」が、正倉院蔵の木簡中には類似の性格をもつものが二、三現存するとして、出納に関係した木簡四点をとりあげて論じた。

それらは正倉院伝存の木簡中の四点で、次の通りである。

(1)　天平勝宝五年三月二八日「仁王会注文」（『大日本古文書』十二、四二九頁）

(2)　天平勝宝九歳正月二七日「河内豊継銅釜検納文」（『大日本古文書』十三、二一二頁）

(3)　年不詳五月二三日「河内豊継坐火炉奩検納文」（『正倉院棚別目録』四一三、『正倉院宝物銘文集成』一七三頁）

(4)　天平宝字元年閏八月一〇日「法華経疏奉請案」（『大日本古文書』十三、二二七頁）

これらの木簡の所在に注目し、最初に論及を加えたのは『平城宮発掘調査報告　Ⅱ』であるが、そこでは、こ

れらの木簡は、それぞれの文面の内容にかかわる、物品に添えられた添札と解した。(9) これに対し東野氏は、これらの木簡には物品の員数・日付・官人名がみえ、かつ(2)・(3)には「検納如件」とみえることから、いずれも、物品を授受した際の記録と解すべきであり、(1)は治部省管理下の仁王会所、(2)・(3)は造東大寺司、(4)は造東大寺司写経所に関係するものとした。

そして、これらが物品の出納にあたっての、勘検の資料となるばかりではなく、(4)に類似の記載が、天平勝宝七歳五月三日「写経所華厳経請外嶋院帳」（『大日本古文書』十三、一三五頁以下）や、同八歳七月「経疏帙籤等奉請帳」（『大日本古文書』十三、一九二頁以下）にみえるとする『平城宮発掘調査報告　Ⅱ』の指摘をうけて、これらの帳簿作成の資料ともなったであろうと推測し、さらに、写経所の帳簿に限らず、『交替式』にいう、倉札なども正税帳作成の資料となったであろうとした。

その上で、また東野氏は、正倉院に残る一群の帳簿類はこの推測を裏付けるものであるとして、文書中にみえる「雑物収納札」や、「銭用札」を集積・整理して、「雑物納帳」や「銭用帳」が作成されたことを明らかにし、ついで、『平城宮木簡　一（解説）』が木簡であることの可能性を示唆した「板写公文」の名がみえる、天平宝字六年一二月一五日「石山院解」（『大日本古文書』五、二八八頁）は、(10) 木簡を使った事務処理過程の判明する稀な事例であるとし、それを通じて、木簡による事務処理法の普及が推定できるとした。

以上に摘記した、正倉院伝存木簡中の四点の機能に関する、東野氏の推測はおおむね妥当なものと思われる。しかし、これらのうち、特に次に掲げる(4)「法華経疏奉請案」についてさらに論をすすめ、その用途や機能を論じて、経典の貸出しの際の記録・手控えと解する点については疑義なきを得ない。

・法花経疏一部十二巻吉蔵師者

右、依二飯高命婦宝字元年閏八月十日宣一、奉二請内裏一、

・使召継舎人采女家万呂

判官川内画師　　主典阿刀連　　（290×41×3　011）

「法華経疏奉請案」の全文は右の通りであるが、さきにものべたように、『平城宮発掘調査報告　Ⅱ』は、この檜の小札に書かれた附札（木器）を経典の借用にかかるものと解し、借用した経巻に添えられたものと推測した。[11]

これに対し東野氏は「正倉院伝世木簡の筆者」の中で、本木簡が造東大寺司写経所の官人、他田水主の筆になるものであることを書風から同定したのち、ついでこの木簡は「貸出した経典の巻数・奉請依頼者・依頼の日付・奉請先・使者・裁許した官人名などがわかるように」記録したもので、貸出しにあたっては別に紙に書かれた「奉請状（送り状）」があったとして、次に掲げる天平勝宝三年五月二五日「造寺司請経文」（『大日本古文書』三、五五六頁）をその一例としてあげている。[12]

造東寺司

雑阿含経一部五十巻黄紙及表緑緒朱軸紙帙

納漆塗箱一合　　帛巾一條並岡寺

右、依二大徳宣一、奉請如レ前、

天平勝宝三年五月廿二日

次官正五位上兼行大倭介佐伯宿祢「今毛人」（自署、下同ジ）

「勘納大疏山口佐美麻呂」

「舎人弓削塩麻呂」

（比良麻呂自筆）
「返送如二前員一、仍附二舎人依羅必登一、以牒、

同年七月卅日少疏高丘連比良麻呂」

しかし、この文書は、東野氏が解釈したように、紫微中台の要請によって造東大寺司が経典を貸出した時の送り状ではなく、それとは全く反対に、宛先は省略されているが、造東大寺司が、紫微中台宛に、雑阿含経一部五十巻の借用を申し入れた文書であって、この文書を受け取った紫微中台では、この文書を留め置いて、経巻を貸出し、それが返却された時に、大疏および舎人によって勘納の自署が加えられ、さらに少疏高丘連比良麻呂の返牒の文言が書き加えられて、おそらく、経巻の返納にあたった造東大寺司の舎人依羅必登に付されて、この文書が、造東大寺司に返却されたものと解すべきである。

東野氏の誤解の根源は「奉請」の意味をとりちがえたことにあると思われるが、「奉請」とは文書の発給者が相手方に対して請求している文言であって、相手方の請求にこたえているのではない。このことは、前引の天平勝宝八歳七月「経疏帙籤等奉請帳」をみても、また次に掲げる、天平勝宝四年四月六日・八日「写経所請経文」を見ても明らかである。[13]

奉請

自外嶋堂奉請大《金字》般若経一部六百巻紫紙及表綺緒第一二帙馬

瑠軸自第三帙于（ママ）至六十帙紫檀軸

右、以天平勝宝四年四月六日奉請宣内侍勝玉虫

（朱書）
「以前大般若経以七歳十月七日奉返於法花寺長官宣使他田水主大伴苳万呂」

自▨松本宮奉請花厳経一部八十巻白紙縹（綺帯）表水精軸竹繍帙錦縁

納厨子二間一間漆塗一間以雑玉錺　覆一条錦　白木机一前

香五嚢三袋甘松香之中一袋一斤三両小　一袋一五両小　一袋七両小
二零（袋カ）凌香之中一袋七両一分小　一袋一四両小

右、以同月七（八）日奉請宣板野采女国造粟直若子

以前、為供養大会日、奉請如前、

使他田水主

下道主

村山首万呂

検知

（追筆）
「以同年八月一日、奉返中宮　御在所、使他田水主　上馬甘　大原魚次

佐伯諸上　専収納板野命婦成尼者　為同月三日説」

三嶋

呉原生人

鴨

では、「法華経疏奉請案」木簡が、東野氏のいうような、貸出しにかかわるものではないとすると、それはどんな目的・機能を有するものであったか。ここで再び、『平城宮発掘調査報告 Ⅱ』がいう「借りうけた経の控え」という見方が、顧みられなければならない。私は、このての木簡に限っては、経巻の添え札とまでは断言できないにしても、混乱をさけるために借用経に添えられる、ということがなかったとは言い切れないと思う。

経巻借用にかかわる文書として、右に例示した天平勝宝四年四月の「写経所請経文」は、大仏開眼供養会のため、中宮宮子と、その妹光明皇后の所持経の借用にかかわる文書で、しかも、借り出しのために相手側に発給した文書ではなく、写経所の内部に留め置かれた記録文書であったことはすでに指摘したことであるが[14]、とすると、この文書は「法華経疏奉請案」木簡との比較において甚だ興味深いものがある。

すなわち、「写経所請経文」は紙、それも未使用のものに書かれていたが、同じ経巻の借用控えでありながら、一方は紙、他方は木簡という区別が生じたのは何故であるか。それは、借用経の品質や、持主の相違に由来する、取扱いのちがいに帰着するといってよかろう。片や大仏開眼供養会のために使われる、荘厳をこらした中宮宮子と皇后光明子の所持経であり、他方は内裏内にあるとはいえ、並の経巻にすぎない。ここに、紙と木札に別れる分岐点があったと思う。

さらに加えて興味深いのは、「写経所請経文」もまた、「法華経疏奉請案」木簡と同様、他田水主の筆になる文書であるということである[15]。この点は、今回東野論文を読んで改めて注意を喚起されたところであるが、その結果、同一目的に対する、同一人による、紙と木簡との使い分けの実例を、ここに得たわけであって、木簡の機能論に、一つの好素材を提供したことになろう。

3　伊保田司と札家

正倉院伝存木簡の四点を中心に、いわゆる倉札の周辺をみたわけであるが、これらは東野治之氏も指摘するように、倉札の実物といえるものではない[16]。すでにみたように、倉札・倉案は、文献的には国郡の正倉にかかわるものであったが、正倉の出納実務の記録のためには、右にみた一尺ていどの短冊形木簡では、その用に足りたとは思えないのである。その点、弘仁元年簡は、私領である荘園の出納簿であるとはいえ、その様態と記載様式に、正倉の出納簿と共通するものがあるのではないか、と直感したわけであるが、このことを一つの確信にまで高めたものは、すでにのべたように、兵庫県塩田遺跡出土の土器墨書「札家」の存在であった。

塩田遺跡は、兵庫県高砂市曽根町鍋田にあり、山陽本線曽根駅の南方約五〇〇メートル、天川の東約三〇〇メートルの旧砂堆と後背湿地の接点に立地している[17]。昭和五二年、五三年の遺跡範囲確認調査において、問題の土器墨書が出土した。トレンチおよび試掘坑による調査のため、遺構の構造には不明の点が多いが、縄文時代から平安時代にいたる複合遺跡で、附近には、三角縁神獣鏡を出土した天神山古墳をはじめとする数基の前期古墳と、後期の古墳群が点在し、『播磨国風土記』印南郡大国里条にみえる伊保山は、遺跡の東方約二キロメートルにあり、また山陽道佐突駅家比定地の一つである北宿遺跡は、北西約一・五キロメートルの地点にある。

札家と書かれた土器墨書は、「□西」「大使」の土器墨書のほか、円面硯底部外面のヘラ書き刻書「伊保田司」と一緒に、同じ試掘坑から出土し、また隣接するトレンチから「三宅」「□（分カ）」の墨書土器が検出された[18]。

図１　塩田遺跡附近地形図
１．塩田遺跡　２．天神山古墳　３．北宿遺跡

1「札家」

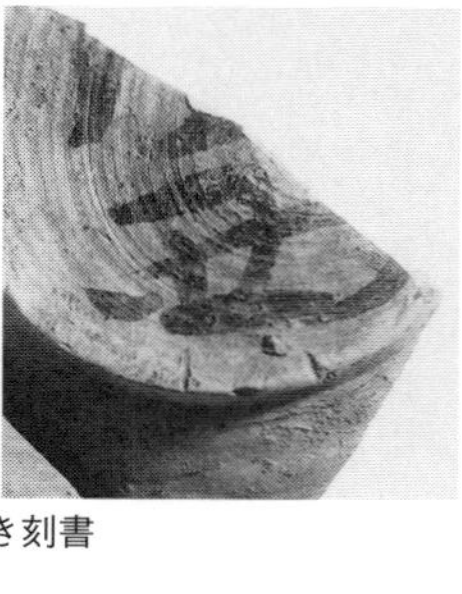
2「□西」

3「三宅」

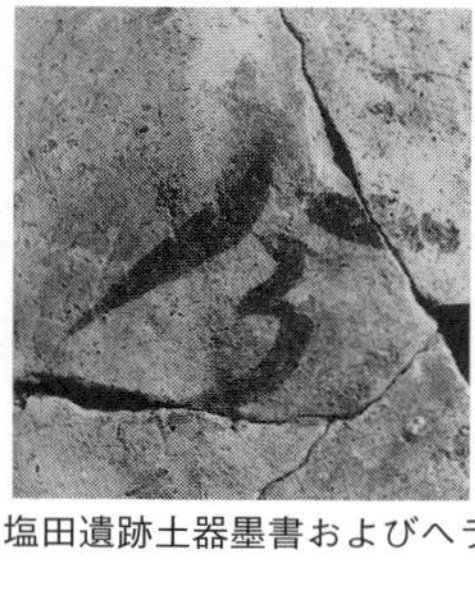
4「□（分カ）」

5「大使」

6「伊保田司」（刻書）

図２　塩田遺跡土器墨書およびヘラ書き刻書

黒田氏によると、札家・大使と書かれた土器の年代は概ね八世紀前半、円面硯は八世紀代のものとされ、また三宅と書かれた土器の年代については、特に言及はないが、八世紀末から九世紀初頭にかけてのもののごとくである。この他、緑釉陶器や軒丸瓦なども出土しているとのことであるが、明らかに、六・七世紀に遡るという遺物は出土していないようである。

塩田遺跡の性格について黒田氏は、当地が『播磨国風土記』にいう印南郡大国里に属し、いわゆる大化前代のミヤケの系譜を引く遺跡で、「伊保田司」の田司はミヤケの管理機関、「大使」は田使の大（カミ）、すなわち長官で「正田司」を意味し、田司として派遣された官吏であるとし、「札家」については、札は木簡であるとした上で、「官司では文書・帳簿を作成する補助手段として木簡が使われているから、この土器から、八世紀前半に官司がこの地に存在した事は裏付けられる」としている。[19]

黒田氏は直接言及していないが、「伊保田司」の伊保は、大国里内の伊保山に通ずる名称と思われ、また田司は、仁徳即位前紀の倭の屯田・屯倉を、屯田司出雲臣が掌ったとある記事や、壬申紀六月甲申条に、屯田司舎人土師連馬手とみえる、屯田司《ミタノツカサ》と一連の用語である。屯田は、令制下では官田として畿内にのみ限定され（田令置官田条）、大宝令では屯田・屯司と称し（田令集解置官田条・役丁条古記）、養老令にいたって官田・田司と改称されたとされている。

しかし、「大使」については、黒田氏が「正田司」と解したのには疑問があり、大は万葉仮名では「た」であることから（『日本国語大辞典』）、大使とは「たつかひ」、すなわち、令制前のミヤケの田令・田領、令制下では、荘園の田使などに通ずるものであろう。[20] ミヤケの田領については、続紀大宝元年四月戊午条に、「罷二田領一委二国司巡検一」とみえることから、律令制への移行によって、名実ともに廃止されたものと考えられていたが、先年発見された神奈川県宮久保遺跡出土の天平五年九月の年紀を有する木簡に、「田令軽部麻呂」とみえることから、田令（領）の名称は、律令制下にもなお存続したことが判明した[21]。

このことから、大宝元年（七〇一）に、直接中央から地方のミヤケに派遣される田領は廃止され、当国の国司がこれに代って、巡検を加えることになった後も、田令（領）の名称は存続し、おそらく郡散事クラスの人物がこれに任命され（あるいは郡家所属の郡雑任クラスの可能性もある）、国司の権限の代行者として、令制下にもなお実質的に存続した地方のミヤケ（畿内の官田に対し、これら外国のミヤケが、どういう形態や構造をもっていたかは、今後の課題である）の稲の収納にあたっていたと推測できる。宮久保木簡は、こうしたミヤケの稲の収納に、相模国（あるいは鎌倉郡）の田令（領）と郡稲長が、かかわったことを示すものではあるまいか。

これに対し田司は、ミヤケの経営にあたる者の職名であったと思われる。黒田氏は田司を管理機関と解したが、これは「大使」をその職名とみて対応させようとしたもので、失考であろう。田司を職名と解してこそ、「伊保田司」の名が、円面硯に刻書されていることの意味も明らかとなる。なお、伊保田司の書風は、藤原宮時代のそれに通ずるものがあり、八世紀も早い時期のもののように思えるが、いかがなものであろうか（図2―6参照）。

ついで、「三宅」と書かれた土器墨書は、右にのべた伊保田司が経営し、播磨国（あるいは印南郡）の田領が収納に当ったミヤケに他ならず、また、伊保田司のヘラ書き刻書のあることからみれば、このミヤケは、「伊保三宅」と呼ばれたのではあるまいか。

以上のように、塩田遺跡の土器墨書から「伊保三宅」の存在が明らかとなり、またそれが令制前のミヤケの系譜を引くものであるとすると、『播磨国風土記』印南郡益気里条に「所二以レ宅《ヤケ》者、大帯日子命《(景行天皇)》、造二御宅《ミヤケ》於此村一、故曰二宅村一」とある記事が、改めて注目される。日本古典文学大系本の頭注は、益気の里は、加古川の北岸、加古川市東神吉の升田が遺称地とし、『和名抄』郷名に、「益田（末須田）」とあるのが、これに当るとしている。また、ミヤケをヤケという例はないから、『風土記』の記事は、地名説明のための説話上のことにすぎない、ともしている。[22](補注)

しかし、益田の郷名は高山寺本にのみみえるもので、東急本にはなく、また、東急本には益気郷の名はあるが、高山寺本にはない。このことから、益田郷が、はたして益気郷の後身なのか、両者は、別個の郷名ないしは誤記とみるべきではないか、など疑問は尽きない[23]。

伊保山は、すでに指摘したように、大国里内にあるが、大国の名は「百姓之家、多居レ之、故曰二大国一」とあるから、五十戸一里制のもとでは、その範囲は狭小とみるべきであり、その西方に益気里が近接していた、としても矛盾はない。しかも、大国里の肥沃度が、中の中であるのに対し、益気里のそれは、中の上とあって、ミヤケが設置される条件としてはむしろ適地であった点も看過されてはならない。益気里内にあったという、斗形山《ますがたやま》や石橋《いしのはし》の比定など、なお問題点は残るが[24]、「伊保三宅」の存在が明らかになったことがもたらす問題提起として、今後の課題としたい。

以上、「伊保三宅」の解明にややてまどったが、そこにおける「札家」とは何か。黒田氏は、すでにのべたように、札が木簡を意味するとした上で、この墨書土器の存在から、八世紀前半にこの地に官司の存在したことが裏付けられるとしたが、問題はそれにはとどまらない。

札家とは、文字通り札《フダ》すなわち木簡の家であって、伊保三宅の田令が、そこで三宅の経営や稲の出納にかかわる事務をとり、それを木簡に記録した、事務所としての家のことであって、その家を象徴するものが木簡、すなわち札であったが故に、札家と呼ばれたのであろう。そして、札家を象徴する木簡は、おそらく、弘仁元年簡のごとく長大で、三宅の稲の出納を、日記風に書き継いでゆくようなものであったに相違ない。もちろん、札家で使われた木簡が、長大なもののみに限られたはずもないが、札家という文字から受けるイメージは、長大な木簡が案上、すなわち机上に置かれている風景であって、小札や短冊が案上に山と積まれた、それではない。

同様に、倉札や倉案の多くも、やはり長大な木簡とみてよく、すでにのべたように、公私の倉という区別はあれ、国郡の正倉の場合にも、弘仁元年簡様の木簡が、広く使用されたのではあるまいか。『類聚三代格』弘仁一三年九月二〇日官符の傜丁列挙部分に、

造㆓函并札㆒丁（大国六人　上国五人　中国四人　下国二人）

とみえる造札の丁は、そうした木簡の需要をまかなうための工人であり、弘仁年間にいたってもなお、国府にとっては省略できない、必需の人であり、また物であったのである。

札家という言葉が提起するもう一つの問題に、筆記素材としての、紙と木簡ということにかかわって、何故に「札家」であるか、ということがある。

すでに指摘されているように、倉札がまた倉案であり、木簡は控え、ないし土代としての第一次記録に用いられ、それらを整理し、紙に浄書して、正式の上申文書が作成されたとすれば、そこには、木簡と紙の、事務行程における使いわけがあったとみられるのであるが、札家という用例の存在は、ミヤケや荘園の現場においては、文書を端的に表現する表象が、紙ではなく木簡としての札であり、そして、そこでの両者の関係は、紙が主で木簡がこれを補うというものではなく、木簡が主役で、紙がこれを補う脇役、という関係にあったということを示

唆している。

かつて、岸俊男氏は、戸籍がヘフタ・ヘフムタ、すなわち、へのフダと呼ばれ、また屯倉の田部の籍も、ナフムタ、ナノ札と古訓にあること（欽明紀三〇年正月条）に着目し、これらの籍には木簡が使われていた可能性を示唆したが[25]、ミヤケという生産現場での管理事務が、労働力としての人についてばかりでなく、また生産物についても、木簡が主であったということを、塩田遺跡出土の土器墨書「札家」は雄弁に物語っているといわねばならない。

4　長大木簡の系譜と行方―むすびにかえて―

藤原宮西北隅出土の、長大な弘仁元年簡が、当時何と呼ばれたか、という素朴な疑問に出発した小考は、倉札・札家という文字に遭遇することによって、この種の木簡が倉札あるいは倉案と呼ばれ、またそれらが、ミヤケや荘園の管理や経営において、現場で実際に使われ、記録として保管される場所としての家屋が札家と呼ばれた可能性のあることを推定し、あわせて、筆記素材としての、紙木の選択にかかわって、木簡の機能と役割についても論究を試みた。これら小考の当否は、なお今後の木簡や土器墨書など、文字資料の出土にかかわっている点が少なくないが、一つの問題提起とはなり得たものと思う。

では、ひるがえって、長大な木簡一般が倉札あるいは倉案と呼ばれたかとなると、もちろん答えは否であって、おそらくそれらは、その使用目的や形態などによって、さまざまに呼ばれたことであろう。その一例として、すでに東野治之氏がとりあげている「四尺札」がある。

『日本霊異記』中巻、第十に、

> 和泉の国和泉の郡下痛脚《しもあなし》の村に、一《ひとり》の中男《ちゅうなん》有り、姓名未だ詳ならず。天年《ひととなり》邪見にして、因果を信《う》け不《ず》、常に鳥の卵を求めて、煮て食ふを業《わざ》とす。天平勝宝六年甲午《きのえうま》の春三月、知ら不《ぬ》兵士来り、中男に告げて言はく「国の司《つかさ》召す」といふ。兵士の腰を見れば、四尺の札《フムダ》を負ふ。即ち副ひて共に往き、纔《ひただ》郡内の山直《やまたへ》の里に至りて、麦畠に押し入る。

とあるのがそれで、[26] これによれば、中男をつれ出したという兵士が腰につけていた「四尺の札」とは、長さ四尺、約一二〇センチメートルの木簡で、徴発すべき兵士の歴名が書かれていた、国司の召換状であろうとする東野氏の推定は、おそらく正鵠を得たものであろう。[27]

ここにいう四尺の札とは、日本古典文学大系本頭注のいうように「四尺ほどの札」のことで、普通名詞化した表現とは言い切れないが、「天年《ひととなり》邪見にして、因果を信《う》け不《ず》」といわれた中男を連れだす上で、この札が、相手を信用させる証拠となったと思われるから、当時、そうした歴名簡が、兵士の徴発その他に広く使われるものであったことは疑いない。こうしたことからすれば、ミヤケの田部の籍もまた、それらや弘仁元年簡と同様、長大な木簡であった可能性がある。

歴名簡に、しばしば長大な木簡が使われたと思われることは、すでに、東野氏が「美術に現われた木簡」の中で紹介したように、『年中行事絵巻』にみえる射手の歴名簡や、『承久本北野天神縁起』にみえる、地獄の冥官のもつ「大札」（『古事談』巻四）の例などから明らかであり、また冥府の木簡には、取調べの記録用としても、紙と併用して使われている場合もあるという。[28]

昭和四四年に、平城京東三坊大路東側溝から出土した、三点の告知札と呼ばれている立札（長さはそれぞれ、一〇〇・〇センチメートル、八七・六センチメートル、一一三・四センチメートル）も、また、長大な木簡の一類型とみるべきである。[29] これらは、長方形の材の下端部を尖らせ、下方に文字のない広い空白部分を残しており、使用にあたって、土中に深く突き刺したものであることを示している。そのうちの一枚が、天長五年（八二八）の年紀を有することから、これらはいずれも平安初期のものと推定されている。そうした立札の文献的事例については山田英雄氏の論考に詳しい。[30]

これら長大な木簡の実例は、これまでのところ実物・文献を通じて平安時代以降に顕著である。しかし、すでに伊場木簡中に三点の実例があり、[32] このうち屋椋帳と呼ばれている二一号木簡は、「駅評人」の記事がみえることから、七世紀代に遡ることの確実な木簡で、長大木簡の実例としては、最古の事例に属する。

こうしたことから、長大木簡の使用は確実に七世紀代に遡り、そのことがひいては六・七世紀にミヤケの経営をはじめとして、広く政治的・経済的な支配の手段として、これらの木簡が使われていたことを推測させると同時に、また奈良・平安時代を通じて、多様な形態をとりつつ、根づよく使われつづけてきたことを知ることができる。そうした実態の解明には、新資料の出土を含めて、今後に期待するところが多いが、最後に、小考の主題にたちかえり、弘仁元年簡の意義について一言し、小考の結びとしたい。

かつて、西岡虎之助氏は、荘園制の発達を論じて〝ミヤケより荘園へ〟とシェーマ化したが、[32] この弘仁元年簡にもまた、このテーゼが貫徹している点が看過されてはならない。

弘仁元年簡が使われた荘園の性格は不明であるが、それが平安貴族の所有にかかるものであったことは疑いない。とすれば、この荘園には、ミヤケの経営方法が確実に継承されていることをみてとることができる。

　荘園経営の実態を語る史料は、土地所有や年貢収納にかかわる膨大な文書群の中にあって、九牛の一毛に等しい。この実態が、弘仁元年簡の存在をひときわ際立たしめているのであるが、時代は下って壬生家文書の中に「馬場田農事日記」と呼ばれる、室町時代の興味深い文書がある(33)。

　この日記は、文明一二年（一四八〇）三月二四日の種代の下行にはじまり、ウシツカイ《牛使い》の酒肴、サウトメ《早乙女》、一番草、二番草等の労賃にいたる支出の明細が刻明に記され、翌文明一三年六月までの分が残存している。

　この文書はもちろん紙に記されたものであるが、このことに加え、弘仁元年簡が一〇月二〇日の収納稲の記事に始まり、翌弘仁二年二月で終っている事と不思議な対照性をもっており、六七〇年という時のへだたりにもかかわらず、この二つの文書は、私には無縁のものとは思えないのである。

　それは、この二つの文書は、農事や収納稲の支出にかかわって日記を立てるという習慣が、ミヤケの経営以来、荘園の発生からその没落期にいたるまで、脈々と続いていたということを示している、と考えるからにほかならない。

　日記は、わが国に特徴的な文化の一つといわれるが、それは政治や文学の世界だけのことではなく、荘園経営という経済の世界においてもまた、存在したのであった。こうした習慣の文献的徴証は、古代・中世において顕著ではないが、おそらく広く定着し、維持されてきたものだったと思われる。『政基公旅引付』もまた、そうした伝統の中で生まれたものではなかろうか。

　こうした問題の詳論は、その方面の検討にゆだねるとして、木簡学固有の課題としては、このような荘園の経営日記が、木簡から紙にかわるのはいつかという問題がある。しかし、それを論ずべき史料も紙幅も尽き果てたいま、もはや今後の課題とせざるを得ない。

注

（1）飛鳥藤原宮跡発掘調査部「藤原宮跡の調査」（『奈良国立文化財研究所年報　一九八三』奈良国立文化財研究所、一九八三年）。加藤優「一九八二年出土の木簡　奈良・藤原宮跡」（『木簡研究』第五号、木簡学会、一九八三年）。

（2）前掲注（1）報文。村井康彦「宮所荘の構造―宮都と国衙の間―」（『国立歴史民俗博物館研究報告』第八集、国立歴史民俗博物館、昭和六〇年）。

なお、村井氏は、弘仁元年簡の記事に「宮所庄持運車引建麻呂」云々とあることから、この荘の名を宮所庄とするが、別の個所では「庄垣作料」とか、「自庄造二町六段百廿歩」、あるいは「庄内神祀料」などとみえ、荘名を省略していることを勘案すると、宮所庄をこの荘の名とすることには疑義がある。むしろ、藤原宮大極殿址東南に「宮所」の小字名があることからすれば、宮所庄はその辺りにあった他荘の名とすべきであろう。なお、問題の個所は、「宮所庄より持運ぶ車引の建麻呂」と読下すべきであろう。（文末の「なお」以下三二文字は、本書収録にあたり補う。）

（3）丸山竜平「一九七九年出土の木簡　滋賀・鴨遺跡」（『木簡研究』第二号、一九八〇年）。

（4）狩野久編『木簡』「木簡の形」（至文堂、一九七九年）。

（5）例えば、東野治之「成選短冊と平城宮出土の考選木簡」（同『正倉院文書と木簡の研究』塙書房、昭和五二年、所収）、和田萃「呪符木簡の系譜」（『木簡研究』第四号、一九八二年）。

（6）東野治之「奈良平安時代の文献に現われた木簡」（同『正倉院文書と木簡の研究』〈前掲〉所収）。角林文雄「木簡を意味する文字について」（『続日本紀研究』一九四号、昭和五二年）。東野治之「『杙』と『札』―角林文雄氏の所説を読んで―」（同『日本古代木簡の研究』塙書房、昭和五八年、所収）。

（7）黒田慶一「長原（城山）遺跡出土の『冨官家』墨書土器―長原古水田址をめぐって―」（『ヒストリア』一一一号、大阪歴史学会、一九八六年）。

(8)　東野治之「奈良平安時代の文献に現われた木簡」(前掲)。以下、とくに断らない限り、東野氏の見解はこの論文による。
(9)　『平城宮発掘調査報告Ⅱ　官衙地域の調査』(奈良国立文化財研究所、一九六二年)八六頁。
(10)　『平城宮木簡一(解説)』(奈良国立文化財研究所、昭和四四年)二一頁。
(11)　前掲注(9)。なお、この木簡の文書名は「法華経疏奉請文」とすべきであるが、しばらく『大日本古文書』の文書名に従う。
(12)　東野治之「正倉院伝世木簡の筆者」(同『正倉院文書と木簡の研究』〈前掲〉所収)。
(13)　拙稿「小杉榲邨旧蔵『写経所請経文』について」(『南都仏教』四三・四四合併号、南都仏教研究会、昭和五五年)。本書第一部第六に収録。
なお、次に掲げる釈文は、その後の観察による補正を加えた。とくに、松本宮よりの借経の日付は、従来八日を七日に訂正したと解されてきたが、今回、再三にわたる観察の結果、最初七日と書かれていたものを、八日と訂正したものとすべきことが判明した。このことにより、この訂正が、当初四月八日に予定されていた大仏開眼供養会の一日延長と、矛盾なく理解できることとなった(初出拙稿二〇頁および、本書二四二頁参照)。
(14)　前掲注(13)拙稿。
(15)　このことは、「写経所請経文」の使の筆頭に、他田水主の名がみえること、および、注(13)の拙稿に掲げた写真と、東野治之『正倉院文書と木簡の研究』(前掲)口絵一頁所載の他田水主の筆跡との照合の結果などから判明する。
(16)　東野治之「奈良平安時代の文献に現われた木簡」(前掲)一三頁。
(17)　『塩田遺跡2　第3・4次範囲確認調査概報』(塩田遺跡発掘調査団・高砂市教育委員会、一九七九年)。
(18)　注(17)の調査概報では、「札家」を「北家」と判読しているが、黒田論文(前掲)に従うべきであろう。また、調査概報で「今」と判読したものには疑問が残る。小考では「□《(分カ)》」とした(図2―4参照)。
(19)　前掲注(7)論文。
(20)　欽明紀一七年七月己卯条の備前児島郡の屯倉の田令の注に「田令、此云㆓陀豆歌毗㆒」とあることはよく知られているが、古訓にはまたタツカサともあって(欽明紀三〇年四月条の田令も同じ)、ある時期以降、タツカヒ・タツカサの区分が曖昧になったことが知られる。しかし、ここではそれを平安中期以降のこととみて、元来はタツカヒとタツカサには区別があった、と考える立場に立つ。

(21) 神奈川地域史研究会編『シンポジウム　宮久保木簡と古代の相模』（有隣堂、昭和五九年）。宮久保木簡の釈文は、次の通りである。

・鎌倉郷鎌倉里□□□（軽マカ）寸稲天平五年九月
・田令軽マ麻呂郡稲長軽マ真田　250×22×7〜9　051

(22) 秋本吉郎校注『日本古典文学大系2　風土記』（岩波書店、昭和三三年）二六四〜五頁。

(23) 池辺彌著『和名類聚抄郡郷里駅名考証』（吉川弘文館、昭和五六年）五八九頁。

(24) 日本古典文学大系本の頭注は、斗形山は升田にある升田山で、旧名を益気山・岩橋山というとし、また、石の橋については、升田山の東南麓にある石の階とする（二六六〜七頁）。

(25) 岸俊男「木簡」（『新版考古学講座』第七巻、雄山閣、昭和四五年）。

中国では晋令に「郡国諸戸口黄籍々、皆用二一尺二寸札一」とあり、紙木併用時代に入った魏晋代でもなお、戸籍に木簡が使われていたという（東野治之「奈良平安時代の文献に現われた木簡」〈前掲〉三八頁）。なお、東野治之氏は、岸氏の指摘をうけて庚午年籍以前に、わが国でも戸籍に木簡が使われた可能性を認め、職員令集解治部省条古記に、譜第を注して「譜第者天下人民本姓之札也」とあるのに注目し、系譜・族譜の類も、木札に記されることがあったかもしれないとする（同上、四〇、五一頁）。また、角林文雄氏も、木簡使用の開始を官僚制発展の一部とみて、いわゆる大化前代に、戸籍や中央政府の倉の管理などに、木簡が用いられた可能性があるとする（同「木簡を意味する文字について」〈前掲〉）。

(26) 遠藤嘉基・春日和男校注『日本古典文学大系70　日本霊異記』（岩波書店、昭和四二年）、「常に鳥の卵を煮て食ひて、現に悪死の報を得る縁」。なお引用にあたって、一部表記を改めた。

(27) 東野治之「奈良平安時代の文献に現われた木簡」（前掲）七〜八頁。

(28) 東野治之『正倉院文書と木簡の研究』（前掲）一〇一頁以下。

(29) 横田拓実「一九六九年度発見の平城宮木簡」（『奈良国立文化財研究所年報　一九七〇』奈良国立文化財研究所、一九七〇年）。

（30）山田英雄「平安時代の日記にみえる木簡」（『木簡研究』第六号、一九八四年）。

（31）伊場木簡中、一四号（1465×69×13）、二一号（(1165)×(62)×10）、一〇五号（(723)×(27)×9）の三点がこれに含まれよう。『伊場木簡』（伊場遺跡発掘調査報告書第一冊、浜松市教育委員会、昭和五一年）。『伊場遺跡遺物編　2』（伊場遺跡発掘調査報告書　第四冊、浜松市教育委員会、昭和五五年）。

なお、長大木簡という場合、その基準や規模が問題となるが、私見では、一メートル（三尺）前後のものを中心に、七〇～八〇センチメートル以上を、ひとまずこの範疇に含めてはどうかと考えている。

（32）西岡虎之助「ミヤケより荘園への発展」（『荘園史の研究』上巻、岩波書店、昭和二八年）。

（33）宮内庁書陵部『壬生家文書』一「官務所領関係雑文書　一二」（図書寮叢刊、昭和五四年）。

【補記】

成稿後、二つの啓発を得た。

一つは、工藤敬一氏の御案内で、熊本大学所蔵の阿蘇文書を拝見中、阿蘇家文書・建武二年（一三三五）正月「肥後郡浦荘得用名百姓注文」二通（『大日本古文書』家わけ十三・阿蘇文書之一、八五・八六）の中に、「百姓日記」と呼ばれるもののあることを知ったことである。

この二通の文書は「□（注）進　得用名百姓日記事」で始まり、そのうち、一通の端裏書には「得用跡百姓等日記」とみえ、また、文中の百姓歴名に「三斗まき」、「二斗まき」等の注記があること、および、正月九日として名寄せがあることなどから、この文書が得用名の、「百姓日記」なるものをもとに作成され、惟光なる差出人から注進されたものであることが判明する。「百姓日記」の実態は、もとより不詳であるが、おそらく、「馬場田農事日記」に通ずる営農日記とみるべきものであり、南北朝期の肥後国の荘園経営に、日記が存在していたことを明示するものといえよう。

もう一つは、石上英一氏から、大和国西大寺文書中の、建保四年（一二一六）一〇月二〇日「源栄田地去文案」の文和四年（一三五五）一一月日付奥書に、「件寄進状之正文者、雖レ納二置仏供米蔵一、此蔵之管領事、為二毎年廻年豫（預カ）之沙汰一、而若有二紛失之事レ歟、仍故記二録此札一也」とあることの示教を得たことである（『鎌倉遺文』四—二二七一）。

匆々の間、この文書の現状は確認できていないが、文面からみる限り、紙に書かれた正文の紛失を恐れて、より安全で確実な「札」に書き写したものであることが判明する。このことは、元興寺極楽坊の柱に刻まれた田地寄進状を想起させるが（田中稔「金石文としての寄進状の一資料」『文化史論叢』奈良国立文化財研究所学報第三冊、昭和三〇年）、万事に無常で不安な中世において、板写の公験としての木簡が、新たな意義と機能とを帯びてきたことを示している。

ここに示された、木札の新たな機能は、こののち、棟札などにもまた、継承されていったのではあるまいか。静岡県下田市内の社寺に所蔵されている、南北朝期から現在にいたる千百余枚の棟札は、その顕著な例証というべきであろう（『下田市社寺棟札調査報告書Ⅰ』下田市教育委員会、昭和六一年）。

【追記】

小考の作成にあたっては、資料の収集について、山中敏史氏の労をわずらわし、また、塩田遺跡出土の土器墨書の写真の掲載にあたっては、兵庫県高砂市教育委員会の御高配を得た。ここに銘記して、深く感謝の意を表します。

【補注】

本論文初出時は、『播磨国風土記』の引用は、日本古典文学大系（岩波書店）本によった。その後に刊行された、新編日本古典文学全集（小学館）本（一九九七年第一版）では、「印南郡」は「賀古郡」の部に収められた（同書二四頁以下。頭注10参照）。

付論　木簡学会創立のころ

一九七九年一二月に、木簡学会が創立されてから、今年で三〇年になる。三〇年といえば、十を三つ並列した文字、「卅」が世でもあるとされるように、三〇年一世代、たしかに、ひとつの時代が過ぎ去ったわけである。木簡学会第十回大会を迎えた一九八八年、当時委員の一人であった私は、『木簡研究』第十号の巻頭言を書く破目となった。この十回大会は、平城宮木簡三〇年の総量三万点に匹敵すると予測された、長屋王家木簡出土ニュースの興奮さめやらぬ中で、開かれた大会でもあった。

その巻頭言の中で、木簡学会発足時に、全く思いもかけず委員の一人に選ばれた事情についてふれるところがあった。そこでは次のように記している。

第一回大会に先立って開かれた七九年三月三十一日の設立準備総会で、会の性格や構成をめぐって激論が交された折、若気の至りで推薦制や高額会費のコンセプトについて強気の発言をしたことが、坪井清足・前奈良国立文化財研究所長の耳目にとまり、はからずも委員に推薦されるというハプニングにつながったことは、つい昨日のことのようである。

文中、第一回大会とあるのは一九七九年一二月一日開催の、『木簡研究』創刊号を初めて手にした大会のことであるから、それに「先立って開かれた、七九年三月三十一日の設立準備総会」と記したのは、私の記憶違いであった。

今回この小文を書くにあたって、当時の平城宮跡発掘調査部史料調査室長、ついで同部長として、木簡学会の設立に中心的役割を果された狩野久さんに、改めていろいろとお尋ねしてみて判明したことは、私の発言があったのは、一九七七年一二月一三・一四日の両日開かれた、第三回木簡研究集会の終了後、木簡学会設立に向けてどのように準備を進めるか、話合いがもたれた折のことであった。この会には、特に名称はなかったようであるが、仮りに「懇談会」と呼んでおくと、この会で木簡学会の性格や構成、会費などの問題がかなり突っ込んで議論され、そして、最後にその意向を帯して、会則や会費の額などの案を作成する、設立準備委員が選出されることとなったのである。私の発言は、この懇談会の席上のことで、委員に推薦されたのも、この懇談会であった。

明る年の三月三一日の午前、木簡学会設立準備委員会が開かれ、引き続きその日の午後に開かれた木簡学会設立総会において、準備委員会の原案が提案されて、慎重審議の結果可決、ここに木簡学会が発足したのである（『木簡研究』創刊号、彙報）。木簡学会発足時の委員・幹事等は別表の通りであるが、その顔ぶれは、設立準備委員がほぼそのまま就任することとなったのである。

木簡学会創立当初の役員表

役　員

会　長　岸　俊男
副会長　大庭　脩　平野　邦雄

委　員　青木　和夫　岡崎　敬　門脇　禎二　狩野　久　田中　琢
　　　　田中　稔　坪井　清足　直木孝次郎　早川　庄八　原　秀三郎
監　事　関　晃　土田　直鎮
幹　事　佐藤宗諄（編集）鬼頭　清明（庶務）和田　萃　栄原永遠男　東野　治之
　　　　町田　章　岩本　次郎　加藤　優　綾村　宏　今泉　隆雄
　　　　清田　善樹　佐藤　信

元に戻って、懇談会での論議の中心論点の一つは、出土したばかりの木簡という、うぶで神経質な遺物を目の前に置いて検討するという、まさに、臨床的な研究集会を中心とした、大会運営を維持しつつ、公的機関からはひとまず離れた、独立的な学会を運営してゆくというためには、木簡の保存・管理という点からも、自ら会員数は限定されざるを得ない、という問題であった。一方、その当時、凡そ七〇〇名はいるだろうといわれた古代史研究者の木簡新情報に対する関心や、期待の高まりに、開かれた学会として、どう応えていくかという課題もあった。

この二律背反ともいうべき問題点をめぐって、それをどう調整すべきかという難問に直面したこの懇談会の雰囲気を、かつては「激論が交された」と書いたが、今にして思うと「熱気を含んだ緊張の中で、論議された」とした方が適切だったかも知れない。

三〇年ほども前のことであり、その時の記憶は定かではないが、発言の主旨は、会員の要件として、知りたいという研究者の関心や権利を優先するよりも、会の目的に即した研究者の社会的責任、ないし義務を遂行し得る力量を第一原則とすべきであり、そのためには、日本の歴史学界では例外的な、推薦制や、会誌の頒価をはるかに上まわる高額の会費も、学会維持のためには止むを得ないのであって、卑近な言い方をすれば、なりたい人よりも、なってほしい人を、ということであったように思う。

設立総会での審議の結果、原案通り会員二名による推薦制と、年一回の会誌発行、会費年一万円という、当時の歴史学界ではいささか異例ともいうべき木簡学会が発足することになったのであるが、これは勿論私の発言によってそうなったのではない。「岸・田中（稔）・狩野など奈良近辺の準備委員」でとりまとめられた原案（前掲彙報）の大筋に、自分なりの味付けを加えた〝総会屋的発言〟だったのである。とはいえ、顧みてこれは単なるその場凌ぎの理屈ではなく、木簡学会の出発と基礎固めのためには、やはり、こうした理由づけが必要ではなかったか、と今でも考えている。

この発言が、坪井所長（当時）の耳目にとまり、準備委員選出の段になって、「原も入れとけ」という一声となり、晴天の霹靂、全く思いも寄らなかったことが降って湧いたのである。

時は遡って一九六五年四月、坪井さんが文化財保護委員会（文化庁）に転出されたのと入れ替りに、私は奈良国立文化財研究所に入所した。〝鬼の居ぬ間〟に少々悪戯をして、偶々坪井さんが研究所に見えられた折に、「文句があるなら、直接、俺に言え」と、一喝された「前科」があっただけに、この時の抜擢は、坪井さんの懐の深さを思い知らされた、生涯忘れ得ぬ、有難い思い出である。

木簡学会の原型は、一九七六年から三年間開催された、奈良国立文化財研究所の木簡研究集会にあった。私は第二回からの参加であったが、そのことに思い至って、当時の関係資料を書庫から引きずり出してみると、各年

前列左から、平野邦雄、門脇禎二、直木孝次郎、坪井清足、弥永貞三、井上光貞、岸俊男、関晃の諸先生、右端に立つのは、狩野久・平城調査部長（当時）。

次終了後に作成された『木簡研究集会記録』があって、すでに第二回記録の「はしがき」の中で、「この研究集会は三年を目途にしており……（終了後は）……なんらかの形で、このような集会を存続させたい」と、木簡学会設立に向けた方向づけが示されている。また、この『集会記録』の編集や構成が、その後の『木簡研究』と基本的に同一であり、『木簡研究』では、各年次ごとの出土木簡の遺跡別サマリーが、『集会記録』では、「木簡出土遺跡一覧」となってはいるものの、ここに『木簡研究』の雛形を見た思いがした。

また、たまたま残っていた第三回研究集会への出席依頼状には、開催要項5、「集会参加予定者」の欄に「発掘等各調査機関の木簡研究担当者／木簡の調査研究に関心の深い研究者／文化庁文化財保護部及び文化庁附属機関の関係職員とする」と記されていて、木簡の研究集会のねらいがどこにあったか、その核心を知ることができる。因に、

第一回の参加者は四一名、第二回四七名、第三回五一名であった。

木簡学会設立総会に向けての案内状は、「先の三回にわたる木簡研究会への参加者に限った」と創刊号の彙報には記されている。やはり、木簡学会は、立前上はともかく、実質的にも、系譜的にも、奈良文化財研究所を母体として生まれた学会であり、この母斑はこの先も容易に消え去ることはあるまいし、また、あってはなるまいとも思う。

最後にもうひとつ。破れかかった資料袋の中から、第三回木簡研究集会の記念写真が、白い角封筒に入ったままで出てきた。木簡学会設立総会の出席者は、この写真の顔ぶれとほぼ重なっていると見てよいであろう。この設立総会で選出された委員・監事一五名（会長・副会長は委員会の互選）のうち、既に鬼籍に入られた先生方は、初代会長・岸俊男先生を始めとして九名に及ぶ。また、最初の幹事一二名中、鬼頭清明君もすでに亡い。

木簡学会三〇年、一世代の時の移ろいが、身に滲みる秋である。これからの三〇年、次世代に託された木簡学会の行方に、叡智の発揮と神明の加護とを願いつつ、生ある限り見守り続けたいものと思う。

第四　土器に書かれた文字—土器墨書—

1　墨書土器の発見—平城宮跡と柚井遺跡—

平城宮東大溝

昭和三年（一九二八）正月七日のことであった。和田常次郎さんは、自分が小作する、奈良県生駒郡都跡村佐紀小字石田の田圃から、多数の玉石を掘り出した。水持ちのよくない田には石が埋っている、という永年の経験から、ねらいをつけて、みごとに掘り当てたのである。

必要なだけの石数十個を運び出したあと、これがあるいは、平城宮にかかわるものではないかとの疑念から、地主である溝辺文太郎さんを通じて、奈良県古社寺修理技師岸熊吉氏に実査方を申し出た。溝辺家は、平城宮址一帯の地主で、祖父の文四郎さんが、棚田嘉十郎らと平城宮跡の保存に努力していらい、子の文和さんにいたる三代にわたって、平城宮跡保存に功があったことで、よく知られている。

報せを受けて、これを一見した岸熊吉氏は、平城宮に重大な関係をもつ遺構と直観し、これを明らかにするためには、組織的な発掘調査が必要であるとして、溝辺文太郎さんとはかり、同月一四日から発掘調査に着手した。

調査は、奈良盆地特有の厳寒荒天に阻まれて難航し、農事の始まる四月までに、延べ三〇日を費やし、全長一八〇尺（五四メートル余）、幅一間（一・八メートル余）、深さ七、八尺（二・一～二・四メートル）の、丸石積みの大溝を掘り上げ、さらに溝の中から、瓦をはじめ多量の須恵器や土師器、それに陶硯などの遺物を採集した。そして、その土器の中に「墨書の存する窯器」（岸熊吉氏は、今日須恵器とよんでいるものを、窯器といっている）六点と、漆塗の痕跡のある土器多数とを発見したのである。(1)

墨書は、「内掃」「膳」「省」「内省」と書かれたもののほか、「守」と判読できるものや「此阮私家持往人之……宮」と三行に書いたものがあった（図1参照）。これらが、岸熊吉氏にいたく学問的興奮を与えたらしいことは、「墨書と漆塗を施した遺物を、土中より発見された事は全く本遺溝を以て嚆矢《こうし》とするから、此点だけでも考古学界に貢献すること極めて甚大なりと考へ、更に此等の新事実を詳かにして、云々」（同上、二八ページ）という、いささか気負った文言にもよく表れている。

岸熊吉氏は、そうした意欲にかられて、これらの墨書の考証を試み、「内掃」とは、弘仁一一年（八二〇）に大蔵省掃部司と宮内省内掃部司とが併合されて、宮内省掃部寮となる以前の内掃部司のことであり、「内省」は、宮内省の宮が欠けたもの、「膳」は、後宮十二司の一つの膳司、あるいは人名の一部とし、「此阮云々」については、「此椀を私家に持往く人之云々」と読むべきものであるとして、これらがいずれも、平城宮と深い関係にある遺品であることを考定したのである。

戦後、奈良国立文化財研究所によって、平城宮跡の発掘調査が本格的に行なわれるようになった昭和三九年、岸熊吉氏の調査した溝の南方で、それにつながる大溝が調査され、この南北にのびる大溝は、宮城東部における排水溝の幹線であることが確認された。その折の調査では、溝内から多量の土器類のほか、施釉陶器、土馬、木製容器、檜扇、箸、和同開珎以下の銅銭、それに天平元年（七二九）、同二年、天平勝宝七歳（七五五）などの年紀のある木簡が出土し、また、「大炊」「宮内天長節」「宮内省」「厨」「廳」などと書かれた土器も出土した。

昭和三年の岸熊吉氏による墨書土器の発見は、氏がくり返し強調するように、正倉院御物の薬壺に記された墨書を除けば、学問的に注目されたものとしてまさに嚆矢とすべきものであり、また坪井清足氏がいうように、平城宮墨書土器の研究は、岸熊吉氏に始まったということができる。(2)

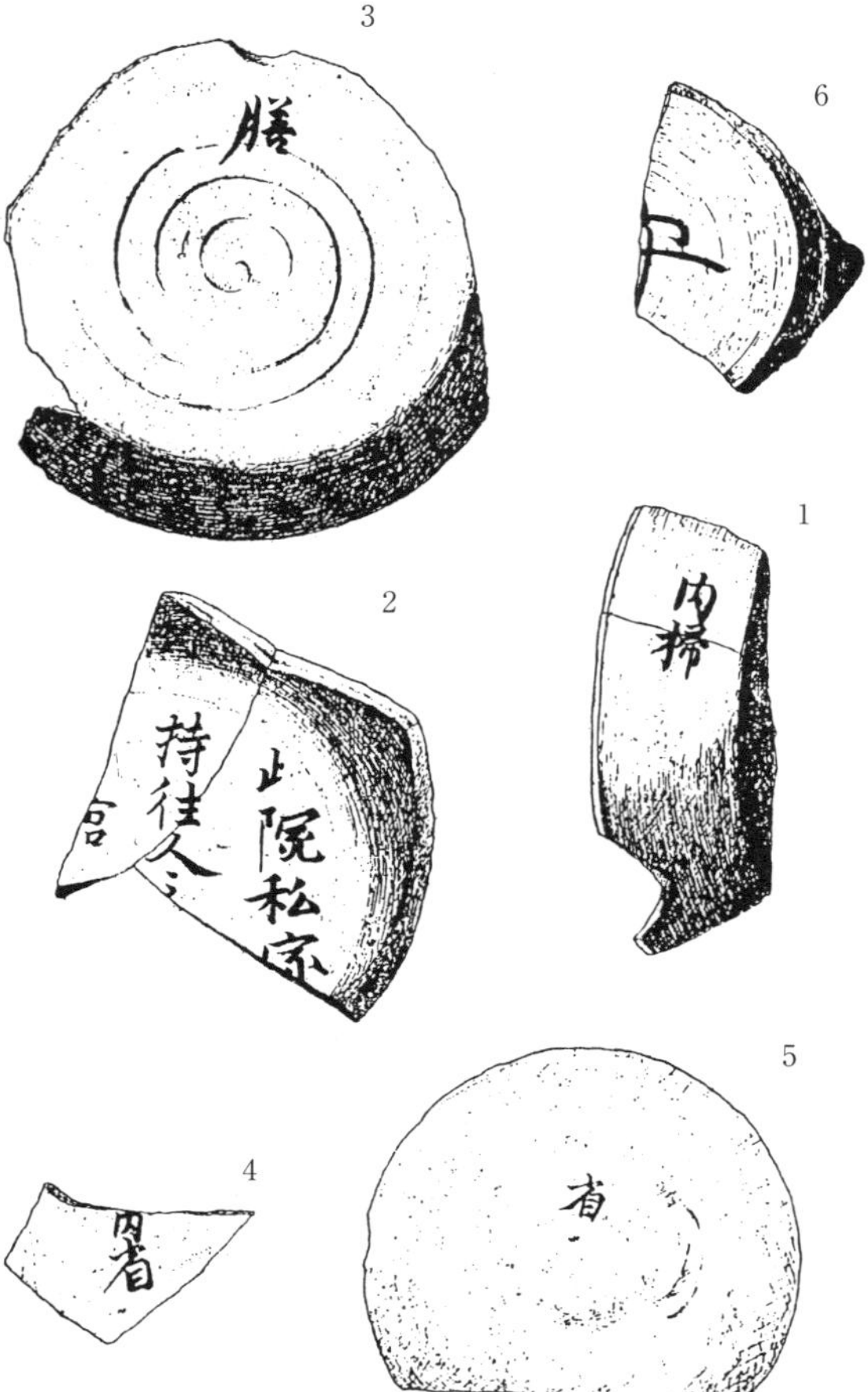

図１　昭和３年発見の平城宮東大溝出土土器墨書
（岸熊吉「平城宮遺溝及遺物の調査報告」より転載）

岸熊吉氏は、本書の編者である岸俊男氏の厳父であり、(補注)東京美術学校建築科を卒業後、ながらく奈良県技師として、建造物を中心とした文化財の保存調査にあたり、『日本門牆史話』（大八洲出版、一九四六年）などの著書もある。

後日談であるが、奈良国立文化財研究所の調査で東大溝から木簡が出土したことから、昭和三年の調査では木簡を見落してしまったのではないかと、岸俊男先生が折にふれ気にされていたことを、狩野久氏から聞いたことがある。父を想う子の心というべきであろうか。

柚井の墨書土器

岸熊吉氏が、平城宮東大溝で土器墨書の発見に胸をおどらせていたころ、ほぼ時を同じくして、三重県下でも、文字の書かれた土器の発見に胸をときめかせていた人々がいた。

三重県柚井《ゆい》遺跡は、多度神社で知られる、桑名郡多度町大字柚井字壱番割にあり、多度神社とは、多度山の尾根をはさんで、北東と南西に相対し、遺跡のすぐ北を、美濃との国境である境川が流れ、東側には、美濃街道が北上している。

柚井遺跡の発見は、昭和三年一月中旬から始まった、耕地整理により、貝殻をはじめとする、多量の遺物が出土したことが端緒となって、当地の郷土研究者の注目するところとなり、鈴木敏雄・伊東富太郎・林魁一氏らが調査や遺物の採集を行ない、三重県史蹟名勝天然紀念物調査委員であった、鈴木敏雄氏によって学界に報告されるところとなった。(3)

柚井遺跡は、当初、貝殻を多量に出したことから、柚井貝塚と呼ばれ、工事期間中に、土師器・須恵器・灰釉陶器・緑釉陶器、それに、弥生土器などの土器類をはじめとして、斎串・火切具・曲物・下駄・弓・櫛などの木製品、瓦片、皇朝十二銭の一つ長年大宝、鏡片、鉄片、砥石、獣骨、桃をはじめとする種子類、などが出土したが、今日では、わが国で最初に、木簡三点が出土したことで注目されている。しかしそれとともに、一三〇点余におよぶ墨書土器が、平城宮跡での発見とほぼ同時に、出土したことを忘れてはならない。

柚井遺跡の性格と研究史については、出土木簡の追跡と究明を中心とした、栄原永遠男氏の丹念・周到な研究がある[4]。それによると、柚井遺跡は当初、五ヵ所にのぼる貝層の存在が注目され、柚井貝塚と呼ばれていたが、遺物は貝層内ばかりではなく、その下や周辺の泥炭層（スクモ層）からも広く発見され、とくに、墨書のある土器類や、木簡をはじめとする木製品の多くは、この泥炭層から採集されたようで、これらの文字資料と貝層とは、直接の関係はなさそうである。

遺跡発見三年後の昭和六年、現地に臨んだ考古学者・島田貞彦氏は、弥生式土器を包含する貝塚の上に、墨書土器や木質遺物が、遺跡南方の台地から廃棄されたと推定した。また、遺跡の調査と学界への紹介を果たした鈴木敏雄氏は、当時はこの辺りまで海湾が深く入りこみ、海辺の藻類が繁殖した所に、諸種の不要物が投棄されたと考えた。

鈴木敏雄氏は、学界への最初の報告である「多度村柚井貝塚誌考」を昭和三年一〇月五日発行の『考古学雑誌』（一八―一〇）に寄せ、その中で祝部土器（広義の須恵器）には、「暗灰青色を有する通常の祝部土器」＝須恵器と、「灰白色硬実の後期祝部土器」＝灰釉陶器とが混在するとのべたのち、

> 器背に（何れも盌型器、皿型器）文字を黒《墨カ》書せるもの十一片あり。嘗て津市南郊千歳山より皿型器に「大」字を黒《墨カ》書せしものを発掘せしことあり。今回の分は其量も多く文字にも変化あり。明に読み得るもの「加福」、「平安」、「太津」〔以上三片伊東氏蔵〕、「石見」等にして其他は破片又は文字薄くして読むべからず。

と、墨書土器に関する第一報を記した。文中、伊東氏とあるのは伊東富太郎氏のことで、柚井遺跡にいちはやく

注目し、出土遺物の採集と記録につとめた人物で、『柚井遺跡調査日誌』を残している。(5)

ついで、鈴木敏雄氏は、昭和六年一一月、「三重県桑名郡柚井貝塚発見墨書土器」の一文を『考古学雑誌』(二一―一二)に寄せ、次のように論じた。

まず、「陶質土器に墨汁を以て文字又は徽号《きごう》の類と思はるゝものを書せるもの我が県下数ヶ所の遺跡より発見せられしと雖《いえど》も、而《しか》もこの柚井貝塚よりは甚しく多数の該器片を出せり」として、柚井遺跡からは、墨痕鮮明なるもの約六〇例、墨痕あるも不明にして判じがたきもの約七〇例が出土したとし、判読できたものについては、まず字数による分類を試み(表1参照)、字体については「能手たらざるものも存すと雖も、其大概につきて言へば何《いず》れも能筆たるを称し得べし」として、その書かれた時代は、嘉祥元年(八四八)鋳造の長年大宝四個のほか、藤原鏡一面(破片)、藤原期の特質ある土器(今日いう灰釉陶器)相当量を伴出したことなどから「藤原期以前」、つまり、平安時代以前とし、また、「其書体よりして藤原期、奈良期の格式あるは当時の写経字体等と比較して大いに首肯するところあるべし」ともいっている。

表1　柚井遺跡出土の土器墨書一覧

1字のもの	反、吉、助、萬（8）、新（2）、田、磨
2字のもの	井上、太津、石見(カ)、福多、福善、加福（4）、宅安（4）、田生、大善、太富（11）、平安（14）
3字のもの	黒川田

鈴木敏雄「三重県桑名郡柚井貝塚発見墨書土器」より作成。(　)内は点数。

ついで、これらの墨書土器が、何の目的のために書かれたかを問題とし、関連資料や文献上の手がかりは欠くが、「蓋《けだ》し支那の墨書土器関係あるは想見するに難《かた》からず」とした上で、一字のものには「田」「反」など耕耘に関係するもの、「吉」「新」「萬」などの吉祥文字、二字のものには「井上」「太津」(多度津の略であろう―原)、「石見」などの地名のほかは、「福多」「福善」「太富」など、吉祥文字がほとんどであるとして、「特殊の日を選んで之を字書し、将来の福徳を冀《ねが》ひしに非ざるや」と推定した。また、「特に寄字《よせじ》（三字を合せ一字としたもの、合字ともいう―原）、左字（左文字ともいう―原）等に至りては或は呪術の意あるやにも考へられる」とし、総じてこれらの筆者については、「寺僧或は郷中一二の限られたる人々の書写なるべき」と推測し、さらに「多数例あるものにつきて精細に考察すれば或は同一筆者ならざるやを思はしむものあるは之が一証とするに足らん」と結んでいる。

この鈴木敏雄氏の一文は、四ページに満たない短文とはいえ、ゆきとどいた考察を簡潔な文体で的確に表現しており、また私の知る限り、文字の書かれた土器を、しかも、「墨書土器」という概念を最初に用いて、はじめて論じた専論であり、永く記憶さるべきであろう。

墨書土器の二つの典型

この鈴木氏の専論に接した岸熊吉氏は、さきの平城宮東大溝の調査報告の中でこれをとりあげ、平城宮跡出土の墨書土器との比較検討を試み、両者の比較対照表を作成した上で、

年代は兎も角大体に於て形式手法に近似点を見る。又埋没地と遺物の関係上、墨書の目的にも自ら多少の相違はあるが、かゝる遠隔の両地から、殆んど時を同じうして未曽有の貴重な資料を発見せられたことは、全く奇蹟と称すべきで茲《ここ》に一層感興を深うする次第である。

と付言している。岸熊吉氏の調査報告が掲載された、『奈良県史蹟名勝天然紀念物調査報告』一二の奥付を見ると、「昭和六年三月三十一日印刷、昭和九年八月二十五日改訂、昭和九年八月三十一日発行」とあるから、岸氏はおそらく、鈴木敏雄氏の論考に接し、一度刷り上った原稿に、柚井遺跡との比較検討の部分を書き加えたのであろう。それが「改訂」とあることの意味で、刊行が遅延したのも、このことに一因があるのではあるまいか。

それはともかくとして、たしかに岸熊吉氏もいうように、昭和三年、ほぼ時を同じうして、平城宮という古代

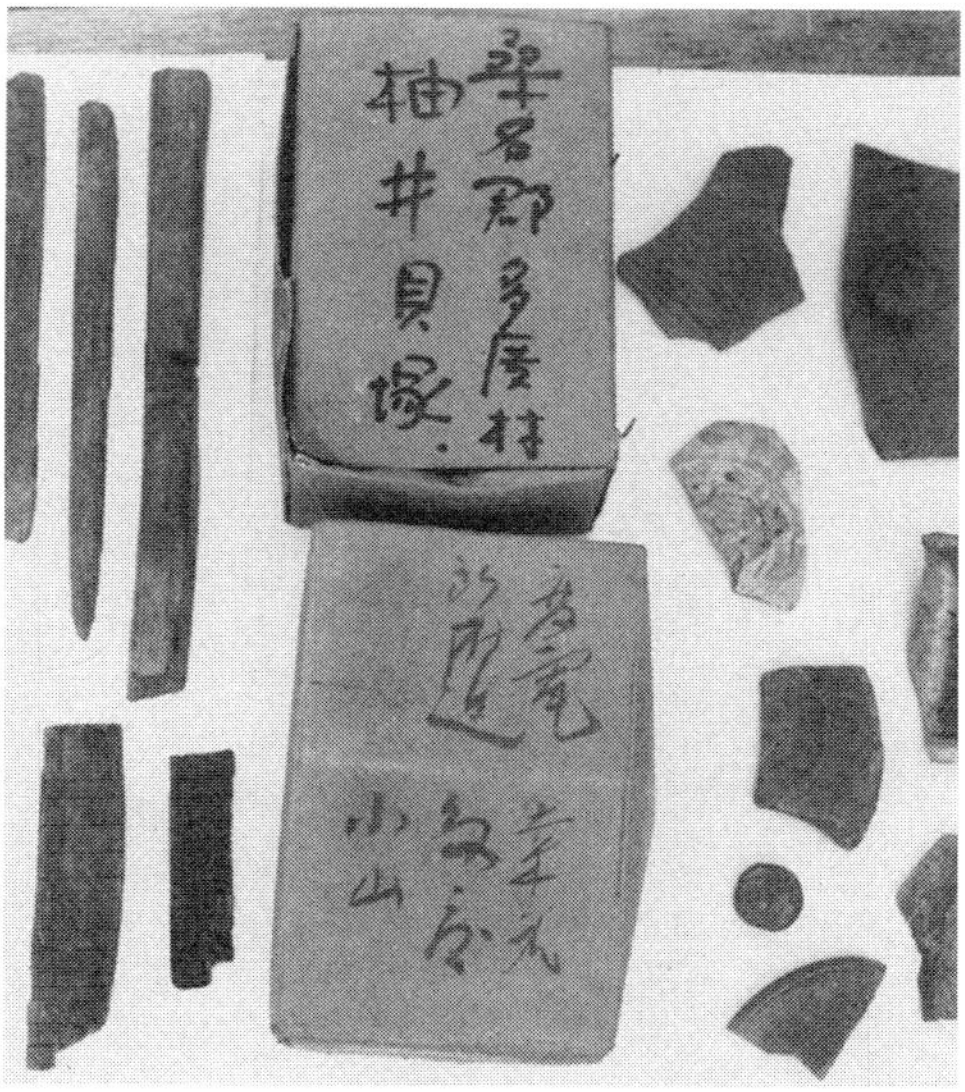

図2　柚井遺跡出土遺物の一部
鈴木敏雄氏の発掘によるもの。現在、桑名市博物館蔵
（栄原永遠男氏撮影）

柚井遺跡出土木簡釈文

〔第一号〕
櫻樹郷□（楽カ）頭守部□代籾一石□五百□
〔第二号〕
櫻樹郷守部春□□□籾一斛
○三号木簡は釈文不明（栄原論文参照）

日本の中枢官衙と、柚井遺跡という地方の祭祀遺跡とで、ほとんど同時に、墨書のある土器がまとまって発見され、その研究が開始されたということは、まことに偶然のなすしわざではあったが、それは、今日全国的な広がりを示す墨書土器研究の、その後の展開をあたかも暗示しているかのようである。

柚井遺跡は、その後の研究によって、同時に出土した木簡三点の解明もすすみ、その性格については、平安初期の多度山信仰にかかわる遺物が、ここに廃棄された祭祀遺跡であることがしだいに明らかとなってきている。

柚井遺跡出土木簡にみえる櫻樹郷とは、美濃国石津郡の郷名で、守部の姓を有する者には音声舎人として名の見える人物もあり、声楽にかかわる氏族と推定されている。また、一号木簡の不詳文字を「楽頭」と読むことができるとすれば、柚井遺跡の祭祀には、隣国から守部が楽頭として参加していたことが判明するのである。(6)

柚井遺跡の墨書土器にもっとも顕著な、「平安」（一四例）・「太富」（一一例）・「萬」（八例）・「加福」・「宅安」（各四例）といった吉祥文字や吉祥句は、こうした祭祀の場で、人々が平安や招福、富裕や家の安全を願って、神に捧げものをした祈りの文字であったろうし、また地名や農事にかかわる文字は、その祈りの主体や、対象を記したものでもあろう。

こうした、いわゆる吉祥文字や吉祥句の大量出土は、のちのち時として人名と解釈すべきものまでも、この概念で説明してしまう弊害を生みはしたが、その後の同種の墨書の解釈に、一つの有力な根拠を与えたのである。

これに対し、平城宮跡出土の墨書土器は、昭和三〇年代から本格的に始まった平城宮跡発掘調査の過程で、追加資料が続々と発見され、その多彩な成果は昭和五八年、『平城宮出土墨書土器集成Ⅰ』（奈良国立文化財研究所）として公刊された。そして昭和三六年には、平城宮木簡が発見され、地下に埋蔵された古代文字資料の世界は、これを契機に一挙に開花し、今日の隆盛をみるにいたったのである。

いま、土器に書かれた文字だけについていえば、平城宮跡と柚井遺跡とは、行政と祭祀、中央と地方、奈良時代と平安時代という三つの対極構造の、各極にある二つの典型という性格を、いまなお失っていない。しかも、ともに木簡を伴出している点で、古代の中央と地方、政治と宗教における、文字の役割と機能を考える上で、好個の素材を提供しているのである。

2　名と器とは人にかさず—土器墨書の本質—

研究の進展・平城宮跡

平城宮跡と柚井遺跡にはじまる墨書土器の研究は、その後必ずしも順調な足どりで進展したわけではない。鈴木敏雄氏もいうように、柚井遺跡の発見に先だって、三重県内では津市千歳山をはじめとして、数ヵ所の遺跡で墨書土器が出土したことは知られていたが、それは散在的で、かつ点数も少なかったようで、論を立てるほどにはいたらなかった。こうした事情は、その他の地域でも同様であったろう。

岸熊吉氏の調査にも関与した溝辺文和氏が、昭和一五年（一九四〇）『大和志』（七—四）に寄せた「平城宮址出土の墨書銘土器に就いて」（『平城宮跡照映』所収）には、「従来此等の墨書銘の土器の発見は、僅に、三重県、茨城県、岐阜県および千葉県市川市の国分尼寺よりの出土と昨年橿原神宮神域拡張工事中の二三の出土とである」とあって、ようやく注目されつつはあるものの、なお出土地は限られたものであった。

こうした状態は、戦後になっても、昭和三〇年代の前半までは、大きな変化はなかった。そのようななかで、佐藤次男氏の出土地名表の作成[7]や、大川清氏による文字の集成[8]など、地道な努力が続けられていたことは忘れてはならない。

しかし、こうした先駆的な仕事も、あまりに資料が断片的なうえに、散在的であったため、広く古代史研究者の関心を引くにはいたらなかった。そうした沈滞を破り、文字資料としての墨書土器の面白さ、重要さを改めて大きく認識させたのは、昭和三四年から本格的に始まった、平城宮跡の発掘調査であり、またそれを決定づけたのは、昭和四三年から五年間にわたって行なわれた、静岡県伊場遺跡の調査であったといってよい。

平城宮跡発掘調査の最初の成果は、昭和三七年に刊行された『平城宮発掘調査報告Ⅱ』（奈良国立文化財研究所）にみることができる。この報告書は、内裏北方の官衙地区の調査を中心とした調査報告であるが、その中には、わが国における木簡学の開始を告げる、昭和三六年一月発見の四一点の木簡とともに、墨書土器九点、篦書《へらがき》（土

図３　「弁垸勿他人者」と墨書された土師器　口径19cm。
平城宮跡出土（奈良国立文化財研究所提供）

器を焼く前に文字をへらで書いたもの）二点の、釈文と解説とが収められており、地下発見の文字資料に関する、最初の包括的で本格的な報告書でもあった。

報告書は学術に徹してあくまで冷静であり、かの記念すべき平城宮木簡発見のドラマも、感情を圧殺したわずか一行の文字に置き換えられている。しかし、血のかよった当時の回想や、平城宮調査の到達点を知りたい向きには、田中琢氏の「木簡第一号発見のころ」（『木簡研究』一）や、同じ著者の『平城京』（岩波書店）がある。

この報告書に収められている墨書で注目されるものに、「弁垸勿他人者」「弁坫勿他人取」と書かれたものがある。いずれも土師器の坏《つき》（浅い埦）に書かれていた。垸《カン》《ワン》は、埦または椀に同じで、モヒ（盌）ともいう。俗に「大盤振舞」という言葉があるが、これはあて字で、「椀飯振舞」が正しいとされるが、これも本来は埦盤振舞と書くべきものだという（『貞丈雑記』）。盤とは皿のことで、ワンやサラにたくさんの料理を盛った、盛大な饗宴のことを言うのである。坫《テン》は、元来は、さかずきを置く台を意味する漢語であるが、同じ形の土器に書かれているところを見ると、埦と同義に使われたものであろう。

文意は、やや難解なところもあるが、「垸を弁《わきま》へ、他人のものとする勿《なか》れ」とか、「坫を弁へ、他人は取る勿れ」とでも読み下すべきところで、それぞれ持ち主がきまっている埦を、みだりに他人が使うことへの注意書き、とみるべきものである。

こうした注意書きは、土器に書かれた墨書の意味を考える上で、大きなヒントになる事柄であり、後に再びとりあげたいと思うが、さしあたりここで注目しておきたいことは、昭和三年、岸熊吉氏が掘り出した「此垸私家持往人之云々」の文意が、これによってはっきりしてきたことである。下半は欠けて文意は不明であったが、おそらく、そこには垸を私家に持ち帰ることへの禁止の文面があったのではあるまいか。この事例は、須恵器の坏の内側の底に書かれていたが、このことはこの垸が当初から文字が書かれた状態で、実際の食事に使われていたものではなかったことを示している（図1参照）。

では、どうしてこのような注意書きが書かれたのであろうか。あえて想像すれば、洗って伏せられた垸の山に、張り紙のように置かれていた注意札（書）のようなものではなかったかと、私は考えている。その場合、この垸は、すでに用済みの、あるいは縁の欠けた不用品だったのではあるまいか。

この事例は、ほんの一例にすぎないが、平城宮跡の本格的な発掘の開始は、岸熊吉氏がその糸口を引き当てた古代の宮廷の土器墨書の世界への扉を、一気に押し広げることになったのである。

伊場遺跡の墨書土器

伊場遺跡は、浜松市の西部、東伊場町から浜名郡可美村城山の一帯にかけて広がる、縄文時代から鎌倉時代までの遺物や、遺構が発見された複合遺跡である。

昭和二九年、〝静岡の登呂〟に匹敵する、静岡県西部の代表的な弥生時代遺跡として静岡県の史跡に指定されたが、昭和四二年にいたり、折からの高度成長の波にのって、東海道本線浜松駅附近の高架化と、駅前再開発のため、電車基地をこの地に移転させるという問題が起った。そして、そのためには県指定を解除する必要があるため、それをめぐって保存か開発かの論議が高まり、いわゆる伊場訴訟にまで発展したことはよく知られている(9)。

それにともなって昭和四三年から四七年にかけて発掘調査が行なわれ、ほぼ北から南へと、ゆるやかに蛇行して流れる大溝を中心に、弥生時代後期の環濠集落や、古墳時代の集落とともに、七世紀末から十世紀にいたる律令国家の時代の遺構と、当時の生活をものがたる豊富な遺物とが発見された。

なかでも、七世紀後半から八世紀前半にかけての、律令国家成立期の木簡一〇八点をはじめ、四〇〇点をこえる墨書土器、それに、まな板・臼《うす》・曲物・櫛・下駄などの生活用品、絵馬・陶馬・斎串・人形・卜骨などの祭祀用具等々が、人々の注目を集め、保存をめぐる論議を、いやがうえにも高めたのである。

いまでこそ、木簡は、全国いたるところで発見されるようになったが、当時は、平城宮跡や藤原宮跡などの古代の宮都か、大宰府や多賀城など有力な出先機関に限られており、伊場木簡の出土は、まさに常識を破る、画期的な出来事であった。

しかも、常識を破ったのは木簡だけではない。墨書土器もまた同様であって、とくに、調査が始まってまもなくのころ出土した「布知厨」と書かれた墨書は、伊場遺跡の性格づけとかかわって、さまざまの議論をよび起した。私の知る限りでは、そのころ、何某厨などと書かれた土器墨書のあることなどは、まったく知られていなかったし、厨という言葉についても、料理をするところ、台所という一般的意味は知っていても、それが歴史的にどういう意味をもつ言葉なのか、専門家の間ですら、十分に理解されているというわけではなかった。

布知がフチで、遠江国敷智《ふち》郡に通ずる地名であろう、ということでは一致したが、厨とは、伊勢神宮の荘園、御厨のことではなかろうか、というのが最初の有力な解釈であった。三河・遠江には、伊勢神領が平安時代以降たくさん置かれていたから、そう考えたのも無理からぬことではあった。

しかし、私は七世紀末から八世紀の遺物がたくさん出ているのに、御厨とするのはちょっと早すぎると考えていたし、また太政官厨家などという用例もあることから、これは古代の郡役所、郡家に付属する給食施設とみる

図４　伊場遺跡から出土した土器墨書の一部
上右「郡鎰取」、上左「布知厨」、下左「栗原」、下右「栗原駅長」（浜松市立博物館提供）

べきだと見当をつけ、調べてみると、『三代格』弘仁一三年（八二二）閏九月二〇日の官符に、郡ごとに厨長一人が置かれていたとあることから、いよいよ確信を深め、折あるごとに、伊場は敷智郡家の一部とみるべきことを発言してきた。

ところが、その後間もなくであったか、「栗原駅長」・「栗原」・「駅長壱」・「馬長」などの土器墨書が出土し、加えて木簡の中にも、駅家の記載をもつものなどがあることから、栗原駅家とする説が唱えられ、さらには大溝の水運機能に注目し、伊場を津（港）、それも国の津（国府の港）とする説も出されて、いよいよ百家争鳴の様相となった。

いまは、これらの説をとりあげて、伊場遺跡の性格を論ずる場ではないので深入りはさけるが、伊場遺跡に限らず、遺跡の性格の究明は、一つの遺物、一点の文字資料で決まるものではない。もちろん、歴史時代の遺跡においては、文字資料の果たす役割はきわめて大きいのではあるが、やはり、それだけで決定できるものではなく、その他の遺物、遺構、立地条件などを含めた、総合的判断が下されなければならない。

こうした見地から見た場合、私は、律令国家時代の伊場遺跡は、その後昭和五三、五四年度におこなわれた、浜名郡可美村城山遺跡をふくめて、全体が敷智郡家の置かれた場所と考えている。なかでも、郡家の中心は城山遺跡にあり、伊場地区は「下厨南」の墨書が示すように、下厨と呼ばれる、おそらく郡家の中でも下々の人々にかかわる台所の置かれた所で、附近には倉庫があり、人馬の出入りや、物資の集散の激しい地区だったと思われる。墨書中の「栗原駅長」をはじめ栗原駅家に関する一連のものは、敷智郡内に置かれた、栗原駅家の駅長以下の関係者が敷智郡家に来て、饗宴などの食事にあずかった折のものではなかろうか。[10]

駿河国志太郡家御子ヶ谷遺跡

昭和五〇年代に入ると、静岡県内では、伊場遺跡につづき、藤枝市御子ヶ谷遺跡、浜名郡城山遺跡、袋井市坂尻遺跡と、豊富に墨書土器を出す遺跡の調査が相次いだ。全国的には、秋田市の秋田城や、京都府向日市・長岡京市・大山崎町・京都市にかけての長岡京跡、千葉県東金市山田水呑遺跡などで多量の墨書土器が出土したが、ひいき目からではなく、静岡県の場合は、他県に比較してめぐまれていたように思う。それは、高度成長に促された工場・宅地の造成や、バイパス工事などによって、古代以来の交通の要地に、鍬が入れられたことにより、郡家の遺構や遺物が眠りをさまされ、日の目を見ることになったからである。

なかでも、昭和五二年に調査された御子ヶ谷遺跡は、奈良時代から平安時代初期におよぶ四つの時期の掘立柱建物三〇棟をはじめ、井戸と屋敷を囲む板塀と門、遺物としては日常雑器としての坏・皿・埦・高坏・壺・甕などの土器をはじめ、鍬・鎌・大足《おおあし》・柄振《えぶり》などの農工具や、漁に使う土錘、杵・杓《ひしゃく》・曲物・皿・盆などの木製厨房具、下駄や櫛、砥石や軽石、斎串や馬形などの祭祀用具などとともに、木簡一〇点、墨書土器二六五点（うち朱書一点）、篦書四点、それに陶製の硯一九点余が出土した。(11)

幸運にも、その主殿を含む全容が明らかとなった御子ヶ谷遺跡は、駿河国志太郡の郡家と認定され、昭和五五年一〇月、志太郡衙跡として国の史跡に指定された。この遺跡の性格決定の上で、大きな役割を果たしたのが、「郡大領」・「大領」・「志大領」・「志大」・「少領」・「志少領」・「志太少」・「主帳」・「中衛」・「志太厨」・「志厨」・「志太」などと書かれた土器墨書である。大領とは郡司の長官のことで、「志大領」・「志大」とは、志太郡大領の略である。少領は次官、主帳は第四等官で書記官である。第三等官の主政を欠くのは、志太郡が下郡または中郡であったからであろう。中衛は、中央の官庁、中衛府の舎人のことで、郡司の子弟が、行政の見習いをも兼ねて、中央政府に出仕し、宮廷警護の任務についた時に与えられる官職の一つで、本来、中央官庁の職名であるが、こ

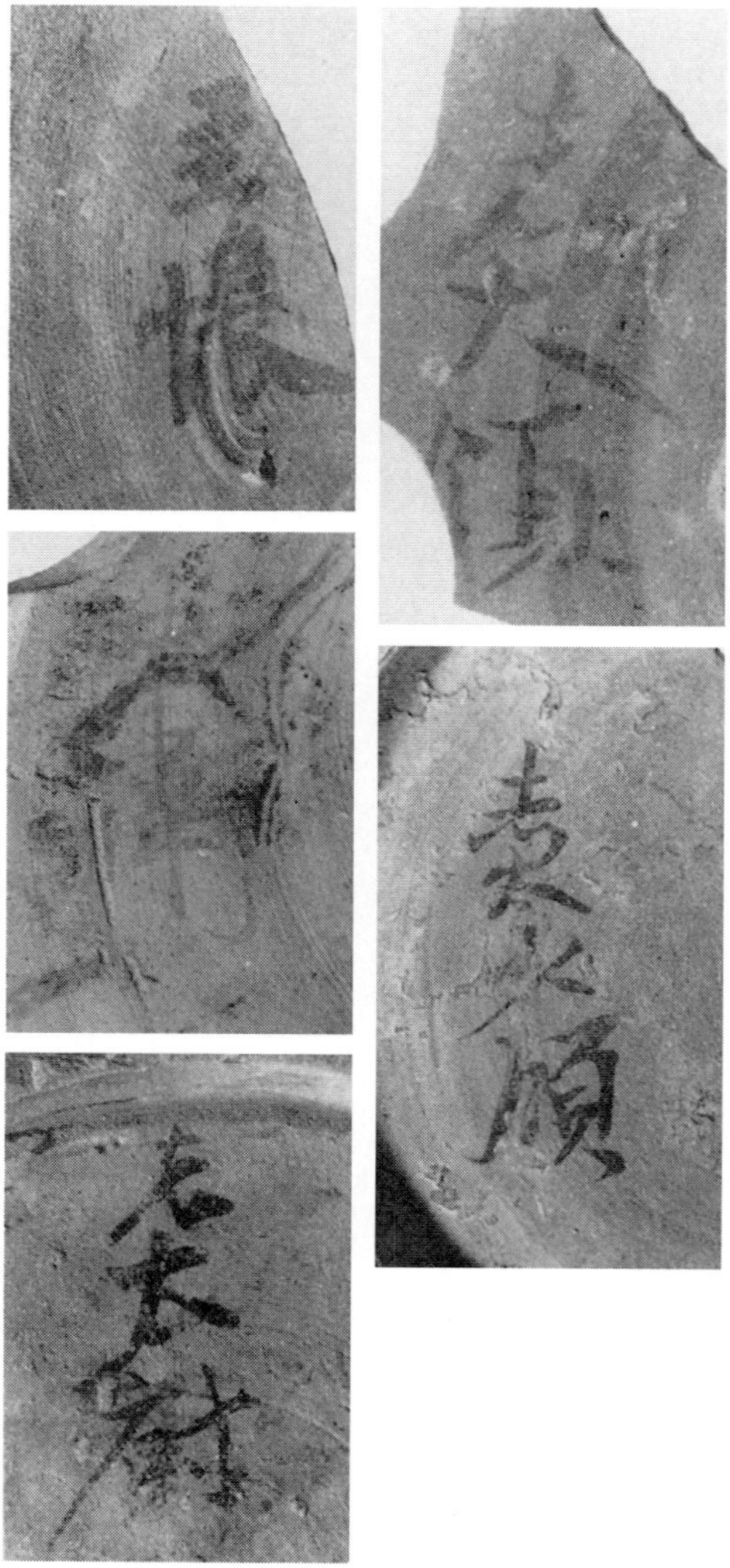

図５　御子ケ谷遺跡出土の土器墨書例
右上から下へ、「志大領」「志太少領」、左上から下へ、「主帳」「中衛」「志太厨」（藤枝市教育委員会提供）

の場合は、たまたま帰省していた折のものでもあろうか。

これらの官名・官舎名を記した墨書は、全体の約七割を占め、とくに、「志大領」と書かれたものは、推定を含めて、実に五二点にものぼり、これにその他の大領関係を含めると、八五点となり、全体の三七パーセントを占める。ついで多いのは、「志太厨」関係三八点で一四パーセント、「主帳」・「中衛」は、各一点である。

こうしたいちじるしい偏りは、どうして生じたか。その謎を解く鍵は郡家が、たんに郡の政庁として行政・司法をつかさどっただけではなく、もう一つの重要な機能として、公的な旅行の宿泊所を兼ねていたという点にある。

古代の交通制度は、一般に駅制とよばれ、東海道をはじめ七道の主要幹線には駅家が置かれ、駅馬が配備されていたと理解されている。しかし、駅家は非常・大事の場合の特急便で、通常・平時に中央と地方を結ぶ交通・通信手段は、各郡家ごとに五匹ずつ置かれた伝馬であり、これを乗りついで中央から地方、地方から中央へと、国司や使などの人の移動、政令や上申などの文書の運送などが行なわれ、この交通制度は、正確には駅伝制と呼ぶべきものであった。それゆえ、郡家は、人々の一夜の宿や食事を提供する、宿泊施設を備えていたのである。布知厨、志太厨とはそうした給食施設の名称であり、また御子ヶ谷遺跡には、貴人の泊ったと思われる客殿風の建物もあった。(12)

東海道ぞいの志太郡家は、交通が頻繁なことから、赴任、帰任の国司をはじめ、貴人の宿泊が多く、おそらくそのつど、郡司は接待に出なければならず、一献かたむける機会も多かったであろう。一夜限りの客人が使用する食器に、名を記す必要はない。しかし、いつも応対に出なければならなかった大領の食器には、それとはっきりわかる印《しるし》が必要だったのである。大領関係の墨書が、御子ヶ谷遺跡で圧倒的に多い理由を、私はこのように考えている。

資料の増加と分類基準

昭和五〇年代は、墨書土器の発見が全国的広がりを示しただけではなく、また研究の面でも、飛躍的に発展した時期でもあった。啓蒙・普及を目指した叢書類にも、きそって墨書土器の項目が登場するようになる。最初に墨書土器が独立項目として登場するのは、昭和四五年刊行の、『新版　考古学講座』七「有史文化」(雄山閣出版)の大川清「墨書土器」ではなかったか、と思われる。わずか四ページにみたない短文ではあるが、ようやく緒につきはじめた墨書土器研究の雰囲気をよく伝えている。

図6　墨書土器「醴」「太郎」
平城宮跡出土。直径21cm（奈良国立文化財研究所提供）

そのなかで、大川氏は大事な指摘をしている。平城宮出土の土師器の中に、底に「太郎」、口縁部に「醴」・「炊女取不得若取者笞五十」と二ヵ所書かれた、興味深い墨書土器がある。従来は醴と太郎を続けて読み、醴太郎（ほろよい太郎）が、「炊女取るを得ず。若し取らば笞五十」と書いた、と解釈されていた。

しかし、大川氏は、醴と太郎とを分離して読み、醴（あま酒、一夜酒ともいう）の所有者である太郎が、自分の坏に、〝炊女よ、この甘酒を盗むな。若しとったら、笞で五十ぶつ〟と警告したものと解釈した。醴と太郎が字の大きさ、方向ともほぼ同じ（だが、よくみると別である）であったために生じた誤解を、みごとに訂正したのである。

この坏は、あま酒を作る壺か、甕の口にかぶせた蓋でもあったのだろうか。それにしても、平城宮の厨で働く炊女たちが、あま酒を失敬する要領のよさに加えて、文字を読む力をもっていたというのは、なんと興味深いではないか。

昭和五〇年になると、二つの叢書が、期せずして墨書土器を独立項目としてとりあげる。その一つは『書の日本史』一「飛鳥／奈良」（平凡社）で、玉口時雄氏の執筆である。この時期になると、出土遺跡も内容も、一段と豊富になったが、玉口氏は全国各地、各遺跡の墨書土器の内容による区分を試み、⑴遺跡遺構の性格も意味するものからはじめて、⑵官職を表したもの、⑶官衙関係の書類と思われるもの、以下、⑽吉祥を意味するもの、⑾呪術的なもの、等々、㉔片仮名、㉕記号と思われるもの、㉖絵を書いたものまでにいたる、都合二六に分類した。

玉口時雄氏のこの分類は、いささか羅列ぎみ、それも基準の不明確な列記という印象をまぬがれがたいが、このことは併せて、土器墨書の情報量の少なさからくる意味の不明確性・多義性と、それを出土する遺跡の多様性とに起因する、分類の困難さを示している。

もう一つは、奇しくも、同年七月一五日という、同じ刊行日を持つ『日本古代文化の探究　文字』（社会思想社）で、森浩一・辰巳和弘両氏の編による「古代の土器に書かれた文字集成」が掲載された。奈良時代から平安時代前期にいたる間の墨書・朱書・箆書・刻書・刻印が、国別に分類され、その結果、三六国、六〇余州中の約半数で、墨書土器の出土が確認された。

また、昭和五五年には『伊場遺跡発掘調査報告書第四冊　伊場遺跡遺物編2』（浜松市教育委員会）が刊行された。そのなかで、とくに「第九章　各地出土の墨書土器よりみたる伊場墨書土器」（斎藤忠氏分担）の一章が立てられ、全国の墨書土器について、出土地別の分類、同一文字を出土する遺跡の集成、それに文字の種類による分類、たとえば地名・人名・年紀・文字の省略といったもの一五項目と、文字の性質による分類、たとえば場所の所属を明らかにするもの、所有を表すもの、整理を必要とするためのもの等々、一五項目とによる、縦横十文字の分類を試み、さらに「墨書土器地名表・参考文献表」を付した。これを一見すれば、墨書土器出土地のこの時期の急速な増加と、関連文献の急増が一目瞭然であるが、同時にまた、そのことが、墨書土器一般の分類をますます困難にしていることをも痛感させられるのである。

墨書土器から土器墨書へ

すでに、賢明な読者はお気付きのことと思うが、私はこれまで、「墨書土器」という用語を基本にしながら、時々、「土器墨書」という呼称をも使ってきた。土器墨書という表記は、けっして誤植ではなく、じつは、私が土器に書かれた文字を呼ぶ、一般的な概念として、提唱しているものである。

私があえて、字並びを逆にして、いささか奇をてらった用語法を提言したのには、それなりの理由がある。

その第一は、いわゆる墨書土器の出土が全国津々浦々におよび、多様な内容をもつ記事が各地で出土するようになると、これまで発掘を直接担当する考古学者が片手間に文字の解読をしたり、土器論の一部として墨書をとりあつかうというのではもう限界が見えてきたということがある。

したがって、第二に、土器に書かれた文字をそれ自体として文献学・古文書学の対象としてとりあげ、出土状態や遺構、その他の遺物との関連を含めて、古代史の立場から総合的に研究してゆく必要がでてきたことである。

それゆえ、第三に、六国史をはじめ、律令格式、正倉院文書、金石文など文献を中心に研究を進めてきた古代史学者が、あたかも昭和三六年の平城宮木簡の出土以来、考古学者と協力して、日本の木簡学を育てあげてきたように、土器に書かれた文字—その大部分は墨書である—を主たる対象とする、学問・技術の体系を樹立する必要があり、そのためには、それにふさわしい名称が必要であると考えたからにほかならない。

言いかえれば、いわばこれまでの、文字の書かれた土器を問題とするという姿勢から、土器に書かれた文字に独自の意義を認め、その読解と意味の解明を積極的に行なう態度への転換をはかることによって、いわゆる古代史研究者の責任を明確にし、考古学者と協力して、新たな事態に積極的に対応しようと考えたのである。

墨書土器という伝統的な用語法に対し、土器に書かれる文字は墨書に限らず、朱書・箆書・刻書などがあることから、すでに田中卓氏のように、より一般的な概念として、「土器文字」という用語の提言をした人もいる。これも、たしかに一案ではある。しかし、土器に書かれた文字の圧倒的大部分は墨書であり、それによって土器に書かれた文字一般を代表させ、個々の例外的場合はそれにふさわしい表現を使うことが、従来の伝統的用法を尊重し継承する点からも、適切ではないかと思う。

以上のような意図をこめて、ここでは、土器に書かれた文字を主題とするかぎりでは、土器墨書の一般的概念を用い、とくに、朱書や、箆書や、刻書が問題となる場合は、そのつど、それにふさわしい表記を用いた。そして、墨書のある土器が問題となるときや、従来の研究成果を引用する場合には、墨書土器の概念を引きつづき使うことにしたのである。

土器墨書の本質と分類方法

昭和五〇年代に高まりを示す土器墨書の集成や分類への試みは、つまるところ、土器墨書とは何か、やや改まった言い方をすれば、土器墨書の本質如何、という問題への接近であったといってよい。しかし、その試みは、すでに指摘したように、枝葉の先端までもとりこもうとして、根幹を見失った感がある。その点、大川清氏が「墨書土器とは、墨がきの土器という意味で、文字のみに限定せず、絵画などもそれに包含して総括する」といい、1所属（官庁、寺院その他）、2所有者、3使用目的、4落書に類するもの、5梵字、6その他意味不明のもの、としたごく簡単な分類法が、むしろより的確に土器墨書を把握している感がある。

もし私が、土器墨書とは何か、と問われたならば、それは土器に書かれた文字のことをいい、その多くは墨で書かれ、中には朱書や、箆書や、刻書の場合もあり、ときには、絵画や、花押風の署名や、手習いの跡などもあるが、これらをひっくるめて、土器墨書と呼んでいますと答えたい。

また、それは何のために書かれ、どんな意味があるのか、と問われれば、その土器が集団・個人を問わず、どこに属し、何に使われるのか、という広い意味での所有・所属を表すために書かれたものが大半で、ときには、書かれた土器が土器としてではなく、紙きれや、板きれと同様に、つまり、土器としての機能には直接かかわりなく、文字を書くための、料紙代りの手近な素材として用いられることもあります、と答えたいと思う。

官庁・官舎名からはじめて、官職・人名・地名、はては、神々の祭祀にかかわる吉祥句にいたるまで、土器墨書は、土器とそれに盛られるものと、人または神とのかかわりあいを示すもの以外の何ものでもなく、また、酒とか醴とか、時としては、深鉢の胴部に、「浄勿穢（浄《きよ》く、穢す勿れ）」（大阪府柏原市船橋遺跡出土）と書かれたもののような取り扱いの注意書にしても、その土器と人とのかかわり、入れるものと容れものとのかかわりという、広義の所有・所属関係の表示にほかならないのである。

では、なぜ土器に文字が書かれなければならなかったのか。その答えのヒントを、私は、坪井清足氏から与えられた。坪井氏は、墨書土器は、宮廷・官庁をはじめとする、集団生活と深い関係があるというのである。なるほど、この点はたしかに重要な指摘で、小世帯のような限られた人数のなかでは、いちいちそれと明示しないですむことも、より大きな集団、たとえば、中央の省庁や地方の郡家などの、集団生活のなかでは取り紛れのないように、所属や使用目的を明示する必要があったと考えられるのである。

宴会や外食といった特殊な場合をのぞき、われわれの習慣として、日常食器、とくに、茶碗類や箸など直接身体にふれるものについては、自他の区別の厳格なことは、日ごろ体験しているところであるが、こうした習慣は古い伝統をもつものであった。

『神皇正統記』（一三三九年成立）のなかに、

「名與《なとうつはものと》レ器は人にかさず。」とも云《いひ》、「天の工《ツカサ》、人其代《ソレカハル》。」ともいひて、君のみだりにさづくるを謬挙《ビウキヨ》とし、臣のみだりにうくるを戸禄《シロク》とす。謬挙と戸禄とは国家のやぶるゝ階《はし》、王業の久《ひさし》からざる基《もとゐ》なりとぞ。（岩波文庫本一七四ページ）

とみえる。これは、北畠親房が、中古（奈良・平安初期）においては、官職は、その人の才能によって、天の定めるところであり、皇帝といえども、みだりに任免できるものではなかったと述べ、謬挙（誤った任用）と戸禄（禄盗人）は国家・王業を傾けるものであると説いている個所で、その説明に、「名と器とは人にかさず」という、当時のことわざを引用しているのが大変興味深い。この言葉から、われわれは、日本の中世において、名と器とは、その人についた天与のものであって、他人に貸与することのできない、人格と一体不二のもの、と認識されていたことを知ることができる。

もとより、このことわざには、中世的な名分思想がまとわりついてはいる。しかし、この言葉の背後には、われわれがこれまで見てきた、古代以来の墨書土器の世界があり、それがこうしたことわざとなって表されているとみなければならない。私は、土器墨書の本質は、この言葉のなかに端的に尽されている、といっていいように思う。

土器墨書の本質、つまりその一般的性格が以上のようなものであるとすると、すでにのべたように、土器墨書には、それが書かれた土器の機能とは直接かかわらず、たんに、紙や板きれに準ずる筆記素材として用いられたにすぎない場合もある。その実例として、これまでにとりあげたなかでは、岸熊吉氏が注目した「此阮私家持往人云々」の場合がそれに当る。このほかにも、一、二の事例をあげることができるが、それは後にとりあげることとし、ここでは、土器墨書の本質にかかわって、その分類法について一言しておきたい。

すでにのべたように、昭和五〇年以降、墨書土器の分類は、精細の度を加えているが、土器墨書の様相は、私が経験したかぎりでは、遺跡ごとに個性があって、一律に同一分類法を適用するのには、なかなかに困難がともなう。それゆえ、出土遺跡ごとに、その特徴をうまく表現できるような分類法が、さしあたって、それぞれの場所で工夫されることが必要であり、そうしたものの積み重ねの上に、統一的な分類法が模索されるべきではないかと思う。

もちろん、同一記事の集成などは研究の進展に寄与するところから、今後も大いに期待したいところであるが、他方、土器墨書は、それだけをとり出しても価値は少なく、それが書かれている土器の器種や部位、さらに、出土地点や層位・関連遺構・遺物など、考古学的データを抜きにしては論ぜられない。やはり当面は、まず何よりも遺跡に即した、遺跡ごとの分類法の追究が、積極的に進められるべきなのである。

こうした諸点を配慮しつつ、次節では、多彩な様相を示しつつある、土器墨書の現在をみることにしよう。

3　多彩化する土器墨書―研究の現在―

静岡県坂尻遺跡の発見

静岡県袋井市といっても、知る人は少ないであろう。正岡子規が車中で詠んだという、「冬枯の中に家居《いへゐ》や村一つ」は、袋井辺を通過した折の印象といわれるが、いまも、掛川市と磐田市の間にはさまれた田園都市である。

私は昭和五二年から足かけ一〇年、袋井市史にかかわることによって、かつては、この地域が物部氏の支配した久努《くの》国であり、大和王権の東方支配の一拠点として、遠江の中心的位置をしめていたことを知った。昭和五五年、国道一号線袋井バイパス工事によって、掛川市と境を接する、国本地区で坂尻遺跡が発見され、五六、五七年と、道路敷となる部分の発掘調査が行なわれた。そして、奈良時代から平安初期にかけての、地方官衙跡と思われる遺構の一部と、墨書土器四八八点を含む、多量の土器をはじめとし、掘立柱建物三三棟（うち倉庫風建物二一棟）、竪穴住居六軒、および井戸・溝など、遺物としては、木簡（文字不明）・和同開珎・管玉・銅印（印文「松」）・分銅・帯金具などのほか、土製人形・土馬・鍬先・柄振・斎串《いぐし》・馬形などが出土した。

遺跡の性格は、「佐野厨家」と書かれた土器墨書のほか、倉庫風の建物、立地条件などを総合的に判断して、遠江国佐野郡家の東北隅の一部と推定し、さらに、南西方面にかけて、主要部分が広がっていると考えた[13]。四八八点にのぼる土器墨書（うち刻書二点）は、静岡県内では、島田市居倉遺跡の一一四八点についで二番目であり、平城・藤原宮跡や、秋田城跡の六四九点[14]などには及ばないが、単独遺跡としては、全国でも有数のものである。これらを時代別に分けると、平安時代のものはわずか二四点で、圧倒的大多数が、奈良時代の土器に書かれている。

奈良時代の土器墨書四六四点を、さらに内容別に分類すると、Ⅰ官衙・官職名等、Ⅱ郷名・地名等、Ⅲ人名等、Ⅳその他に区分できる。そのおもなものを表示したのが表2である。多くは語れないが、二、三話題を拾ってみよう。

坂尻土器墨書の大半は、官衙・官職名等によって占められ、それが大きな特色となっているが、御子ヶ谷遺跡のように、大領・少領などの墨書が一点も発見されなかったことは、調査区域が、郡家の中心部ではなかったことを示している。また、「佐野厨家」は、坂尻遺跡が佐野郡家であることを示す有力な証拠であるが、『続日本紀』養老六年（七二二）二月丁亥条によると、「遠江国佐益郡八郷を割き、始めて山名郡を置く」とみえ、古くは佐益郡と書いていたことがみえ、佐益が佐野に変るのは、天平一〇年（七三八）から、天平勝宝七歳（七五五）の

図７　「有主」と水鳥・「千山」とゼンマイ印

Ⅰ官衙・官職名等	佐野厨家	驛富	後家	日根大
	□野厨	大上日請驛家	新家	日根□
	玉郷長	三年　水鉢　驛	竹寸家	
	日根驛家	市	竹寸殿	
	□驛	田人	家	
	驛□	田子	子女	
	驛長	田	女子	
	驛子	東家	女	
Ⅱ郷名・地名等	日根	西田	前玉	板井
	朽辺	嶋津	岡□	
	山科	石田	新□	
Ⅲ人名等	千山（ゼンマイ印）	人成	宗	
	浄主	宅主（ヵ）	足	
	有主（ミズトリ）	豊□	真	
	竹寸	秋□	浄	
Ⅳその他	四年	第	玉	
	十四	若	太	
	第刀	柴	嶋	
	□満	先	子	
	古□	市	日	
	□刀	前		

表２　袋井市坂尻遺跡出土主要土器墨書分類表

遺　構	墨　書	備考
1号住居址 NSH1	驛□	同筆
2号住居址 NSH2	驛長（2）、驛富	同筆
3号住居址 NSH3	日根驛家	同筆
9号溝 NSD9	□驛	同筆
11号溝 NSD11	驛子	同筆
13号溝 NSD13	三年　水鉢　驛	
土器溜め NSI17	大上日請驛家	

表3　駅家関係墨書出土遺構一覧表
（　）内の数字は点数を示す。

図8　土器墨書「日根驛家」

間と推定されるから、この墨書は、それ以後のものということになる。

　坂尻土器墨書の中で、もっとも注目されるのは、八種九点にのぼる、駅家関係の墨書である。「日根駅家」は、これまで、まったく存在が知られていなかった駅家名で、伊場木簡で三河国宮地駅家が、また同じく、伊場土器墨書で遠江国栗原駅家の存在が判明したのと同様である。これらのことから、三河・遠江にかけての奈良時代の駅家は、『延喜式』や『和名抄』で知ることができる平安時代の駅制とは、だいぶ相違のあることがわかったのである。

　日根駅家の所在地は定かではないが、佐野郡に日根郷のあったことは『和名抄』に見えるから、おそらく、坂尻遺跡の附近と思われる。『延喜式』や『和名抄』には横尾駅の名がみえ、いまの掛川市街地にあったと推定されているが、横尾駅は日根駅家に代って置かれたものであろう。

　駅家関係の墨書がこれだけまとまって出土すると、坂尻遺跡は日根駅家ではないかという疑念が生ずるが、しかし出土状態を子細にみると、「三年　水鉢駅」と「大上日請駅家」の二点を除く他の七点は、互いに近接する住居址と溝から出土し、しかもいずれも同筆で書かれている（表3）。住民址は五軒分発見され、いずれも奈良時代後期のもので、内部に炉址をもたない特殊なものである。住居址と溝のある地域は、遺跡の東北隅の、いわば郡家のはずれの部分にあり、しかも、住居は五軒同時にあったものではない。三号が一番古く、あと順次造られては廃棄されていったようで、同時期にあったのは、「駅長」・「駅富」の墨書を出した住居一、二軒に、倉がついたていどのもので、駅馬一〇匹と駅戸一〇戸からなる東海道の駅家施設とはとうてい考えられない。私は、この施設は、佐野郡家内に置かれた日根駅長の詰所、ないし事務所と推定している。

「三年　水鉢　駅」と分ち書きした墨書は、右の施設と比較的近接した溝から出土したが、「大上日請駅家」は、西方約一〇〇メートル離れた、土器溜めの穴から発見された。この墨書の意味は、「大の上日を駅家に請う」と読み下し、大の上日、すなわち大領の出勤日を、駅家に問い合せたもののようである。大領には勤務評定があったから、出勤日数を調べる必要があった。「大上日」の墨書は隣の磐田市遠江国分寺跡周辺遺跡（第一二次）からも出土している。

では、どうしてこうした文言が、坏の蓋に書かれたのであろうか。私は、これが先にいった土器（おそらく破片であろう）が、筆記素材、つまり料紙の代用として使われた事例であると思う。文字の頭から右にかけて、合点が付されているところをみると、これを使いに持たせて、駅長のところに向わせ、返事とともに持ち帰ったところでか、あるいは、記帳のすんだ後に、合点が付されたのではなかろうか。もちろん、この土器墨書は駅家宛にきて、そこで捨てられたという想定も可能ではあるが、先にものべたように、総合的に判断して、そういう解釈は成立しがたいと思う。

土器が紙や木簡のかわりに使われた事例として、平城宮佐紀池出土の、天平一八年（七四六）閏九月二七日の日付をもつ、土器の数量を記した、帳簿様の土器墨書がある。[15] 皿の内面に器種と数量が、底に日付があって、おそらく、厨の器揃えの折の心覚えに書きつけたものであろう。土器が、身近な筆記の素材として、使われる場合は、このほかに、戯書や習書、筆ならし、などがあり、平城宮土器墨書の中に、たくさんの事例をみることができる。

坂尻遺跡では、千山と書かれた、人名と覚しきものが一三六点出土した。その大部分には、上方から右にかけてゼンマイ印が付され、なかには、千と山を合字にした例もあり、印章化した感を与える。一三六例中、異筆の三例（これはこれで同筆）を除いたほかは、すべて一筆と思われ、おそらく千山の自筆であろう。また同じ人名の例で、「有主」と書かれたものが三例ある。

これらにはすべて、一筆がきの水鳥の絵が付いており、水鳥が、有主のシンボル・マークであったことがわかる。このマークは、「東家」と書かれたものにも付されており、東家（東方の家の意であろう）が、有主の家（おそらく事務室）であったことがわかる。千山に付されたゼンマイ印も、水鳥と似た性質のものと思われる。なお、時代は下るが、伊達政宗の花押には、セキレイ（鶺鴒）の図柄が使われているといわれる。私は、その源流を、有主の水鳥に見た思いがする。

このほか、静岡市神明原・元宮川遺跡では、花押様の墨書（平安末期か）一二点が出土しているし、また、島田市居倉遺跡では十世紀ごろの灰釉陶器の底に、「尺」と書かれたものが実に三五九点（うち朱書三六点）も出土している[16]。同一文字の出土としては、おそらく全国最多であろう。

有主・千山の名が書かれた土器は、有主のものは奈良中期、千山は中期にかかるものもあるが、後期が大部分で、有主から千山へと交代していった可能性がある。彼らはおそらく、佐野郡家の郡雑任と呼ばれた、郡書生ないしは案主（書記係）、鎰取（倉預り・出納係）クラスの人物だったのではあるまいか。

墨書土器に注目し、千山と書かれた土器一一四例について、器種別の統計をとったのが表4である。その結果、墨書のあるものは坏と皿・高盤（足つきのサラ）に限られ、そのうち、坏が七四パーセントと圧倒的で、しかも、

器種		個数（構成比）			
坏	無台坏身	43	48	48セット	49（74.2%）
	有台坏身	4			
	台不明坏身	1			
	蓋	48			
	小形坏	1			
皿	無台皿	12			16（24.2%）
	有台皿	4			
	蓋	0			
高盤					1（1.5%）
					計　66

表4　千山関係墨書土器の器種と構成比

器種		個数（構成比）	
坏	無台坏身	178	214（72.0%）（165セット）
	有台坏身	34	
	台不明坏身	1	
	蓋	165	
	小形坏	1	
皿	無台皿	48	58（19.5%）
	有台皿	9	
	蓋	1	
高盤			4（1.3%）
壺			1（0.3%）
不明			20（6.7%）
			計　297

表5　墨書土器の器種と構成比

すべて蓋付きのセットになっており、身・蓋ともに、千山と墨書されていたことがわかる。この構成比は、墨書土器全体についてみた場合にも、ほぼ同様の結果が得られた（表5）。これらのことから、個人に属する器種がどういうもので、どういう構成比をとるかが明瞭となり、なかでも、坏がきわめて個人的な性格のつよいものであることが判明したのである。

坂尻土器墨書の語る世界は、以上にとどまるものではないが、このあたりで眼を外に転じてみよう。

貴族の邸宅と土器墨書

京都府向日市を中心として、長岡京市、大山崎町、京都市にかけての一帯に、延暦三年（七八四）から延暦一三年までの一〇年間、長岡京が置かれていた。その京内各所から、これまで一千点以上の墨書土器が出土し、その成果が、清水みき氏によってまとめられている。(17)

それらのうち、左京二条三坊一町出土の墨書土器は、貴族の邸宅の土器墨書のありようを示して、なかなかに興味深い。同所の約四分の一町（二二五〇平方メートル）が調査され、門と塀の一部、溝、井戸などが確認された。井戸の東方には厨房があったと推定され、調査区域は、その西の空地の部分で、溝や、ごみ捨て穴、空地などから二一点が出土した。墨書は、「車宅」一点、「車」が推定を含め二点、「供養」が一字からの推定を含め一八点、ほかに「夫」一点等である。須恵器、土師器ともに坏と皿で、土師器が一三点と半数をこえ、「車宅」・「車」はいずれも土師器である。

清水みき氏は、「車宅」とは「車持宅」の略で、奈良・平安時代を通じて、五位以上の人物を出す家格を守った、車持氏の宅を意味するものとした。また、「供養」とは同氏宅での仏事にさいし、食物を供えるための器に書いたもので、「他の日常使用する食器類と区別し、使用目的を明示するため」であり、「車持」の墨書は施主を意味し、「車持氏の供養であることを明示」したものと解した。この清水氏の解釈は妥当なものと思われる。(18)

これによって、貴族の邸宅での土器墨書のあり方の一端が明らかとなったのであるが、その場合、家族の人名にかかわるものが、一点も出土しなかったのは大変興味深い。個人の邸宅で日常食器に、人名が記されることは無かったとはいえないまでも、少なかったことだけは確かなようである。

豪族の家・庶民の家と土器墨書

では、豪族や庶民の家ではどうであったか。千葉県下では、昭和五〇年前後から、バイパス工事や、団地の造成にともなって、大規模な発掘調査が行なわれ、古代東国の豪族や、庶民の住居が、いくつか発見されている。その中で、東金市山田水呑遺跡と、八千代市村上遺跡は、代表的なものである。

山田水呑遺跡は、昭和四九年から五〇年にかけて、約三万平方メートルが調査され、竪穴住居一四三軒、掘立柱建物五二棟などが発見された。これらの建物は、八世紀の前半から、九世紀の後半にかけて営まれたもので、五つのグループが、五回の改築をくり返しながら生活していたものと推定され、最初、一〇軒から出発した住居群は、八世紀後半の第三期には、竪穴住居二六軒にふくれ上り、最後は、一七軒と減少する。掘立柱の建物には、住居用と倉庫・納屋用とがあり、竪穴住居のように、時期の確定は一般的にはむつかしいとされているが、時代が降るにしたがって、この掘立柱建物は増え、住居の中心的位置を占めるようになる。

住居址群のほぼ全域にわたって墨書土器が出土し、「山口館」・「山辺」・「佐倉」・「上田」・「山辺大」・「家万呂」などの墨書のほか、「散□人」・「中野」・「小付」・「山佐」・「山」・「佐」・「井」・「上」・「舎」・「加」・「雁」・「田」などが出土した。これらの墨書と、住居址群との関係については、鬼頭清明『古代の村』（岩波書店）が、精細な考察を加えている。

それによると、この住居址群は、下総国山辺郡山口郷の居宅とみられ、附近には、「山辺郡印」を出した滝台遺跡があり、「山辺」は、山辺郡の郡司クラスの有力豪族、山辺氏の氏名《うじな》ではないかとし、また「山口館」は、山口郷の有力者の館《たち》の名か、山口郷の宿泊所の意味ではないかと推定した。

私見では、おそらくこの住居址群は、二つの有力世帯を中心とした、五世帯の同族からなる家父長制大家族（家父長的世帯共同体）で、郡司、ないし郷長クラスの、有力豪族の郷戸の実態を示すものと思われる。「山口館」はそうした家長の居宅を示す名称であろう。郷名を冠するところを見ると、すくなくとも一郷を代表する人物であったことは疑いない。二字、または一字の意味不明のもののなかには、人名も含まれていると思われ、これだけの同族的大家族の集団生活となると、やはり、文字による食器の識別が必要だったことを思わせる。

八千代市村上遺跡は、山田水呑遺跡に先だって、昭和四八年、四九年に、約三〇〇メートル四方の台地上の、六〇〇平方メートルあまりの発掘調査が行なわれ、奈良・平安時代の竪穴住居五五軒と、掘立柱建物二四棟が発見され、それにともなって墨書土器二三四点が出土した。

村上遺跡の、住居址群と墨書土器の関係については、宮滝交二氏の論考「古代村落と墨書土器―千葉県八千代市村上遺跡の検討」（『史苑』四四―二）がある。これによると、八世紀中ごろから九世紀末にいたる、三つの時期にわたって、五つのグループが、大は二八軒から、小は四軒の竪穴住居と、六棟から一棟までの掘立柱建物をともなって（ないグループもある）、生活を営んでいた。墨書土器は、竪穴住居一五五軒中、五〇軒から出土し、「朝日」・「利多」・「前廿」・「□春」などのほか、「来」・「山」・「毛」・「千」・「丈」・「聖」・「太」・「平」・「林」・「上」・「奉」・「利」・「又」・「家」・「芳」、それに、記号などが出土している。

これらのうち、「来」・「毛」・「山」は、各グループにわたって広く出土し、宮滝氏は、この遺跡を代表する土器墨書としている。その他は、二、三のグループ、または、一グループのみから出土した。墨書の意味については、「意味不明の漢字を記したものが大部分である」とし、このことが、「東国集落遺跡の一般的様相を典型的に示す」ともいっている。

私見では、村上遺跡は、宮滝交二氏のいうような村落ではなく、山田水呑遺跡と同様、同族集団の住居群とみるべきもので、二つの中心的世帯を中核とした、五世帯からなる同族的な家父長制大家族であり、水呑遺跡よりは一クラス下の、東国に一般的な庶民階層の居宅ではなかったかと思う。墨書の意味は、現段階では不詳というほかはないが、中には「千」「毛」「家」「丈」など人名、または姓の一部、と思われるものもあり、やはり、所有者や使用目的、供献などの区別を記したものであろう。

巫女の坏

最後に、下総国香取神宮の、巫女の貢進・出仕にかかわる、興味深い事例を紹介しよう。昭和五八年、東関東自動車道建設にともなう発掘調査で、千葉県佐原市吉原三王遺跡が発見された。遺跡は、香取神宮の東南一・五キロメートルの台地上にあり、奈良・平安時代の住居址一〇五軒、掘立柱建物五軒、それに、土坑二〇〇ヵ所のほか、溝三六条とともに、〇二三号住居址から、六二点の墨書土器が、まとめて出土したのをはじめ、その他の住居址からも一三点、あわせて、七五点が出土した。[19]

これらのうち、〇二三号住居址から出土した、「□香取郡大坏郷中臣人成女之替承□」と書かれた、土師器の坏はたいへん興味深い。平川南氏の考証によると、ほかにも年月日を記した墨書のあることから、文末の「承」は、平安時代の年号、承和（八三四―八四八）の「承」で、文末には、年月日が記されていたもののようである。

図９　吉原三王遺跡の土器墨書
上が、「□香取郡大坏郷中臣人成女之替承□」と墨書された土師器の坏片。下は、「吉原仲家」の土器墨書。千葉県佐原市（千葉県文化財センター提供）

また、別の土器片には、「……替進上」とか「□道女賛（替）進上」などとあって、この記事は、香取郡大坏郷の中臣人成の女の替りとして、某女を進めたものであることがわかる。とすると、この文書様の文言が書かれた坏は、いったい、どのような性質のものだったのであろうか。

平川氏は、吉原三王遺跡を香取神宮関係施設、または、香取郡家とみて、この土器が、実際の奉仕女交替に使われた場合と、文書の下書きとして使われた場合とを考えているが、私見では、実際に中臣人成の女と交替する女性が、この坏を持って、香取郡家からこの吉原三王遺跡に出頭したのだと思う。

この土器をはじめとし、いっしょに出土した六二点の墨書土器の大部分は、〇二三号住居址に捨てられたもののようであるが、その中に、「大家」と書かれたもののあることをみると、これらの土器は、「大家」と呼ばれる家で不要となったもののようで、「大家」は吉原三王遺跡全体を束ねる主屋であったと思う。ほかに、一一九号住居址からは、「吉原仲家」と書かれた墨書土器三点のほか、「吉原大畠」の墨書もみられるが、この仲家が、或いは、また大家とも、呼ばれたのかもしれない。

それはいずれにもせよ、私見では、吉原三王遺跡は香取神宮の巫女を預かる施設（あるいは神宮の神官・禰宜の家であったかもしれない）で、香取神郡内から、交替で勤務する巫女たちを差配していたところであると考える。

巫女たちは、おそらく郡家を通じて交替し、交替の時は、郡家がその旨を記した坏をもって参上し、勤務中は、この坏で食事をとり、終れば、それを捨て置いて帰り、また、別の女性が、交替の文言を書いた自分の坏をもって参上したのであろう。私は、巫女が、自分の使う坏を持って出仕するというところに、食器が人格と一体化していた、わが国古代の特質を見る思いがするのである。

土器墨書発見六〇年

昭和三年、戊辰の年に、最初にまとまって墨書土器が発見されてから、今年で六〇年、墨書土器研究の歴史は、ここに還暦を迎えたわけである。この間、日本各地で発見された墨書土器は、おそらく数万点にのぼるものと思われ、その内容も、近年ますます多彩化している。土器墨書の記事は短く、断片的で、ときには、呪文のようであったりもするが、これまで駆け足でみてきたように、その意味することは深く、はなはだ興味深い。とくにこれまで、史料の乏しかった地方の古代史を解明する上で、土器墨書のはたす役割は、木簡とともにはなはだ大きい。

土器墨書は、それだけをとってみれば、情報量の少ない片々たる文字の群であるけれども、たとえていえば、古代史の索引である。そのひとつひとつを手がかりに、心眼を開いて、遺跡や地域を読んでいくと、意外に重大で興味深い、歴史の事実や関係に遭遇することができる。土器墨書論は、そういう魅力のある、これからの学問なのである。

注

（1）岸熊吉「平城宮遺構及遺物の調査報告」（『奈良県史蹟名勝天然紀念物調査報告』一二、奈良県、一九三四年）。
（2）『平城宮出土墨書土器集成Ｉ』（奈良国立文化財研究所）序文。
（3）鈴木敏雄「三重県桑名郡多度村柚井貝塚誌考」（『考古学雑誌』一八―一〇・一一、一九二八年）。
（4）栄原永遠男「柚井遺跡出土の木簡」（『木簡研究』二）、「柚井遺跡出土木簡の再検討」（同、八）。
（5）注（4）に同じ。
（6）栄原永遠男「柚井遺跡出土木簡の再検討」注（4）。

(7) 佐藤次男「墨書篦書・刻印土器出土地名表」(『考古学』四)。
(8) 大川清『墨書土器』一～五(小宮山書店)。
(9) 椎名慎太郎他『歴史保存と伊場遺跡』(三省堂)。
(10) 拙稿「静岡県城山遺跡出土の具注暦木簡について」(『木簡研究』三)。本書、第一部第二に収録。
(11) 『国指定史跡志太郡衙跡出土の文字資料―木簡と墨書土器』(藤枝市教育委員会、一九八二年)。
(12) 拙稿「郡家小考―交通機能を中心に」(『日本政治社会史研究』中、塙書房)。拙著『地域と王権の古代史学』(塙書房)所収。
(13) 『袋井市史』通史編(袋井市役所)。
(14) 『秋田城出土文字資料集』(秋田市遺跡保存会・秋田城跡発掘調査事務所、一九八四年)。
(15) 『平城宮出土墨書土器集成Ⅰ』一〇七〇番。
(16) 『居倉遺跡発掘調査報告書』(島田市教育委員会、一九八七年)。
(17) 清水みき「長岡京の墨書土器」(『向日市文化資料館研究紀要』創刊号)、「墨書土器の機能について―都城(長岡京)の墨書土器を中心に」(同二号)。
(18) 清水みき「墨書土器の機能について」、注(17)。
(19) 栗田則久・石田広美・平川南「千葉県吉原三王遺跡の墨書土器」(『考古学雑誌』七一―三)。

【補注】

ここにいう「本書」とは、昭和六〇年代に中央公論社から刊行された『日本の古代』シリーズ(全一五巻別巻一巻)中の、岸俊男編『日本の古代14　ことばと文字』(一九八八年三月二〇日初版)であり、本稿はこのシリーズ第一四巻『ことばと文字』に掲載されたものである。

第五　静岡県坂尻遺跡出土の土器墨書

1　土器墨書の性格と分類基準

(1)土器墨書と墨書土器

坂尻遺跡では、四次にわたる発掘調査の結果、四八六点のいわゆる墨書土器が出土した。これに、ヘラ書き刻書のある土器二点を加えると、土器に書かれた文字資料は、総計四八八点となる。

これらの土器墨書、または、ヘラ書き刻書された文字資料は、歴史時代の遺跡においては早くから注目され、墨書土器あるいは墨書・刻書土器などと呼ばれ、遺跡の年代や性格を判定する上での、有力な資料として重視されてきた。とくに近年、発掘の大規模化と、歴史時代の宮都・官衙遺跡の調査が急速に進むにつれ、いわゆる墨書土器の出土も大幅に増加し、それにともなって、文字集成や研究も進展しつつある。

ところが、これまでこれらの文字資料は、土器遺物の中の特殊なものとして、土器論の一部で取扱われることが多かったため、発掘調査報告書等においては、二、三の例外を除いて、考古学者が考古学的方法の枠内で整理してきたといってよい。

しかし、元来、歴史時代の遺跡調査は、考古学と文献史学との協力の上になさるべきものであり、とくに、文字資料は、文献史学との緊密な協力関係が要請されているといってよい。加えて、近年のいわゆる墨書土器資料の急速な増加は、内容的にも、独自の文献史学的考証を必要としており、同じく、歴史時代の遺跡から出土する木簡と同様、古代史研究者の急速な対応が要請されているといわねばならない。

こうした観点から、本遺跡の調査においては、第二次調査の段階から、土器に書かれた文字（墨字）を、それ自体として相対的に独立させた呼称として、「土器墨書」の概念を用い、従来の墨書土器という呼称については、墨書のある土器一般を呼ぶ場合に限定して使用することを試みてきた。(1) この新たな試みは、これまで、土器墨書が土器論の一部としてのみ取扱われてきたことに対する反省にたち、土器に書かれた墨書それ自体を、相対的に独自に対象とする学問領域を、文献史学の一領域として成立させようとする試みに他ならない。

しかし、土器墨書は、土器を離れては存在し得ない以上、土器それ自体に対する考察を不可欠としている。したがって、土器墨書論は、墨書された土器の土器論的研究の成果と、統一的に理解されてはじめて、その全過程が完了するものであって、文献史学的研究と考古学的研究とが、切り離されて存在しうるものではない点を、忘却してはならないと思う。

その意味でこの間、坂尻遺跡の調査過程において試みてきた、土器墨書概念の提唱は、これまでの墨書土器研究を、金石学や木簡学の水準に引きあげようとする、ささやかな試みのひとつに他ならない。

(2)土器墨書の性格と分類

土器墨書の性格を、端的に定義することはむつかしいが、管見の限りで、結論先取り的にいえば、土器に書かれた文字という一点に尽きる。そしてそれは、さらに、二つの場合に大きく区別することができる。

その第一は、これが一般的であるが、土器の機能と直接に結びついた記事、すなわち、その書かれた土器の広い意味での所属、ないし所有関係を表示する場合である。第二は、特殊的な場合であって、土器の機能とは離れ、それとは直接の関係なく、紙や木札などと同様に、単なる筆記素材・料紙代用のひとつとして、土器または土器片が用いられる場合である。

第一の、土器の機能と直接結びついた一般的な場合は、さらに立入って区分すると、土器を使用する主体または客体、すなわち、その土器の機能にかかわって、帰属する集団・組織または個人、および、時間的位置づけ(年月日等)等があり、また第二の、筆記素材として用いられる場合には、意志伝達のための文書や、心覚えの記録などのほか、戯書・習書などとしても用いられる。

このように、土器の機能に即して観察した場合、土器墨書の一般的性格は、きわめて鮮明になるのであるが、しかし、土器の機能とは一旦切り離された、特殊的な場合についても、その土器の本来の機能と、全く無関係であったとは言い切れない。一見したところ、土器の機能とは無関係と思える、文書・記録様の記事の場合も、それの、本来の所属・所有関係を離れては、その意味を理解することはできない。

このことは、土器墨書は、本来的に、それが書かれた土器の機能を離れては存在し得ないことを意味し、記事に見られる表面的な差異は、土器の機能と直接的な関係であるか、間接的なそれであるかのちがいにすぎないのである。したがって、土器墨書をその意味内容に即して、分析しようとする場合には、土器の機能からはいったん離れ、墨書の記事それ自体に即して、分類するのが便宜であろう。

土器墨書の内容に即した分類は、これまでにも一、二試みられてはいるが、いささか羅列に終始する傾きがあり、広く承認されるまでにはいたっていない。土器墨書は、それが出土する遺跡の性格、例えば、それが宮都であるか地方官衙であるか、寺院であるか、あるいは住居址であるか等々によって、その様相にかなりのひらきが認められる以上、一般的な分類法が確立していない現状のもとでは、遺跡ごとに、土器墨書の内容に即した分類を試みるほかはなさそうである。そして、こうした試みの積み重ねを通して、普遍的な分類法が模索されるべきであろう。

坂尻遺跡は、本章の結論で明らかとなるように、遠江国佐野郡家跡という、古代の地方官衙である可能性が大きいことから、そこから出土した土器墨書の分類にあたっては、まず、大きく奈良時代の土器と、平安時代以降のそれとに区分した上で、特に、奈良時代の土器については、その内容に即し、Ⅰ官衙・官職名等、Ⅱ郷名・地名等、Ⅲ人名等、Ⅳその他、の四種に分類した(2)。

次に、これらの各項目について簡単に説明を加えよう。

Ⅰ官衙・官職名等

郡家・駅家等地方官衙の官職・施設名のほか、それに所属したと思われる名称も、これに含めた。また、特に、坂尻土器墨書の著しい特色である、駅家関係の墨書については、文書様のものもこれに含めた。

Ⅱ郷名・地名等

推定も含め、二字で書かれた郷名・地名の類である。

Ⅲ人名等

二字、または、一字で書かれた、人名と推定されるもの。なかに、ごくまれに、敬称を付するものがある。

Ⅳその他

人名・地名・年号の一部等を含め、意味不明のものを、一括してここに収めた。

次節以下では、土器墨書を、それが書かれている土器の形式からみた年代区分に従って、大きく奈良時代と平安時代とに区分し、ついで、それぞれの時期の墨書の内容を、上記の分類にもとづいて、各項目ごとに若干の考察を加え、ついで、出土地点から見た場合どういうことが言えるか、また、土器と土器墨書との関係についても、気のついた点を記しておきたいと思う。そして最後に、土器墨書から見た、坂尻遺跡の性格をのべて結びとしたい。

2　奈良時代の土器墨書

(1)土器墨書の内容的考察

坂尻遺跡出土の土器墨書総数四八六点中、奈良時代に属するものは実に四六四点にのぼり、圧倒的大多数を占めている。本項ではそれらを、主として、その記事の内容と、出土点数の面から考察する。奈良時代の土器墨書の主要記事を、第一節で示した基準に従って分類した結果は、表1の通りである。墨書土器の全点については遺物番号を付し、表7　坂尻遺跡墨書土器一覧表（一八二頁以下）の最上段に示し、以下の叙述では鍵括弧付の釈文の後に、括弧付で示した（なお、次頁の土器墨書分類表中の括弧内の番号は、推定による釈文）。

(イ)官衙・官職名等

「佐野厨家」（408）・「□野厨」（144）・「玉郷長」（317）

この部類に分類されるもののうち、まず第一に注目されるものとして、郡・郷に関わる佐野厨家がある。佐野厨家とは、佐野郡家の厨家、すなわち郡家の給食施設を意味するものであり、「□野厨」の欠字はおそらく佐であったと推定され、元来は佐野厨と書かれていたものであろう。

郡家に厨家が付属していたことは、儀制令集解・凶服不入公門条古記に「国郡厨院」と見えることから明らかである。このことは、郡家が政庁であると同時に、公的使人のための宿泊・供応の施設でもあったという性格と深くかかわっている[3]。また、近年、浜松市伊場遺跡や藤枝市御子ヶ谷遺跡、同郡遺跡などから、布知厨、志太厨、益厨などの土器墨書が出土し、これらの遺跡が、それぞれ、遠江国敷智郡家や、駿河国志太郡家・益頭郡家の遺跡であったことを示す、有力な文献的証拠を提供した。佐野郡は『続日本紀』養老六年（七二二）二月丁亥条に「割二遠江国佐益郡八郷一、始置二山名郡一」と見え、また、天平一〇年（七三八）の駿河国正税帳にも「佐益郡散事丈部塩麻呂」と見えることから、八世紀初頭の郡制施行当初においては、佐益郡と表記されていたことがわかる。

ところが『万葉集』巻二十所収の、天平勝宝七歳（七五五）二月六日、防人部領使遠江国史生坂本朝臣人上進

表１　土器墨書分類表

分類	土器墨書	一覧表番号（出土数）	土器墨書	一覧表番号（出土数）
Ⅰ 官衙・官職名等	佐野厨家	408	田子	434（318 418 425）
	□野厨《カ》	144	田	419
	玉郷長	317	東家	344 352（439）
	□長《カ》	220	後家	9 10
	日根駅家	404	新家	1
	□駅	299	竹寸家	161 181 213（131 242）
	駅□	396	□長《カ》家	333
	駅	368	家	88 104 254
	駅長	399 400	子女	237 339 462（303）
	駅子《カ》	321	女子	342
	駅富	401	女	215 234 328（302）
	大上日請駅家	407	日根女《カ》	452
	三年水鉢　駅	363	日根大	374 375 378 379 453 等8点
	市	364	日根□	241 394
	田人	432		
Ⅱ 郷名・地名等	日根	81 350 380 385（<u>312</u>）等8点	石田	422（196）
	朽辺	56 58	前玉	27
	山科	301 311 343 397 436 等7点	岡□	147
	西田	205 218	新□	68
	嶋津	153 322 335 403（347）等8点	板井	361 362（365）
Ⅲ 人名等	千山	11 13 <u>177</u> 等136点（推定数略）	豊□	327 382
	浄主	94	秋□	260
	有主	314 351（<u>320</u>）	宗	57 171
	竹寸	117 127 210（82）	足	146
	竹寸殿	130 178 412（376）	真	107（272）
	人成	393	浄	281
	宅主《カ》	225		
Ⅳ その他	四年	334	柴	457
	□年	329	先	402
	十四	340	皿	288 410 413
	第刀	255	币	31
	大□白	28	前	211 256
	□満	409	玉	270
	黄《カ》美	26	太	377
	古□	70	嶋	417 449（46）
	□刀	141	子	243 423（287 428）
	第	5	孫《カ》	214
	若	448	杏	353
	焚《カ》	454	日	405 415

※　下線を付した番号は土師器、他はすべて須恵器である。ゼンマイ印・ミズドリ等、釈文に付随する記号は省略した。また「土器墨書」欄の推定による釈文には（カ）を付した。また、「一覧表番号」欄の出土数は推定による釈文を含み、それらの番号は（　）で括ってある。

上の、遠江国防人等の短歌中の一首（四三二五）の左注には「佐野郡丈部黒当」とあり、以後『延喜式』、天慶七年（九四四）六月二日「長福寺銅鐘銘」、『和名類聚抄』等を通じて佐野郡の表記が定着することから、天平一〇年（七三八）から天平勝宝七年（七五五）までの一四年間に、佐益郡から佐野郡へと表記が変化したことが判明する。[4]

この結果、二例の郡名を記した土器墨書はいずれも佐野郡とあることから、少なくとも天平勝宝七年以後、天平一〇年を遡るものではないことが明らかになる。また、佐益・佐野いずれもサヤと読むのが本来であって、佐野をサノと読むのは野の和訓に従って派生した新しい読み方であろう。なお、因に佐夜の中山の佐夜も、佐益・佐野に通じ、サヤの表記としては古いものと思われる。

次に、玉郷長であるが、玉郷については、二つの解釈が成立しうる。そのひとつは、玉郷を磐田市御殿・二之宮遺跡の木簡「大郷　小長谷部宮□」の大郷と同様に、それ自体で完結した、一字の郷名とみる場合である。もうひとつは、袋井市の西に近接して、磐田市玉越の地名があり、また、後述するように、朽辺、西田、山科等、袋井市内に現存する地名と一致する土器墨書（ただし、朽辺は久津辺として現存）が出土していることから、玉越郷長というべきところを、玉郷長と省略したとみる場合である。

前者の、玉郷で完結しているとみた場合は、『和名抄』をはじめとする文献にも、また現存地名にも、その名称の裏付けを欠く点に弱点があり、後者の、玉越郷長の省略形とみる場合は、該当する現存地名がある点では有力であるが、こうした省略法の類例を欠くところに弱点がある。いずれを是とすべきか、きめてを欠くが、どちらかといえば、後者・玉越郷の可能性が、やや大きいように思われる。

「日根駅家」（404）・「□駅」（299）・「駅」（368）・「駅長」（399・400）・「駅子」（321）・「駅富」（401）・「大上日請駅家」（407）・「三年水鉢　駅」（363）

坂尻土器墨書中、右の、都合八種九点の、駅家関係墨書が出土したことは、特筆大書されなければならない。さらに、このうち後述するように、「大上日請駅家」の一点を除いて、他の七点は、限定された範囲内から出土している点が注目される。

日根駅家は、従来まったく知られていなかった駅家名であり、その出現の意義は、古代東海道の交通を考える上で甚だ大きいものがあるといえよう。日根駅家は、佐野郡内に日根郷があることから（『和名抄』）、同郡内の駅家とみてまず誤りはない。

『延喜式』および『和名抄』高山寺本駅名には、「横尾」の名がみえ、また、『和名抄』郡郷部には、佐野郡に「駅家」があることから、従来、佐野郡内の駅家は、横尾のみと解されてきた。しかし、この新史料の出現により、横尾駅は、駅家制度の創設当初から存在したものではなく、ある時期に、日根駅家に代わって、佐野郡内に設置されたものとみるべき公算が大となった。これと同様の事例は、三河国宝飫郡内の宮地駅家（伊場木簡三〇号）と、渡津駅（『延喜式』）との関係にも見られる。[5]

日根駅家から横尾駅への移行の時期については、直接これを明示する史料には欠けるが、それを推定するてがかりは、全くないわけではない。この問題は、坂尻遺跡の廃絶の問題にかかわって、最後にとりあげたいと思う。

「□駅」（299）の欠字個所は、残画のみで文字の判読は困難であるが、日根の根でないことは、ほぼ確かである。「駅□」（396）は、上に文字のあった可能性は少なく、下にわずかに残画が残る。

「駅長」・「駅子」は、日根駅家の駅長・駅子のことであろう。駅長の土器墨書二点は、同筆と認められる。駅長は、厩牧令駅長条に、「凡駅、各置二長一人一、取二駅戸内家口富幹レ事者一為レ之、一置以後、悉令二長仕一」とあり、駅家毎に一人、家口に富み、管理・実務能力を有する者を選んで任命した終身職であり、課役（調庸・雑徭）を免除されていた（賦役令舎人史生条）。

駅子は、公式令・給駅伝馬条義解に「謂、駅子騎レ馬為二先行一者」とあり、また、同条集解古記には、「有レ馬而人従、故称二駅子一」とみえ、駅使（駅馬の使用を許された公の使）の乗用する駅馬を先導する者、あるいはそれに従う馬子をいい、駅戸の課丁があてられ、課役は免除されていた。駅戸とは駅家に付属した戸で、路の等級による区別があり、東海道の場合は中路で、各駅家に一〇戸が配された。類例として、伊場遺跡から「栗原駅長」、「駅長壱」などが出土しているが、管見の限りでは駅子は初見である。

「駅富」の駅は、駅家の駅、富は名の一部であるとすれば、日根駅家の駅長あるいは駅子某の名を略記したものであろう。

「三年水鉢　駅」（363）の、第四字の鉢と、第五字との間を一字あけたのは、三年水鉢まで一気に書いてきた筆が、ここで一息つき、ついで、やや方向をかえて、駅と書かれていることによる。文意は不詳であるが、水鉢駅とつづけて駅名とする解釈は、筆勢からの所見に加え、駅名とした場合、その裏付けとなる郷名・地名等を欠くところから、現在のところ、まず成立しがたいと思う。

そうであるとすると、三年水鉢とは、某三年に作成された水鉢、駅は日根駅家であろうか。ただし、この墨書は、須恵器高坏の脚部の底に書かれており、土器本体と、墨書にいう水鉢との直接的関係は、希薄に思える。文意を、前記のように、水鉢と駅とを切り離して解する前提に立てば、文字の書かれた土器の機能とは直接関係しない墨書とみて、土器（または土器片）が筆記の素材として転用された一事例とすることができるかも知れない。なお、これを習書とするには、字が整いすぎており、無理があるように思われる。

「大上日請駅家」（407）は、文書風の土器墨書というべきもので、木簡の記事を思わしむるものがある。文意は難解であるが、大を大領の略語とみて、「大（領）の上日を駅家に請う」と読めるのではないかと思う。つまり、大領の出勤日調べのため、駅家への上日日数を、郡家が求めたものと解するわけである。

大領をはじめとする郡司四等官には、国司の考課を受けるために（考課令郡司条）、上日＝出勤日調べが必要であり、事実、延暦二年（七八三）の「伊勢国計会帳」に「郡司幷散位等上日状十□（巻カ）」とみえ、このことを裏付けている。

このように、土器に書かれた墨書が、意志伝達の公文書として機能したとみられる事例は極めて少ない。去る昭和五九年（一九八四）一〇月一七日付の『朝日新聞』に、千葉県佐原市吉原三王遺跡の、九世紀中葉の住居址から、「香取郡大坏郷中臣人成女替承」とか、「附申上」などと書かれた墨書土器が報ぜられ、一九八六年七月の古代史サマーセミナーで、その報告に接したが、管見の限りでは、坂尻遺跡に次ぐ第二の事例である。[6] これらの事例は、小数であるとはいえ、土器墨書の性格を考える上で、注目されなければならない。

以上の事例は、すでに前節でのべたように、土器または土器片が、筆記素材として使われるという、土器本来の機能とは直接関係のない、いわば、土器としての機能の否定の上に成りたっている場合であって、土器墨書としては例外的な事例というべきである。

しかし、筆記素材として使われた土器片それ自体は、所属不明の偶然的なものではなく、おそらく書き手、すなわち、文書発信者の身辺にあって、用済みの土器が使われたにちがいない。とすれば、「大上日請駅家」と書かれた須恵器坏蓋は、郡家の主帳、またはそのもとで働く郡書生、案主など、郡雑任たちの身辺雑器であった可能性が大きい。

「市」（364）

市は、すでに、長野県更埴市生仁遺跡、栃木県南河内郡薬師寺南遺跡等に、類例が出土している。おそらく、地方の市にかかわるものであろう。古代の地方市としては、駿河国の安倍市（『万葉集』巻三―二八四）の他、美濃国少川市（『日本霊異記』中巻、第四）、備後国深津市（同下巻、第二六）などが知られている。[7]従来、これらの市は、国府との関連で注目されてきたが、市と書かれた墨書が、各地で発見されるにしたがい、市と郡家の結びつきという、新しい問題が提起されたことになる。これらの市が、関市令、他に規定された市の範疇に含まれるものであるか否かはひとつの問題であるが、私見では含めてよいと思う。

また、市は当然のことながら、交通と密接に関連しており、郡家・駅家・市という結びつきは、甚だ興味深いものがある。おそらく、郡家・駅家に近接して、「佐益市」、あるいは「久努市」・「日根市」などと呼ばれた市が存在していたとみてよいであろう。なお、市に関連する遺物として、分銅の出土がある。おそらく、市場での秤量などに使用されたものであろう。

「田人」（432）・「田子」（434、等）・「田」（419）

田人は『古語拾遺』に、「田を営るの日、牛の宍を以て田人に食しむ」とみえ、[8]嘉禄本は「タウト」と訓んでいる。[9]田を耕作する人の意で、田子も同じ意味である。これらは、おそらく、国郡の営田（乗田・駅田など）の耕作にあたった人夫を意味するものであろう。春秋の農事にたずさわる田人・田子に酒食を給することは古代の慣行であった[10]。

なお、田子（又は多胡）は、古くは郡名（上野国多胡郡）、地名（駿河国田児之浦）などとしても現れ、静岡県内には、富士市の田子の他、賀茂郡西伊豆町にも田子がある。富士市田子は『源平盛衰記』に多胡宿と見え、交通とのかかわりも深い。田夫としての田子と、地名としての田子（多胡）との関連性は明らかではないが、興味ある問題といえよう。

「東家」（344、等）・「後家」（9、等）・「新家」（1）・「竹寸家」（161、等）・「□長家」（333）・「家」（88、等）

これら何某家と書かれた家は、古代では、血縁的人間集団を意味する場合と、建物としての宅舎・家屋をいう場合とがあった[11]。この場合は、後者の事例に属し、東家は東方の家、後家は後方の家を意味するものであろう。類例に、「東院」（福岡・大宰府跡）、「前家」（千葉・東金台遺跡）などがある。新家は、新規に作られた家であろう。

注目されることとして、東家の二例（344・352）には、一筆で画かれた水鳥が付いている。水鳥はまた、有主の墨書にも、伴なっており（314・351）、水鳥の絵は、東家・有主のほか、推定を含めて一二例にのぼる。これらは、東家と有主とが密接な関係にあったことを思わせ、東家の主が有主であった可能性を示唆する。

ただし、（444）の一例は、文字の判読が不能ではあるものの、有主ではないことは確実で、この点、やや問題が残る。しかし、両者の密接な関連性を、否定するものではない。また、東家に水鳥が画かれたのは、東家が郡家の東辺部にあって、原野谷川に近接しており、川面に遊ぶ水鳥が、東家の主・有主にとって、日常身近かな動物であったことから、シンボル・マークとして使われたのであろうか。一筆書きとして様式化されているところを見ると、いわゆる、紋章の初見ないし、始原とみることもできそうである。

竹寸家の寸は村の略字で、大宝二年の御野国味蜂間郡春日部里戸籍中、国造族稲麻呂の戸口名にみられる他、城山木簡一一号や、伊場遺跡の土器墨書にもみえ、略字としては、比較的古い時期のものに属する。竹寸家と関連するものに「竹寸殿」（130・178）がある。殿は、漢語で高大な堂、又は天子の堂を意味するが、わが国では貴人の尊称としても用いられ、人名に添えて用いられるようになった（『大字典』）とされるところから、ここに使われている殿を、殿舎ないし家屋を意味するものとみるか、尊称とみるかという問題が生ずる。

土器墨書にみられる類似の用例としては「少毅殿」（伊場土器墨書）、「□（太カ）少領殿」（御子ヶ谷土器墨書）などがあり、従来私は、法隆寺献納物銘文中の「山田殿」の事例より推して、これを尊称と解釈してきた。[12] しかし、坂尻遺跡において、竹寸家の墨書とともに、竹寸殿の墨書が出土したことは、竹寸殿とは竹寸家の別の表現であって、殿は殿舎・家屋の殿とも解しうる可能性がでてきたといえよう。

竹寸殿の場合、尊称・家屋名のいずれとも決しかねるが、どちらかといえば、家屋名の可能性の方が大きいようにも思われる。[13] なお、竹寸は、竹林を意味する篁《たかむら》（例えば、小野篁）と同じく、人名と解すべきであろう。

竹寸を人名とすると、その人物像が問題になるが、これについては人名の項でのべる。

□長家は、長の上の字が判読できないが、駅長家の可能性も考えられなくはない。また、家と一字のみのものは小破片で、何某家と書かれていた可能性は十分にありうる。

「子女」（237、等）・「女子」（342）・「日根女」（452）

女性に関するもの三種である。子女は、今日一般的には男子と女子を合わせた意味であるが、古くはまた、女子のみをも意味した。ここでは、後者の意味に解した。

日根女は個人名とするよりも、日根郷（里）の女、すなわち日根郷から出仕した女の意と解すべきか。城山遺跡出土の土器墨書に、「竹田知刀自女」、「竹田成」、「成女」などがみえ、この場合の竹田も敷智郡竹田郷（里）の意とみるべきであろう。

郡家等の地方官衙には、女性の職員は正式には置かれていなかったが、厨等で実際に働いていたことは、御子ヶ谷遺跡の木簡に、「女召　付里正『丈部麻々呂』」と記された召状があり、また、各地の官衙遺跡から、小数ながらも出土する同種の土器墨書が、これを裏付けている。

静岡県内に限っても、城山遺跡では、前記の他に、「女」と書かれた例があり、また木簡に「某女」とみえる。伊場遺跡では「長女」の土器墨書があり、磐田市二の宮遺跡からは「女」、沼津市藤井原遺跡でも「女」と書かれたもの二点の外、「女塩坏」と書かれた土器墨書が出土し、その土器が、女性用の塩小皿であったことを示している。

なお、私の育った南伊豆地域では、小皿のことを手塩皿、略して手塩とも呼び、また、一般的には、手塩にかけて育てるという表現もある。坂尻土器墨書に見える「手塩坏」は、その淵源ともなる呼称表記なのであろうか。（補注1）食器等に女性の個人名が書かれる場合は極めて稀れで、一般的には、単に性別のみを示す場合が多かったと思われ、古代官衙における女性の社会的地位を示すものとして興味深い。

「日根大」（374、等）・「日根□」（241・394）

表２　佐野・山名・長下郡郷名一覧

郡	高山寺本	東急本
佐野郡	山口	山口　也万久知
	小松	小松　古万都
	邑代　以比之呂	邑代　伊比之呂
	幡羅	幡羅
	日根	日根　比禰
		驛家
山名郡	山名	山名　也万奈
	会田　不須末多	会田　布須万多
	宇知	宇知
	信芸	信芸
	荻戸	荻戸
	久努	久努　久度
長下郡	大田	太田
	長野　奈加乃	長野　奈加乃
	貫名　沼岐奈	貫名　奴木名
	伊筑	伊筑
	幡多　判多	幡多　判多
	大楊	大楊　於保也奈木
	老馬　於以万	老馬　於以万
	通隈　止保利久万	通口（刊本・熊）　止保利久万

これらの三点は、意味不明であるが、日根女の用例との類似から、しばらくここに収めた。

(ロ)郷名・地名等

この分類項目には、『和名抄』等に郷名としてすでに見えるものの外、現存する地名と一致するもの、およびそれらに類するものを含めた。

「日根」（81、等）

『和名抄』郡郷部佐野郡条に、「日根比祢」（東急本）とみえるのが、これに当たると思われる。日根は、日根駅家、日根女、日根大等の用例もあるが、81、350、385などは日根のみで完結しているとみられ、直接に郷名を意味するものとみてよいと思う。『和名抄』にみられる、山名六郷、佐野六郷（駅家を含む）のうち、土器墨書中に見えるのは、日根のみである。

日根郷の所在については、これまで、『遠江国風土記伝』は未考とし、『掛川誌稿』がはじめて、「倭名鈔に所謂日根郷は、掛川古駅家左右の諸村を指して云ふにや」として、掛川宿の南北一帯に比定して以来、『日本地理志料』や『大日本地名辞書』等はこれを踏襲しているが、それを裏付ける決定的証拠はない。

なお、『掛川誌稿』が、「倭名鈔に佐夜郡に日根駅家とあるは、兵部式に所謂佐野郡横尾の駅家なり」として、日根駅家の存在を、すでに知っていたかのように記しているのは、『和名抄』の郡郷部に、日根の次に駅家とあるのを、二項目とみずに、二つ続けて一項目とみた誤認によるものと思われ、また、日根郷を、掛川宿の周辺に比定したのは、「日根駅家」は横尾駅家であるという思い込みをもとに、敷衍したものにすぎない。

日根駅家は、すでにのべたように、坂尻土器墨書の出土によって、初めて知られた駅家名であり、その所在地は、おそらく坂尻遺跡の至近距離にあり、また坂尻遺跡を含め、この地域一帯が日根郷だったのではあるまいか。

日根の地名は、遠江国佐野郡の他に、和泉国日根郡に日根里（「行基年譜」）があり、また、日根造の姓を負う氏族の存在も知られている（「和泉監正税帳」・『新撰姓氏録』等）。日根の語義については、『掛川誌稿』は「日根は日に向ひ、山に倚りし地をさすにや」としているが、これは漢語的解釈であり、にわかには従いがたい。

日根はおそらく、古びたものを意味する和語「ひね」に由来する地名で、この地に古くから人が住み、集落を形成していたことにより、「ひねのさと」と呼ばれたのではあるまいか。この地域が、後背丘陵に和田岡古墳群を有する、東西交通の要地である上に、国本という名で呼ばれていることは、おそらく、久努国造の本拠地として、そう呼ばれるにふさわしい、歴史的背景を備えていたからであろうと思う。

「朽辺」（56・58）・「山科」（301・311、等）・「西田」（205・218）

これらのうち、山科・西田は、現在袋井市内に残る地名であり、朽辺は、坂尻遺跡の南を東西に走る、旧東海道沿いの集落、久津部がそれにあたるであろう。これらは、すでに指摘したことがあるように、八世紀前半、まだ山名郡が佐益郡から分立する以前の、郷・里名であった可能性がある。

『続日本紀』によれば、すでにのべたように、「割₂遠江国佐益郡八郷₁、始置₂山名郡₁」（養老六年〔七二二〕二月丁亥条）とみえ、山名郡は、立郡当初は八郷であった。ところが、『和名抄』には六郷しか見えず、これら六郷が、立郡当初から置かれていたと仮定しても、二郷は、この間に郷名から落ちたことになる。郷名は、奈良・平安時代を通じて、名称も数も、変化したことが知られており、また、『和名抄』の郷名がそのまま、立郷当初にまで遡るとはかぎらないから、これらの墨書に見える地名が、かつて郷名であった可能性は、決して小さくはないのである。

「石田」（422）・「島津」（153、等）・「前玉」（27）・「板井」（361・362）・「新□」（68）・「岡□」（147）

これらについては、現存する地名の中には見出すことはできないが、かつて、郷名又は地名であった可能性のあるものである。石田は、山名の隣郡が磐田郡であり、旧くは石田郡とも書かれたことがある（『続紀』霊亀元年五月乙巳条、『平城宮木簡概報』一三―一二）ことから、その郡名、あるいは郷名であった可能性もある（ただし、磐田郡に石田郷のあったことは知られていない）。前玉は、藤枝市御子ヶ谷遺跡に出土例があり（193）、武蔵国埼玉（前玉）郡埼玉郷の他、静岡県榛原郡榛原町坂部に、前玉の地名が現存する（『御子ヶ谷遺跡報告書』）。「新□」の第二字は、字画の三分の二が残っているが、判読できない。

(ハ) 人名等

人名と推定できるものには、二字のものと、一字のものがある。二字のものには、竹寸殿のように、敬称を付したものも認められた（前述）。いずれも、名のみで、氏姓と思われるものはない。なお、第二次調査概報で、

「驛」と推定判読したものは、その後の検討で、このように断定するには、なお慎重を要すると思われるので、今回は、不明として扱うこととした。

「千山」（13、等）

千山と記されたものは、推定も含めて、実に一三六例にのぼり、きわだって多量の出土をみている。さらに、特徴的なこととして、千山には、その大部分に、上方から右にかけて、いわゆるゼンマイ印（あるいは、のし印というべきか）が付されており、明らかに、このゼンマイ印を欠くものは、わずか一例にすぎない（143）。筆跡については、全点について仔細に検討を加えてはいないが、23、179、184の三点は同筆で、しかも、その他のものとは別の筆になるものと思われ、この三点を除く、その他のものは、ほぼ似かよった筆跡と思われる。

また、千山の表記には、千山と二字で表記したものと、千の第三画のタテ棒と、山の第一画のタテ棒とを共用して、一字の合せ字としたものとがある。ゼンマイ印を付した合せ字の千山は、すでに文字の域を脱して、印章ないし紋章と化した感がある。（補注2）

これだけ多量の人名墨書を残した千山なる者は、いかなる身分、性格の人物であろうか。この点については、全く推測の域をでないが、おそらく、郡家に勤務した、いわゆる雑任のうち、郡書生、あるいは案主など、文筆にたずさわる人物か、または厨長、ないし伝馬長など、比較的、郡家への勤務が恒常的であった人物ではなかったかと思われる。なお、千山については、秋田城跡出土の土器墨書にも、その用例がある。

「竹寸」（127、等）・「竹寸殿」（130、等）

千山についで出土例の多いのは、竹寸六例、竹寸殿四例で、これに、さきにあげた竹寸家一〇例のほか、いずれとも判別しがたいもの四例をも合わせると、竹寸関係は、実に二四例に達する。竹寸の寸が村の略字で、比較的古い時期（八世紀初頭）からみられること、および、竹寸を人名とみるべきこと（例えば、小野篁）などについては、すでに、竹寸家の項でのべた。

竹寸殿が、竹寸家の別称である可能性についてはすでにのべたが、殿が尊称であった場合はどうなるか。竹寸が、ある時は竹寸殿と記され、また、ある場合には竹寸家として家屋の主としても記されているということは、この竹寸なる人物が、郡家内に専用の家を持ち、敬称をもって呼ばれるという、ある種の身分を有する人物のように思えるのである。では、いかなる地位の人物とみるべきであろうか。

敬称としての殿に注目すると、城山遺跡に「少毅殿」、御子ヶ谷遺跡に「□《太カ》少領殿」（おそらく志太少領殿の志が欠損しているのであろう）など類似の例があり、郡司クラスに殿が用いられていたことが判明する。しかし、竹寸の場合は職名ではなく、人名に殿が付けられていること、および、郡家の中心部からはやや離れたところに、自己の名を付す家のあることなどから、仮に郡司であったとしても主政・主帳、雑任であれば郡書生ないし案主、鎰取などではなかったかと思われる。一案を示して識者の検討に供したい。

「有主」（314、等）

第三番目に事例の多い人名として有主がある。有主は推定も含めて五例、いずれも、一筆描きの水鳥の絵が添えられている点に特色がある。しかし、水鳥は東家にも添えられており（344・352）、水鳥だけについてみると、推定を含めて五例確認できる。これらは、有主か東家かの、いずれかに結びつくものであろう。

これら水鳥によって媒介された、有主と東家とは無縁なものではなく、おそらく、竹寸と竹寸家との関係とほぼ似た関係にあるものではあるまいか。そして、水鳥は有主のシンボル・マークともみられるのであるが、それは、さきに推定したように、有主の東家が、その名の示すように、郡家の東辺部の、しかも、原野谷川の岸辺近くにあって、水面に浮かぶ水鳥は、有主にとって身近かな動物だったことによるのであろう。では、こうした有主の身分は、どのようなものであったか。これもまた、推定の域を出ないが、おそらく、竹寸と同等、ないし、やや地位の下るもので、郡書生か案主、ないしは、鎰取クラスの人物だったのではないかと思う。

「浄主」(94)・「人成」(393)・「宅主」(225)

いずれも一例ずつが知られている。性格は不明というほかはない。

このほか、一字のものに「浄」(281)・「足」(146)・「宗」(57)・「真」(107)などがある。浄は、浄主の略、足は、名の第一字であろうか。

(二)その他

年数・数字をはじめ、欠字を含め二字又は三字のもの、および一字のみでそれだけでは意味のとりがたいものなどを、雑としてここに収めた。

「吅」(288・410・413)

通常、見なれぬ文字であるが、音はケン(漢音)、又は、カン(呉音)、呼びたてる、かまびすしい の意がある。

しかし、ここでは漢字の語意に拘わらず、呉音のカンを取って、須恵器などで使われる、缶＝ほとぎや、坩＝つぼの音カンに通ずる、器種を表す表記と解することができるのではなかろうか。須恵器の缶や坩は、六世紀頃から現われるから、皿の呉音が、これらの器形に宛てられたとしても、矛盾はない。(補注3)

(2)出土地点からみた土器墨書

坂尻遺跡の奈良時代の遺構と、土器墨書との関係について、主要なものについては図（一五六〜七頁）に示したが、本項では、そこから読みとることのできる、二、三の特徴的な事実について、若干の考察を試みたい。

検出された奈良時代の遺構に伴う、土器の型式的特徴からみた時期区分によれば、遺跡の構成は、概括的にいって、西方に奈良時代の前期・中期の遺構が集中するのに対し、東方にゆくにしたがって、次第に新しいものが多くなり、F区以東のものは、NSD二、三、四の溝が比較的古く、奈良時代中期から存在したと推定される点を除けば、その大半が、奈良時代後期に属すると推定されている（以下、土器型式による奈良時代の区分は、前期・中期・後期の三分法による）。

このことから、遺構は、西から東へと、時代を追って移動または拡大してきたことが知られるが、3J区のNSD一溝から出土した「新家」の墨書は、こうした遺構配置の特徴に符合し、その推定の正しさを裏付けるものである。

また、全体的にみて、土器墨書は西方に少なく、東方にゆくに従って増大する傾向にあり、NSD三、四の溝が最も多く、しかもこの両溝は、その墨書の内容からみて、接続する一本の溝である可能性が高い。ついで、N

SD一一・一三の溝からの出土が多く、西方にゆくに従って減少する。

次に、時代を追って観察を試みよう。まず、奈良時代前期の土器に書かれた墨書としては、NSD三出土の「岡□」(147)や、NSD四出土の「子女」(237)があり、また、「竹寸」関係の中にも、一部前期に含まれるものがあるが(7・186、等)、全体として、この時期のものは少数である。2D区のNSD一七の溝や、3C、D、E区の溝、および井戸を伴う掘立柱建物群などは、いずれも、奈良時代前期から中期に属するとみられる遺構群であるが、これに伴う土器墨書の出土は、確認されていない。

奈良時代中期に属すると推定されるものとしては、まず、「佐野厨家」(408)があげられる。この墨書は、奈良時代中期の、有台坏身部の底外部に書かれたもので、3C区の井戸NSE二から出土した。この井戸からは、他に「□満」、「皿」の土器墨書が出土し、また、同じ井戸から、小形のミニチュア土器が多量に伴出している。

郡名としての佐野の表記は、すでに指摘したように、『万葉集』中の、天平勝宝七年(七五五)の記事が初見で、天平一〇年(七三八)の「駿河国正税帳」の、佐益郡の表記を遡るものではないから、土器形式の面から、佐野厨家の墨書を奈良時代中期とする認定と矛盾するものではない。

また、関連する墨書に「□野厨」(144)がある。この墨書が書かれた土器は奈良後期の可能性が高いが、そうだとすると、佐野厨家の表記は佐野厨に先行する可能性があり、厨家から厨への表記簡略化の系譜がたどれて興味深い。次に、竹寸および竹寸家関係の墨書は、NSD三および四に限って出土するが、これらは奈良時代前期、および中期の土器に書かれたものがその大部分を占める。また、日根および日根大関係はNSD二一とNSD一三の溝に限って出土するが、これもまた、奈良時代中期の土器に書かれた場合が顕著で、若干後期の土器にも及ぶ。

この他、奈良時代中期の土器に書かれた墨書としては、ＮＳＤ一三溝出土の「板井」「市」、ＮＳＤ三溝の「前玉」、ＮＳＤ一一溝の「玉郷長」・「□女」、それに加えて、３Ｇ区の住居址ＮＳＨ一出土の「山科」などがある。このうち、ＮＳＤ一三溝が、中期を中心に後期におよぶものとみられることを除けば、ほかは、いずれも、主として後期にその機能を果たしたと推定されるものである。また、ＮＳＤ三・四溝の「千山」や、ＮＳＤ一一溝のミズドリを伴う「東家」・「有主」なども、一部、中期の土器に書かれたものがみられるが、その大半は後期に属するものである。

奈良時代後期のものとしては、一連の駅家関係の墨書と、遺跡東部のＮＳＤ三・四溝から出土した墨書の大半がこれに属する。単純に、量の面だけからいえば、この時期の墨書が最も多い。

まず駅家関係の墨書についてみると、八種九点中、「大上日請駅家」は、２Ｂ・Ｃ区の奈良時代前・中期のものとみられる、東西溝ＮＳＤ二一に伴う土器溜めＮＳＩ一一から出土した、坏蓋の内側に書かれていた。この坏蓋の年代は、ひとまず奈良後期と判定されたが、時期的にやや古くなる可能性もある。また、「三年水鉢　駅」は、３Ｆ区の一三号溝から出土した。これら二点は、その他の駅家関係の墨書とは、それぞれ別筆で書かれている点で区別される。

この二点を除いた六種七点の駅家関係墨書は、２Ｅ・Ｆ・Ｇおよび３Ｆ・Ｇ区に集中する五つの住居址中、三つの住居址ＮＳＨ一・二・三と、二本の溝ＮＳＤ九・一一から出土している。これら三つの住居址を含む五つの住居址については、いずれも、その一部を調査したにとどまるが、三号住居址が、出土遺物からみて、やや古いと推定されること、および四号住居址が方形で、形態上やや他と異なることの二点を除けば、いずれも炉址を持たないことや、二号から五号までほぼ一列に並んで検出されたこと、および三号住居址が、時期的にやや古くな

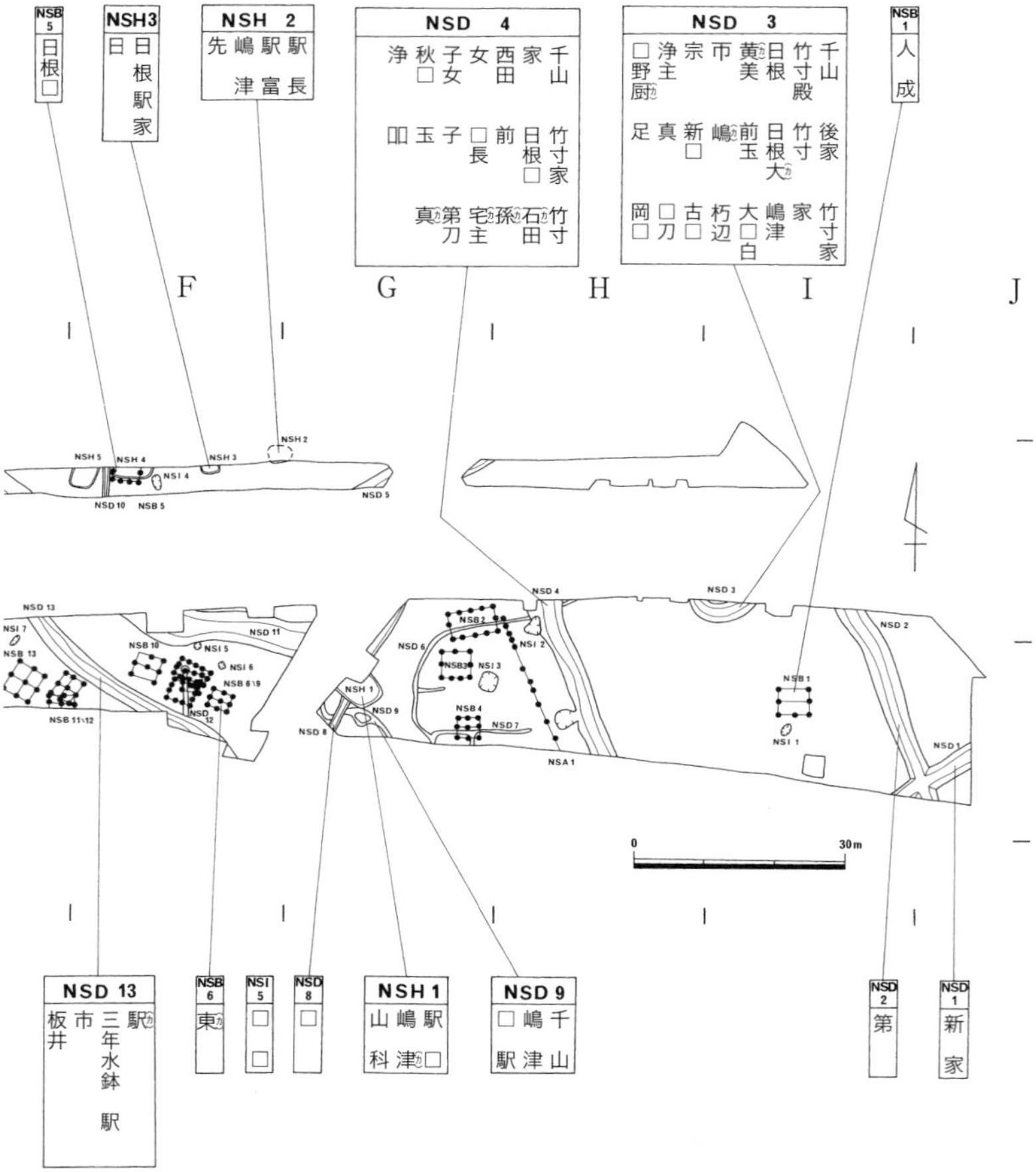

土器墨書出土遺構位置図

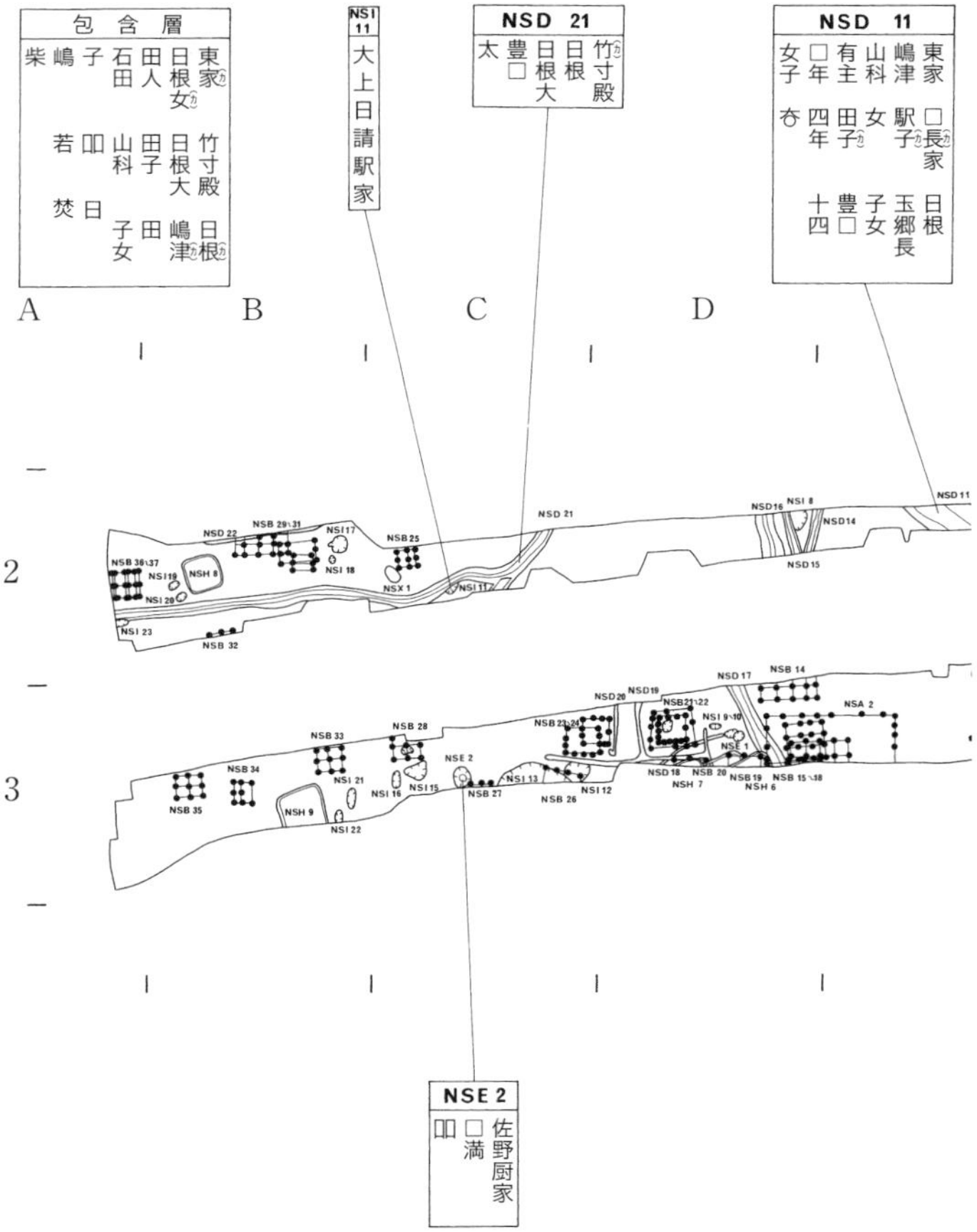
包含層
東家カ
日根女カ
田人
石田
子
嶋
柴
竹寸殿
日根大
田子
山科
叩
若
日根カ
嶋津カ
田
子女
日
焚
NSI 11
大上日請駅家
NSD 21
竹寸殿カ
日根
日根大
豊□
太
NSD 11
東家
嶋津
山科
有主
□年
女子
□長家カ
駅子カ
女
田子カ
四年
杏
日根
玉郷長
子女
豊□
十四
A
B
C
D
2
3
NSB 36・37
NSI 19
NSH 8
NSI 20
NSI 23
NSB 32
NSD 22
NSB 29・31
NSI 17
NSI 18
NSB 25
NSX 1
NSI 11
NSD 21
NSD 16
NSI 8
NSD 14
NSD 15
NSD 11
NSB 35
NSB 34
NSH 9
NSB 33
NSI 21
NSI 22
NSI 16
NSI 15
NSB 28
NSE 2
NSB 27
NSI 13
NSB 26
NSI 12
NSB 23・24
NSD 20
NSD 19
NSB 21・22
NSD 18
NSH 7
NSB 20
NSI 9・10
NSE 1
NSB 19
NSH 6
NSD 17
NSB 14
NSB 15・38
NSA 2
NSE 2
佐野厨家
□満
叩

るとはいえ、いずれも奈良時代後期に属する、ほぼ同時期のものとみられることなどから、これら五つの住居址は、ほぼ時期を同じくする一連のものと推定できる。

また、二条の溝についても、その大きさや機能に相違はあるが、ほぼ同時期に存在した可能性がある。

では、これら五つの住居址と、二本の溝とからなる遺構群と、駅家関係の墨書とが示す、日根駅家との関係はいかなるものであろうか。住居址や溝からは、かなり多量の土器が出土しているが、溝については、それが溝として機能している間に、土器が廃棄されたことは十分考えられるとしても、住居址の場合は、住居として使用中に、多量の土器片が床上に散乱するということは一般的には考えがたいから、その住居が、住居としての機能を失った後に、土器片が廃棄されたと考えるのが穏当であろう。

そうであるとすると、これらの炉址を伴わない、やや特異な住居址と、駅家関係の墨書との関係は、どのように考えるべきであろうか。これらの土器片が、まったく別のところから運ばれて、これらの住居址に投棄されたものではなく、これらの墨書土器の使用者が、この住居の至近距離内に生活していたとするならば、やはり、これらの住居の使用者が、ある時間的な幅の中で、順次棄てていったと考えるべきであろう。

これら五つの住居址中、三号住居址が、やや古いとみられるほかは、その他のものについて、先後関係を決めるてがかりはないが、二～三〇年という時間の幅の中で、これら五棟ないし四棟の住居が同時に存続したというよりも、一～二棟、あるいは三棟が併存し、あるものが廃棄された後、また新設されていたと考えれば、同一筆跡の駅家関係墨書が、この地区から集中して出土することの意味が、これらの遺構との関係において、整合的に理解できるように思う。その際、やや出土地点は東に離れるが、奈良時代後期の溝より出土した、「新家」（NSD一）・「新」（NSD四）などの墨書は、その裏付けとなろう。

以上のように、これら五つの住居址と、それに伴う二本の溝が、日根駅家にかかわる遺構群であるとすると、これらに関連して、いくつかの注目すべき事実が、浮かび上がってくる。

第一に、ＮＳＤ一一の溝から、「東家（ミズドリ）」(344)、「玉郷長」、「駅□（子カ）」が出土したこと。

第二に、ＮＳＢ六の柱穴より、底部に「東」、胴部にミズドリの書かれた土器が出土していること。

第三に、三つの住居址と、二つの溝から、日根駅家関係の墨書六種七点が出土していること。

以上の三点から、東家・有主・嶋津は互いに関連があり、また、このうち嶋津が、ＮＳＨ一住居址から、駅・山科と一緒に出土していることを考慮すると、東家・有主・嶋津・山科は、駅家と深いつながりがあるのではないかと推察される。

表３　駅家関係墨書出土遺構一覧

遺構	墨書	備考
１号住居址　NSH1	駅	同筆
２号住居址　NSH2	駅長（２）、駅富	同筆
３号住居址　NSH3	日根駅家	同筆
９　号　溝　NSD9	駅	同筆
11　号　溝　NSD11	駅□	同筆
13　号　溝　NSD13	三年水鉢　駅	
土器溜め　NSI11	大上日請駅家	

　このうち、明らかに人名と思われるのは有主であるが、こうした事実から、彼は駅家にかかわる人物ではなかったかと思われ、しかも、東家・有主ともに、ミズドリの絵を伴うところから、東家は有主にかかわる建物であったことが考えられるのである。

　人名ということに関連していえば、推定を含めれば、実に一三六点を検出した千山については、この遺構群の地区からは一点も発見されておらず、千山と駅家との関係は、甚だ稀薄である点が注目されなければならない。おそらく、千山は郡家の職員であっても、日根駅家に直接かかわる人物ではなかったといえよう。

　この駅家にかかわる遺構群からは、嶋津・山科など、地名と思われるもののほか、一点ではあるが、玉郷長の墨書が出土している点は、興味深い。おそらく、彼は、臨時の駅子や駅使舗設丁の徴発にかかわって、駅家に出向いたものであろう。また、嶋津・山科が郷名とすれば、あるいはこれらも、臨時の駅子や舗設丁にかかわるものかもしれない。駅家を構成する駅戸がどのような居住形態をとっていたか、いいかえれば、駅戸だけで集落を形成していたのか、あるいは、郡内の各郷に分散するような形で散在していたのか、ほとんど不明であるので、多くを論ずることはできないが、ここでは、ひとつのありうべき可能性を指摘するにとどめたい。

ところで、これらの遺構群が、全体として奈良時代の後期に属することはさきにのべたが、より仔細にみると、それらはさらに、新古の二時期に分けることもできそうである。より古い時期に属するものとしては、二条の溝にはさまれた、NSB六・七および九〜一一の五棟の建物と、NSH一・五の住居址、それに、NSD一三の溝、より新しいものとしては、NSH二〜四の住居址三棟と、NSD一一の溝とがあげられる。しかし、この区分は絶対的なものではなく、一部重なって、同時に併存した可能性も否定できない。

最後に、これら日根駅家関係の一連の遺構群と坂尻遺跡全体との関連性を、どのように考えるかという問題であるが、この点は、「4　坂尻土器墨書の特色と坂尻遺跡の性格」で、やや詳しく論ずることとし、ここでは、これらの遺構群は日根駅家そのもの、または、その一部ではなく、佐野郡家内に置かれた日根駅家の詰所ないし事務所的なものと考えていることだけを記しておきたい。

(3)土器と土器墨書

すでに、「1　土器墨書の性格と分類基準」でも述べたように、土器墨書をそれ自体として、それが書かれている土器から切り離して論ずることは、墨書の意味を理解する一過程として避けて通ることはできないとしても、そこにとどまることは許されない。ここでは、土器と土器墨書との関係を中心に、それらの観察結果と、若干の考察とを記して置きたい。

坂尻遺跡出土の奈良時代にかかわる土器墨書四六二点（ほかにヘラ書き刻書二点）中、器形の不明なものはわずか二〇点にすぎず、その大半は、器種の推定が可能である。一点一点についての器種や墨書の部位、出土地点等は一八二頁以下の表7「土器墨書一覧表」に示したが、その統計的概要を示すと、上掲の表4の通りである。

この表4に明らかなように、墨書の大半は坏に記され、実に八二パーセントに達している。坏のうち身については、無台の坏身が八三パーセントを占め、圧倒的な量を示している。また、坏の身と蓋については、坏身に書かれている場合が五八パーセント、坏蓋は四三パーセントと、やや坏身の場合が多いが、これは後にのべるように、坏の多くは有台・無台にかかわらず蓋付で、その双方に墨書されたとみてよい。また、書かれた部位については、坏の場合は底部、蓋の場合は内側というのが一般的である。これについては統計はとらなかったが、坏の使用を考えれば当然のことであろう。

表4　墨書土器の器種と構成比

機種		個数（構成比）	
坏	無台坏身	178	379（82.0%）
	有台坏身	34	
	台不明坏身	1	
	蓋	165	
	小形坏	1	
皿	無台皿	48	58（12.5%）
	有台皿	9	
	蓋	1	
高盤		4（0.86%）	
壺		1（0.2%）	
不明		20（4.3%）	
計		462	

墨書が坏に圧倒的に多いということは、坏は食器の中でも、とりわけ個人的性格の強いものであることに由来するのであろう。やや時代は降るが、十四世紀中頃成立の『神皇正統記』の中に、「名《な》與《と》レ器《うつはものと》は人にかさず」という文言がみえる。(14) 名分を重んじ、自他の区別を厳格に弁別する、社会的慣習の身近かな事例として、

表5　千山関係墨書土器の器種と構成比

器種		個数（構成比）			
坏	無台坏身	43	48	48セット	49セット（74.2%）
	有台坏身	4			
	台不明坏身	1			
	蓋	48			
	小形坏	1			
皿	無台皿	12			16（24.2%）
	有台皿	4			
	蓋	0			
高盤					1（1.5%）
計　66					

器物があげられているのはまことに興味深く、おそらくこうした慣習は、古代以来のものであったとみてよいであろう。そして、その中心は、もっとも普遍的な日常食器としての坏であったと思われる。

坂尻土器墨書中、明らかに個人に所属していたと判断されるものの中に、推定を含めると、一三六例にものぼる「千山」の場合がある。このうち、千山と明白に判定できる事例一一四について、その器形を調べた結果は、表5（上掲）の通りである。

千山の場合にも、全体の傾向と同様に、坏が圧倒的に大多数を占めるが、ここで興味深い点は、小形坏一例を除き、有台・無台・不明を合わせた坏身の合計と、蓋の数とが一致することである。このことは、小形の坏を除き、千山使用の坏は、有台・無台にかかわらず、ほぼその全てが蓋付で、しかも、千山の墨書は身にも蓋にも書かれていたと推測できることである。このことから、すでにのべたように、坏はその大半が蓋付であったと推定したわけである。

これに対し、皿の場合は、蓋に千山と書かれたものはない。全体を通してみても、四六二例中、皿蓋はわずか一例にすぎないから、一般的にいって、皿に蓋の付く場合は極めて限られていたとみてよい。次に、千山の個人名を有する土器の器種についてみると、坏は身・蓋あわせて一セットとすれば、四九個、皿一六個、高盤が一個となりそれぞれ、七四・二パーセント、二四・二パーセント、一・五パーセントの構成比を示している。この数値は、全体の器種構成比とほぼ同じ傾向を示すが、それはまた、個人に属する器種のあり方と、その消耗の度合いを示すものでもあろう。千山の場合は、事例が極めて豊富であっただけに、この数字の信頼度は、相当に高いものとみてよいであろう。

なお、ちなみに、坂尻遺跡においては、志太郡衙御子ヶ谷遺跡の場合のように、郡司の大領・少領・主帳など、郡司正員にかかわる墨書は検出されなかった。このことは、調査区域が、郡家正殿を中心とした中枢部に及ばなかった結果であると思われる。

墨書と器種の関係については以上の通りであるが、次に時期的な関係についてみよう。土器型式からみた年代推定によれば、坂尻遺跡出土の奈良時代の土器は、前期・中期・後期に大別することができる（次章参照）。これに準拠して、墨書土器の大要を述べると、まず第一に、千山関係については、坏は身・蓋とも奈良時代中期から後期のものがあるが、そのうち後期に属するものが圧倒的多数である。また器種では、無台の坏身は中期からあるが、有台のものは後期にならないと現れない。

これらのことから、千山の活躍時期は、奈良時代の中期に始まり、後期が中心であったことが判明する。また坏についても、有台のものが、無台のものよりいく分高尚であったとすれば、千山の場合、キャリアを積むことによって、その使用が可能となったのかも知れない。

比較的古い時期の土器にみられる墨書としては、「竹寸」関係のものがあげられる。奈良時代前期から現れ、中期が主体である。竹寸の寸は、すでにのべたように、村の略字で、大宝二年（七〇二）の御野国戸籍をはじめ、八世紀前半の木簡や土器墨書に用例があり、略字としては古体に属するものであるが、坂尻遺跡での所見はこれらと対応している。この他、奈良前期の土器にみられる墨書としては、「岡□」・「子女」などがある。

奈良時代中期のものとしては、「佐野厨家」・「玉郷帳」・「市」の他、「山科」・「板井」・「前玉」・「子女」などがある。また、「日根大」関係も中期のものを主体とし、一部後期に及ぶ。

これらに対し奈良後期に属するものとしては、駅家関係のもの全点（但し、「大上日請駅家」は中期にかかる可能性もある）のほか、「有主（ミズドリ）」・「東家（ミズドリ）」・「島津」がこれに含まれ、その他、「後家」・「朽辺」・「西田」・「山科」・「浄主」・「大□白」・「第刀」・「田子」・「女子」などのほか、「市」・「宗」・「先」などがある。

これらのことから、坂尻遺跡は、墨書からみた限りでも、奈良中期に佐野厨家が存在したことが確認できるが、すでに奈良前期の土器墨書がみられることから、厨家を含む佐野郡家がこの地に存在したことは、奈良前期にまで遡りうること、また、駅家関係の墨書は、奈良後期にほぼ限定され、中期・前期には遡り得ず、駅家関係施設の付属的性格は覆いがたいこと、などの諸点が判明する。

また、竹寸を人名とみることが許されれば、彼の郡家での活躍時期は、奈良時代の前・中期にあり、千山が中・後期であったことを併せて考えると、竹寸から千山へという人の交代が考えられるかも知れない。もとより、この二人が同じ職掌であったかどうかは明らかではないし、また「千山家」といった墨書は発見されていないことをみれば、あるいは別とみるべきかも知れない。しかし、竹寸と千山が同じ時期に勤務していたとしても、その時期は短かったようである。

(4) ヘラ書き刻書

奈良時代の土器に、焼成以前に書かれたと思われる刻書二点が検出された。二点とも、残念ながら解読できないが、463は、文字というよりは記号に近い。464は、甕の口縁に書かれており、第一字は部の略字、第二字は「皮」かとも見えるが、断定はできない。なお、甕に書かれた文字は、この一点のみである。

3　平安時代以降の土器墨書

ここでは、八世紀末から九世紀初頭の平安初期（但し、一部奈良末に入る可能性のあるものも含む）から、十三世紀前半の鎌倉初期にかけての、土器に書かれた墨書について述べる。墨付だけのものを含めて、総数は二四点で、坂尻遺跡出土の土器墨書中、わずかに四・九パーセントを占めるにすぎない。

これらのうち、はっきり文字と判読できるものは、「吉」（479）・「日」（485）・「万」（486）の三点にすぎず、「十」（465）・「家」（468）・「二」（488）・「さ」（466）など、推定を含めても七点である。確認できた限りすべて一字で、書風についても、たっぷりした太字で書かれるなど、奈良時代の墨書とは、明らかに区別される特徴を備えている。また文字のほかに、記号風のもの（480、482、487）もある。

墨書の意味は一字であるため、多くは不明というほかはないが、吉・万などは、吉祥文字を用いた人名の一部と解することができそうでもあるが、断定はできない。

書かれた土器の器形については、坏蓋・小皿・灰釉椀・灰釉皿などがあって、坏または椀・皿といった、個人的性格の強い食器に書かれている点では、奈良時代と共通性をもつが、灰釉陶器が比較的多量になる点で、時代

表6　平安時代以降の土器墨書の時代区分

	時期区分	土器墨書番号	小計
Ⅰ	奈良末～平安前期（8C末～9C）	477、478、480	3
Ⅱ	平安中期（10C～11C前半）	467、468、470、471、473、474、482、485	8
Ⅲ	平安後期（11C後半～12C前半）	472、475、479、486	4
Ⅳ	平安末～鎌倉前期（12C後半～13C前半）	465、466、469、476、483、484、487、488	8
	不明	481	1
		合計	24

の特色がうかがわれる。

これらを時代別にみると、表6の通りで、平安初期から鎌倉初期にかけて小さな増減をくり返しながら、継続して、この地に生活の痕跡を残してきたことがわかる。では、その性格はどのようなものであったか。土器墨書だけからみた限りでは、やはり官衙的性格のものかというにとどまるが、平安時代初期に属すると思われる遺物として、銅印（印文「松」）や、分銅などが出土していることを勘案すれば、官衙的性格は明瞭となる。

遺構の面からみると、数は少ないながら、掘立柱建物や溝なども確認されており、奈良時代に比較すれば、極めて稀薄であるとはいえ、平安時代以降も、官衙的施設が存続していたとみることはできる。

しかし、ここで注目すべきことは、駅家関係のものがまったく見られないことであって、すでにみたように、郡家内に駅家の詰所ないし事務所的なものが付属していたとすれば、奈良時代から平安時代への転換の中で、そういった郡家のありかたに、大きな変化があったことが推測されるのである。この問題については、次の結びの節で、まとめて論ずることにしよう。

4　坂尻土器墨書の特色と坂尻遺跡の性格

これまで、三節にわたって坂尻遺跡出土の土器墨書について検討を加えてきた。単なる事実報告という以上に、土器に書かれた文字資料を取扱う際の方法論や、釈文の考証に深入りした感があるが、それには理由がある。土器墨書自体は、古くから知られていながら、一遺跡から多量に出土するようになるのは、極く最近のことであり、これに関する研究も緒についたばかりであって、特に、いわゆる文献史学からの本格的な研究は、皆無に等しいという事情にかんがみ、敢えて、新分野への試論にいどんだという事情があるからにほかならない。

とりわけ坂尻遺跡は、静岡県内に限っても、伊場遺跡や城山遺跡、御子ヶ谷遺跡など同種の遺跡と比較して、木簡の出土という点では一歩譲るものの、土器墨書に関してはこれらを凌ぎ、文字情報の不足を補うものがある。[15]それ故、坂尻遺跡の性格を論ずる上では、甚だ重要な役割を占めるのであって、この点からも、土器墨書の内容にわたる検討は避けられないことであった。

こうした意義を有する、坂尻土器墨書の特色はどのようなものであるか、これまでの検討で明らかとなった諸点をかいつまんで列挙してみよう。

⑴坂尻土器墨書の特色

まず第一に、坂尻土器墨書の総数は、ヘラ書き刻書二点（463、464）を含め四八八点にのぼる。この数字は、伊場遺跡の四一二点、御子ヶ谷遺跡の二六九点（秋合遺跡の三七点を含めると三〇六点）、城山遺跡の二六二点を上まわり、伊場・城山両遺跡を合わせた数には及ばないが、単独出土としては、静岡県下において第一位にある。

このうち、時代的にみて奈良時代に含まれるもの四六二点（九四・六パーセント）、平安時代以降のもの二四点（四・九パーセント）であり、奈良時代のものが大部分を占める。さらに、奈良時代のものについていえば、前期・中期・後期の各期にわたってみられるが、なかでも、量的には後期のものが最も多く、今回の調査地域が最も活発に利用された時期は、奈良時代後期であったことが判明した。

第二に、墨書記事の内容については、官衙・官職にかかわるものが最も多く、文意の判明するもののうちの約半数を占める。ついで人名、さらに郷名・地名と続くが、これらに共通する特色は、地方官衙にふさわしい記事内容ということに尽きる。特に、「佐野厨家」・「□野厨」などと記された墨書が出土したことは、本遺跡が遠江国佐野郡家の一部であることを示唆する、有力な根拠となった。

第三に、「佐野厨家」とあわせ、「日根駅家」以下八種九点の駅家関係の土器墨書が出土したことも特記されなければならない。日根駅家は、従来まったく知られていなかった駅家名であり、その点だけをとりあげても、古代地域史研究のみにとどまらず、古代交通史の解明にとって貢献するところは大きい。

駅家関係の墨書は、いずれも奈良時代後期に属し、このうち「大上日請駅家」と、「三年水鉢　駅」の二点を除く、六種七点は、すべて同筆とみられる上に、五つの住居址と二本の溝を含む、同一地区からまとまって出土した。この地区の遺構群は、奈良後期でも、新古の二時期に区分しうる可能性があり、それらは二〜三〇年にわたって存続したものとみられる。

このことは、坂尻遺跡が日根駅家そのものではなかったか、という憶測を抱かせるに十分であるが、しかしそれは、本節の最後で検討を加えるように、やはりこれらの遺構は、佐野郡家に付設された日根駅家の詰所、ないし事務所というべきもので、駅家関係史料の量に眩惑されて、安易な判断に走ることは慎まねばならない[16]。

第四に、駅家関係墨書中「大上日請駅家」は、その他の墨書とはやや性格を異にする文書風の墨書というべきもので、最近一、二の類例が報告されているが、土器墨書の機能を考える上で、甚だ注目すべきものである。文意は、大領の上日を駅家に問い合わせたものと思われるが、おそらく、土器片に墨書して使に持たせるか、あるいは、手控に書き置いたもので、合点はその作業の終了時に付けられたものであろう。土器片が、木簡に準ずる使われ方をした事例として、貴重である。

第五に、郷名・地名と思われるものの中に、『和名抄』に記載のある日根（郷）をはじめ、『和名抄』には見えないが現存の地名と一致する朽辺《くつべ》・山科・西田などの名が確認された。これらのうちには、奈良時代の郷名も含まれている可能性のあることが明らかになったことも、特記されなければならない。

第六に、人名と思われるものについては、千山が推定を含め一三六例出土し、これについで、竹寸（村）関係の二四例がある。千山はその大半が同筆で、しかも千山の二字を合字とし、ゼンマイ印を上方から右にかけて付し、全体として、印章風に記している点に特色がある。竹寸には、竹寸殿・竹寸家などと、熟した用例があり、竹寸の身分や、役割を推測させるものがある。

書かれた土器の年代からみると、竹寸は、奈良前期から中期にかけて活躍した人物で、千山は、これにつづき、中期に始まり、後期に主として活動した人物だったと思われる。いずれも、郡雑任クラスの人物で、郡書生ないし、案主などではなかったかと推察される。なお、千山が、駅家とは直接関係がなかったことは、確かなようである。

第七に、千山と書かれた、一〇〇例をこえる墨書は、個人名を記した食器の、器種構成を知る上で貴重なデータを提供した。その結果、坏が七四パーセントを占め、ついで、皿が一六パーセント、高盤は、わずかに一個で一・五パーセントを占めることが明らかとなった。それに付随して、坏は、小形坏一個を除き、台の有無にかかわらず、すべて蓋付であることが判明した。十四世紀中頃に成立した『神皇正統記』には、「名與レ器は人にかさず」という格言風の文言がみえるが、個人名の書かれた土器墨書は、そうした社会的習慣の歴史的根拠をなすものであったと思われる。

第八に、坂尻土器墨書は、平安時代に入ると激減し、鎌倉初期までのものを合わせても、総数わずかに二四点、全体の四・九パーセントを占めるにすぎない。このことは、今回の調査区域が、奈良末から鎌倉初期にかけて大きな変化を受けたことを意味する。そして、その最大のものは、駅家関係の施設が撤去されたことにあったと思われる。

平安時代以降も、引き続きこの地区が、官衙施設として使用されたことは、墨書記事のほか、銅印や分銅などの出土などからも裏付けられ、以後、小さな消長をくり返しながら、鎌倉初期にまで及んだと思われる。

以上、本論で述べたところの要点を略記したが、もとより土器墨書の提供する情報は、これらにとどまるものではない。細部についての反復は省略し、最後に、墨書土器からみた坂尻遺跡の性格について述べ、結びとしたい。

(2) 土器墨書からみた坂尻遺跡の性格

すでにのべたように、坂尻土器墨書を一見して、坂尻遺跡を、地方官衙の一部であるとすることに、大方の異論はないものと思われる。しかし、さらに一歩たちいって、それを佐野郡家とするか、あるいは日根駅家とするかという点になると、意見が分かれるところであろう。

われわれはすでに、伊場遺跡の性格規定をめぐって、これに類似の経験をもっている。坂尻遺跡の場合も、それと同様、藤枝市御子ヶ谷遺跡のように、郡家の正殿を含む中心部に調査が及び、しかも、郡司大領・少領にかかわる墨書を検出するという事例に恵まれなかったため、墨書だけから判断すると、たしかに二つの可能性があるように見受けられる。

しかし、坂尻遺跡での、駅家関係の土器墨書の出土は、すでにみたように、八種九点中、二種二点を除く、六種七点が、二本の溝と三つの住居址から集中的に出土し、しかも、それらはすべて、同筆とみられるものであった。その上、住居址は炉を持たず、かつ、どの住居址からも転用硯を出すなど、日常的生活の場というよりも、竪穴ながら、役所の執務室ないし控室的な性格が強い。

六種七点の駅家関係墨書をまとめて出土した、二本の溝（ＮＳＤ九・一一）と三つの住居址を含む、五つの住居址（ＮＳＨ一～五）に、「三年水鉢　駅」を出した、ＮＳＤ一三溝を加えた、三本の溝と五つの住居址のほか、駅家に直接関係する施設をどこまでの範囲とみるか、という問題はなかなか難しいが、やや広くみて、NSD四溝以西、NSD一三溝西の、三棟の倉庫風総柱建物までとみることができる。この範囲には未調査の部分があり、また、一三棟の掘立柱建物の、時期決定をすることも困難であるが、重複を含めて、それらはおおむね奈良時代後期のものとすることができるようである。

では、これらを一括して、一〇匹の駅馬と、駅長以下一〇戸の駅戸によって構成される、東海道の駅家とみることができるかというと、甚だ懐疑的にならざるを得ないのであって、駅家のイメージからはほど遠いものがある。特に、これらを中心に、坂尻遺跡全体を駅家とみた場合、D区以西の、奈良時代前期以降の建物群には、総柱の倉庫風建物が顕著で、これらを含めて、駅家の建物群とするには無理があると思う(17)。

したがって、やはり、日根駅家にかかわる遺構・遺物は、遺跡の限定された地点のものとみて、坂尻遺跡の中に位置づけ、その意味を問うべきであり、一部の駅家関係の遺物・遺構をもって、坂尻遺跡全体を律することは、ゆきすぎであろう。

このように考える時、最後まで疑問が残るのは、「大上日請駅家」であろう。この墨書は、一点だけ他と離れて2C区の奈良前期の溝に伴う、土器溜めから出土した。年代的にも、中期に遡る可能性のある土器で、その他の八点とは、やや趣を異にする。この文書風の墨書は、一見駅家宛のものと思われ、その解釈如何によっては、坂尻遺跡全体が日根駅家であったということにもなりかねない。

しかし、すでにのべたように、この墨書は、上方から右側にかけて合点がつけられており、使に付して、駅家に持参させたとしても、再び持ち帰って、そこで合点が付されたとみるべきであろう。また、別に、使用者と一緒には動かず、いわばメモとして郡家に留め置かれ、その用務が終了したあとに合点が付された場合も考えられ、正解はそのいずれにあるにしても、この墨書が駅家宛のもので、そこに留め置かれた、と一義的に断定することはとうていできない。

このように考えると、坂尻遺跡は、駅家をその内部に包摂する、より上位の官衙遺跡と考えるべきであり、まむしろ、そのように考えてはじめて「佐野厨家」以下の墨書を、統一的に矛盾なく理解することができると思う(18)。

「佐野厨家」と書かれた墨書は、遺跡西方3C区の、奈良後期の井戸NSE一の底より出土し、また「□野厨」は、遺跡東端2I区の、溝NSD三より出土した。佐野厨家が佐野郡家付属の施設であることは、争う余地のない事柄であり、また、遺跡の東西から、厨家の墨書が出土したことは、坂尻遺跡が佐野郡家の一部であった可能性を、強く示唆するものである。もしこの事実を、坂尻遺跡日根駅家説で説明しきるためには、相当に無理な論理を、重ねなければならないであろう。

第二次および、第三次の調査概報でも論じたように、坂尻遺跡は佐野郡家の一部であるとし、今回の調査で確認できた駅家関係墨書と、それに関連する三本の溝と、五つの住居址、それに一三棟の掘立柱建物を含む、一連の遺構群は、奈良後期に、佐野郡家内におかれた日根駅家の詰所、ないし事務所とみるのが、もっとも適切であろう。そして、このように考えてこそ、郡家の東北隅に、しかも、奈良時代の後期になって、はじめて駅家関係の施設が造られるということの意味も、容易に理解できるように思われる。

(3) 佐野郡家と日根駅家

最後に、上記の考察の上にたって、佐野郡家と日根駅家の変遷のあとを、復元的に叙述してみよう。遠江国佐野郡家の、政庁を中心とした中枢部は、坂尻遺跡の西南方面にあったと思われ、今回調査された区域は、東北の隅にあたると推定される。佐野郡家は、七〇一年、大宝令の施行によってはじまる郡の役所で、当初からこの地にあり、その頃は佐益郡家と表記されていた。今回の調査地域は、郡家に付設された厨家の一角であり、そこには掘立柱の建物や、倉庫などが立ち並んでいた。

養老六年（七二二）になると、佐益郡の八郷を割いて、山名郡が設置された。その郡家は、袋井市上山梨の稲荷領家遺跡ではなかったかと推定されている。その後、大きな変化はなかったようであるが、奈良時代中期の天平一一年（七三九）から、天平勝宝七年（七五五）にかけての頃、佐益郡は、佐野郡と書き表されるようになった。

奈良時代も後期になると、佐野郡家内の東北隅に、日根駅家の詰所、ないし事務所が置かれ、駅長以下、駅子がそこにしばしば出向き、郡家との連絡や、事務をとることになった。そこには、竪穴の家屋数棟と、掘立柱の建物や倉庫が、やはり数棟たち並んでいた。

日根駅家は、奈良時代前期にはじまる、全国的な交通網の整備に伴って、東海道の駅家の一つとして、遠江国佐益郡内に置かれたもので、同郡日根郷内にあり、その位置は定かではないが、佐益郡家に近接した場所ではなかったかと思われる。令の規定によれば、東海道は中路で、駅家には、駅長以下一〇戸の駅戸と、駅馬一〇匹が置かれていた。

駅制の整備は、奈良中期の天平年間には、ほぼ完了したとみられるが、当時の東海道の、遠江国内の経路も、また、駅家の位置も明らかではない。ただ、参考となる事実として、昭和五八年六月、県道掛川袋井線道路改築工事に伴う、緊急発掘調査において、坂尻遺跡の南西、福松屋前区で、平安時代の道路遺構が発見された。現地は、坂尻遺跡のほぼ南限とみられ、旧東海道の北側に近接して、東西に走る幅九メートルの道路の一部が確認され、路面には、こぶし大の石が敷かれていた(19)。

この地点は、袋井、掛川地区の復元条里の、東西界線が通過する地点でもあり、また、旧東海道の一部が、この復元条里界線にのることがすでに知られていたことから(20)、この遺構が平安時代の東海道の遺構であることが判明した。それとともに、復元条里が少なくとも平安時代にまで遡ることも明らかとなった。しかし、この道路遺構の下からは、奈良時代の柱根が検出され、この道路がそのまま、奈良時代の東海道に直結しないことも、明らかとなったのである(補記)。

したがって、奈良時代の東海道の駅路、および日根駅家は、坂尻遺跡に近接していた可能性のあることは指摘できても、なお、現時点では不明というほかはない。

奈良時代後期に、日根駅家の詰所ないし事務所が佐野郡家内の東北隅に置かれていたということは、おそらく、東海道の交通量の増大に伴う、事務量の増加ということが、背景にあったのではなかろうか。奈良末から平安初期にかけて、東北経営の進展に伴い、東海道の交通量は飛躍的に増大し、唯一の大路であった西海道にとって代わるようになる(21)。それに伴って沿線の国郡の負担は増大し、駅制も含め、交通体系のあり方を改善せざるを得ない事態に、立ち至ったと思われる。この間の事情を詳論する余裕はないが、おそらく坂尻遺跡における、駅家関係施設の消滅ということは、これに深く関連するものと思われる。

そして、その消滅は、駅家制度自体の廃絶ではなく、伝馬制度を含む東海道の交通制度の改革であり、その結果、日根の駅家は廃され、それに代わって『延喜式』（兵部省）や、高山寺本『和名抄』（駅名）に見える、横尾駅が新たに設置されたのではないかと思われる。

横尾駅の所在地については、確たることは不明であるが、伝えられるように、掛川市の中心部にあったとすれば、日根駅家から横尾駅への転換は、場所の移動を伴う、大がかりのものであったと思われる。奈良末期に廃絶し、歴史から全く忘却されてきた、日根駅家の存在を証明したことは、坂尻遺跡発掘の大きな成果といってよい。この事実がもつ意味の解明のためには、古代交通のあり方を含めて、なお別個の考察を必要とするが、ここはその場ではない。いまは見通しを述べるにとどめ、機会を改めたいと思う。

日根駅家が廃されて横尾駅が誕生し、それにともなって、佐野郡家内から日根駅家の詰所が撤去されたのちの、坂尻遺跡はどうなったのであろうか。佐野郡家は引き続きこの地に置かれたものと思われるが、平安初期から中期にかけての郡家一般の衰退の中で、佐野郡家もひとり例外ではあり得なかったと思われる。

平安時代以降の土器墨書が示すところは、官衙機能を存続させつつも、調査区域について見る限り、それは細々としたものであったようである。しかし、そうした状態のままで、小さな消長をくり返しながら鎌倉初期にまで及んだということは、坂尻遺跡がもつ交通上の要所という地理的条件に加え、社会全体をおおう律令国家の余映が、平安時代を通じてなお生きつづけていたということによるのであろう。しかし、平安中期以降は、原野谷川をへだてた対岸の掛川市原川遺跡が、坂尻遺跡に代わってこの地域の賑いを集めていたことは確実のようである(22)。

注

（1）拙稿「坂尻遺跡出土の土器墨書について」（『一般国道袋井バイパス（袋井地区）埋蔵文化財発掘調査概報―坂尻遺跡第二次調査―』建設省中部地方建設局・静岡県教育委員会・袋井市教育委員会、一九八二年）。

同「坂尻遺跡第三次調査出土の土器墨書について」（『一般国道袋井バイパス（袋井地区）埋蔵文化財発掘調査概報―第三次調査―』建設省中部地方建設局・静岡県教育委員会・袋井市教育委員会、一九八三年）。

（2）この分類法は、前掲拙稿以来一貫して用いているが、この分類に何を含めるかという点では、これまでの二つの拙稿と本報告との間に若干の変更がある。

（3）拙稿「郡家小考―交通機能を中心として―」（岸俊男教授退官記念会編『日本政治社会史研究』中、塙書房、一九八四年）。

（4）「律令制下の袋井市域」（『袋井市史　通史編』第三編第二章（筆者分担）、袋井市役所、昭和五八年）。

（5）宮地駅家は『延喜式』・『和名抄』高山寺本（駅名）などに不載の駅名で、伊場木簡三十号出土以前は、未知の駅家名である。『伊場木簡』（『伊場遺跡発掘調査報告書　第一冊』浜松市教育委員会、昭和五一年）は、三十号木簡補注で、宮地駅家の上方に書かれた「□駅家」は渡津駅か、としているが（同書二三頁）、三河国宝飫郡内に、同時に二駅家が置かれていた、とは考えられず、三十号木簡の書かれた奈良時代には、宮地駅家が、そして平安時代中期には、渡津駅が置かれて、両者の併存はなかった、とみるべきであろう。なお、欠名の駅家は、遠江国浜名郡の猪鼻駅家とみるべきであると考えている。

（6）栗田則久「吉原三王遺跡出土の墨書土器」（『第一四回古代史サマーセミナー研究報告資料栃木』一九八六年）。

（7）栄原永遠男「奈良時代の流通経済」（『史林』五五―四、一九七二年）。

（8）西宮一民校注『古語拾遺』（岩波文庫、一九八五年）五三頁、「昔在神代、大地主神、営田之日、以㆓牛宍㆒食㆓田人㆒」

（9）加藤玄智校訂『古語拾遺』（岩波文庫、昭和一七年）六九頁。

（10）『類聚三代格』巻十九、延暦九年四月一六日官符「応禁断喫田夫魚酒事」

（11）日本古代では、家は、国家・郡家の用例のほか、「凡戸主、皆以㆓家長㆒為之」（戸令戸主条）とか、「凡戸皆五家相保、一人為㆑長」（同五家条）といわれたように、血縁的な人間集団を意味する場合と、八世紀中葉の家地売券にみえるように、宅舎を言う場合とがあり、「家一区」といえば、直接的には、ひとまとまりの宅舎、すなわち、屋や倉からなる、ひとつの建物群を指し、ひいては、さらに、敷地をも含めていう場合もあった（天平二〇年一一月一九日「伊賀国阿拝郡柘殖郷舎宅墾田売買券」『大日本古文書』二の一一三頁。年月日未詳「家屋資材請返解案」『唐招提寺史料』第一、一頁）。

(12) 拙稿「静岡県城山遺跡出土の具注暦木簡について」（『木簡研究』第三号、木簡学会、一九八一年）。本書第一部第二に収録、五五～六頁参照。

(13) こうした考えに立つと、前掲の諸例についても、殿舎・家屋名の可能性がでてくる。その場合、伊場遺跡の「少毅殿」は、郡家内の軍団少毅にかかわる建物（例えば詰所ないし控所）とみるべきであり、この墨書から、直ちに伊場遺跡を、遠江国某軍団の遺跡とみるのは、ゆきすぎであろう。

また、御子ヶ谷遺跡の「□(太カ)少領殿」は、こうした解釈に立てば、志太郡家内に、大領の殿舎とは別に、少領の殿舎があったことになるし、法隆寺献納物銘の山田殿は、小金銅仏を安置した仏殿（あるいは厨子様のものかも知れない）を、その所有者の名にかけて、こう呼んだものということになるかも知れない。

(14) 岩佐正校訂『神皇正統記』（岩波文庫、一九八一年）一七四頁。

(15) 『伊場遺跡発掘調査報告書　第四冊　伊場遺跡遺物編2』（浜松市教育委員会、一九八〇年）。『静岡県浜名郡可美村城山遺跡調査報告書』（可美村教育委員会、一九八一年）。『日本住宅公団藤枝地区埋蔵文化財発掘調査報告書Ⅲ―奈良時代・平安時代編―志太郡衙遺跡（御子ヶ谷遺跡・秋合遺跡）』（藤枝市土地開発公社・藤枝市教育委員会、一九八一年）。

(16) 七道諸国に置かれた、駅家の建物の配置や構造が、具体的にどのようなものであったかという点については、文献的にはもとより、考古学的にも、ほとんど知られていないといってよい。最近、山陽道播磨国賀古駅家や、布勢駅家が、遺跡として確認されたとの報告もあるが、なお駅家の全容を知るにはいたっていない（高橋美久二「播磨国賀古駅家について」同『歴史地理研究と都市研究』上、大明堂、一九八六年。同「よみがえる古代山陽道と布勢駅家―小犬丸遺跡（竜野市揖西町小犬丸）―」『ひょうごのいせき』一〇号、兵庫県埋蔵文化財調査事務所、昭和六一年七月）。

したがって、ここでは、文献的研究の結果にもとづく、私の直観の域を出るものではない。この点については、さしあたり拙稿「郡家小考―交通機能を中心として―」（前掲・拙著『地域と王権の古代史学』塙書房、二〇〇二年、第三部第五「郡家の構成と交通機能」と改題して収録）を参照されたい。

(17)　郡家の広い意味での官衙域の内部に、駅家関係の施設を想定するという本稿での結論は、遺跡の調査から得られた、一つの仮説的見通しとしては成立し得たとしても、文献史料的にこれを裏付けることが、はたして可能かという新たな問題が生ずる。

この点については、肯定・否定いずれかの根拠となる決定的史料を持ちあわせていないが、古代史学における郡家・駅家研究の現状では、直ちに解答を引き出せないのが実状であるといってよい。むしろ、坂尻遺跡の調査結果が提起する、新たな問題というべきであろう。

特に郡家と駅家との区別と関連性の問題は、極く近年になって注目されはじめた問題であって、駅家が独立の交通機関として、宿泊施設や給食施設（厨）を備えていたかどうか、という問題ひとつをとっても、未だ十分解明されてはいないのである（前掲拙稿「郡家小考—交通機能を中心として—」参照）。

しかし、文献的研究から離れて、考古学的事実に目を向けると、郡家の官衙域の内部から、「駅長」と書かれた土器墨書（土師器）が出土した事例を最近確認した。

福島県関和久遺跡は、陸奥国白河郡家に比定される著名な遺跡であるが、倉庫院とされる明地地区と、大溝によって南北に区劃された北側の官衙地区である中宿・古寺地区の東南コーナー部東門（八脚門）の内側の溝から、底部に「駅長」と書かれた土器墨書が発見されている（『関和久遺跡』福島県教育委員会、一九八五年）。

この事実は、柵と門によって囲まれた、狭義の官衙域内から検出されたものであるだけに、「駅長」の墨書が、直ちに駅家を示すものではないということを明証するものであり、本稿の論述にとって、有利な材料である。またこの事実は、伊場遺跡の栗原駅家関係の一連の土器墨書の解釈にも示唆するところがあろう。

なお、最近の遺跡を中心とした、郡家研究としては、山中敏史「遺跡からみた郡衙の構造」（狩野久編『日本古代の都城と国家』塙書房、一九八四年）、山中敏史・佐藤興治『古代の役所』（岩波書店、一九八五年）があり、また、古代交通研究の最新の成果にたって論述したものに、加藤友康「交通体系と律令国家」（『講座・日本技術の社会史』第八巻「交通・運輸」日本評論社、一九八五年）がある。

(18)　『坂尻遺跡—県道掛川袋井線道路改築工事に伴う緊急発掘調査報告書—』（静岡県袋井土木事務所・袋井市教育委員会、一九八四年）。
(19)「袋井市域の条里制」（『袋井市史　通史編』第三編第二章第四節、袋井市役所、昭和五八年）。「整然とした土地区劃」（『目でみる袋井市史』袋井市役所、昭和六一年）。
(20) 拙稿「古代駿河遠江両国の東海道」（『静岡県歴史の道調査報告書―東海道―』総説一、静岡県教育委員会、一九八〇年）。拙著『地域と王権の古代史学』（前掲）第三部第三に収録。
(21)『原川遺跡　昭和五八年度発掘調査概報』（静岡県埋蔵文化財調査研究所、一九八四年）。

【付記】

本稿の直接の基礎作業となったのは注（1）に示した二つの論考であるが、そこでの土器墨書論を含め、坂尻遺跡に考察を加えたものに『袋井市史　通史編』第三編第二章「律令制下の袋井市域」（袋井市役所、昭和五八年）があり、また『目でみる袋井市史』「古代の袋井」（袋井市役所、昭和六一年）がある。この間の研究成果は、訂正を含めて、可能な限り本稿に吸収すべく務めたが、なお、割愛した部分もある。宜しく参照されたい。


【補記】

その後の調査の結果、本遺構は、道路遺構ではないことが判明した。


【追記】

本稿は当初、昭和六〇年（一九八五）三月の刊行を目指して執筆し、やや遅れて、同年夏前には、ひとまず脱稿、翌六一年にかけて、二回程棒組みのゲラを校正し、若干の補筆を加えた記憶がある。したがって、本稿が基礎にした学術情報は、昭和六一年頃までのものである。

その後の土器墨書に関連する拙稿に、次の三編がある。

1「土器に書かれた文字―土器墨書」（岸俊男編『日本の古代』一四「ことばと文字」中央公論社、昭和六三年三月）。〔本書

第一部第四に収録。〕

2「木簡と墨書土器」（岩波講座『日本通史』第五巻、岩波書店、一九九五年二月）。〔本書第一部第一に収録。〕

3「倉札・札家考」（『木簡研究』第八号、一九八六年一一月）。〔本書第一部第三に収録。〕

1、2は土器墨書論に直接論及、或いは補足を加えたものであり、3では木簡と土器墨書との関連性を論じている。併せて参照されたい。

なお、今回の刊行再開にあたっては、新たに補記一箇所と、追記とを加えるに止め、本文については、表記上の若干の補正を加えたほかは、一九八六年当時のままとした。

また、郡家と交通および古代駿遠地域に関する、論考および論述は、拙著『地域と王権の古代史学』（塙書房、二〇〇二年）に収めた。宜しく参照されたい。

【補注】

（1）「なお」以下、この段落二行は、本書への収録に当って、新たに補ったものである。

（2）その後、今世紀に入って、住田明日香氏より「則天文字を記した墨書土器」（『古代文化』五八巻Ⅲ号、二〇〇六年一二月）の抜刷の恵与に預かった。これによれば、千山の合字と見た「舌」は、則天文字の「正」で、秋田県払田柵跡では六点出土、以下、石川・山梨両県以東の、いわゆる東国の官衙関連遺跡等では、それぞれ一、二点づつ、都合・八遺跡（いづれも八～九世紀）から出土している由である。

私は、これを則天文字の一つと読解することには全く気付かず、又、住田氏も、坂尻遺跡の事例を論文執筆時は、ご存知ではなかったご様子である。それはそれとして、坂尻遺跡の一三六例は群を抜いており、その意義は大きい。その後、私の問題関心は他に移っていたこともあって、再論の機会を得ないが、則天文字の使用という点を考慮に入れると、評価も自から深まり、興味深い論点が期待できそうである。後考を俟ちたい。

（3）「しかし」以下、この段落三行は、本書への収録に当って、新たに書き加えたものである。

表7　坂尻遺跡出土土器墨書一覧表

凡　例

一、遺物番号は、墨書土器出土地点を東から西、北から南へ、また、出土遺構では溝、掘立柱建物、竪穴住居、竪穴状遺構、包含層の順序で配列し、本文と同一である。

二、釈文の表記は、解読不能の文字、あるいは文字残画を□で示し、推定による釈文は、□の右に括弧で示した。また、土器欠損のため、文字およびその残画等は失われているが、かつては一字以上の文字があったと推定される場合は、×印で示した。

三、器種は、第Ⅲ章第1節の分類に準拠した。

四、図版番号、挿図番号は、本文と同一である。遺物番号465以降の図版番号、挿図番号は、第3分冊平安時代篇の挿図番号と同一である。

五、備考に記した所見は、釈文作成中、とくに気付いたいくつかの事柄を摘記したにとどまり、同一の関心と視点から、全点について吟味を加えた結果ではない。

六、本表の作成にあたっては、佐藤正知氏の協力を得た。

遺物番号	釈文	器種	墨書部位	出土遺構層位	図版番号	挿図番号	備考
1	新家	無台坏身D3	底	NSD1	1—1	157—1	
2	□	無台坏身D	底	NSD2	1—2		
3	□	坏蓋	内	NSD2	1—3		
4	□	有台坏身	底	NSD2			

遺物番号	釈文	器種	墨書部位	出土遺構層位	図版番号	挿図番号	備考
5	第	無台坏身D3	底	NSD2	1—4		
6	□(千カ)山	無台坏身	底	NSD3			器種、或ハ、皿カ
7	×□(寸カ)家	無台坏身A2	底体間	NSD3			
8	□	坏蓋	内	NSD3			字数不詳、或ハ、二文字カ
9	後家	無台坏身D3	底	NSD3	1—5	157—2	
10	後家	無台坏身D4	底	NSD3	1—6		
11	千山	無台坏身D3	底	NSD3		157—3	内面ニ墨痕アリ
12	□	坏身	底	NSD3			ゼンマイ印ノ末端部分カ
13	千山	坏蓋B	天井	NSD3			
14	□(千カ)山	坏蓋	内	NSD3			

遺物番号	釈文	器種	墨書部位	出土遺構層位	図版番号	挿図番号	備考
15		無台坏身D2	底	NSD3		157－4	
16	千山	坏蓋A2	内	NSD3	1－7	157－5	
17	千山	無台坏身D3	底	NSD3			
18	千山	坏蓋A2	内	NSD3	1－8	157－6	
19	千山	坏蓋A3	内	NSD3	1－9	157－7	
20	□	無台坏身D4	底	NSD3			筆順追エズ、或ハ、二文字カ
21	□	無台坏身D	底	NSD3			
22	□	無台坏身D2	底	NSD3		157－8	
23	千山	坏蓋A3	内	NSD3	1－10	157－9	179・184ト同筆カ、ソノ他ノ「千山」トハ別筆ナラン
24	千山	無台坏身D3	底	NSD3	1－11	157－10	

遺物番号	釈文	器種	墨書部位	出土遺構層位	図版番号	挿図番号	備考
25	千山	坏蓋A3	内	NSD3	1-12	157-11	
26	□（黄カ）美	坏蓋A3	内	NSD3	1-13	157-12	
27	前玉	無台坏身D2	底	NSD3	1-14	157-13	
28	大□白	坏蓋A3	内	NSD3	1-16	157-14	
29	□	坏蓋A3	内	NSD3		157-15	文字ナルカ不詳
30	千山	無台皿D1	底	NSD3	1-15	157-16	
31	市	坏蓋A3	内	NSD3	1-19	157-17	
32	□（主カ）	皿蓋	内	NSD3		157-18	
33	千山	無台坏身D	底	NSD3			
34	□（千）山	無台坏身D4	底	NSD3			

遺物番号	釈文	器種	墨書部位	出土遺構層位	図版番号	挿図番号	備考
35	□□□	無台皿D2	底	NSD3	1-17	157-19	
36	千□(山)	坏蓋A2	内	NSD3		157-20	
37	千山	坏蓋A3	内	NSD3	2-20	157-21	
38	千山	坏蓋A3	内	NSD3	2-21	157-22	
39	□	無台坏身D2	底	NSD3		157-23	墨痕ウスシ、文字ニハアラザルカ
40	□	無台坏身D4	底	NSD3		157-24	
41	□	坏蓋B	天井	NSD3		157-25	転用硯カ
42	千山	無台皿	底	NSD3			
43	□	無台坏身D3	底	NSD3		157-26	
44	千山	無台坏身D3	底	NSD3		157-27	

遺物番号	釈文	器種	墨書部位	出土遺構層位	図版番号	挿図番号	備考
45	□（千カ）×	無台皿D2	底	NSD3		157-28	
46	□（鳥カ）	無台皿B1	体	NSD3		157-29	
47	千山	坏蓋A3	内	NSD3		158-30	
48	千山	坏蓋A3	内	NSD3	2-22	158-31	
49	千山	坏蓋A2	内	NSD3		158-32	
50	□	無台坏身C	底	NSD3			
51	千山	無台皿D	底	NSD3	2-23		
52		無台坏身D3	底	NSD3		158-33	
53	千□（山）	無台坏身C	底	NSD3	2-24		
54	千山	坏蓋A3	内	NSD3	1-18	158-34	

遺物番号	釈文	器種	墨書部位	出土遺構層位	図版番号	挿図番号	備考
55	千山	無台坏身D4	底	NSD3	2-25	158-35	
56	杇邊	坏蓋A3	天井	NSD3	2-28	158-36	
57	宗	坏蓋A3	内	NSD3	2-26	158-37	
58	杇邊	有台皿B1	底	NSD3	2-29	158-38	
59	□	無台坏身C	底	NSD3			文字ナルカ不詳
60	千山	無台坏身D2	底	NSD3	2-31	158-39	
61	□	不明	不明	NSD3			
62	□	不明	不明	NSD3			
63	□□	無台皿D1	底	NSD3	2-30	158-40	文字トハミエズ
64	×山	坏蓋A	内	NSD3			

遺物番号	釈文	器種	墨書部位	出土遺構層位	図版番号	挿図番号	備考
65	□	無台坏身D3	底	NSD3			
66	□	有台坏身C1	底	NSD3	2-27	158-41	
67	千□(山)	坏蓋	内	NSD3			
68	新□	坏蓋A3	内	NSD3	2-32	158-42	122ト同筆カ
69	千山	坏蓋A3	内	NSD3		158-43	
70	古□	無台坏身D	底	NSD3	2-33		
71	□	有台坏身A	底	NSD3		158-44	文字ニハアラズ
72		坏蓋	内	NSD3			
73	千山	無台坏身D3	底	NSD3	2-34	158-45	
74	千山	坏蓋A	内	NSD3	2-35	158-46	

遺物番号	釈文	器種	墨書部位	出土遺構層位	図版番号	挿図番号	備考
75	千×	無台坏身D	底	NSD3			
76	竹寸×	無台坏身D3	底	NSD3	2-36	158-47	
77	□□	無台坏身D2	底	NSD3		158-48	墨痕アルノミ
78	千□(山)	無台坏身D	底	NSD3			
79	千×	坏蓋A	内	NSD3		158-49	
80	×山	無台坏身D	底	NSD3			
81	日根	無台坏身A1	底	NSD3	2-37	158-50	
82	竹□(寸)	坏蓋	内	NSD3	2-38		
83	千山	有台皿B1	底	NSD3	3-39	158-51	
84	×山	無台坏身D	底	NSD3			

遺物番号	釈文	器種	墨書部位	出土遺構層位	図版番号	挿図番号	備考
85	 千山	坏蓋A2	内	NSD3	3—40	158—52	
86	 千山	坏蓋A	内	NSD3			
87	 千山	坏蓋A	内	NSD3	3—41	158—53	
88	家	坏蓋A2	内	NSD3	3—42	158—54	
89	 千山	坏蓋A3	内	NSD3		158—55	
90	□	無台坏身D	底	NSD3			器種、或ハ、皿カ
91	 千山	坏蓋A	内	NSD3			
92	 千山	坏蓋A3	内	NSD3	3—43	158—56	
93	□	無台坏身D3	底	NSD3		158—57	文字トハミエズ
94	浄主	無台坏身D4	底	NSD3	3—44	158—58	

遺物番号	釈文	器種	墨書部位	出土遺構層位	図版番号	挿図番号	備考
95	千山	坏蓋A3	内	NSD3		158-59	
96	×山	無台坏身D3	底	NSD3			
97	千山	無台坏身D	底	NSD3			器種、或ハ、皿カ
98	千山	坏蓋A3	内	NSD3	3-45	158-60	
99	日根□(大カ)	坏蓋A3	内	NSD3	3-46	158-61	
100	千×	無台皿D	底	NSD3			
101	千山	無台坏身D3	底	NSD3	3-47	158-62	
102	千山	無台坏身D2	底	NSD3	3-48		
103	千山	無台坏身D4	底	NSD3		158-63	
104	家	坏蓋	内	NSD3	3-49		

遺物番号	釈文	器種	墨書部位	出土遺構層位	図版番号	挿図番号	備考
105	千山□（異筆）	無台坏身D2	底	NSD3		158—64	
106	×山	無台坏身C	底	NSD3			
107	真	坏蓋	内	NSD3	3—50		
108	□	無台皿D2	底	NSD3			文字ニハアラズ
109	×	無台坏身D2	底	NSD3			
110	□	坏蓋	内	NSD3			
111	千山	無台皿D1	底	NSD3	3—51		
112	×	無台坏身D3	底	NSD3			
113	千山	無台坏身D3	底	NSD3	3—52	158—65	
114	□	不明	不明	NSD3			字数不詳

遺物番号	釈文	器種	墨書部位	出土遺構層位	図版番号	挿図番号	備考
115	千山	無台皿D	底	NSD3			器種、或ハ、坏身カ
116	千山	坏蓋A3	内	NSD3	3-53	159-66	
117	竹寸	坏蓋A3	内	NSD3	3-54	159-67	
118	×山	無台坏身D3	底	NSD3		159-68	
119	□□	無台皿D2	底	NSD3	3-55	159-69	
120	×寸	坏蓋A3	内	NSD3	3-56	159-70	
121	千山	坏蓋A	内	NSD3	3-57		
122	新	有台坏身A3	底	NSD3	3-58	159-71	68ト同筆カ
123	□	坏蓋A3	内	NSD3	4-59	159-72	文字ニハアラザルカ
124	□	無台坏身C	底	NSD3			文字ニハアラズ

遺物番号	釈文	器種	墨書部位	出土遺構層位	図版番号	挿図番号	備考
125	千山	有台坏身E	底	NSD3		159―73	
126	千×	無台坏身D	底	NSD3			器種、或ハ、皿カ
127	竹寸	無台坏身D1	底	NSD3			
128	□×	無台皿D2	底	NSD3			
129	千山	坏蓋A3	内	NSD3		159―74	
130	竹寸殿	坏蓋A2	内	NSD3	4―60	159―75	
131	竹寸□（家カ）	有台坏身A3	底	NSD3	4―61	159―76	
132	□	坏蓋A	内	NSD3			字数不詳
133	□	無台坏身D3	底	NSD3	4―62		
134	×山	不明	不明	NSD3			

遺物番号	釈文	器種	墨書部位	出土遺構層位	図版番号	挿図番号	備考
135	×山	坏蓋A3	内	NSD3		159—77	
136	□	坏蓋A	内	NSD3			文字ニハアラズ
137	千山	無台皿D	底	NSD3	4—63	159—78	ゼンマイ印不詳
138	□	無台坏身D3	底	NSD3		159—79	ゼンマイ印カ
139	×	不明	不明	NSD3			
140	□	無台坏身D3	底	NSD3			文字ニハアラズ
141	□刀	無台坏身D	底	NSD3	4—64		
142	□	無台坏身C	底	NSD3			文字ニハアラザルカ
143	千×	無台坏身C	底	NSD3			ゼンマイ印ナシ
144	□野□（厨カ）	小型坏身B2	底	NSD3	4—65	159—80	

遺物番号	釈文	器種	墨書部位	出土遺構層位	図版番号	挿図番号	備考
145	□	無台坏身A2	底	NSD3		159－81	
146	足	坏蓋A3	内	NSD3	4－66	159－82	
147	岡□	坏蓋A1	内	NSD3	4－67	159－83	
148	□	有台坏身E	底	NSD3		159－84	
149	□（竹カ）	無台坏身D	底	NSD3			
150	□	無台坏身D	底	NSD3			器種、或ハ、皿カ
151	□	不明	不明	NSD3			文字ニハアラズ
152	千山	坏蓋A3	内	NSD3	4－68	159－85	
153	嶋津	無台坏身D2	底	NSD3	4－70	159－86	
154	□寸家	無台坏身D	底	NSD3	4－75		

遺物番号	釈文	器種	墨書部位	出土遺構層位	図版番号	挿図番号	備考
155	×	無台皿D1	底	NSD3		159-87	
156	□	坏蓋A3	内	NSD3		159-88	転用硯カ
157	□	無台坏身D4	底	NSD3			文字ナルカ不詳
158	千×	有台皿B1	底	NSD3	4-71	159-89	
159	□	有台坏身E	底	NSD3			
160	千山	無台坏身D4	底	NSD3	4-72	159-90	
161	竹寸家	坏蓋A2	内	NSD3	4-73	159-91	210ト同筆カ
162	千山	無台坏身D	底	NSD3			ゼンマイ印不詳
163	□	坏蓋	内	NSD3			字数不詳
164	千□ (山)	坏蓋A3	内	NSD3		159-92	

遺物番号	釈文	器種	墨書部位	出土遺構層位	図版番号	挿図番号	備考
165	千山	坏蓋A3	内	NSD3	4-74	159-93	
166	千山	無台坏身D3	底	NSD3		160-94	
167	千山	坏蓋A3	内	NSD3	4-69	160-95	
168	日□(根カ)	無台皿D2	底	NSD3	4-76	160-96	
169	千山	有台皿B1	底	NSD3	4-77	160-97	
170	千山	無台皿D	底	NSD3		160-98	
171	宗	無台坏身D	底	NSD3	5-85	160-99	
172	×山	不明	不明	NSD3			
173	×	坏蓋	内	NSD3			
174	□	無台坏身D4	底	NSD3			

遺物番号	釈文	器種	墨書部位	出土遺構層位	図版番号	挿図番号	備考
175	千山	無台坏身D1	底	NSD3	5-79	160-100	
176	千山	無台皿D1	底	NSD3	5-84	160-101	
177	千山	無台坏身C3	底	NSD3	5-83	160-102	
178	竹寸殿	坏蓋A	内	NSD3	5-80	160-103	
179	千山	無台坏身D3	底	NSD3	5-81	160-104	23・184ト同筆カ、ソノ他ノ「千山」トハ別筆ナラン
180	千山	無台皿B1	底	NSD3		160-105	
181	竹寸家	無台坏身C	底	NSD3	5-78	160-106	
182	□	無台坏身D3	底	NSD3	5-86	160-107	或ハ、「殿」ノ扁部カ
183	□	有台坏身E	底	NSD3		160-108	
184	千山	無台坏身D3	底	NSD3	5-89	160-109	23・179ト同筆カ、ソノ他ノ「千山」トハ別筆ナラン

遺物番号	釈文	器種	墨書部位	出土遺構層位	図版番号	挿図番号	備考
185	千山	有台坏身E	底	NSD3	5-82	160-110	
186	×寸家	無台坏身A1	底	NSD3	5-87	160-111	
187	□	坏蓋	内	NSD3			
188	□×（千）	不明	不明	NSD3			
189	×山	坏蓋A3	内	NSD3		160-112	
190	千×	有台坏身E	底	NSD3		160-113	
191	千×	無台坏身A3	底	NSD3			
192	×□（山カ）	坏蓋A3	内	NSD3		160-114	
193	□	無台皿A	体内	NSD3			文字ニハアラズ
194	千山	坏蓋A3	内	NSD3	5-88	160-115	

遺物番号	釈文	器種	墨書部位	出土遺構層位	図版番号	挿図番号	備考
195	□	無台坏身D2	底	NSD4			
196	□(石ヵ)田	無台皿D1	底	NSD4	5-91	160-116	
197	 ×	坏蓋	内	NSD4			
198	□	坏蓋A	天井	NSD4			
199	□	有台坏身A	底	NSD4		160-117	
200	□□	無台坏身A1	底	NSD4	5-92	160-118	
201	 ×	無台坏身D4	底	NSD4		160-119	
202	竹×	無台坏身D3	底	NSD4			
203	竹□	坏蓋A3	内	NSD4	5-90	160-120	
204	□(千)山	坏蓋	内	NSD4			ゼンマイ印不詳

遺物番号	釈文	器種	墨書部位	出土遺構層位	図版番号	挿図番号	備考
205	西田	無台坏身D	底	NSD4	5-93		器種、或ハ、皿カ
206	□	坏蓋A2	内	NSD4			
207	竹×	有台坏身A3	底	NSD4		160-121	
208	□	坏蓋A2	内	NSD4		160-122	
209	千山	無台坏身D	底	NSD4	5-94		器種、或ハ、皿カ
210	竹寸	坏蓋A2	内	NSD4	5-95	160-123	161ト同筆カ
211	前	無台坏身D2	底	NSD4	6-100	160-124	
212	□	無台坏身D3	底	NSD4			
213	竹寸家	坏蓋A3	内	NSD4	6-96	160-125	
214	□（孫カ）	坏蓋A1	内	NSD4	6-97	160-126	

遺物番号	釈文	器種	墨書部位	出土遺構層位	図版番号	挿図番号	備考
215	女	無台坏身D3	底	NSD4		160-127	
216	□	有台坏身A	底	NSD4	6-98	160-128	
217	竹	坏蓋A3	内	NSD4		160-129	
218	西田	無台皿D2	底	NSD4	6-99	160-130	
219	千×	坏蓋A2	内	NSD4		161-131	
220	□□（長カ）	坏蓋A3	内	NSD4	6-101	161-132	
221	□山（千）	坏蓋A	内	NSD4			
222	千□（山）	無台坏身D	底	NSD4			器種、或ハ、皿カ
223	千山	不明	不明	NSD4	6-102		
224	寸	坏蓋A3	内	NSD4			

遺物番号	釈文	器種	墨書部位	出土遺構層位	図版番号	挿図番号	備考
225	□（宅カ）主	無台坏身D3	底	NSD4	6-104	161-133	
226	□	坏蓋A3	内	NSD4		161-134	文字トハミエズ
227	□女	有台坏身E	底	NSD4	6-103	161-135	
228	千山	坏蓋A3	内	NSD4	6-105	161-136	
229	千山	無台坏身D	底	NSD4	6-106		器種、或ハ、皿カ
230	千×	坏蓋A3	内	NSD4		161-137	
231	×寸□（家カ）	無台坏身D	底	NSD4	6-107		器種、或ハ、皿カ
232	□（竹カ）	不明	不明	NSD4			
233	新	坏蓋	内	NSD4			
234	女	坏蓋A3	内	NSD4		161-138	

遺物番号	釈文	器種	墨書部位	出土遺構層位	図版番号	挿図番号	備考
235	□□	無台坏身D	底	NSD4	6-108		器種、或ハ、皿カ
236	□	有台皿A3	底	NSD4		161-139	転用硯カ
237	子女	無台皿D2	底	NSD4	6-109	161-140	
238	□（千）山	坏蓋	内	NSD4			
239	□	無台坏身D3	底	NSD4			
240	千山	無台坏身D3	底	NSD4	6-110		
241	日根□	不明	不明	NSD4	6-111		
242	竹寸□（家カ）	無台坏身D4	底	NSD4	6-113	161-141	
243	子	無台坏身D2	底	NSD4	6-112	161-142	
244	□女	有台坏身E	底	NSD4			

遺物番号	釈文	器種	墨書部位	出土遺構層位	図版番号	挿図番号	備考
245	□	無台皿D	底	NSD4			器種、或ハ、坏カ
246	□	坏蓋A3	内	NSD4		161—143	
247	□	無台皿D1	底	NSD4		161—144	ゼンマイ印、又ハ、円圏ナラン
248	千 □ (山)	有台皿A3	底	NSD4		161—145	
249	千 ×	坏蓋A2	内	NSD4	6—114	161—146	
250	□ (千) ×	坏蓋	内	NSD4			
251	×	坏蓋	内	NSD4			
252	× 山	無台坏身A3	底	NSD4			
253	□	不明	不明	NSD4			
254	家	無台坏身D3	底	NSD4	6—115	161—147	

遺物番号	釈文	器種	墨書部位	出土遺構層位	図版番号	挿図番号	備考
255	第刀	坏蓋A3	内	NSD4	7-116	161-148	
256	前	坏蓋A3	内	NSD4	7-117	161-149	
257	□	坏蓋A3	内	NSD4		161-150	外表ニモ墨痕アリ
258	千山	有台坏身E	底	NSD4	7-118	161-151	
259	□□	有台坏身E	底	NSD4	7-119	161-152	
260	秋□	不明	不明	NSD4	7-120		
261	□	有台坏身A	底	NSD4			
262	□	無台皿B2	内	NSD4		161-153	器種、或ハ、坏蓋カ 内面転用硯
263	□	有台坏身A	底	NSD4		161-154	
264	千×	坏蓋A3	内	NSD4		161-155	

遺物番号	釈文	器種	墨書部位	出土遺構層位	図版番号	挿図番号	備考
265	×寸家	無台坏身D	底	NSD4	7-121		
266	□家	無台坏身D1	底	NSD4	7-122	161-156	
267	□□□	不明	不明	NSD4			
268	千山	無台坏身D4	底	NSD4	7-123	161-157	
269	□	有台坏身B	底	NSD4		161-158	
270	玉	坏蓋A3	内	NSD4	7-124	161-159	
271	□	有台皿A3	底	NSD4			
272	□(真カ)	不明	不明	NSD4	7-125		
273	□	有台坏身A	底	NSD4			
274	□	坏蓋	内	NSD4			

遺物番号	釈文	器種	墨書部位	出土遺構層位	図版番号	挿図番号	備考
275	□	有台坏身C3	底	NSD4		161-160	
276	×山	無台坏身D3	底	NSD4		161-161	
277	千山	無台坏身D	底	NSD4	7-126		
278	□(千)	無台皿D2	底	NSD4		162-162	
279	□	坏蓋A2	内	NSD4	7-127		
280	東□	坏蓋A2	内	NSD4	7-128	161-163	
281	浄	坏蓋A3	内	NSD4	7-129		
282	□	無台皿D1	底	NSD4		162-164	円圏、又ハ、ゼンマイ印ナラン
283	□	坏蓋A2	内	NSD4			文字トハミエズ
284	千山	無台坏身D	底	NSD4	7-130		

遺物番号	釈文	器種	墨書部位	出土遺構層位	図版番号	挿図番号	備考
285	□	坏蓋A3	内	NSD4		162-165	
286	×山	不明	不明	NSD4			ゼンマイ印不詳
287	□（子ヵ）	坏蓋A3	内	NSD4		162-166	
288	□□	坏蓋A3	内	NSD4	7-131	162-167	漢音ケン、呉音クワン　410・413モ同ジ
289	 ×	有台坏身E	底	NSD4			
290	□（ゼンマイ印）	有台坏身E	底	NSD4			
291	 千 ×	坏蓋A3	内	NSD4	7-132	162-168	
292	□	不明	不明	NSD4	7-133		
293	□	坏蓋A3	内	NSD4		162-169	文字トハミエズ
294	 ×	無台坏身D	底	NSD4			

遺物番号	釈文	器種	墨書部位	出土遺構層位	図版番号	挿図番号	備考
295	□	有台坏身C3	底	NSD4		162-170	
296	□	有台坏身E	底	NSD8		162-171	
297	千山	高盤B	脚内	NSD9	7-134	162-172	
298	×津	無台坏身C	底	NSD9	11-198		NSH1-398と接合
299	□驛	坏蓋A3	内	NSD9	8-135	162-173	
300	嶋×	坏蓋A2	内	NSD11		162-174	
301	山科	坏蓋A3	内	NSD11	8-136	162-175	
302	□(女カ)	坏蓋A3	内	NSD11		162-176	
303	□(子カ)女	無台坏身D1	底	NSD11	8-137	162-177	
304	□	無台坏身D1	底	NSD11			

遺物番号	釈文	器種	墨書部位	出土遺構層位	図版番号	挿図番号	備考
305	□□	無台坏身A1	底体間	NSD11	8－138	162－178	462ト同一個体カ
306	□	無台坏身C	底	NSD11			文字トハミエズ
307	×津	坏蓋A	内	NSD11	8－139		
308	□	坏蓋	内	NSD11			
309	□□□	坏蓋A2	内	NSD11	8－140	162－179	
310	□	無台坏身D	底	NSD11			器種、或ハ、皿カ 文字トハミエズ
311	山科	坏蓋A3	内	NSD11	8－148	162－180	
312	（日根カ） □□	無台坏身H	底	NSD11		162－181	
313	（主カ）（ミズドリカ） ×□（□）	無台坏身C1	底	NSD11	8－141	162－182	
314	有主（ミズドリ）	無台坏身D3	底	NSD11	8－144	162－183	

遺物番号	釈文	器種	墨書部位	出土遺構層位	図版番号	挿図番号	備考
315	□（小カ）	無台坏身D3	底	NSD11			全体ニ墨付キアリ
316	（□）（ミズドリカ）	壺	胴内	NSD11			
317	玉郷長	無台坏身D1	底	NSD11	8-143	162-184	
318	田□（子カ）	無台坏身D	底	NSD11	8-142		
319	□	坏蓋	内	NSD11			文字トハミエズ
320	□（有主カ）□（□）（ミズドリカ）	無台坏身C3	底	NSD11		162-185	
321	驛□（子カ）	坏蓋A3	内	NSD11	8-145	162-186	
322	嶋津	無台皿D2	底	NSD11	9-153	162-187	
323	□	無台坏身D4	底	NSD11		162-188	文字ナルカ不詳
324	□家	坏蓋A	内	NSD11			

遺物番号	釈文	器種	墨書部位	出土遺構層位	図版番号	挿図番号	備考
325	(ミズドリ)	不明	底	NSD11	8-146	162-189	
326	□	無台皿D2	底	NSD11			
327	豊□	坏蓋A3	内	NSD11	8-147	162-190	
328	女	無台坏身D2	底	NSD11			
329	□年	有台坏身E	底	NSD11	8-150	162-191	
330	□□	無台皿D2	底	NSD11			
331	□	坏蓋A3	内	NSD11		162-192	
332	(ミズドリカ)(□)	無台坏身D4	底	NSD11		162-193	
333	□(長カ)□家	坏蓋A3	内	NSD11	8-151	163-194	
334	四年	無台皿B1	底	NSD11	9-152	163-195	

遺物番号	釈文	器種	墨書部位	出土遺構層位	図版番号	挿図番号	備考
335	嶋津	無台坏身D3	底	NSD11	8-159	163-196	
336	□	有台坏身A1	底	NSD11	9-156	163-197	胴部ニモ、墨痕アリ
337	□	坏蓋A	内	NSD11			
338	□（主カ）（ミズドリ）	坏蓋A3	内	NSD11	9-157	163-198	
339	子女	無台坏身D2	底	NSD11	9-154		
340	十四	坏蓋A	内	NSD11	9-155		
341	（ミズドリ）	無台坏身D4	底	NSD11			
342	女子	坏蓋A3	内	NSD11	9-159	163-199	
343	山科	無台坏身D4	底	NSD11	9-160	163-200	
344	東家（ミズドリ）	無台皿D2	底	NSD11	9-158	163-201	352ト同筆カ

遺物番号	釈文	器種	墨書部位	出土遺構層位	図版番号	挿図番号	備考
345	□	無台皿D2	底	NSD11	9-163	163-202	内面、転用硯カ
346	□（□）（ミズドリカ）	無台坏身C	底	NSD11			
347	□□（嶋津カ）	坏蓋A2	内	NSD11		163-203	
348	□	無台坏身D3	底	NSD11			
349	山□（科カ）	有台皿B	底	NSD11	9-164	163-104	
350	日根	無台皿D2	底	NSD11	9-161		
351	有玉（ミズドリ）	坏蓋A	内	NSD11	9-165	163-205	
352	東家（ミズドリ）	無台皿D2	底	NSD11	9-166	163-206	344ト同筆カ
353	大〇	坏蓋A3	内	NSD11	9-162	163-207	文字ニハアラザルカ
354	×	無台坏身D2	底	NSD11		163-208	

遺物番号	釈文	器種	墨書部位	出土遺構層位	図版番号	挿図番号	備考
355	□	高盤B	脚内	NSD11		163-209	或ハ、円圏カ
356	□	無台皿D2	底	NSD11		163-210	背面ニモ、墨付キアリ
357	□	坏蓋A3	天井	NSD13		163-211	背面、転用硯カ
358	□	有台坏身A	底	NSD13		163-212	
359	□	坏蓋A3	内	NSD13	9-168	163-213	
360	□	坏蓋	内	NSD13			
361	板井	坏蓋A3	内	NSD13	9-167	163-214	
362	板井	無台坏身D2	底	NSD13	9-169	163-215	
363	三年水鉢　驛	高盤B	脚内	NSD13	9-170	164-216	
364	市	坏蓋A2	内	NSD13	10-171	163-217	

遺物番号	釈文	器種	墨書部位	出土遺構層位	図版番号	挿図番号	備考
365	□(板カ)井	無台坏身D3	底	NSD13	10-172	164-218	
366	□(山カ)	坏蓋A3	内	NSD13	10-173	164-219	
367	□(十カ)	坏蓋A3	ツマミ	NSD13	10-174	164-220	
368	□(驛カ)	無台坏身D2	底	NSD13	10-175	164-221	
369	□□	坏蓋A3	内	NSD13		164-222	
370	□	無台坏身D3	底	NSD21		164-223	
371	日□(根カ)	無台坏身D2	底	NSD21		164-224	
372	日×	無台坏身D2	底	NSD21			
373	□	無台坏身D	底	NSD21			
374	日根大	無台坏身D2	底	NSD21	10-176	164-225	

遺物番号	釈文	器種	墨書部位	出土遺構層位	図版番号	挿図番号	備考
375	日根大	坏蓋A3	内	NSD21	10-177	164-226	
376	□(竹)寸殿	無台坏身D4	底	NSD21	10-178	164-227	
377	太	無台坏身D3	底	NSD21	10-179	164-228	
378	日根大	坏蓋A2	内	NSD21	10-180	164-229	
379	日根大	坏蓋A3	内	NSD21	10-181	164-230	
380	日根	坏蓋A2	内	NSD21	10-182	164-231	
381	日根□(大カ)	無台坏身D3	底	NSD21	10-183	164-232	
382	豊□	無台坏身D3	底	NSD21	10-184		
383	□□	無台坏身C	底	NSD21	10-185	164-233	
384	×	無台皿D1	底	NSD21		165-234	

遺物番号	釈文	器種	墨書部位	出土遺構層位	図版番号	挿図番号	備考
385	日根	坏蓋A3	内	NSD21	10-186	165-235	
386	日□	無台坏身D3	底	NSD21	10-187	165-236	
387	×根大	無台坏身D	底	NSD21	10-188		
388	□(甘カ)	無台坏身A2	体	NSD21	10-189	165-237	
389	□(豊カ)	坏蓋A3	内	NSD21	10-190	165-238	
390	□□	無台坏身D2	底	NSD21		165-239	
391	□	無台皿B1	底	NSD21	11-191	165-240	文字トハミエズ
392	日×	無台皿D1	底	NSD21	11-192	165-241	
393	人成	無台皿D2	底	NSB1	11-193		
394	日根□	無台坏身D3	底	NSB5	11-194	165-242	

遺物番号	釈文	器種	墨書部位	出土遺構層位	図版番号	挿図番号	備考
395	□（東カ）	無台皿D2	底	NSB6	11-195	165-243	他ニ、体部ニ一筆書キノ文様アリ
396	驛□	坏蓋A	内	NSH1	11-196		
397	山科	坏蓋	内	NSH1	11-197		
398	嶋□（津カ）	無台坏身D3	底	NSH1	11-198	165-244	NSD9-298ト接合
399	驛長	無台坏身D3	底	NSH2	11-199	165-245	
400	驛長	無台坏身D4	底	NSH2	11-200	165-246	
401	驛富	高盤B	脚内	NSH2	11-201	165-247	
402	先	坏蓋A3	内	NSH2	11-202	165-248	
403	嶋津	無台坏身D3	底	NSH2	11-203	165-249	
404	日根驛家	坏蓋A2	内	NSH3	11-204	165-250	

遺物番号	釈文	器種	墨書部位	出土遺構層位	図版番号	挿図番号	備考
405	日	坏蓋A3	内	NSH3	11-205	165-251	
406	□□	坏蓋A3	内	NSI5		165-252	
407	大上日請驛家	坏蓋A3	内	NSI11	11-206	166-253	
408	佐野厨家	有台坏身A	底	NSE2	11-208	166-254	
409	□満	無台坏身D3	底	NSE2	12-209	166-255	第一字ハ「衣」、或ハ、「□衣」カ
410	吅	無台坏身D3	底	NSE2	11-207	166-256	漢音ケン、呉音クワン　288・413ト同ジ
411	□	坏蓋A3	内	NSE2		166-257	文字ニハアラザルカ
412	竹寸殿	無台坏身D4	底	2I-c-Ⅲ層	12-210	166-258	
413	吅	無台坏身D3	底	3I-f-ナ-Ⅲ層	12-211	166-259	漢音ケン、呉音クワン　288・410ト同ジ
414	□	不明	不明	2H-i-ネ			

遺物番号	釈文	器種	墨書部位	出土遺構層位	図版番号	挿図番号	備考
415	㊐	無台坏身D3	底	3H-e-Ⅲ層	12-212	166-260	
416	□	坏蓋A3	内	2G-f-ネ		166-261	
417	嶋	坏蓋A3	内	2G-c-ケ-Ⅲ層	12-213	166-262	
418	田□（子カ）	無台坏身D3	底	3G-h-キ	12-214	166-263	
419	田	無台坏身D2	底	3G-g-Ⅲ層	12-215	166-264	
420	□	無台皿D2	底	3G-g-Ⅲ層			
421	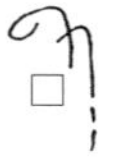 □	無台坏身D4	底	3G-d-ノ-Ⅲ層		166-265	
422	石田	無台坏身D3	底	3G-d-ケ-Ⅲ層	12-216		
423	子	坏蓋A3	内	3G-d-Ⅲ層	12-217	166-266	
424	□子	無台坏身C	底	3G-d-Ⅲ層	12-218	166-267	

遺物番号	釈文	器種	墨書部位	出土遺構層位	図版番号	挿図番号	備考
425	□（田カ）子	坏蓋	内	3G-e-タ-Ⅲ層	12-219		
426	□	無台坏身D3	底	3G-e-ア-Ⅲ層	12-220		
427	□	有台坏身E	底	3G-e-ア-Ⅲ層		166-268	
428	□（子カ）	無台坏身D1	底	3G-e-イ-Ⅲ層		166-269	
429	□□	無台皿D1	底	3G-e-イ-Ⅲ層	12-221	166-270	
430	□	有台坏身A	底	3G-e-イ-Ⅲ層	12-222	166-271	
431	□	無台皿D2	底	3G-e-イ-Ⅲ層		166-272	
432	田人	不明	不明	3G-e-Ⅲ層	12-223		
433	□□	有台皿A3	底	3G-a-Ⅲ層	12-225	166-273	
434	田子	無台皿D2	底	3G-a-Ⅲ層	12-224	166-274	

遺物番号	釈文	器種	墨書部位	出土遺構層位	図版番号	挿図番号	備考
435	□	無台坏身C	底	3G-b-サ-Ⅲ層		166-275	
436	山科	坏蓋A2	内	2F-g-ウ-Ⅲ層	12-226	166-276	
437	□	坏蓋	内	2F-i-ネ-Ⅲ層			
438	□	無台坏身C1	底	2F-c-Ⅱ・Ⅲ層			
439	東□（家）	無台坏身D3	底	2F-c-Ⅲ層	12-227	166-277	
440	□□（嶋津カ）	無台坏身D3	底	3F-g-タ-Ⅲ層		166-278	
441	□（大カ）	坏蓋A3	内	3F-g-ツ-Ⅲ層		166-279	
442	子□	坏蓋A3	内	3F-g-ス-Ⅲ層		167-280	
443	□	坏蓋A2	内	3F-h		167-281	文字トハミエズ
444	□（ミズドリ）	無台坏身D4	底	3F-d-サ-Ⅲ層	12-228	167-282	

遺物番号	釈文	器種	墨書部位	出土遺構層位	図版番号	挿図番号	備考
445	□□	無台坏身D	底	3F-d-サ-Ⅲ層	13-229	167-283	
446	山科	無台坏身D4	底	3F-e	13-230	167-284	
447	×□(津カ)	坏蓋A	内	2E-i-エ-Ⅲ層			
448	若	無台坏身D	底	表採	13-231	167-285	
449	嶋	不明	不明	2D-g-エ-Ⅱ層	13-233		
450	日□(根カ)	有台坏身C1	底	3D-g-ア-Ⅲ層	13-234	167-286	
451	津	坏蓋	内	3D-d-イ-Ⅲ層	13-235		
452	日根□	無台坏身D4	底	C2-2グリッド	13-236	167-287	
453	日根大	無台皿D1	底	2C-e-ア-Ⅲ層	13-237	167-288	
454	□(焚カ)	無台皿D1	底	2C-e-ア-Ⅲ層	13-238		

遺物番号	釈文	器種	墨書部位	出土遺構層位	図版番号	挿図番号	備考
455	日根大	坏蓋A3	内	2C-e-ウ-Ⅲ層	13-239	167-289	
456	□	有台坏身A2	底	3C-d-コ-Ⅲ層		167-290	文字トハミエズ
457	柴	無台坏身D3	底	2B-h-ウ	13-240	167-291	
458	□	坏蓋A3	内	2B-h-エ-Ⅲ層		167-292	文字トハミエズ
459	□	無台坏身D3	底	表採		167-293	
460	嶋□（津カ）	無台坏身D	底	表採	13-232		器種、或ハ、皿カ
461	□	坏蓋	内	表採			
462	子女	無台坏身A1	底体間	表採			305ト同一個体カ
463	□	不明	底	3B-g-Ⅲ層		167-294	ヘラ書刻書
464	□□	甕B2	口縁	NSI11		167-295	ヘラ書刻書

遺物番号	釈文	器種	墨書部位	出土遺構層位	図版番号	挿図番号	備考
465	□（十カ）	小皿	底	HSI1		47―14	以下、488マデ、平安時代以降ノ土器
466	□（さカ）	小皿	底	HSI1	14―244	47―15	
467	日	灰釉椀	体	HSD5	14―245	47―3	
468	□（家カ）	灰釉椀	体	HSD4		47―1	
469	□	山茶碗	底	HSD6		47―7	文字トハミエズ
470	□	灰釉	底	HSD6	14―247	47―5	文字トハミエズ
471	□	灰釉椀	体	HSD6		47―9	文字トハミエズ
472	□	灰釉椀	底	HSD6			
473	□	灰釉椀	底	HSD2・HSD5	13―243	47―2	文字トハミエズ
474	□	灰釉椀	底	HSD6		47―4	

遺物番号	釈文	器種	墨書部位	出土遺構層位	図版番号	挿図番号	備考
475	□	灰釉椀	底	HSD12	14-246	47-10	
476	□	小皿	底	HSD20	14-248	47-11	丸印
477	□	不明	内	HSD11			円圏ヲ付セル文字カ
478	□	不明	不明	HSD21			
479	吉	灰釉皿	底・体	HSX2	13-242	47-19	胴部ニモ「吉」アリ
480	大○	坏蓋	内	HSX2	14-251	47-16	文字ニハアラザルカ
481	□	不明	不明	HSX2			
482	平	灰釉椀	底・体	HSD27		47-12	胴部ニモ同筆ノ墨書アリ、文字ニハアラザルカ
483	○	山茶碗	底	2F-f-Ⅲ層			丸印
484	◇	小皿		2G-Cエ-Ⅲ層	14-250	47-21	菱形印カ

遺物番号	釈文	器種	墨書部位	出土遺構層位	図版番号	挿図番号	備考
485	日	灰釉椀	底・体	2F-e-排水溝	13-241	47-22	
486	万	灰釉椀	底	HSD6	14-252	47-6	
487		山茶碗	底	3H-a-Ⅲ層	14-249	47-20	文字トハミエズ、印形カ
488	□（ニヵ）	小皿	底	3B-h-カ-層 Ⅰb			

【補注】

本論文の初出本『坂尻遺跡―奈良時代編―』では、この「表7　土器墨書一覧表」の後に続けて「第一五七図　土器墨書実測図⑴」以下、「第一六七図　同⑾」までと、「墨書PL.1」（写真版）以下、「同14」までとが収載されている。坂尻遺跡出土のいわゆる墨書土器・刻書二九五点の実測図と、土器墨書二五一点および木簡二点の写真とが掲載されていて、この「土器墨書一覧表」の遺物番号欄の下方の段に示した「挿図番号」（＝土器墨書実測図）と「図版番号」（＝墨書写真）欄の番号とに、それぞれ対応させている。

紙面の都合で、これらを本書に収載することはできなかった。釈文の検討・吟味等に際しては、併せて参照されることを望みたい。

第六　小杉榲邨旧蔵「写経所請経文」について

序

天平勝宝四年（七五二）四月九日の東大寺盧舎那大仏像開眼供養会は、『続日本紀』が「佛法東帰、斎会之儀、未㆔嘗有㆓如㆑此之盛㆒也」と評したように、天平文化を象徴する歴史的な事件であった。その荘厳を極めた華麗な盛儀のありさまは、『東大寺要録』巻第二、供養章第三、一「開眼供養会」に載す記録や、正倉院南倉に保存されてきた、開眼供養会の関係品等から窺い知ることができるが、これに関係する現存文書となると、膨大な正倉院文書の中にあっても、写経所関係文書の中に、わずか数点を見出すにすぎない。そのうちの白眉ともいうべきものに、天平勝宝四年四月六日・七日「写経所請経文」（『大日本古文書』十二―二六四頁）がある。

本文書は、『大日本古文書』巻之十二に、「自四月六日至勝宝七歳十月七日写経所請経文写」（目次）として、小杉榲邨の『徴古雑抄阿波』から転載されているもので、従来は、原本の所在が不明であった。ところが、一地方紙のコラム記事がきっかけで、藤江喜重氏（静岡県周智郡森町城下）が、「小杉文庫」と呼ばれる小杉榲邨旧蔵の書画類（三四七点）とともに、先代以来家蔵していたことが明らかとなり、一九七九年八月初旬、静岡県教育委員会により調査団（団長田中稔氏）が組織され、本文書を始めとする「小杉文庫」の調査が行なわれた。そして今春、同文庫内から、本文書の外、天平四年「山背国愛宕郡計帳断簡」、「後嵯峨上皇幸西園寺詠翫花和歌」（金沢文庫本）の計三点が重要文化財に指定された。調査の結果は現在とりまとめ中であるが、重要文化財指定がなされたという事情に加え、東大寺大仏殿昭和大修理落慶を記念する本誌特輯号の発刊という、本文書にもっともふさわしい発表の場にめぐまれたこともあり、関係者の了解を得て、ここに紹介させていただくことになった。

本誌への発表にあたり、所蔵者藤江喜重氏をはじめ、調査団長田中稔氏、本誌への紹介の労をとられた岸俊男先生、および怱々の間、寛大な御配慮を与えられた森本公誠師等々の皆様方に、深甚の謝意を表したい。

1　写経所請経文と大仏開眼供養会

（1）

天平勝宝四年四月六日・七日「写経所請経文」[1]は、縦二九・三センチメートル、横四〇・五センチメートルの楮紙に、一部朱筆の書き込みを有する、紙本墨書の文書で、東大寺写経所において、天平勝宝四年四月九日に挙行された東大寺盧舎那大仏像の開眼供養会に際し、大会に使用さるべき大般若経一部六百巻を外嶋堂から、また、花厳経一部八十巻を松本宮より借用し、終了後にこれを返却した旨を記した経巻出納の記録文書である。したがってこの文書は、解文や移牒・啓状などのように、官庁または人々間を移動した文書ではなく、写経所内に留め置かれて、主として記録の用をなしたものと推定される。

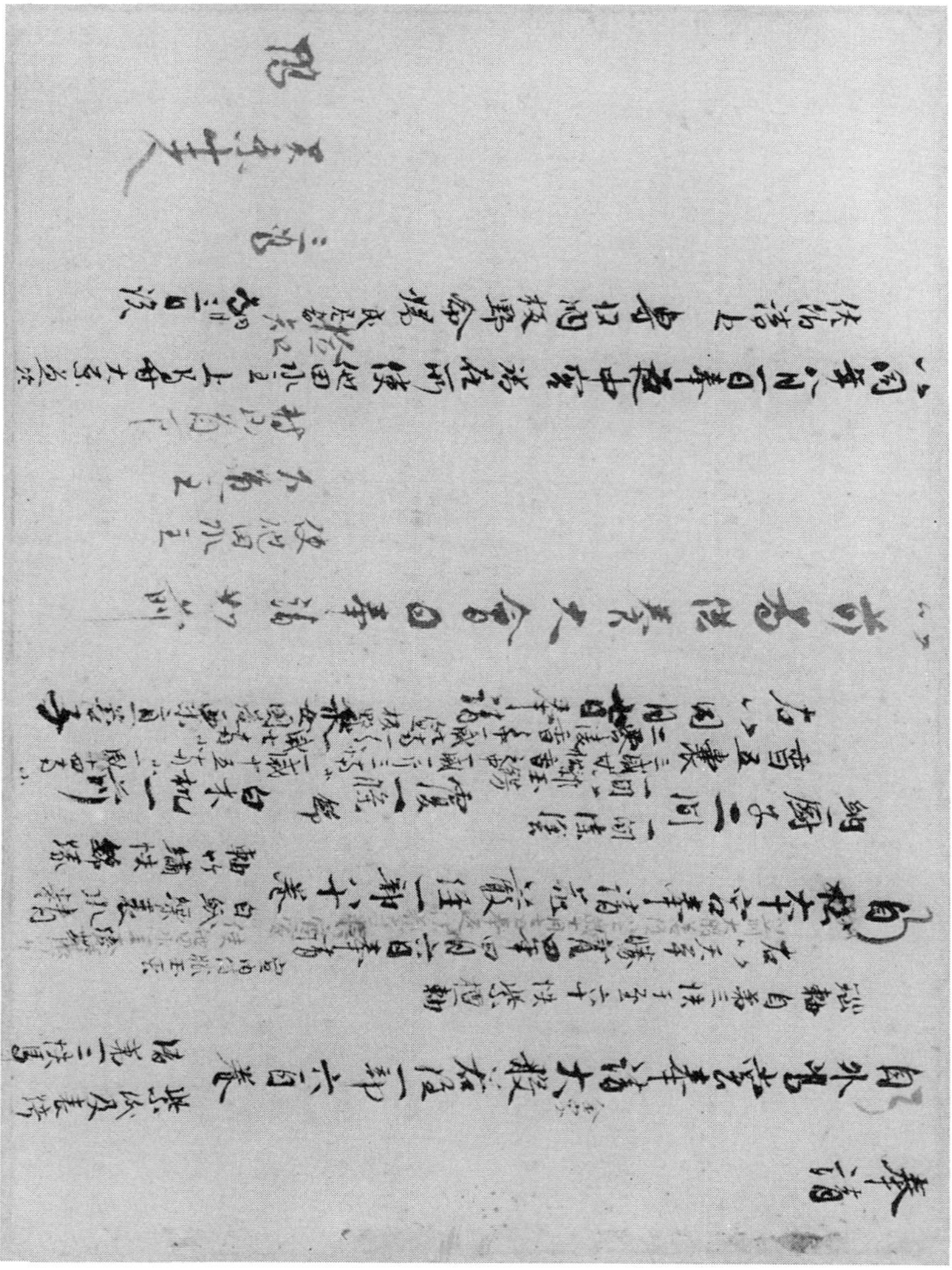

天平勝宝4年4月6日・7日　写経所請経文

本文書は、現状は単独の掛幅装に仕立てられているが、原本の所在が確認されたときには、後述（余論）するように、本文書を本紙とし、天平四年「山背国愛宕郡計帳断簡」をもって、表具の中廻しに転用した掛幅装という、甚だ特異な形状をなしていた（口絵参照）。調査後、重要文化財指定に先立ち、この表装は解体され、本文書は掛幅装に、また山背国愛宕郡計帳断簡は巻子本に仕立て直された。

なお、この山背国愛宕郡計帳断簡は、すでに『大日本古文書』巻之一に、天平五年「国郡未詳計帳」（一―五〇五〜五〇頁）として収められているもののうち、「小杉本雑一」によったとされている部分の二断簡分（一―五四四〜五〇頁）にあたり、内容的にはすでに知られていたものであるが、今回はからずも、同時に原本の所在が確認されたわけである。なお、本計帳断簡については、別の機会に報告したい(2)。

本文書がいわゆる正倉院文書の一部であることは、文面を一見すればほぼ明らかであるが、さらに、小杉榲邨自身『徴古雑抄』において、本文書に「右一紙、東大寺古文書之中写経所奉請案中ニアリ、浅草文庫ニ於テ本書披覧ノヲリ倉黄之ヲ謄写ス、明治八年十二月十七日」と、注記していることによって確かめることができる(3)。文中、「東大寺古文書」とあるのはいわゆる正倉院文書のことで、榲邨がこれを披見したのは、明治八年末、正倉院文書が、東京の浅草文庫に運ばれて、整理が行なわれた折のことであり、その時には、本文書は「写経所奉請案巻」中の一紙として、他の文書に張り継がれていたものと思われる。本文書右端に、糊の痕跡を明瞭に認めることができるのは、その何よりの証拠といえよう。では、実際にどの文書に接続して一巻をなしていたのか、この点については確たる根拠はないが、続々修第三十八帙の諸巻あたりの可能性が高いように思われる。

次に、本文書の内容に関して、若干の私見を加えたいと思うが、それに先だち、釈文を示そう。

（2）

奉請

自外嶋堂奉請大若経一部六百巻 金字 紫紙及表綺緒第一二帙馬
瑙軸自第三帙于(ママ)至六十帙紫檀軸

右、以天平勝寶四年四月六日奉請宣内侍勝玉虫

(朱書)「以前大般若経以七歳十月七日奉返(於)法花寺 長官宣 使他田水主大伴茇万呂」

自松本宮奉請花厳経一部八十巻 白紙縹表水精 綺帯 軸竹繍帙錦縁

納厨子二間 一間柒塗 一間以雑玉錺 覆一條 錦　白木机一前

香五嚢 三袋甘松香之中一袋一斤三両小 一袋十五両小 一袋十四両小
二零凌香之中一袋七両一分小 一袋七両小

右、以同月(七)八日奉請宣板野采女國造粟直若子

以前、為供養大會日、奉請如前、

使他田水主

下道主

村山首万呂

（追筆）「以同年八月一日、奉返中宮 御在所、使他田水主 上馬甘 大原魚次
佐伯諸上　専収納板野命婦成尼者　同月為三日説」
検知
三嶋
呉原生人
鴨

『大日本古文書』巻之十二所収の釈文（十二―二六四～五頁）は、『徴古雑抄』の転写本によったものであるが、それを原本と対校して、訂正を要する主要な個所は三個所ある。

第一は、本文第二項の「自松本宮」云々の双行注の第一行目の右に、「綺帯」の二字を書き加えること、第二に、左余白の追筆の、第二行目文末「為三日説」の説は、『大日本古文書』では「訖」としているが、字形および意味からして説とすべきである。説とは講説あるいは説経の意で、天平勝宝四年四月七日、写経司に宛て浴像経一巻を請うた「東大寺牒」において、「為レ奉レ説二明日件経一」（『大日本古文書』十二―二六六頁）といっている場合の説がこれである。第三に、松本宮からの花厳経奉請の日付である「七日」の七は、初めに八と書いたものを、後から訂正したのである、という三点である。(4)

（3）

さて、本文書は、すでにのべたように、供養の大会すなわち大仏開眼供養会のために、大般若経一部六百巻を

外嶋堂より、また、花厳経一部八十巻を松本宮より借用したことを記録した、写経所のいわば内部文書であるが、ここに登場する人物や物品の多彩さは、例えば、同じ開眼供養会に関する類似の文書、天平勝宝四年三月一六日「造東大寺司牒」（『大日本古文書』三―五六三～四頁）、天平勝宝四年閏三月二八日「東大寺写経所返疏文」（同十二―二五七～八頁）、天平勝宝四年閏三月二九日「僧教輪智憬疏論奉送啓」（同十二―二六三～四頁）などと比較して、特に著しく、われわれの興味を刺激してやまないものがある。しかし、ここでは一々の詮索は別の機会にゆずるとして、特に、経巻の借用先である外嶋堂と松本宮、および大仏開眼供養会の日付の問題の二点に限り、若干私見を加えて見たい。

まず、金字大般若経の借用先である外嶋堂については、すでに先学が明らかにしたように、また外嶋院、外嶋坊とも呼ばれ、その所在地は、本文書において、大般若経が法花寺に返還されたと朱書されているように、法華寺内であった。そして、外嶋堂では花厳経の写経が専らに行なわれたようで、「外嶋写花厳経所」（『大日本古文書』四―二三頁、勝宝六・四・四）の名称も見え、また、花厳講師所も置かれ、花厳講師として少僧都慈訓がここに止住し、「外嶋僧都」とも呼ばれていたとされている。(5)

それ故、こうした事実から、この紫紙金字大般若経一部六百巻の背後には、外嶋堂、法華寺、皇后宮という媒介を通して、光明皇太后の存在を察知することができるのであり、この大般若経の事実上の所有者は、皇太后と見てよいと思う。経巻の受け渡しにおいて、外嶋堂側の立合人が「内侍勝玉虫」、すなわち内侍司の掌侍勝玉虫であったことは、この推察を助けるものといえよう。

これに対し、花厳経の借用先の松本宮とは何であろうか。松本宮は、管見の限りでは本文書だけに現れるものであるが、この花厳経の返還にさいし「以二同年八月一日一、奉レ返二中宮　御在所一」と追記されていることから、中宮にかかわる宮であったことが判明する。では中宮とは何か。「中宮　御在所」とある以上、ここでは中宮が特定個人を指すことは明らかであるが、中宮をめぐっては議論のあるところなので、ややたちいって考察してみたい[6]。

中宮に関する用例を拾ってみると、『続日本紀』では、養老七年正月丙子、天皇が中宮に御し諸臣に授位を行なったとあるのを始めとし、天平勝宝六年七月壬子「大皇大后崩二於中宮一」とあるまで、例外なく宮殿そのものを意味するものとして使用されており、この点からは『平城宮発掘調査報告』Ⅱ・Ⅲが力説するように、中宮とは朝堂に対する内裏の別称であることに疑いはない[7]。

ところが、延暦三年一一月甲寅の「中宮復留在二平城一」以下、延暦一〇年五月丁亥の「供二奉中宮忌斎会一雑色人」云々までは、延暦七年正月甲子の「有レ勅令三皇太子参二中宮一」を唯一の例外として、中宮は桓武天皇の生母、皇太夫人高野新笠を意味している。この一見矛盾する用例が従来種々の論議を生みだしてきた。しかし、両者はその本義において矛盾するものではない。

この問題を解く鍵の一つに、中宮職がある。中宮職は令に規定された中務省所属の官司であるが、『続日本紀』天応元年乙亥条に「始置二中宮職一」と見え、高野新笠が皇太夫人となるとともに、中宮職が置かれたことが示すように、対象となる人がいなければ置かれない官司であった。

中宮職は、新笠の外にも、周知のように聖武天皇の生母、皇太夫人宮子のためにも置かれており（その初見は『続日本紀』神亀四年一〇月甲戌条の中宮舎人への賜禄記事）、また、淳仁天皇の生母、皇太夫人当麻山背のためにも、天平宝字三年から同七年にわたって置かれている。これらのことから、奈良時代の中期以前においても、中宮は内裏の別称であると同時に、特定個人と結びつく官職名ともなったのである。そして、その多くの場合、天皇の生母（これまた多くは皇太夫人であったが、後述のようにそれに限るものではない）を意味したのであるが、では何故、天皇の生母が中宮という内裏の別称でもって呼ばれたのであろうか。

内裏は、いうまでもなく、天皇の日常の在所である。それが、天皇の生母の別称ともなりうるという点にこそ、問題の核心がある。結論を先にいえば、私は、中宮とは、天皇の在所たる内裏を意味すると同時に、内裏の内向きを構成する女性たちの中心に位置するもの、いいかえれば、家刀自的な存在に対する称号でもあったのであり、それはしばしば、天皇の生母であったと考えるのである。

つまり、内裏＝中宮を代表する女性が、中宮に他ならなかったのである。そして、事実、天皇の生母は、内裏に天皇と同居したと思われるのであって、そのことは『続日本紀』天平一七年五月戊辰条に「是日行二幸平城一、以二中宮院一為二御在所一」とあり、また同天平勝宝六年七月壬子条は「大皇大后崩二於中宮一」と記しているのである。

後者の記事はまた、中宮が皇太夫人に限られるものではなかった、ということをも示唆する。すなわち、すでに概括したように、中宮とは、その時々の内裏を代表する女性であることが要件なのであり、したがって、宮子は皇太夫人の地位にあった時はもとより、聖武が孝謙天皇に譲位して、太上天皇となって以後も、太皇太后として中宮たる地位には変化はなかったと思われる。

なお、因にいえば、『令義解』が中宮を注して「謂、皇后宮、其太皇大后、皇大后宮、亦自中宮也」（職員令、中宮職条）といったのは、一般に中宮とは皇后の宮殿を指すとする中国風の解釈をとりながらも、太皇太后、皇太后宮をもまたいう場合もあるとして、我国の慣行をも配慮したものと解すべきであろう。

要するに、中宮とは内裏の女主人、すなわち家刀自を意味するということであって、それは在位の天皇から見て、生母であったり、祖母であったり、后妃であったり、その時々の事情で種々の場合があったのである。[8]

以上やや横道にそれた感があるが、右のような中宮の意義からして、本文書に見える中宮が、太上天皇の生母、太皇太后宮子であるとして、まず誤りはあるまい。そうであるとすれば、松本宮は、中宮にかかわる宮殿ということになり[9]、また、甘松香や零淩香とともに、厨子二間に納められ、白木机に載せられて錦の覆をかけられた、花厳経一部八十巻は、まことに、中宮宮子の所持品にふさわしい荘厳経といえよう。そして、この経巻の貸出しに板野采女国造粟直若子（収納に当った板野命婦と同一人）が立会っているということも、右の推定を確証するものとなろう。

外嶋堂と松本宮を、以上のように理解することができるとすれば、供養大会のために提供された、金字大般若経および花厳経は、盧舎那大仏像造立の願主ともいうべき、聖武天皇の皇后とその生母の所持経であったということになり、恐らく、それらは開眼供養会において、特別の意義をになったと推測される。特に花厳経は、大会において講師隆尊律師の講説するところであったが[10]、恐らくそれには、この太皇太后所持の花厳経が使用されたと思われるのである。

（4）

第二の問題は、大仏開眼供養会が執り行なわれた日取りの問題である。開眼供養会が天平勝宝四年四月九日に行なわれたことは、『続日本紀』をはじめとして、『東大寺要録』その他に異説はない。ところで、従来あまりとりあげられなかったことであるが、『東大寺要録』によれば、天平勝宝四年三月二一日の勅書には、

皇帝敬請

菩提僧正

以二四月八日一、設二斎東大寺一、供二養盧舎那仏一、敬欲レ開二无辺眼一、朕身疲弱、不レ便二起居一、其可二代レ朕執レ筆者、
和上一人而已、乃請二開眼師一、乞勿レ辞、摂受敬白、

とあり（同上『要録』四六頁）、当初の計画では、四月八日に開眼供養会が開催されるはずであった。しかし、それが閏三月を経て四月八日の当日には実施されず、一日延びて、四月九日となったのは何故であろうか。この点に関しては全く推測の域を出ないが、当初四月八日としたのは、明らかに、釈迦誕生の日とあわせようとした意図からでたものであることは明白であるといわねばならない。しかし、それは何らかの理由によって、一日延期されることになったのである。この理由について、清水公照師は「恐らく降雨によってであろう[11]」とされたが、確たる証拠があってのこととは思えない。

天平勝宝四年四月七日の写経司宛「東大寺牒」（『大日本古文書』十二―二六六頁）には、

奉請浴像経壱巻
右、為レ説二明日件経一、奉請如レ前、今以レ状、故牒、

とあり、八日は東大寺として灌仏会を行なうということで、その前日に準備を進めている。したがって、七日には明らかに計画は変更されていたと見なければならない。また他方では、本文書において、松本宮からの花厳経借用の日付が、はじめ「同月八日」と書いて、後に八を七に訂正していることが想起されねばならない。

この事実をどう読みとるかについては、未だ成案を得るに至っていない。しかし、土壇場に至っての日取りの計画変更が、写経所の実務担当者に一寸した錯誤を与えたことだけは確かのように思われる。それを雨天の故と見るか、或いは、灌仏会と開眼供養会とを分離して挙行しようとする、別の意志が働いた結果とするか、はたまた、その他の理由によるものかは、今後の課題といわねばならない。

2　余論―小杉榲邨と写経所請経文

以上をもって、本文書の形状と内容に関する説明を、ひとまず終えたいのであるが、本文書がたどった数奇な運命については、まだ何事も語ってはいない。余論としてその経緯を略述し、小論の結びに代えたいと思う。

小杉榲邨は、天保五年（一八三四）蜂須賀家の陪臣の子として阿波国徳島に生れ、幼名を五郎、長じて榲邨と改め、号を杉園、春蘭と称した。父五郎左衛門明真の手ほどきで、早くから歌の道に入り、学問は藩校を経て、江戸紀州藩邸内の古学館に学び、国学を修め、また、国学者達との親交を得た。その後、尊王攘夷運動に加わり、文久三年郷里で幽閉され、ついで、謹慎の身となったが、この頃から、阿波国史の叙述を目標に、阿波国古文書の収集と考証を始め、これが後に、『徴古雑抄』として集大成された。

維新後、徳島藩士となり、長久館助教として国典学を講じ、地誌編纂を兼務した。明治七年（一八七四）教部省に出仕、以後『古事類苑』の編纂、東京大学古典講習科講師、帝室博物館鑑査課主任、東京美術学校教授、東京帝国大学文科大学講師等を歴任、文学博士を授けられた。学会活動では、大八州学会の設立、『考古学会雑誌』の発刊等にあたり、日本歴史地理学会の顧問となる。また、かな書道、歌道、有職故実に通じ御歌所参候となり、古筆研究をすすめ、美術鑑定をよくした。明治四三年（一九一〇）三月二九日歿、七六歳[12]。

榲邨の学問とその業績は、最後の国学者の一人の輝きと言ってよく、国史・地誌・国文・書道・歌道・考古・美術の諸方面におよび、専門性と系統性に欠ける憾はあるが、博覧強記、特に筆まめなことで知られ、その古文書・古記録収集と実物主義とが、彼の学問の特徴をなしているといえよう。

小杉榲邨が本文書を正倉院文書の中に見出したのは、すでに述べたように、明治八年一二月、浅草文庫においてであった。その折に見出した「阿波国計帳残簡」（天平一九年）以下、阿波国新島荘関係文書、同国封戸荘園関係文書および本文書に至る一二通の阿波国関係文書を、『徴古雑抄』阿波一の巻頭に収めたが、榲邨はそれに注記して、次のようにいっている。(13)

以上、新島荘券第一以下此ノ奉請文ニ至ル十二紙ハ、明治八年十二月　日、浅草文庫ニ於テ、東大寺正倉院ノ古文書及ヒ古画古器物等縦覧ヲ許サレテ手マサクリシ時、ミナ櫝底ニ得ル所ノ（ノ脱）モナリ。直チニ影写シ、其本色ニ遠カラサル者トシテ別ニ蔵弆シ、ナホ其影写本ニ就テ之ヲ縮臨シ、今コノ徴古ノ巻首ニ挿着ス。

この時、榲邨が影写した文書は、右の一二通にとどまらず、多数のものについて影写、転写の二本を作り、そのうちの影写本が、『大日本古文書』巻之一～六に「小杉本」として、利用されたことは周知のことである。(14)ところで、本文書が榲邨の関心をいたくゆり動かし、ついに私蔵するにまで至らしめたものは、大仏開眼会という世紀の盛典にかかわる文書であるということよりも、本文書に、中宮の宣者として名の見える、板野采女国造粟直若子にあったことは、まず疑いない。そのことは、旧軸装の八双部分に書かれた題記に、

天平勝宝四年四月七日宣板野采女 八月一日専収納板野命婦 奉請文書以計帳 附上下　杉園珍蔵

とあることによって判明する。榲邨が板野采女に関心を引かれたのは、勿論、板野采女が、阿波国板野郡郡司の娘であったことによるが、加えて彼自身、阿波における幽閉につづく謹慎の時代、板野郡撫養郷北浜山王権現の客殿に仮寓し、寺小屋で生計を支え、そこで妻を迎えて五年を過した、苦境の時代の思い出が重なっていたのではないかと思われる。(15)

榲邨が、この文書を、文字通り珍蔵していたことは、その類を見ない表装にも表われている（口絵参照）。すでに述べたように、本文書の表装は、中廻しに天平四年「山背国愛宕郡計帳断簡」を使う、というものであった。この計帳断簡は、『大日本古文書』巻之一所収の配例で言えば、AからKにいたる一一断簡のうち、最後部に収められた、J・K（一―五四四〜九頁）の、いわゆる小杉本の部分がそれで、上段①から中段右②の桂部分にかけてがJ断簡、下段③から中段左にかけてがK断簡で、このうち、J断簡の末尾三行分（「弟犬養国持、年拾玖歳」云々以下）が切り捨てられている。計帳断簡についての紹介は、別の機会に行なうこととし、小稿では全体の寸法を図示するにとどめたい（第二図、および次章「第七　山背国愛宕郡計帳断簡調査抄報」参照）。

ところで、榲邨が「山背国愛宕郡計帳断簡」の、しかも、J・Kの二断簡を抜き出し、「写経所請経文」の中廻しや桂として使用したのは、どういう理由からであろうか。それは、K断簡に見える、粟田忌寸姓の粟に引かれたからではなかったかと私は推察している。粟は、板野命婦の姓名粟直若子の粟に通じ、また、阿波国の阿波に通ずる。榲邨の意図は、あわ尽しにあったのである。

こうして表装された本文書は、杉材の桟蓋造りの箱に収められ、蓋の表には「天平勝宝四年奉請文書以計帳附上下」、裏には「小杉園珍蔵」と、自筆で認めてあった。なお、榲邨は園芸に特別の趣味をもち、とりわけ、杉の産地を識別するのが巧みで、杉園の号はこれに由来するといわれている(16)。とすれば、この杉材の箱も、恐らくは、粋を凝らしたものと思われるが、残念ながら、それを見極めるにはいたっていない。

このように、榲邨が粋を尽した珍蔵の一幅は、榲邨の死後、その他の書画類とともに一括して、遠州森町在住の藤江家の所蔵するところとなった。最後にこのいきさつにふれておきたい。

榲邨には実子がなく、徳島の医家・森氏より美二郎を養子に迎えた。藤江家の先代誠作は、明治の末、東京遊学中に国民英学会（英語塾）で美二郎と知りあい、それが縁で、晩年の榲邨に金子の工面をするようになったという。榲邨死去の直後、所蔵の古版本、版画、古鈔本等については古本屋の手に渡り、すべて散逸してしまった様子は、『紙魚の昔がたり』に記されているが[17]、軸物については、その大半が、藤江家に金子工面の代償として引き渡されたようである。以来七〇余年間、「小杉文庫」は、六個の木箱に収められて、文庫蔵の二階に置かれ、一本も流出させることなく、二代にわたって大切に保存されてきた。それを支えてきたものは、その骨董的価値ではなく、藤江家の、国学者小杉榲邨に対する尊敬であった。

本文書にまつわる小杉榲邨の行為を、今日の規範に照して、批評・論評することはぜひとも必要なことであり、また、それはさして困難な問題ではない。しかし、そのことによって、榲邨が、こういう形でしか表現できなかった、青春のロマンや郷土愛を理解せず、冷淡に押し流してしまうようなことがあれば、やはりそれは配慮の欠如というべきではなかろうか。

注

（1）本文書のここでの名称は『大日本古文書』巻之一による（一—二六八頁）。但し、日付は四月六日・七日の両日をとった。小杉榲邨は、「天平勝宝四年奉請文書」（箱書きおよび題記）とし、また重要文化財の指定名称は、「写経奉請状」（一九八〇年四月八日「毎日新聞」他）である。

（2）本計帳断簡についての略報は、近く、『日本歴史』（吉川弘文館）誌上に発表の予定である（本書第二部第七〔次掲〕に収録）。なお、本計帳断簡が『大日本古文書』巻之一では、天平五年に類収されているが、天平四年のものとすべきことについては、鎌田元一「計帳制度試論」（『史林』五五—五）参照。

（3）『徴古雑抄』阿波一（国立史料館蔵）十六丁ウラ。『阿波国　徴古雑抄』（日本歴史地理学会、一九一三年）一九頁。

（4）なお、榲邨自筆の『徴古雑抄』阿波一の謄写本は、原本に忠実に写されており、第三の訂正個所を除き、第一の「綺帯」もほぼ正確に写し取ってあり、また、第二の「説」もその書体を忠実に写している。したがって、これらの誤脱は、『大日本古文書』巻之一の誤りである。

（5）岸俊男「〝嶋〟雑考」（『橿原考古学研究所論集　第五』吉川弘文館、一九七九年）二七一～五頁による。

（6）中宮をめぐる問題状況については、例えば、坂本太郎「古代金石文二題」（同『古典と歴史』吉川弘文館、一九七二年）一九八頁以下を参照のこと。

（7）『平城宮発掘調査報告』Ⅱ（奈良国立文化財研究所、一九六二年）一〇七～八頁、同Ⅲ（一九六三年）四五～五〇頁。

（8）坂本太郎氏は前掲論文において、中宮が皇太后を指した例はないとする（二〇二頁）。しかし、たしかに実例はないが、あり得ないことではない。天平勝宝元年、孝謙即位にともなって、その生母・光明子の皇后宮職は、紫微中台と名称を改めるが、この中台とは、その名称の由来をめぐっては諸説があるとは言え（岸俊男『藤原仲麻呂』吉川弘文館、一九六九年、一一〇～一一頁）、つまるところ、中宮の唐名に他ならず、敢て唐名を用いた理由は、太上天皇および中宮が存命であり、その生活基盤を一挙に変更できない以上、事実上中宮でありながら、前置のそれと区別する意味で、紫微中台という唐名を用いたのではあるまいか。したがって、天平勝宝六年の宮子の死去まで、事実上、中宮は二重に存在したことになる。

この問題は、天平政治史の核心にふれて甚だ興味深いものがあるが、本題から著しく外れる恐れがある。いわゆる中宮天皇の問題等とともに、機を改めて論ずる他はない。なお、中宮天皇については、拙著『日本古代国家史研究』（東京大学出版会、一九八〇年）第三篇「考徳紀の史料批判と難波朝廷の復元」二の3を参照のこと（一九三頁以下）。

（9）松本宮に関連する可能性のある宮名として、古写経に見える古印の印文「松宮内印」の松宮がある（岸俊男先生の示教による）。田中塊堂著『古写経綜鑒』（鵤故郷舎出版部、一九四二年）によれば、この印は「伝へて聖武帝の私印といふ。大毗婆娑論、及正倉院、大徳寺蔵の順正理論に踏せるもの」（一〇一頁）との由で、光明皇后の私印と伝えられる「内家私印」（方約三糎）とほぼ同大という。この松宮が、平城宮の北方にあったと推定される松林宮（『続日本紀』天平二年三月丁亥条、岸俊男「〝嶋〟雑考」〈前掲〉二七九～八〇頁参照）のことか、あるいは松本宮のことか、あるいはまた三者は互に関係があるのか、いづれともきめ手はないが、仮りに松宮が松本宮であったとしても、私見では、聖武は生母・宮子と同居していたとみられるので、聖武の宮殿であった松本宮に、生母宮子所持の花厳経が置かれていても何の不思議はない。むしろ、天皇における母子同居（聖武―宮子、孝謙―光明子）と、内裏における生母中宮＝中台の役割を考える上で、この史料は甚だ興味深い事実を提供することになるかも知れない。（補注）

(10)『東大寺要録』（筒井英俊編、全国書房、一九四四年）巻第二、供養章第三、一開眼供養会の天平勝宝四年三月二一日の勅書には、次のように記されている（四六頁）。

皇帝敬請

　降尊律師

以二四月八日一、設二斎東大寺一、欲レ講二花厳経一、其理甚深、彼旨難レ究、自レ非二大徳博聞多識一、誰能開二示方廣妙門一、乞勿レ辞、摂受敬白、

(11) 清水公照「東大寺の歴史」（『東大寺展図録』朝日新聞社、一九八〇年）一一頁。

(12) 小杉榲邨の伝記は、『歴史地理』「小杉博士記念録」（第十五巻第五号、一九一〇年）、同補遺（同第六号）、および昭和女子大学近代文学研究室「小杉榲邨」（同『近代文学研究叢書』第十一巻、昭和女子大学光葉会、一九五四年）等によった。

(13)『徴古雑抄』（前掲）十七丁オモテ。『阿波国　徴古雑抄』（前掲）一九頁。

(14)『大日本古文書』巻之一（東京帝国大学、一九〇一年）「正倉院文書解題」参照。

(15) 昭和女子大学近代文学研究室「小杉榲邨」（前掲）一四七頁。

(16) 昭和女子大学近代文学研究室「小杉榲邨」（前掲）一四四頁。

(17) 反町茂雄編『紙魚の昔がたり』（臨川書店、一九七九年）一四四～七頁。

【補注】

松本宮の所在地について、先頃、遠藤慶太氏は「古写経の印記『松宮内印』について」（続日本紀研究会編『続日本紀と古代社会』塙書房、二〇一四年所収）の中で、平城宮内裏北方市庭古墳の南辺に「松本」の字名を確認、その候補地か、とした（同書八六頁）。これにより、岸俊男先生の予測は確度を増し、今後の検証が俟たれる。

第七　小杉榲邨旧蔵山背国愛宕郡計帳断簡調査抄報

はじめに

一九七八年四月、一地方紙の記事がきっかけとなり、『大日本古文書』巻之一に、「国郡未詳計帳」として、天平五年次に類収されている「山背国愛宕郡計帳」のうち、これまで原本の所在が不明であった「小杉本雑一」の二断簡（一ノ五四四〜四九頁）の大部分が、「小杉文庫」と呼ばれる小杉榲邨旧蔵の書画類（三四七点）の中に含まれて、静岡県周智郡森町城下在住の藤江喜重氏により、先代以来家蔵されていたことが確認された。

静岡県教育委員会は、田中稔氏を団長とする調査団を組織し、一九七九年八月初旬、本計帳断簡（以下計帳と略称）を始めとする小杉文庫の調査を行なった。調査の結果は現在とりまとめ中であるが、今春、本計帳が、同文庫内の天平勝宝四年四月六日・七日「写経所請経文」、宝治元年「後嵯峨上皇幸西園寺詠翫花和歌」（金沢文庫本）とともに、重要文化財に指定されたという事情もあり、関係者の了解を得て、本計帳の調査概要を、本誌に掲載することとした。本計帳の調査には主として、岸俊男、狩野久両氏と私の三人が当ったが、この抄報は、私の責任でまとめたものである。

なお、別に、拙文「小杉榲邨旧蔵『写経所請経文』について(1)」を発表した。本稿と関連するところがあるので、併せて、御参照いただければ幸甚である。

1　小杉旧蔵本正倉院文書の現状

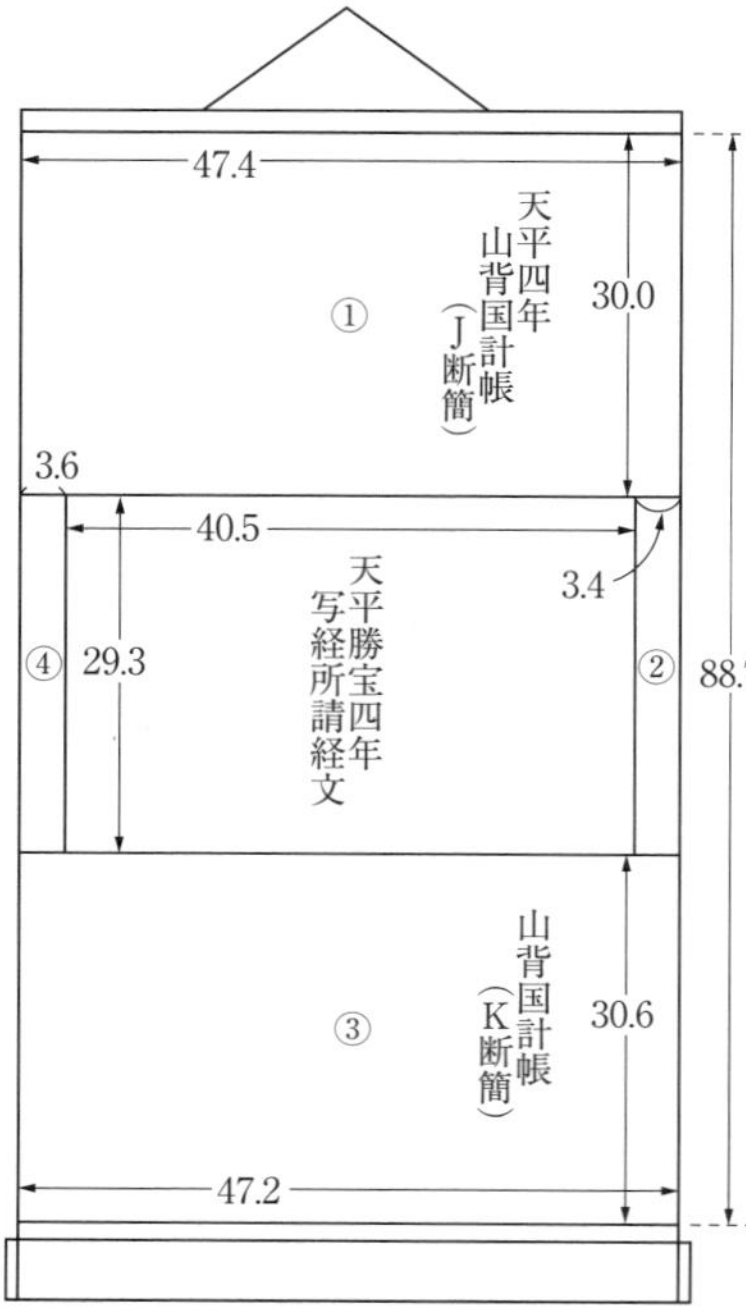

第1図（単位はセンチメートル）

本計帳は、『大日本古文書』巻之一では、正倉院に現存する九断簡（以下、弥永貞三氏にならい、その配列にしたがってA～Iの記号で示す）につづく、「小杉本雑二」の二断簡（J・K）として収められているが、本計帳の所在が確認された時には、第1図に示すように、天平勝宝四年の写経所請経文を本紙とする掛幅装の表具の中廻しに転用されるという甚だ特異な状態に置かれていた（本書口絵参照）。

上段①から中段右の桂②にかけてが、J断簡、下段③から中段左の桂④にかけてが、K断簡で、このうち、J断簡の末尾三行分（「弟犬養国持、年拾玖歳」云々以下、一ノ五四六頁）は、現存しない。表装の過程で、余分なものとして切り取られたのであろう。

調査終了後、重要文化財の指定に先だち、この表装は、京都・山内墨申堂によって解体され、写経所請経文は一紙の掛幅装に、本計帳は、『大日本古文書』での配列に従って、巻子本に仕立て直された。したがって現在は、四つの断簡（J①・②、K①・②）となっている。各断簡の法量は、次の通りである（単位センチメートル）。J① タテ三〇・六、ヨコ四七・三。J② タテ二九・五、ヨコ三・四。K① タテ三〇・二、ヨコ四七・三。K② タテ二九・五、ヨコ三・六。

両断簡とも、料紙は楮紙、[2]一部に朱筆の書き込みを有する紙本墨書の文書で、K断簡は、元来一紙であったと思われるが、J断簡は二紙を張り継いでおり、第一紙は一〇行分で、[3]横幅一八センチメートル、第二紙は一六行（界行一七）、二九・三センチメートルであった。

界線の一例を示せば、第2図のごとくである。法量は、正倉院原本の調査結果と近似しており、[4]また本文の筆跡も、写真等で比較した限り、同じ手のものと見てよく、形状からも、正倉院に現存する九断簡と一連のものと見做してよいと思われる。

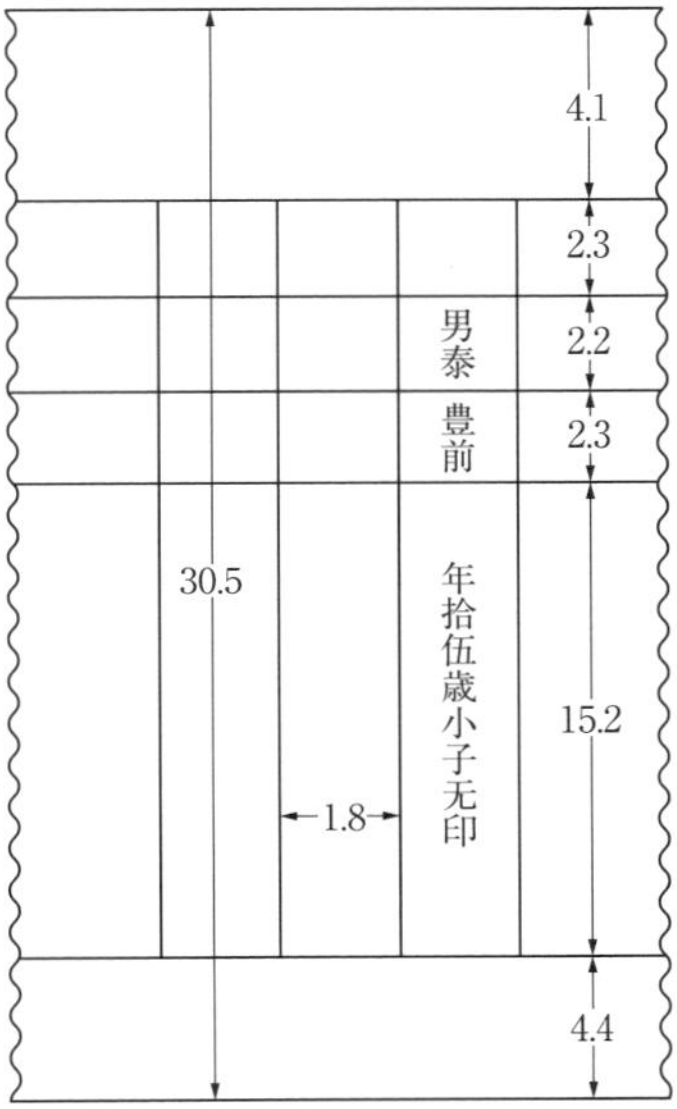

第2図（単位はセンチメートル）

また、本計帳の紙背には、両断簡とも第二次文書がある。J①の紙背には、『大日本古文書』巻之二に、「小杉本雑二」として収められている、天平一六年一〇月二五日「写経料筆墨納充帳」（二ノ三五九頁）があり、また、K①の紙背には、皆川完一氏が「正倉院文書の整理とその写本」[5]において、「小杉本雑一」に収められながら『大日本古文書』に収載されなかった一点として紹介された、天平一五年一〇月一〇日からはじまる「常疏充装潢等帳」の一部（天平一八年三月八日、五月一四日、同一七日分）がある。[6]

この他、J①の紙背に、擦消および抹消された文字、および、K②の紙背文書など、未紹介の部分が若干あるが、これらについては別の機会に報告したい。

2　愛宕郡計帳原本調査の所見

山背国愛宕郡計帳については、正倉院原本の調査報告を中心とした、弥永貞三氏の論考「山背国愛宕郡計帳について」（前掲）があり、原本調査の結果にもとづいた、『大日本古文書』巻之一所収釈文の補訂と、二、三の問題点の解明が試みられている。弥永氏の論考が、精細な観察を基礎に、紙背文書との関連をも十分考慮した、丹念な論文であるのに対し、いくつかの制約をもつ小文は、とうていそれに見合う観察結果と、私見を述べる場ではない。

そこで以下、計帳本文のみについて所見を摘記し、「小杉本雑一」による釈文（『大日本古文書』一ノ五四四〜九頁）の補訂を試み、余白に、私見の一端を記しておきたいと思う。

記載の方式は、弥永氏のそれを範とし、『大日本古文書』巻之一の頁数・断簡記号・行の序列〔544 J 1〕で位置を示し、その後に所見を記す。

546 J 5　「鼻黒子」→「鼻於黒子」。於が脱字となっていることは、すでに弥永貞三氏が史料編纂所所蔵「小杉本謄写」乾（廿一葉）によって訂正している。(7)

546 J 6　「死」（別筆）は、朱書の上に墨で書かれている。

546 J 6.7間　第六行と第七行の行間に、J①と、J②の切り口あり。②に、第六行の「売」、「肆」、「女」三字の、左残劃を認めることができるが、①とは直接接続しない。この間が、極く細く切り取られたためと思われる。

546 J 7　第一〇字目の「参」は、「歳」を擦り消した上に書く。なお、J②は、第七行と第八行の二行のみである。

546 J 8.9間　第八行と第九行の行間に、切り口あり。第九行「弟犬養国持、年拾玖歳」云々以下、第一〇行、第一一行の三行分の、原本の所在は不明。

547 K 3　「今年計帳」云々の双行注の左行「女十三」は「女廿三」の誤り。このことは、第六行に、「女弐拾参」とあることに合致する。

547 K 11　「戸主文師」の上方欄外に、「得度」と異筆で大書す。「耆老」の耆は、老と書きかけ耆と訂正したか。または、その下の老も擦り消した上に書く。「左鼻辺黒子」の左は、左らしい字の上に、また、左と二度書きしている。

548 K 3　第八字「麻」と、第九字「年」の間は、一字擦り消しのまま、あきとなっている。

548 K 4　第一〇字「漆」は、擦り消しの上に書く。

548 K 8　「女粟田忌寸小刀自売」云々の、上方欄外に墨付あり。或いは墨勾か。[8]

548 K 8.9　第八・第九の二行は、はじめに、第九行「女粟田忌寸嘿師売弐拾歳少女下脣黒子」（『寧楽遺文』が、「年弐拾歳」〈上巻一八六頁、下段二行目〉と、年の字を入れたのは誤り）を書き、のち、この行を擦り消し、第七行と第一〇行の間に、この二行を書き込む。したがって、この二行は、第二二界行内に、第八行が、界線上に書かれた状態で書き込まれている。

また、第八行と第九行との行間には、下方では、第九行と重なる状態で、第九行の文字が最初に書かれて、擦り消された痕跡があり、「女粟田□□賣年貳拾歳少女下唇黒子」の一四文字が判読できる。最初にこの行が書かれた時、年字があったことは、その痕跡から確認できるが、そのほか、擦り消されてわずかに残る「拾歳」の二字が、現在の第九行の「拾歳」の位置より、やや下にあることからも確かめ得る。

548 K10
第一二字「歳」と、第一三字「少」との間は、擦り消しのまま、あきとなっている。

549 K2
この行のほぼ中央を、たてに通って切り口があり、K①とK②とに切断している。Kの①と②は接続し、この間に、切り落された部分はないものと思われる。この行の左半分と、第三行、および第四行右半分が、K②である。

549 K4
この行の左上方から、右下方にかけて、はすかいに切り口が通る。したがって、現状では、第四行末尾の二文字「緑女」は、右端残劃を認め得るのみで、これらから緑女と判読することは困難である。第四行左半分以下は、恐らく表装時に、中廻しの左端をそろえるために、切り落されたものであろう。

3　計帳調査が提起する二、三の問題

山背国愛宕郡計帳は、文中に見える年紀の下限が、天平五年とありながら、内容上、天平四年の計帳とすべきことについては、すでに岸俊男氏が明らかにし、(9) ついで本計帳の内訳部分と、歴名部分との対応関係から、鎌田元一氏も追認したところである。(10) また、弥永貞三氏が筆跡観察の結果、本文と同時に一筆で書かれた日付の下限は、天平四年六月二日であることを明らかにして、これを裏付けたことからも、(11) 疑う余地はない。

さらにまた、今回、原本の所在が明らかとなったJ断簡が、E断簡（『大日本古文書』一ノ五二四〜三八頁）の後に接続するものであることについても、つとに、本計帳が山城国愛宕郡に属するということとともに、石母田正氏が明らかにしたところであり、(12) 『寧楽遺文』は、この提言により、Eの次にJを配して収録している（上巻一七五〜八二頁）。

本計帳は、内容的に見ても、豊富な注記と興味深い記事を有し、これまで逃亡問題をはじめ、計帳制度をめぐる論争や、紙背利用の論議に、好個の素材を提供してきた。これらの諸問題のうち、計帳制度や紙背利用については、弥永論文に詳述されているのでそれにゆずり、ここでは、従来注目されなかったと思われる問題を、一つだけとりあげておきたい。

さて、その問題とは、K断簡「戸主文師、年漆拾壱歳」云々（547K11）の、上方欄外に「得度」と異筆大書されていることの意味についてである。この書き込みは、弥永貞三氏が紹介された「戸主小尓年漆拾肆歳」云々（540F5）の下方に、「同度者」と異筆大書された書き込み(13)と一連のものである。

当初、この上方欄外の書き込みについては、弥永氏の報告を参考に「同度」と読み、その上に立って、考察を進めていたが、山本信吉氏から、書体より見て「得度」と読むべきではないか、との示教を得た。改めて、そうした観点から見直してみると、用語法や意味からしても、得度とした方が適切と思われる。

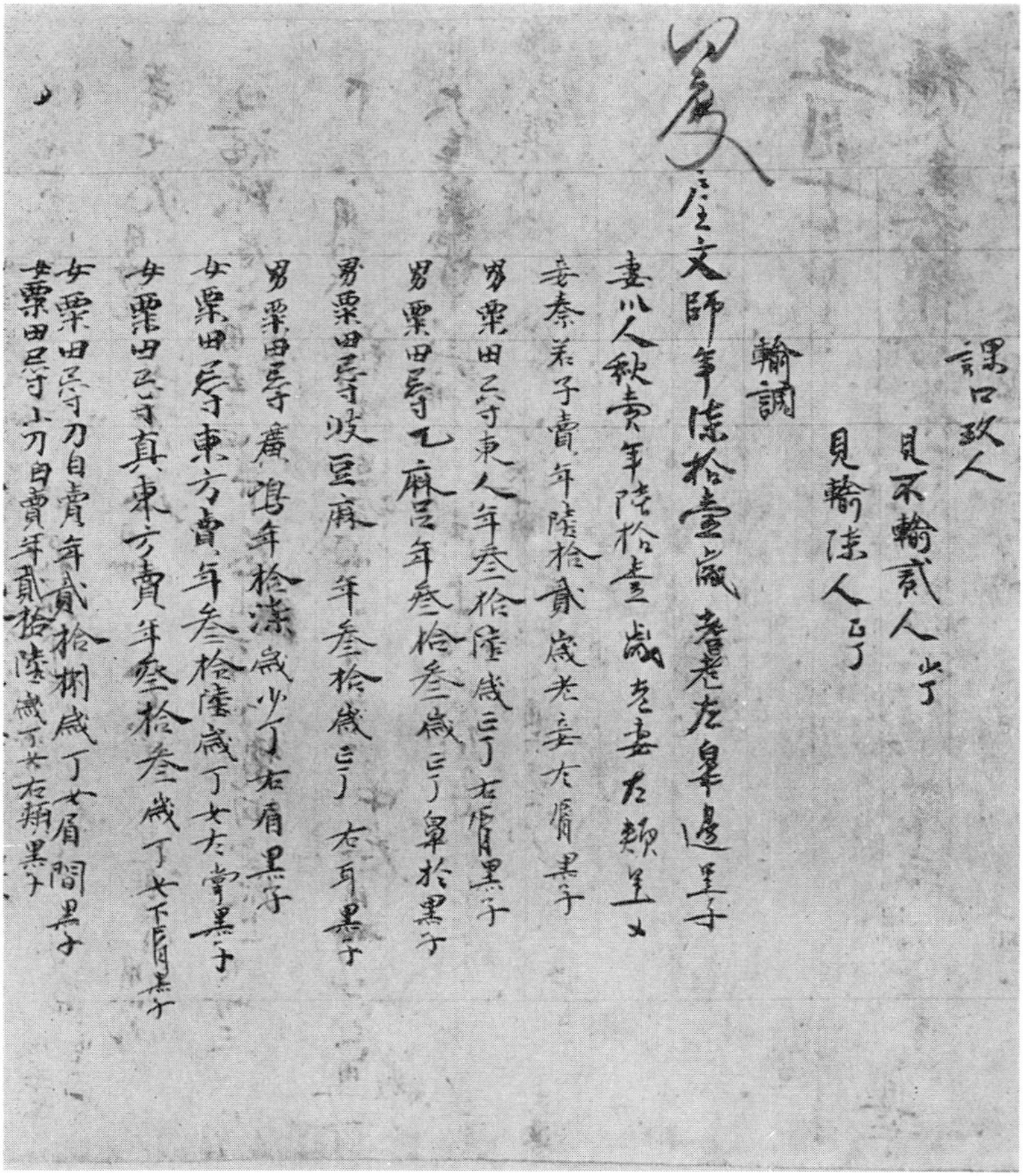

山背国愛宕郡天平四年計帳断簡（部分）（静岡県　藤江喜重氏所蔵）

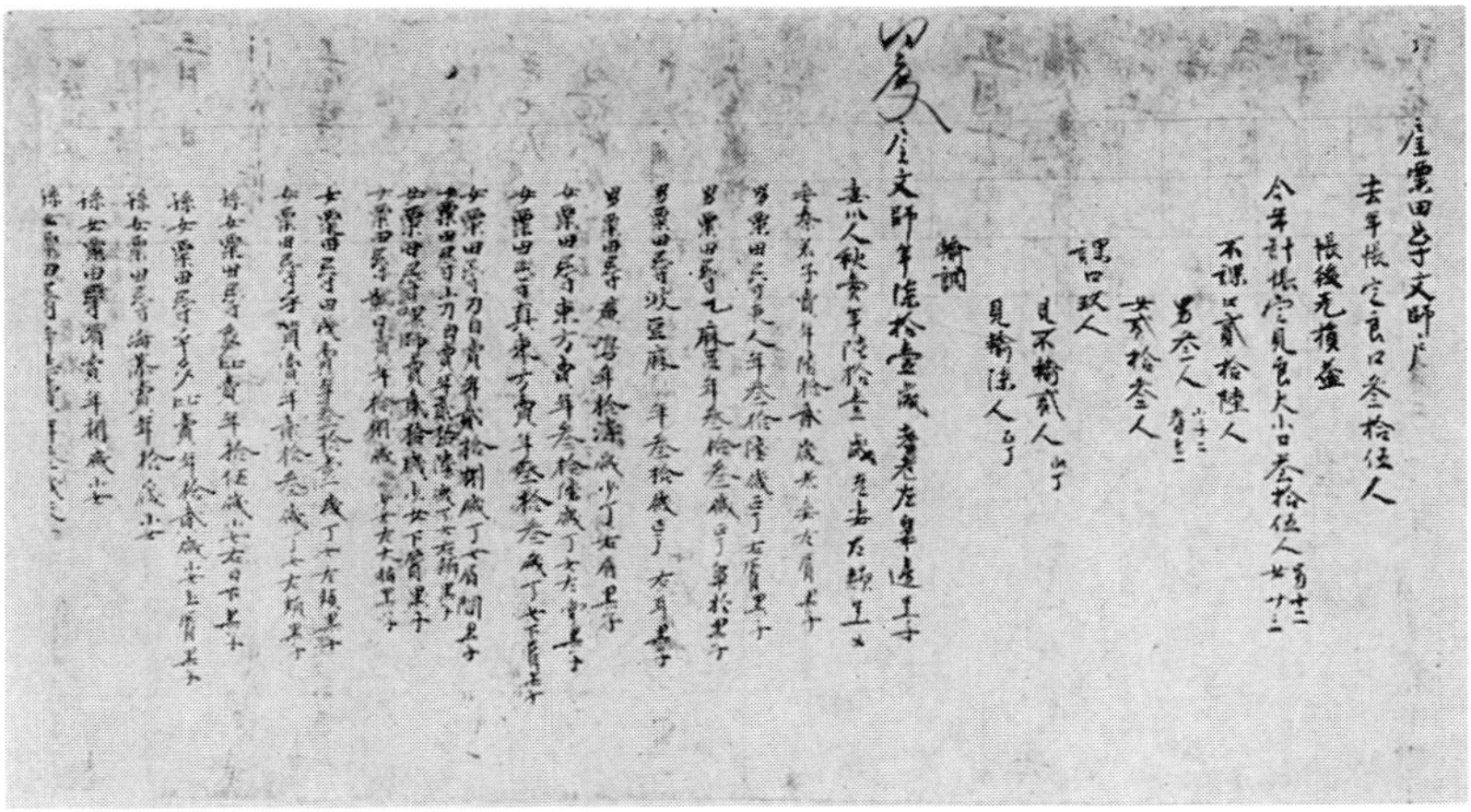

山背国愛宕郡天平四年計帳断簡（部分）

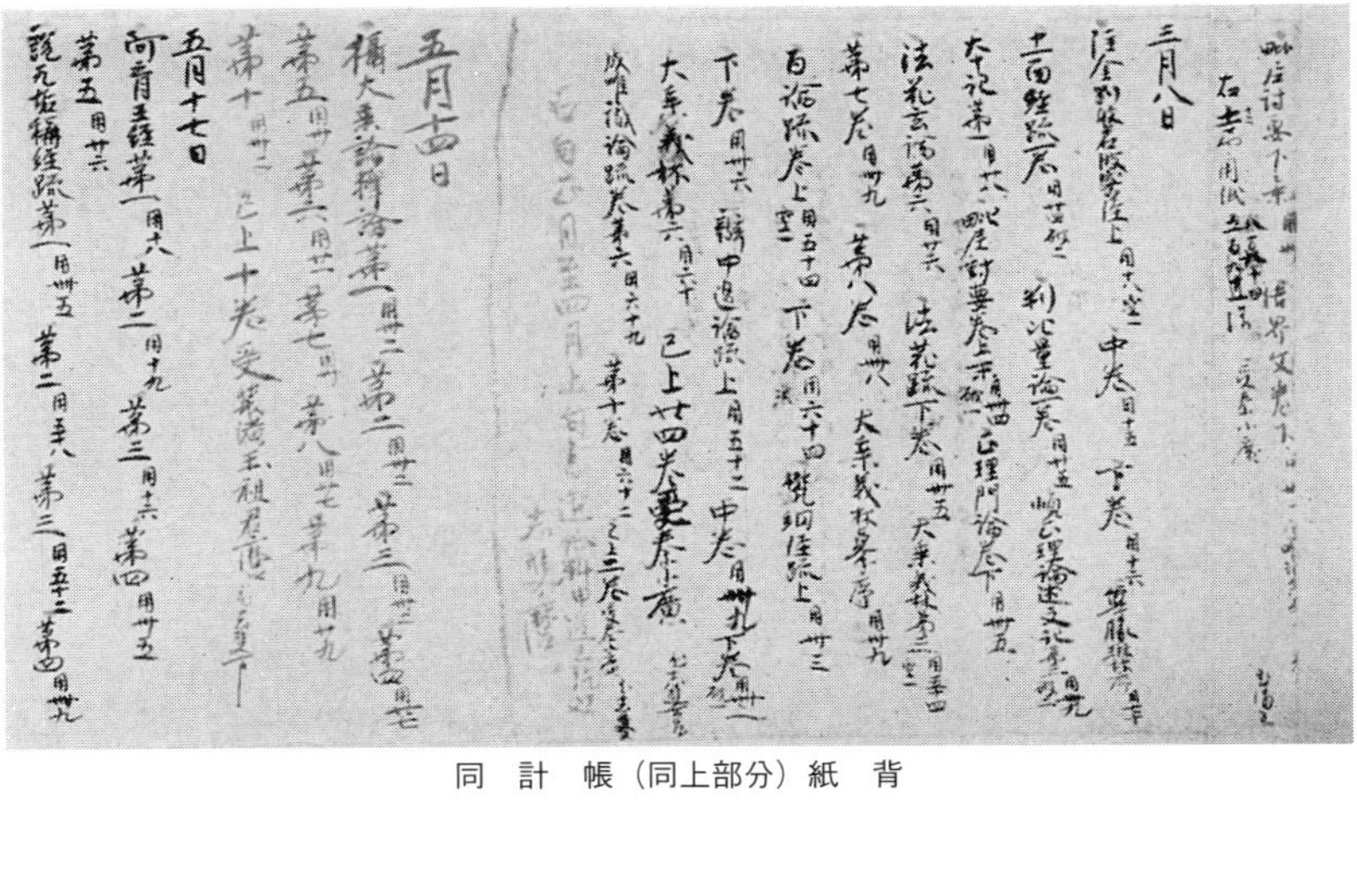

同　計　帳（同上部分）紙　背

そうなると、弥永氏の釈文についても、「得度者」とした方がよいのではないか、という疑問が生ずるのであるが、この方は、手元の写真を見た限りでは、その可能性が大きいように思えたが、なお、断定するには至らなかった。

この点がいずれになるとしても、今度新たに、本計帳においては、すでに弥永貞三氏によって紹介された、大初位下秦小尓（少邇とも）の出家得度の他に、少なくとももう一人、粟田忌寸文師が得度していたことが判明したわけである。

では、一郡ないし一郷内において、複数の得度がほぼ時を同じうして行なわれたということは、一体どういう意味のあることなのであろうか。こうした疑問を抱くとき、それに解答を与えると思われるものに、『続日本紀』天平三年八月癸未条に見える次の記事がある。

詔曰、比年随㆓逐行基法師㆒、優婆塞優婆夷等、如㆑法修行者、男年六十一已上、女年五十五以上、咸聴㆓入道㆒、自余持㆓鉢行路㆒者、仰㆓所由司㆒厳加㆓捉搦㆒、其有㆑遇㆓父母夫喪㆒、期年以内修行、勿㆑論、

粟田忌寸文師や秦小尓の出家得度が、この詔によるものと判断する理由として、第一に、彼らの出家得度は、得度あるいは同度者の書き込みが、それぞれ計帳歴名とは異筆であることから、この計帳の一まず完成したと思われる天平四年七・八月以降、翌五年の京進までの約一年間のことで、天平三年八月の詔からそう遠くない時期であること、第二に、彼らの年齢がそれぞれ七一、七四歳の耆老で、詔の規定に合致することがある。

第三に、『行基年譜』の伝える、いわゆる行基四十九院の中に、天平六年の建立とされる、山背国愛宕郡の吉田院がみえ、行基の布教の足跡がこの地にも及んでいたとみられること、第四に、山背国愛宕郡と仏教文化の関係については、岸俊男氏が詳論したように、早くから郡内に仏教文化が浸透していたことが知られ、特に、山背

国愛宕郡では、天平一五年正月七日、治部省少輔従五位下粟田朝臣馬養により、愛宕郡鳥部郷粟田朝臣弓張の戸口、秦三田次（年四八）が出家人として貢進（『大日本古文書』八ノ一六一）されるなど、優婆塞貢進は天平年間に五例をかぞえ、出家得度の風潮が、底流として広く存在していたと思われること、[14]などがあげられる。

右の推定に誤りがなければ、われわれは、行基の布教活動に関係する、極めて興味深い史料を得たことになる。また、この事実は、本計帳の天平五年京進問題にも影響するのではないかとも思われるが、もはや予定の紙幅も尽きたので、この事実のもつ意義についての解明は、識者の手にゆだねることとし、蕪雑な抄報の筆を措きたい。

注

（1）『南都仏教』（第四十三・四十四合併号、一九八〇年九月　本書第二部第六に収録）。

（2）紙質については『正倉院の紙』（日本経済新聞社、一九七〇年）二六頁参照。

（3）「妻犬養大宅売」云々より「戸主犬養五百枝戸」まで、一ノ五四四～五頁。

（4）弥永貞三「山背国愛宕郡計帳について」（『東京大学史料編纂所報』第八号、一九七三年）二頁。

（5）『続日本古代史論集』中巻（吉川弘文館、一九七二年）。

（6）五七四～五頁。但し、原本では、三月八日条の末尾「右自正月至四月上旬」云々の行と、次行「志斐麿」、および棒線は朱書。

（7）弥永前掲論文、八頁。

（8）弥永前掲論文、二頁以下参照。

（9）「所謂『陸奥国戸籍』残簡補考」（『続日本紀研究』三の二、一九五六年）。

（10）「計帳制度試論」（『史林』五五の五、一九七二年）。

（11）弥永前掲論文。

(12)「天平十一年出雲国大税賑給歴名帳について」(『歴史学研究』八の六、一九三八年、初出)。同『著作集』第一巻、岩波書店、一九八八年、所収。

(13) 弥永前掲論文、七頁。

(14)「山背国愛宕郡考」(『続律令国家と貴族社会』吉川弘文館、一九七八年、初出)。同『古代文物の研究』塙書房、一九六八年、所収。

第八　小杉榲邨と小杉文庫

1　小杉文庫の発見と収蔵の経緯

「天平時代の戸籍みつかる」、昭和五三年四月一八日、私の眼は「静岡新聞」朝刊「情報往来」欄のこの小さな記事に吸いつけられた。半信半疑で、早速面識のあった天方憲平・森町教育長（当時）を介し、藤江喜重・森町長（同上）に閲覧を申し出たところ、快諾され、一日おいた四月二〇日、問題の「戸籍」を拝見することができた。

「戸籍」と報道されたものは、天平四年（七三二）の「山背国愛宕郡計帳」とすべきであったが、何と、驚いたことには、この計帳を表具の上下に使い、天平勝宝四年（七五二）の東大寺大仏開眼供養会にかかわる「写経所請経文」が、一幅の掛物に仕立てられていたのである。正倉院文書を使って、正倉院文書を表装するなどということは、まさに奇想天外、わが眼を疑うほどのおどろきであった。この時の全身を貫くような衝撃は、一〇年を経た今もなお鮮烈である（本書口絵参照）。

その折、藤江氏の御配慮で、「後嵯峨上皇幸西園寺詠翫花和歌」をはじめ、主だったもの数点と、「杉園所蔵掛幅書巻目録」が用意されていたことから、三四七点からなる小杉文庫の全容と、その重要性とを知ることができた。また、藤江氏が、文庫のしかるべき保存措置を希望されていることをも伺って、その足で県の文化課に直行し、事情の説明と、本格的な学術調査の必要性を進言した。当時、文化課は新設されたばかりであったが、早速これを受けとめて、調査の準備にとりかかり、一年半後の昭和五四年八月三日から五日間、森町において、静岡県教員委員会による調査が行なわれる運びとなった。

調査団は、田中稔・奈良国立文化財研究所埋蔵文化財センター長（当時、以下同じ）を団長に、大久保正・国立国文学研究資料館文献調査部長と、それに私とが調査委員となり、岸俊男・京都大学教授、山本信吉・文化庁主任調査官、狩野久・奈良国立文化財研究所平城調査部長、加藤忠雄・静岡県文化財保護審議会長、岡本勝・愛知教育大学助教授、綾村宏・奈良国立文化財研究所員、湯之上隆・静岡大学助手、八幡扶桑・奈良国立文化財研究所職員（写真技師）が調査員という構成で、文化課職員と森町教育委員会がこれを助けた。そして全点について、名称・品質・料紙・形状・時代・法量・題記・箱書・奥書等にわたる調書の作成と写真撮影を行なった。

調査終了と同時に、小杉文庫発見さるのニュースは全国を駆けめぐり、また、一幅に合装されていた正倉院文書は、調査後「写経所請経文」一幅と、「山背国愛宕郡計帳」一巻に改装され、金沢文庫本「後嵯峨上皇幸西園寺詠翫花和歌」とともに、昭和五五年六月、重要文化財に指定された。

つづいて同年一二月、静岡県は、藤江喜重氏の意向を受け、重要文化財三点を含む六点を購入、それと同時に、藤江氏は富岡鐵斎筆「竹陰夜興図」を除く三四一点を静岡県に寄贈した。これによって、榲邨遺愛の品々は「藤江家旧蔵小杉文庫」の名を冠せられ、発足したばかりの静岡県立美術館の館蔵品第一号として収蔵された。そして、昭和五六年三月、『藤江家旧蔵小杉文庫目録』が発刊され、調査と保存対策はひとまず終了した。かくして、大正初年以来、藤江家によって手厚く保存されてきた小杉文庫は、静岡県民の財産として、恒久的な保存と活用がはかられることとなったのである。

2　小杉榲邨の生涯と業績

小杉文庫の生みの親である小杉榲邨は、天保五年（一八三四）一二月三〇日、蜂須賀家の家老西尾氏の家臣、小杉五郎左衛門明真と縫子（稲井氏）の長男として、阿波国徳島に生れた。幼名を五郎、諱《いみな》は発《はじめ》、真瓶《まみか》・榲邨《すぎむら》と称し、また杉園・春蘭と号した。父・明真は和漢の学に通じ、とくに詠歌は、地下の二条家といわれた、有賀長基の高弟で、自ら幼時の榲邨に詠歌・物語・草子などを教えたという。榲邨もまた、読書・書道を好み、一二歳の時、藩校寺島学問所に入り、漢学・経史を学び、嘉永元年（一八四八）、一五歳で元服、西尾志摩に仕えた。

開国の風雲急を告げる中で、安政元年（一八五四）西尾氏の江戸詰に従って東上、天下の情勢の赴くところを知り、わが国の国体の理解には古典、歴史に通じねばならぬとして、安政四年、江戸赤坂、紀伊藩邸内の古学館に入門、国学を学び、小中村清矩、黒川春村らと親交した。

帰国後は、郷里の国学者・池辺真榛らと交り、国史の研究を進めたが、文久年間（一八六一〜四）になると、尊皇攘夷を高唱するにいたり、これが藩の譴責にあって、西尾邸内の一室に幽閉された。一年余の幽囚の後、府外に卜居を命ぜられ、徳島の北方、板野郡撫養郷北浜（鳴戸市）の山王権現に仮寓、妻をめとり、寺子屋を開いた。

この頃、酒を嗜むことから自称した真瓶を改め、榲邨と名乗ったが、これは、余技に園芸を好み、杉の産地鑑定をよくしたことによるといい、杉園の号もこれに因む。また、この頃から阿波国史の研究に着手、古文書・古記録の収集と考証を始めた。これが端緒となって、生来の筆まめに蒐集癖も加わり、後年『徴古雑抄』と命名した百五〇余冊におよぶ一大史料集を編むにいたり、没後その一部が『阿波国徴古雑抄』として刊行された。

維新後の明治二年（一八六九）、徳島藩士となり、長久館助教として、古事記・令義解・万葉集を講じ、また、阿波国続風土記編纂掛を兼務した。明治七年、教部省に出仕、ついで文部省に勤務して『古事類苑』の編纂に従事し、神祇部を担当、その出来ばえは高く評価された。

明治一五年、東京大学古典講習科講師を兼務、明治二二年、帝国博物館技手となり、明治三二年、同鑑査課古文書課主任を兼務、また東京美術学校教授、東京帝国大学文科大学講師等を兼任、明治三三年、東京帝室博物館を退職した。翌三四年、文学博士を授与されたが、これは正倉院文書研究の功績に対して贈られたものといわれる。

学界活動としては、明治一九年、本居豊頴・久米幹文らと大八州学会を設立して、国文の研究・普及に貢献、明治二八年には、三宅米吉・下村三四吉らと、日本考古学会を創立し、『考古学会雑誌』を発刊、ついで明治三二年、日本歴史地理学会が創立されると、顧問に迎えられた。

榲邨は父の手ほどきもあって詠歌をよくし、歌学や儀式・故実にも精通、これによって明治三一年、御歌所参候となったといわれる。また、書にすぐれ、幼時は持明院様を習い、長じては孫過庭を敬愛したといわれるが、後、かな書道の復興を志し、明治二三年、三条実美・田中光顕・阪正臣らと難波津会を創立、古筆の研究と鑑賞の端緒を開き、自らは『大日本美術史巻之一　書法』（明治二八年）を著し、日本書道史研究の基礎をすえた。

晩年は、諸大学の講壇に立つほか、御歌所参候、古社寺国宝調査等に多端の日々を送り、また、私立大成中学校長として子弟教育にも当る一方、明治四〇年から、犬養毅・阪正臣・徳富蘇峰らと談書会を創立、研究発表・古法帖展覧・席上揮毫などを行ない、会報を発刊し、墨蹟・法帖・金石文拓本等の複製本を頒布して、書道界に寄与した。明治四一年、秋頃から健康を害し、翌年には妻滋子に先立たれ、明治四三年（一九一〇）正月、歌会始の奉行を務めた直後病床につき、その後回復せず、同年三月二九日、胃癌のため死去、享年七六才であった。

椙邨の生涯と、その学問的業績は、最後の国学者というにふさわしく、国史・地誌・国文・書道・歌学・有職故実・詠歌・考古・美術・工芸等、諸分野に及び、専門性と系統性に欠ける憾みはあるが、博覧強記、勤勉篤実な性格を反映して、古文書・古記録の博捜蒐集と、徹底した実物主義にもとづく考証とが、彼の学問の特徴をなしているといえよう。

3　小杉文庫の構成と特色

椙邨の蔵書は、彼の学問の性格を反映して、古版本・古写本・古文書・書画・草稿類に及ぶ、厖大なものであったらしい。椙邨没後、その蔵書の一部が、古書籍商の手に買いとられ、売立てられた様子は、反町茂雄『紙魚の昔がたり』（臨川書店）に見えるが、それによると、明治末年、南陽堂深沢良太郎が、「馬力の四輪車に二台位」を二千五百円で買いとり、入札の結果七千五百円になったといわれる。非常に狭い家の押入れや棚など、あちこちと一〇ヵ所位に入っていたとのことで、椙邨の日常生活の様子がしのばれる。帝国図書館が、大正二、三年に、浅倉屋書店から購入した、椙邨旧蔵書百余点は、この時競売に付されたものの一部と思われ、去る昭和五八年一〇月、国立国会図書館所蔵個人文庫展で、その一部が展示された。その他、東京国立博物館、東京大学史料編纂所、国立国文学研究資料館史料館などにも、旧蔵書の一部が収蔵されている。

藤江家に所蔵されていた、小杉文庫三四七点は、この時競売に付されたものとは別で、榲邨没後、遺産の整理に当った養嗣子美二郎から、大正の初め頃、譲渡されたものであった。榲邨と藤江家との縁は、藤江家の先代誠作が東京遊学中、美二郎と英語塾・国民英学会で知りあい、それが機縁で、北遠の素封家藤江家から晩年の榲邨に、金子の工面をするようになり、当時の金で、数千円を再三融通したと伝えられている。そして、榲邨の没後にその代償として、書画類のうち、特に軸物の大半が、藤江家に引渡されたようである。

小杉文庫には、書画についてきた「杉園所蔵掛幅書巻目録」があり、また、掛幅装三三九点・巻子本八点すべてみな、表装されている点に特色がある。このうち、目録にあって伝存しないものは、二七点であるが、それらは藤江家には引き渡されなかったようで、そのうちの巻子本二点は、東京大学史料編纂所所蔵の榲邨旧蔵書二〇点中にある。史料編纂所の二〇点は、大正一三年、小杉美二郎より直接購入したもので、先の二巻と烏丸家文書一巻の合せて三巻を除く、他の一七点は、写経・記録等の帖冊子か、書状・発句などの一枚ものであって、榲邨所蔵の掛軸・書巻の大半が、藤江家に伝来したことを裏付けている。

小杉文庫の構成は、大別すると、古代・中世関係九点（正倉院文書改装後は一〇点）、近世・近代関係二五九点（内、近世二四八点、近代一一点）、拓本等（図画像一四点を含む）八〇点となる。

古代・中世の部類では、掛幅装五点、巻子本四巻と数は少ないものの、重要文化財の正倉院文書（二点合装、のち分離）、金沢文庫本「後嵯峨上皇幸西園寺詠翫花和歌」をはじめとし、平安時代の「古今集巻一断簡（亀山切）」や、藤原定家筆「長秋記并明月記断簡」、室町時代の「藤原家隆百首和歌」など、中世和歌や、かな書道関係の史料を中心に、逸品が多い。

近世・近代の部類では、近代のものはわずか一一点で、近世が二四八点と大部分を占める。その大半は、短冊・懐紙を掛幅装にしたもので、短冊の場合は、数葉を一幅に貼付したものが多い。これらを一点づつ数えると、短冊一八〇点、色紙・懐紙・半切等二〇五点、巻子本三点となる。

それらを内容的にみると、和歌を中心に発句・狂歌・漢詩文・絵画と多岐にわたっており、作者について見れば、公家・大名・国学者・歌人・俳人・書家・画家と多彩であるが、特に国学者の手蹟は短冊・草稿・画賛等、著名な人物のものはほとんど網羅されているといってよく、国学者手鑑として、本文庫のもつ意義は大きい。

これらを階層別に見ると、公家・大名等では、特に、尊皇運動と関りの深い公卿の筆蹟が多く、烏丸光胤・裏松光世（固禅）、近衛忠熙・三条実美などの短冊・懐紙があり、他に、飛鳥井雅昭・野宮定基・滋野井公麗・千種有功などのものもある。大名としては、紀州侯徳川斉彊の「瀧鯉図」、松平定信の短冊などがある。

国学者では、契沖・荷田春満以下、賀茂真渕・本居宣長・平田篤胤・伴信友など、枚挙にいとまなく、特に、草稿類には興味ぶかいものがあり、内山真龍「県居翁伝稿本」、上田秋成「背振翁伝草稿」などは、注目すべきであろう。

歌人としては、加藤千蔭・香川景樹など、また北村季吟・横井也有などの俳人、亀田鵬斎・藤田東湖などの儒者、それに、松花堂昭乗・市川米庵・貫名海屋など書家の書蹟などもあり、国学・歌道・書道に通じた榲邨の面目が、躍如としている。

小杉文庫の構成上の第三の特色は、総数六六点にのぼる、墓誌・碑文・造像銘・鐘銘等の拓本である。このうち、中国・朝鮮のものはわずか三点で、うち二点はわが国での追刻がある。時代別には、飛鳥から平安にいたる古代のものが四〇点で大半を占め、中世一二点、近世一四点である。

特に、奈良時代以前の金石文の拓本は、明治時代までに知られていたものの大半があり、中には、今日現物が行方不明となったものもあって、貴重なコレクションといえる。榲邨は、これらを日本書道史の黎明期を解明するための史料、として収集しており、『日本美術史巻之一　書法』には、その一部が影写されて掲載されている。

以上、小杉文庫の概要を略述したが、全体を通じていえることは、この文庫が、榲邨の学問・思想・美意識を顕著に反映しており、そこに、彼の全人格的な表現を見る思いがすることである。

すでにのべたように、榲邨には『徴古雑抄』をはじめ、国学者の著述の抄録である『読史翼』（全九冊、国会図書館蔵）その他、多数の写本・版本等を所蔵していたが、なかでも、藤江家に伝えられたこれら掛幅・書巻類は、愛惜おく能わざるものであったと推察される。とくにいずれも、鑑賞に便なるよう、掛幅装または巻子本に仕立てられており、単に研究資料というだけではなく、座右に置いて、賞玩すべく整えられていた。

佐々木信綱の回想によれば、『心の花』刊行の頃、折々榲邨宅を訪れた由であるが、「先生の書斎は広くはなかったが、奥に床間があり、入口の左にちょっとした掛物がかかっていて、何時も花が生けられていた。掛物は短冊、色紙、懐紙などで、いずれも清楚な表装をほどこし、四季折々にかなったものが掛けてあった。いつもあがるごとにこの掛物の歌を書き写したり、わからないことをお聞きした」（昭和女子大学近代文学研究室「小杉榲邨」）といっている。

事実、掛幅装の軸には春・夏・秋・冬の貼紙があり、季節毎の分類が残っているものもある。榲邨には、園芸の趣味があったことはさきにのべたが、この書画類については、趣味の域をこえて、彼の学問・思想・美意識に直結したものであり、勤皇家としての、また国学者・書家としての榲邨を理解する上で、さらには、日本近代の、伝統的学芸のありようを知る上でも、かけがえのない資料ということができよう。

本文庫が、大正初年以来、北遠の素封家の文庫蔵に眠りつづけ、七〇余年を経て、静岡県民の有に帰したということは、偶然の連鎖のしわざではあったが、顧みれば、遠江・駿河・伊豆は国学伝統の地であり、また静岡県は、書道隆盛の地としても知られている。国学者小杉榲邨遺愛の品々が、静岡県民の財産として永く伝えられることは、まことに所を得たといって過言ではない。藤江家が、この間に一点の流出もなく、よく保存に努められたのも、地域の文化的伝統に培われた、国学者榲邨への、敬愛の念に支えられてのことであった。

こうした伝統を継承し、本文庫の恒久的保存と活用をはかり、新たな文化的創造に役立てることが、いま、これを共有の財産とした、われわれに課された新たな使命であろう。

【参考文献】

日本歴史地理学会「小杉博士記念録」（『歴史地理』第十五巻第五号、明治四三年）。
昭和女子大学近代文学研究室「小杉榲邨」（同『近代文学研究叢書』第十一巻、昭和女子大学光葉会、昭和三四年）。
小杉文庫調査団『藤江家旧蔵小杉文庫目録』（静岡県教育委員会、昭和五六年）。
国立国会図書館『国立国会図書館所蔵個人文庫展―古典籍探求の軌跡―展示会目録』（国立国会図書館、昭和五八年）。

第二部　荘園と地域研究

第一　律令制経済の変容と国家的対応

1　研究の現状と方法的反省

「転換期としての十世紀」

いわゆる平安時代の社会経済史に関する、戦後から今日までの研究上の基本的枠組は、石母田正「古代末期の政治過程および政治形態」[1]によって定まった、といって過言ではない。その中で石母田氏は、律令制的な古代国家の確立を六四五年の大化改新におき、その古代国家が、十二世紀末の鎌倉幕府の成立を画期として、中世的政治形態に移行するまでの約五〇〇年間の歴史は、天平時代を頂点として以後は没落過程に入るとし（第一段階）、第二段階を平安遷都、第三段階を延喜天暦時代とした。そしてとくに、第三段階は、政治的・思想的転換の根底をなす、社会経済的構造変化において、「班田制その他の律令制的社会の基礎をなす制度が最終的にくずれさったというばかりでなく、古代社会の基礎的な生産関係である奴隷制的諸関係が没落して中世的、封建的体制を成立せしめる諸前提が形成されてきたことを意味する点で、古代史のそれまでの転機とは質的に異った時期をなす」として、「転換期としての十世紀」という著名なテーゼを提起したのである。[2]

石母田氏がここで「中世的、封建的体制を成立せしめる諸前提」といっているのは、「古代社会内部において存在する封建的ウクラード」[3]としての、「領主制」（武士階級のウクラード。荘園領主のそれと区別する意味で「在地領主制」とも呼ばれる）のことであり、以後この領主制概念は、古代から中世への移行を解明する上でのキーワードとして広く定着することになる。

この石母田説は、鎌倉幕府の開設で象徴される、武士的世界の開幕を中世＝封建社会の開始と考えてきた従来の政治史中心の歴史認識に、当時、松本新八郎によって提出されていた、南北朝封建革命説[4]をも配慮しながら、社会経済史的な裏付けを与えるものとして、提起されたと言うことができる。それゆえ、中世＝封建制社会とする通説になじんできた人びとにとっては、きわめて抵抗なく受け入れられやすいという性格をもっていた。

一九五三年、安良城盛昭氏は「太閤検地の歴史的前提」[5]において、松本説をより徹底させる方向で、戦国時代に至る中世社会全体を家父長的奴隷制社会とする見解を提出し、中世史学界に支配的な理論的枠組について、根本的疑義を提起したが、中世史家たちは一、二の例外を除き、強い反発を示し、中世成立期についていえば、石母田説を中世＝封建制説に引きつけて、いっそう徹底させる方向で研究を進めることになる。

領主制理論と王朝国家論

一九五〇年代の後半から六〇年代にかけて、こうした傾向をもつ領主制理論を方法論とした、平安時代史研究が盛んとなる。日本史研究会中世史部会に拠って、研究を進めた戸田芳実・河音能平・坂本賞三氏らの研究[6]は、その代表的成果であり、また稲垣泰彦氏の研究[7]も、このうちに含めることができよう。これらの諸研究は、荘園史料を素材として、農業経営や農村の研究を中心に、十世紀以降を農奴制を基礎とする領主制段階とし、国家形態としては律令国家とは異質な、王朝国家として把握しようとするものであった。

平安時代を王朝国家の概念でとらえる見解は、戸田氏らの独創ではない。戦前、唯物史観に立つ歴史家たちによって、王朝時代という呼称が、大化改新以後平安時代に至る時代を示す概念として使われたことがあり[8]、また、松本新八郎氏も平安時代を王朝国家の概念で呼んだことがあるが[9]、この場合は奴隷制社会の一段階としてであって、律令制社会とは異質な社会段階ではなかった。

王朝国家を律令国家とは異質な社会構成の一段階として、積極的に位置づけたのは高尾一彦氏であった。高尾氏は、九世紀から十二世紀にいたる、いわゆる平安時代を「田堵経営を行う農民から、生産物地代を収取するところの、中小土地所有者となった律令貴族の連合政権」と規定したのである。そして、王朝国家の基礎をなす田刀経営については、「農業生産力の基礎が家族共同体経営から小農経営に移行する過渡期に出現した農業経営」とし、その実体を「小作人の小家族を従える自作地主」と考え、その性格は「多分に封建的な色彩が濃厚」としたのである[10]。

こうした学説史の展開の中に、戸田・河音・坂本氏らの見解を位置づければ、「古代の転換期としての十世紀」という石母田テーゼを、領主制理論を主軸に、高尾氏が提唱した王朝国家＝封建制説に引きつけて〝古代から中世への転換期としての十世紀〟というテーゼに換骨奪胎せしめたものといえよう。

今日、平安時代の十世紀以降を王朝国家とし、中世＝封建社会とする学説は、支配的学説とは言えないまでも、一つの有力な見解として、日本史研究会中世史部会の影響下にある研究者たちに、強固な支持基盤をもっている[11]。確かに、平安時代の社会経済史的解明にとって、この学説がはたした役割は小さなものではなかった。しかし、平安時代を通じて政治的支配権を維持し続けた、王族や藤原氏以下の律令貴族の政治形態一つをとりあげてみても、それらを農奴制を基礎にもつ、本質的に分散的な、封建的政治権力と見ることには根本的疑義があり、とうていその社会を、封建制段階と認めることはできないのである。

実証史学の社会経済史研究

こうした領主制理論にもとづく平安時代研究とは別に、いわゆる官学アカデミーの実証史学による、社会経済制度史研究や、政治制度史研究の流れがあり、その代表者として、竹内理三・吉村茂樹・赤松俊秀氏らがいる。[12]これら諸氏の諸著作は、いずれも律令制度の崩壊過程を、史実に即して系統的に追跡するという方法によっており、それだけに、基礎的事実の解明にはたした役割は大きい。こうした、いわゆる実証史学の制度史的方法を継承した平安時代の社会経済史研究の成果として、村井康彦・阿部猛・泉谷康夫氏らの諸著作[13]があり、戸田・河音・坂本氏らの成果とほぼ併行して刊行された。

研究の現段階と課題

石母田氏の提言を継承し、安良城説を批判する形で、研究を進めた領主制論者と、竹内氏や赤松氏が基礎を置いた実証史学の流れをくむ制度史家たちの研究は、六〇年代の終り頃までに、今日の研究水準を達成したといってよい。七〇年代以降は、社会経済史研究はやや沈滞気味であり、平安時代研究の関心は、軍事制度・政治形態・都市研究などに分散多様化しつつある。しかし、平安時代の社会構成史的位置づけの解明を、本来的使命とする社会経済史研究は、イデオロギーを含む全上部構造の理解と意味づけにとって不可欠の前提であり、理論的にも実証的にも不断に深められなければならない。

こうした研究の沈滞を打破し、論争を革新していくためには、たんに個々の事実認識をめぐる見解の対立を止揚するだけではなく、研究を推進していく方法＝理論的枠組にも、深い関心を払う必要がある。小稿作成にあたり、研究史をふたたびひもといてみて強く感じたことは、平安時代の質を決定する、支配階級の生活基盤たる財産形態を、所有と生産様式の二側面から解明していくためには、竹内理三氏が『寺領荘園の研究』で注目したように、荘園の形成と、知行国や封戸・正税物などの律令国家財政との関連性を、重視する視点が堅持されなければならないということであった。

竹内氏の観点は村井康彦・阿部猛氏らによって継承されているが、律令国家の財政構造との連関性にいっそう注目し、荘園と公領という古くて新しい問題を統一的に解明しなければならないということである。その場合、理論的には、平安時代を中世＝封建制の前段階とのみ位置づけ、封建制成立史の観点を肥大化させて社会構造をとらえるのではなく、その限りでは石母田正氏が提起したように律令国家の解体の一過程として把握することが必要である。

とはいえ小稿は、石母田氏が提唱した領主制理論によるのではなく、安良城盛昭氏が提起し、その批判的継承の上に、芝原拓自氏が体系づけた、中世＝国家的奴隷制の解体過程、すなわち家父長的奴隷制への分解過程とみる立場を堅持し[14]、平安時代を国家的奴隷制にもとづく国家財政の解体と、その結果としての家父長的奴隷制にもとづく中世的所領の不断の形成過程とみる観点に立って、以下論述をすすめたい。なお、理論問題は結びの節で再論することにする。

2　戸籍・班田制の衰退と律令財政の変容

律令制経済の特質

七〇一年、大宝律令の完成を画期として成立を見た律令国家は、いわゆる公地公民制を基本原則とするアジア的専制国家であった。そして、国家財政の基礎は、公民の負担する租・庸・調・雑徭を基本とし、それに租＝正税を出挙して得られる利子収入や、剰田の地子などであった。これらのうち、租およびその出挙利稲は正税として国衙正倉に蓄積され、主として国衙の諸経費に充てられた。調および庸の代納物としての布・米などは、特定の国々から正税を割いて京に送られる年料春米、および正税で買いとのえて送られる進上物などとともに中央政府に送られ、天皇の供御や諸官庁の経費、貴族官人の給与などに充てられた。また、剰田の地子は太政官に送られ、公廨（官庁の用度）や雑用に充てられた。このほか、畿内諸国におかれた天皇の供御田＝官田（大和・摂津各三〇町、河内・山背各二〇町）や、同じく天皇供御物としての贄などがあった。[15]

律令国家の下においては、天皇を除く王族・貴族以下、下級官人に至る支配階級の生活基盤は、すべてこれらの国家財政に依存していた。彼らは、位階・職階に応じて、封戸・位禄・季禄・時服・月料・大粮（公粮）・要劇料・馬料・位田・職田・功田などを支給され、それが収入の根幹をなしており、私有財産としては、家人・奴婢・園宅地を除いては、消費物資を中心とした動産がほとんどであったと思われる。

もちろん、位田・職田・功田などがあり、貴族といえども、農業経営からまったく分離していたわけではないが、位田・職田は、身分に応じた給与の一種であり、経営においては私的性格を有しつつも、所有関係においては国家的所有の下での占有にすぎなかった。

すなわち、土地・人民の国家的所有の下では、王族を始め、貴族・豪族は身分に応じて、国家的収奪の分配を享受するにすぎず、私的経済は原則として消費生活のみに限られ、私的土地所有を前提とした生産活動は制限されていたのである。

したがって、農耕地の大部分は公民の口分田として班給され、彼らの生活基盤として提供された。こうした口分田が、実際にどのように経営されていたか、その実態は明らかではない。この問題は、当時の社会的生産の基礎単位を、どのようなものと考えるかという問題と深くかかわっている。令では「字二養百姓一、勧二課農桑一」（「職員令、大国条」）と、国司に勧農の義務を課していることを考えると、国郡という行政機構を媒介として、部内の農業経営が維持されていたのではないかと思わせるものがある。そして、実際の経営は普通考えられているように、郷戸や房戸が単位ではなく、それらをこえた血縁紐帯＝氏族団体を基礎に、集団労働が組織されていた可能性もある。

こうした考えにたてば、戸籍に見える戸ごとの口分田統計は、課役負担の基礎単位たる郷戸の収穫物分配の計算基礎を示したもの、ということになる。班田の結果は、田主の名が班田図に記入されたわけであるが、それがただちにその田の経営と一致していたかどうかは、大いに問題のあるところなのである。

公民は、成年男子たる正丁を中心に、租税負担の責任を負ったが、その主要な税目は、人頭税たる調・庸の物納税と、年間六〇日を限度とする雑徭＝夫役（ただし一部物納を含む）であった。律令国家財政は、政府官庁に必要な物資を直接現物で徴収する、いわゆる現物経済を原則としており、交易と呼ばれた流通経済への依存は、ごく限られた範囲で見られたにすぎない。

以上略述したように、律令経済の特質は、支配階級たる王族・貴族、および地方豪族の生活基盤をすべて国家財政に依存せしめており、私的所有を前提とする生産活動は、大きく制限されていた。他方、直接的生産労働に従事した被支配階級たる公民は、国家の勧農権のもとで、氏族的紐帯を脱し切れないまま生産労働に組織されていたと思われ、その剰余労働は成年男子の人頭税として、国家経済に必要な現物および夫役労働として収奪されていた。こうした公民の階級的性格は、国家的土地所有の下で、氏族的紐帯を脱し切れないまま、国家的隷属を強制された国家的奴隷＝半奴隷と規定すべきものと言えよう(16)。

籍帳制度の衰退

律令国家の政治・経済体制において、戸籍と計帳は根幹をなす制度といってよい。戸籍制度は、いわゆる庚午年籍（六六八年）に始まるとされるが、戸籍が計帳と対をなし、たがいに機能を分担しつつ律令制支配の基本手段となるのは、大宝令以後とみるべきである。

戸籍は六年に一度作成され、班田や良賤の身分にかかわる基本台帳であり、計帳は毎年各戸より提出される手実と呼ばれた調書を基礎に作成され、調庸および雑徭徴収の基本帳簿であった。また、計帳を基礎に人口統計が作成され中央政府に送られたが、これを大帳、または大計帳と呼んだ。政府はこれによって調庸収入の総額を把握したのである。

調庸は、すでにのべたように、官人給与や官庁経費の中心をなすものであったが、八世紀の末から九世紀の初頭になると、納入の違期や未進、あるいは品質の粗悪化などといった問題が生じてきた。その原因は、根本的には、私的利害にめざめた民衆の租税納入忌避の動きにあるが、現象的には、富裕階層の場合には位階を取得し、官人の末端に身を連ねて、免税の特権を得る場合（蠲符雑色人）や、また貧窮の民衆の場合には、浮浪や逃亡により課役を免れるという形をとって現われた。

こうした事態は、当然計帳作成上にも影響してくるわけであって、寛平三年（八九一）には河内国において、規定通り手実にもとづく、計帳の作成を促す格が出されているし（『類聚三代格』巻八）、また、天慶元年（九三八）には、ついに戸籍によって大帳が進められるという事態になり（『政事要略』五七）、十世紀中頃には、計帳制度は事実上崩壊したといえる。これに対し戸籍は、十一世紀まで作成されてはいるが、内容的に見て、課役負担のない老人や女性の構成比が異常に高まるなど、明らかに実態を掌握できていない、無実の戸籍となってしまった(17)。

公営田と交易制

こうした調庸制の動揺に対して、対応策として立てられたものの一つに、公営田制がある。公営田は、弘仁一四年（八二三）、大宰大弐小野峯守の建議により、大宰管内九ヵ国において口分田・剰田のうちから良田一二、〇九五町を割き、これを徭丁六〇、二五七人を徴発して直接経営を行ない、総収穫のうちから、佃功・食料・修理池溝官舎料（以上営料）、および租料・調庸料（徭丁＝正丁の課税分）を差引いた一、〇八〇、四二一束を、純益として管内九ヵ国の正税に混合しようとするものであった。

当初の計画では、三〇年間は施行し、三二〇〇万束の収益を確保しようとするものであったが、太政官はその意義は認めつつも、この新制が、古来の制に反する点を考慮し、四年に限って実施することにした。この制度は何よりも、正税原資の増額を狙ったものであるが、同時に、村井康彦氏が明らかにしたように、穫稲の中から必要経費として徭丁の調庸料を天引きし、それで調庸の現物を交易し、中央政府に送ろうとするものであった(18)。

したがってこの制度は、たんに、正税の不足を補うため、もっとも効率のよい直営田を大宰府の主導で行なおうとするだけでなく、同時に、そこでの労働力を正丁の雑徭に求め、兼ねて租・庸・調をも丸ごと収奪しようとするものであった。

したがってこの計画は、律令制の原則たる公地公民制をもっとも国家に有利な形で運用しようとしたものであり、律令国家の国家的奴隷制としての本質を端的に示した、きわめて反動的な政策といえよう。こうした本質があまりにも露骨なるがゆえに、さしもの太政官もとるところではなかったと思われるが、同時に、この制度が調庸の交易制を大胆に導入していることにも、注目しなければならない。これ以降、調庸物の交易制が、調庸物の違期・未進・粗悪化に対する対策として機能するようになる。そして、『延喜式』に見られるような交易雑物制が、十世紀初頭までに成立するのである。

調庸物の田率賦課

右のような調庸制の変容と併行して注目されることは、元来、人頭税であった調庸の賦課方式が、田率賦課に変わっていくということである。その初見は、承平二年（九三二）の丹波国牒（『平安遺文』二四〇号）とされているが、こうした傾向は、戸籍・計帳が無実化し、国郡の人頭把握が哀弱するに従って一般化し、永祚二年（九九〇）の尾張国郡司百姓等解文（『平安遺文』三三九号）では、すでに一国の収奪方式として定着している。こうして、調庸物は交易化と地税化とを通じて本来的形態を次第に喪失し、十一世紀の初頭には、公田にかけられる所当官物の中に正税とともに解消し、一率反別三斗を標準とする額に固定化していく（公田官物率法）[19]。

以後、租税は、所当官物（反別三斗を標準に国別に若干の差がある）と、臨時雑役（これには中央政府の賦課する造内裏役・伊勢大神宮役夫工作料米などの勅事・院事と呼ばれるものと、国郡が差課する国役とがあった）の二本立となり、律令制的租税体系は、大きな形態転換をとげるのである。[20] しかし、そうした転換にもかかわらず、租税は依然として、本質的には国家的土地所有を基礎とする地代と一致しており、このことによって、律令国家の所有関係が大きく転換したわけではないことに留意しなければならない。

班田制の衰退

以上、調庸制を中心とした税制の変容を略述したが、土地所有関係はどのような変化を遂げたのであろうか。班田制の推移を中心に見てみよう。公民に対する口分田の班給は、国家的奴隷たる公民から、調庸・雑徭を収奪するための、生活保障であると同時に、他面では、一種の作付強制でもあった。田租が収穫の三パーセント程度であったことは、このことを意味するといえよう。すでに述べたように、班田は一身限りの用益を許すのみであって、それに対する権利は占有権にとどまる。

天平一五年（七四三）墾田永世私財法が公布されると、国家的土地所有は、ここに本質的に異質な所有関係を内包することになる。律令国家は、その形成過程において、芽生えつつあった私的土地所有権を抑圧することによって、国家的土地所有を実現したが、この段階に至り、もはや、いっさいの私的土地所有を拒否し得なくなったのである。

永世私財法は、一品・一位に五〇〇町以下、初位・庶人に一〇町といったように、その所有面積に身分的制限を有していたが、これ以後、貴族以下庶人にいたるまで大小の開発が広範に進行する。その結果、大づかみにいって、二つの傾向が現われてくる。

その一つは、墾田の売買や寄進などにより、大土地所有が進展したことであり、二つには、墾田の増加が公田の荒廃を生みだしたことである。もちろん、墾田といえども輸租田であるから、租の納入という点に限っていえば公田と大きな相違はない。しかし、墾田は売買が自由であり、その経営は所有者の意志にゆだねられているから、国家的土地所有と国家的勧農を原則とする班田制の根幹にひびが入ったことになる。

事実、このことを通じて、公民は国家的課役を逃れ、大土地所有者の経営のもとに身を寄せるという事態が生じた。他方、奈良中期から平安初期にかけて、農民的墾田はかなり広範に進展したが、ほとんどは重税や天災などのために生活基盤を圧迫され、彼らの勤労の結晶は、寺院・貴族らの手中に買いとられてしまった。仁寿三年（八五三）には、一七八町に達した唐招提寺伝法田の大半は、このような農民的墾田を中核として形成されたものである[21]。

こうした事態の進行は、戸籍・計帳制度の衰退と相まって班田制を崩壊に導いた。延暦年間以降は、全国いっせいの班田は行なわれなくなり、一紀一班の制も出たが、ついには延喜三年（九〇三）の伊賀国班田を最後に、記録から姿を消したのである[22]。

元慶官田と官衙領の形成

班田の維持は国家的勧農の根幹ともいうべきものであったが、畿内において、五〇年ぶりに試みられた元慶三年（八七九）の班田は、すでに見た公営田制と同様、国家的土地所有の根幹にかかわる問題を含んでいた。『三代実録』によると、この時の班田は、女子口分田を男子に加給するという施策と同時に、畿内諸国から、四、〇〇〇町を割き官田を設置した（元慶三年一二月四日条）。

この官田は、令に定める天皇供御田とは異なり、位禄・王禄・衣服料などの財源である正税の欠亡を補うために、太政官が直接官田を経営し、財源の確保をはかろうとしたものである。こうした試みは、公営田と同様、農民の生活基盤を奪う収奪の強化であり、国家的土地所有の本質を露骨に示した反動的な政策であった。しかし、すべてを直営田とせず、半分を地子田として農民の負作にゆだねたのは、公営田とは異なり、露骨な収奪を強行できない諸条件が、すでに畿内には形成されていたからであろう。

　公営田は四年を限って廃止されたが、元慶官田は、元慶五年（八八一）一一月二五日に、その一部一、二三五町余が山城国図書寮以下摂津国の西市司田にいたる、和泉国を除く畿内四か国四九司の要劇料並びに番上粮料田（諸司の宮人給与のための料田）として分割されたのを手はじめに、以後諸司田化していった。(23) このように、諸司が独自の財源である料田を有することは、令制でも例外的に認められていた。

　しかし、こうした官衙領が広範に成立したことは、調庸および正税を本来の財源とする国家財政の危機の表現であり、畿内農民の犠牲の上に、各官衙存立のための財政的基礎を官衙領として設定することによって、その危機をのりこえようとしたのである。こうした官衙領の成立は、平安中期以降、官司の特定氏族による世襲化（小槻氏が主殿寮頭と装束司史、中原氏が大炊寮頭、清原氏が主水正をなど）とともに、事実上私領化していくことになる。(24)

　こうした官衙領の形成は、例外な事例ではなく、王族・貴族・寺社の場合にも、形こそ異なるものの、本質的に同一の事態が進行していった。天長五年（八二八）、伊勢国の空閑地一〇〇町を、勅旨田として王室領に設定して以来、九世紀を通じて勅旨田は、全国に急速に膨大な面積が設置されていったが、これを先頭に、貴族・寺社・豪族の山野の分割・占取が進展し、また開発・買得・寄進を通じて、荘園＝私領の拡大が進行していった。これらのことは、次節で再論する。

3　官人給与制の変容と荘園の発達

禄物遙授と年給制

律令国家の支配階級たる王族・貴族の生活基盤は、律令官人としての給与におかれており、墾田永世私財法が公布され、実力による経済的基盤確保の道が開かれたとはいえ、その基本部分は依然として国家財政に依存していた。したがって、調庸制や班田制の衰退による国家財政の窮迫は当然、支配階級全体に深刻な影響を及ぼすわけで、律令政府がたんに制度の維持に努めるだけではなく、公営田や元慶官田などの思い切った対策を実施したのも、その深刻な危機意識の現われといってよい。

官人の収入は、位田・職田からの収益のほか、直接現物で給付される給与として、禄物（位禄・季禄）と食料（月料・要劇料など）とがある。これらのうち禄物には諸国貢進の調庸物があてられ、食料としては、正税舂米などがあてられた。これらは、財源たる調庸制の衰退にともなって、当然変化をこうむるわけで、その最初の対応は、すでにのべたように、不足する調庸物を、各国より正税を用いて買い調えさせる、交易雑物制の拡大であった。

しかしこの方法は、正税の欠乏という事態を招き、やがて第二の対策として、禄物そのものを、調庸物（交易雑物）＝軽貨から正税租穀＝重貨に切り換える、という方法がとられるにいたる。この変化は、禄物内容そのものを変えるという、重大な転換であり、従来「調庸から正税へ」というシェーマで表現されてきた[25]。

この転換は、これまで重貨の中央輸送を避け、軽貨に重きを置いていたものを、あえて不利を承知の上で、重貨輸送に切り換えるということであり、また財源についても、正税そのものが底をつきつつあったのであるから、律令政府にとっては、決して矛盾の根本的解決ではなく、新たな困難性への直面であった。

こうした事態は、十世紀の初頭に出現したとされているが、このことと併行して、従来、非常の支出に備えて厳重に備蓄されていた、諸国の不動穀の倉を開き、中央政府に租穀を送らせるという「別納租穀」（二五ヵ国、一三三、七三四石）、「別納租舂米」（一八ヵ国、一四、五〇〇石）の制が始められた。これは、調庸から正税へと転換した、官人給与にあてるための措置であり、十世紀初頭に、いかに国家財政が窮迫してきたかを物語るものであるが、それはたんに、そのことを示すにとどまらず、中央政府による、地方収奪のいっそうの強化を意味した点を看過してはならない。

官人給与制の変容は右にとどまるものではなく、十世紀中頃以降は、四位・五位の位禄を京で支給することを止め、特定の国に指定して支給するにいたる。すなわち、官人給与の集中管理支給方式の放棄である。このことの背景には、おそらく輸送経費の節減という事情もあると思われるが、この事実は、律令国家の中央集権的支配体制の一角が、明白に崩れたことを意味するといわねばならない。

このような位禄・季禄など禄物の遙授制と呼ばれる新事態は、四位・五位の中流貴族層にとどまることなく、平安時代を通じて拡大し、九世紀中頃から始まるとされる、年官・年爵などのいわゆる年給制（当初は、三宮に給したことに始まる売官制で、のち、王族・貴族に拡大する）とともに、律令制的封禄制度の解消形態として、院政期以降に一般化する、知行国制の前提となったのである。(26)

延喜新制

これまで述べてきたように、九世紀以降の律令国家財政の動揺にともない、王族・貴族らの給与制度は変容を余儀なくされてきたのであるが、もちろん時々の政府は、唯々諾々と時流に押し流され、後退してきたわけではない。むしろ、律令制の原則維持の努力を、不断にくり返してきたと言ってよいのであり、『類聚三代格』に収められた太政官符の大半は、そうした苦闘の証言といっても過言ではあるまい。こうした律令制原則維持のための最後の大がかりな試みとして、いわゆる延喜の荘園整理令がある。

延喜二年（九〇二）三月一二日および一三日の両日にわたって、九通の官符がいっせいに出されたことは（一二日は一通のみ、ただし『大日本史料』はすべて一三日のこととする）、ほとんど前例を見ない異例の事態であって、内容的にも、たんに荘園整理にかかわる官符だけではなく、田租・調庸・出挙・班田・国司交替など、財政および地方政治に関する政令からなり、正しくは延喜新制ともいうべき性格のものであった。

新制とは言え、全体を貫く基調は、律令制原則の維持再確認であり、とくに政治的大転換が行なわれたわけではない。この新制の歴史的評価をめぐる論議は多岐にわたるが[27]、私見では、国家財政と地方政治の原則維持を基調に、とくに淳和・仁明朝以降急速に増大した王族のための勅旨田、および厨・私出挙の停止が主目的であった。もちろん、それに関連して、貴族・豪族の私的大土地所有の拡大も抑制してはいるが、あくまでも主眼は、天皇権力の直接的支持基盤である王権の経済力の強化を抑制し、藤原氏の実質的支配権の保持にあった。その意味では、この新制はいわゆる摂関政治への地ならしといってもよい。

延喜新制は、第一義的には、右のような政治的意義を有するとしても、同時に、九世紀以降、急速に発達した私的大土地所有＝荘園を放置すれば、律令制的経済秩序に、重大な影響を与えるものでもあったことを明示して

第１表　平安時代荘園整理一覧

年　月　日	摘　要
902（延喜２）年３月12日 13日	勅旨田、および閑地荒田、山川藪沢の占有、荘家をたて私出挙を行なうこと等、の禁止
984（永観２）年11月11日	延喜２年以後の新立荘園の停止
987（寛和３）年３月	王臣家荘園による国郡の妨を制止
1040（長久元）年５月２日 ８日	当任以来の荘園を、国司の申請により停止（実施されざるか）
1045（寛徳２）年10月21日	前司の任期中以後の、新立荘園の停止
1055（天喜３）年３月13日	寛徳２年以後の、新立荘園の停止
1069（延久元）年２月22日 ３月23日	寛徳２年以後の、新立荘園の停止、公田加納・浮免荘、および国務の妨ある荘園の停止
1075（承保２）年閏４月23日	寛徳３年以後の新立荘園の停止
1093（寛治７）年３月３日	白河上皇企画するも、実施せず
1099（康和元）年５月12日	寛徳２年以後の新立荘園、ならびに加納田畠の停止
1156（保元元）年閏９月18日	社寺および院宮諸家の新立荘園、加納余田、神人・悪僧・庄民などの、濫行の停止

いる。したがって、これ以後、律令制の維持と、荘園に対する抑制＝荘園整理とは、不即不離の関係として平安時代を通じ政治課題となっていったのである。

荘園整理ということは、いうまでもなく荘園の廃止ではない。くり返し強調してきたように、律令国家の財政基盤の動揺は、王族・貴族の給与制に深刻な影響を及ぼし、彼らの生活基盤を危うくした。そうした支配階級の経済を、別の側面から補足したのが、墾田を中心とした私的大土地所有＝荘園であり、これを根柢から廃止するということは、今や王族・貴族のみずからの生活基盤を否定することにもつながるものであった。したがって、律令財政の変容に対応し、どの程度に調和を保ちつつ「整理」するかが為政者の最大関心事であり、「元来相伝、為二庄家一券契分明、無レ妨二国務一」（『類聚三代格』巻一九、延喜二年三月一三日官符）ものについては、その所有を容認したのである。

しかし、たび重なる整理にもかかわらず、荘園は時をおって増加の一途をたどり、院政期以降になると、荘園公領制と呼ばれるような、荘園・公領の実質的区別が消滅し、次第に両者が同質化を遂げていくことが知られている。[28]もちろん、所有の側面においては、公領の場合、なお厳然と国家的土地所有の原則が貫徹していると見なければならないが、それが職によって分割占有され、その経営が、独占的にゆだねられている限り、両者の同質化ということは否定すべくもない。

免除領田制

延喜新制に関連して、王朝国家を特徴づける荘園政策として、坂本賞三氏が提唱した、いわゆる免除領田制の問題がある。[29]免除領田制とは、官省符荘の荘園領主が、所在地の国司の交替時などに、官物不輸の申請をし、国司の免判を得る制度を言うのであるが、この制度は十〜十二世紀に広く見られるものである。この制度の意義は、この段階において、多分に形式的なものとはいえ、不輸の認定権が国司の手中にあり、荘園に対する国家権力の規制力には、なお強固なものがあるということを示している点にある。

この免除領田制をめぐる重要論点の一つに、国司免判の基準として、いわゆる基準国図（田籍・田図）が、延喜以降のある時点に、制度的根幹をなすものとして、全国的に作成されたかどうかという問題がある。[30]とくにそれが、延喜新制の一環として作成されたとする見解は、当初それをいい出した坂本賞三氏自身、後に撤回したにもかかわらず、依然として根強いものがある。

しかし、私見では、確かに免除認定に際し、国図が利用されていることに疑いはないが、それらは奈良時代以来、各国衙で保存されてきた班田図、とくに天平一四年（七四二）・天平勝宝七年（七五五）・宝亀四年（七七三）・延暦五年（七八六）の、いわゆる四証図を中心とした、その後の田籍の総体とみるべきであって、延喜以降のある時期に、免除領田制の施行を意図して作成されたものではあるまいと思う。

また、この制度というよりは、実際は慣行に近かったと思われるが、この対象はほとんど寺領に限られており、十・十一世紀の王朝国家なるものの土地政策に占める位置は、必ずしも大きくはなかった点も留意さるべきであろう。では、こうした性格をもつ荘園の構造はどのようなものであったか。次にその経営形態を中心に、それを見ることにしよう。

荘園の構造

九・十世紀頃の荘園の構造と、その経営実態を示す典型的な事例として、貞観一八年（八七六）の近江国愛智荘定文（『平安遺文』一七二号）がある。

この荘園は、おそらく東大寺に止住していたと思われる前豊前講師大法師安寶の治田＝私領で、総面積一二町、うち二町が佃、一〇町が地子田であった。佃は、種子や労賃などを所有者が準備し、全収穫を収納する、いわゆる直営方式で、愛智荘の場合、一町につき一〇〇束の営料で、その分と国に納める租一五束を差し引いた残り、二八五束（米にして一二石八斗五升）、二町で五七五束（米二五石七斗）が純益となった。この場合の田品は中田（全収穫町別四〇〇束）であるから、上田（五〇〇束）の場合はもっと有利になる。

地子田は、普通一年ごとに請作＝小作に出す場合で、この方式は営料と租は請作者の負担であるから、地子＝地代は米にして三石五斗、一〇町で三五石であった。ここで、佃と地子田との収益を比較してみると、所有者にとって収益の差は一対三以上であるから、佃経営は、所有者にとって、収入の安定のために欠くことのできないものであった。ちなみに、元慶官田の場合は、佃と地子田の割合は一対一であったから、いかに強烈な収奪であったかがわかる。

こうした荘田の経営は、下級の僧侶や荘長などが現地に常住して行なった。なお、愛智荘の場合、実収益から講経料・施燈料など、この荘園の収益をもってそれにあてるべき経常支出を差し引いた残りの五石は、出挙＝貸付にまわし、その利稲（利率は普通一〇割）と、安寶が自坊で行なう息利銭（金貸しの利息）とをあわせて、荘田の購入に充てている点が注目される。

このことは、荘園経営が、高利貸行為と結合して行なわれていることを示しているが、これはひとり安寶のみの特殊事情ではなく、大は国家から小は寺院・王族・貴族・豪族にいたるまで、当時普遍的に行なわれていた経営方式であった。この時期の国家経済や、院宮王臣寺社の私的経済を知る上での基本史料として、この愛智荘定文ははなはだ貴重なものといえよう。では、荘田の大半を占める地子田の経営はどのように行なわれていたか。

荘園経営と田堵

荘田の大部分は地子田として、請作にゆだねられたわけであるが、それを請作する農民は、その地に本籍を有する土人ばかりではなく、しばしば浪人などを招き寄せ、耕作に従事させることもあった。しかし、元来、在地に根を持たない荘園所有者が、荘園経営を行なっていくためには、在地有力者を必要とするのは当然であって、荘田請作者の中で基幹となる人物を何人か選び、田刀（後には田堵と書く）と呼んだ。

田刀とは田刀禰の略称で、刀禰とは今日でいう幹部の意である。田刀の初見は、貞観元年（八五九）の元興寺領近江国依智荘検田帳（『平安遺文』一二八号）で、この荘の田刀には、在地愛智郡の有力土豪依智秦公一族が任命されていた。その一人依智秦安雄は、伊勢国司（おそらく介以下であったろう）を勤めた人物であった。こうした田刀は、家族労働力のみに頼って、請作地の経営を行なうといったような階層の人物ではなく、おそらく雇傭労働力を用いて公田（口分田や剰田）・荘田を問わず、大規模な農業経営を行なう人物であったと見てよい。

こうした土豪をまた、私営田領主と呼ぶ場合もある。彼らは政治的にも、経済的にも有力者であったから、荘園領主は彼らの力を荘園経営に利用しようとしたのであるが、同時にまた、在地の事情に通じた彼らに、種々の妨害をこうむらねばならないという危険性をも併せもっていた。依智荘検田帳は、田使延保が彼ら田刀と虚々実々の闘いを展開した、まさに苦闘の記録である(31)。

こうした田堵の人間類型は、藤原明衡が著した『新猿楽記』に活写されている。ここに描かれた大名田堵、出羽権介田中豊益は仮空の人物であるが、彼に仮託された、荘園領主＝王族・貴族たちのあつい期待を、次に掲げる一節の中から読みとってほしいと思う。

三《ノ》君《ノ》夫《ハ》出羽権《ノ》介田中《ノ》豊益。偏《ニ》耕農《ヲ》為レ業。更無二他計一。数町《ノ》戸主《ヘヌシ》。大名《ノ》田堵《タト》也。兼想《テ》二水旱之年一。調二鋤鍬一暗《ニ》度二腴迫之地一。繕《フ》二馬把犂《マクハカラスキヲ》一。或於二堰塞堤防溝渠畔畷《ヰセキツヽミホリケミゾアゼナハテ》之功一。育二田夫農人一。或於二種蒔《シキマキ》苗代耕作播殖之営一。労《フ》二五月男女《サヲトメヲ》一之上手也。所レ作稙稑粳糯苅頴《ワセオクテシロワセモチヨネカリカヒ》勝二他人一。（中略）凡始レ自二東作《ハルノ》一。至二于西収《アキノ》一聊無二違誤一。常懐二五穀成熟稼穡豊贍之悦一。未レ会二旱魃。洪水。蝗虫。不熟之損一。検田収納之厨。官使迎送之饗。更無レ所二逋避一。況《ヤ》地子。官物。租穀。租米。調庸。代稲。段米《カリコメ》。使料。供給。土毛。酒直《サカテ》。種蒔。営料。交易。佃《ツクダ》。出挙。班給等之間。未レ致二束把合勺之未進一。（『群書類従』第九輯三四二～三頁）

十一世紀中葉、東大寺領越後国石井荘の田堵・古志得延は、荘司兼算の許に名簿を捧げ、隣郷から当荘に移住し、従者として朝夕兼算に仕えていたが、前越後国司目代・藤原成季と結托し、兼算は荘司として無能であると本寺に訴えたり、また、兼算の従者を馬盗人にしたり、さらには、地子未納のまま、兼算が信濃国より招き寄せた浪人を語らって、信濃国に逃亡してしまった。ために、兼算は荘司の任を解かれ、かろうじて荘務は続行したものの、手ひどい苦境に追いこまれている。国府を根城に力を蓄えた、在庁官人が背後で糸を引いていたにしても、現実の田堵にはこうした一面があったのである(32)（『平安遺文』七九二、八五三、八七三号）。

荘田の請作とは、荘田の経営をその人物の名において責任をもって請負うことであったから、当時こうした関係を領主側からは、「付二家継之名一」（「依智庄検田帳」『平安遺文』一二八号）というように表現している。こうした請作関係は、荘園に限らず広く公領にも見られた。調が田率に賦課されるようになった、十一世紀中頃の丹波国では、余部郷百姓からの調は、各郷々に分散して班給していた余部郷農民の口分田を、その土地土地で請作している農民から、直接田率の調を徴収することになったが、その間の事情を「当郷（余部郷）調絹、為レ例付二徴郷々堪百姓等名一」（「丹波国牒」『平安遺文』二四〇号）といっている。ここで「郷々堪百姓等名」とは各郷々で余部郷百姓の口分田を請作している百姓を指し、彼らが余部郷農民の口分田を耕作していたがゆえに、その口分田に割当てられた調を納入する責任を負うことになったのである。

名の性格

こうした名の性格をめぐっては種々の意見があるが、最近では、名とは徴税単位であって、名田の経営とは無関係であるとする意見が主流を占めている(33)。しかし、そうした見解は史料の文字面だけを見て、背後関係の洞察に欠ける、一面的な見解といわざるをえない。平安時代を通じて農業経営の実際は、それを行なうだけの資力（財力）と、能力（農業技術のみならず、労働を組織することができるような力量）とを有する人物によって、公田であれ、荘田であれ、請負われていたのである。そして、こうした階層を、田堵とか、負名とか、名主などと呼び、また請負った田を、名田とか負田と呼んだのである。

かつて、名主は地主であるといわれたことがあった。しかしそれは、名が墾田所有者の名に由来すると考えたからであった(34)。ところが、名は右に見たように、請負行為に由来している。したがって、名・名主・名田はあくまでも経営にかかわる概念であり、したがってこれを土地所有関係から見た場合には、種々の所有関係（それゆえにまた取分も）が、一つの名・名主・名田の中に包含されることも起こりうるのである。

名主の初見史料は、永承二年（一〇四七）の、高橋世犬丸田地売券（『平安遺文』六四六号）であるが、そこで注目されるのは、世犬丸が所領田合三〇〇歩の永年作手を、橘則任に売却するに際し、名主僧助照なる人物が売券に連署しているのみか、その代価を東大寺納所から請取るにあたっても、同様に連署している（同六四七号）ことである。

このことは、この田地が東大寺納所の領田（おそらく、官物あるいは雑役が東大寺に宛てられたのであろう）で、しかも、名主僧助照の請作する名田の一部であったことによると思われる。すなわち、名主は自己の名内の作手の移動について関与し、その売買にあたって、代価を納所から一時的に借り出すような仕事もしていたのである。

この事実は、名が、その内部に単一ではない権利関係を含んでいることを示しており、名主は、自己の請負う名田内の作手の所有者に対しては作手を支払い、東大寺に対しては官物あるいは雑役を納入していたことを示す。名主とは、まさにそうしたさまざまな権利・義務関係が付着している耕地を、経営という一点で請作し、経営している主体であり、また、その経営を通じて、そこから自己の得分を生みだしていたのである。

このように、田堵や名主はたんなる徴税請負人ではなく、彼の資力と能力において種々の権利・義務の付着した耕地を請作する主体であり、その経営する耕地群に自己の名、あるいは仮名《けみょう》（しばしば稲富とか吉茂とか目出度い名が使われた[35]）を付して、何某名と呼んだのである。もちろん、田堵名主がいっさい自己の領田＝作手をもたなかったというわけではない。おそらく、彼らは公領に自己の領田＝私領をもち、それを中核に諸方兼作をしていたと思われるのである。

平安初期には有力土豪の代名詞でもあった田刀も、十一世紀ともなれば階層的広がりを示し、寛弘九年（一〇一二）の和泉国では「大小田堵」あるいは「大名」・「小人」の名で呼ばれるような階層分化が見られる（「和泉国符案」『平安遺文』四六二号）。このことは、比較的小規模の田堵経営が出現したことを示している。

しかし、こうしたことの背景に、もし小経営の一般的成立を見るとすれば、それは行きすぎであろう。田堵・名主の多くは、家父長的奴隷制家族、あるいは家父長的世帯共同体を形成し、それを中心に、非自立的＝体制隷属的な、半奴隷状態の土人・浪人（大多数の公民。わずかの作手をもつだけで、それ自体として、独立的な経営を行なう資力と能力を有さず、有勢者あるいは、体制に依存することによってのみ存立可能な階層）を、季節的に雇傭して農業労働を組織し、名田経営を行なっていたと思われる。したがって、彼らの生産様式は、本質的には奴隷制的大経営（もちろん、ラティフンディウム的なものではない）と考えざるをえないのである。[36]

以上略述したように、平安時代を通じて、田堵・名主はこの時代の中核的農業経営のにない手であったが、十一世紀においては、なお名主の名称は広範に使用されたとはいえず、田堵の名称が一般的であった。名主の名称が一般的となるのは十二・十三世紀以降、律令制的な俸禄制度が解体し、それにかわって職と結びついた公領の分割と、荘園とからなる中世的所領が成立し、その体制のもとで、所領経営の中核として、名主が再編成されるようになった、いわゆる本名体制成立以後のことである。[37]

かつて田井啓吾氏は、いわゆる本名体制成立以後のことである「田堵は徹頭徹尾、平安時代のものである」[38]と言ったが、けだし、至言というべきであろう。

4　古代から中世への移行と社会構成

構成史的位置づけをめぐる諸見解

古代から中世への移行期としての、いわゆる平安時代の社会構成史的位置づけをめぐっては、すでに1節で述べたように、今日学説は多岐にわたっているが、大局的見地から大づかみに言えば、安良城・芝原説に代表される中世＝家父長的奴隷制説、ないし国家的奴隷制の解体過程説と、高尾・戸田・河音説に代表される王朝国家＝封建制説とを両極とし、その中間に、永原慶二・黒田俊雄氏らの説が位置づけられると言えよう（福冨正実氏が早川二郎説を復権させつつ提唱した律令国家＝国家的封建制説は、理論上、安良城・芝原説ともっともラジカルに対置さるべきものであるが、現段階では具体的な実証分析を提示するまでに至っていないので、当面除外した[39]）。

これら中間的諸説のうち、永原説は名主経営＝過渡的経営体説とも言うべきもので、十二・十三世紀の名主経営を、班田農民の農奴への転化過程に現われる過渡的経営体と位置づけ、その分解の後に、室町時代以降農奴制が一般的に成立したと見る点で、より安良城説に近似している[40]。これに対し黒田説は、中世＝封建制は院政期に成立した荘園領主制に始まるとし、在地領主制についてはその存在は認めつつも、封建制の形成にとっては副次的意義しかはたさず、日本封建制の基本的階級関係は、公家・武家・寺家等諸権門からなる荘園領主と、十二・十三世紀に一般的に成立する小農民との、直接的階級対立に求めるべきとする、いわゆる非領主制的発展説を唱え、永原説に比較し、より戸田・河音説に近い(41)。ここでは、これらの一々に論評を加えることはできないので、王朝国家＝封建制説の理論的根拠についてのみ、とりあげることにしよう。

戸田説の理論的吟味

王朝国家＝封建制説に理論的基礎を与えたのは、主として戸田芳実・河音能平両氏であったが(42)、ここでは紙幅の制約もあり、戸田説のみとりあげることにする。戸田氏の理論づけは「平安時代社会経済史の課題」（一九五九年）、「中世成立期の所有と経営について」（一九六〇年）の二論文ではたされた(43)。

その要点は、第一に、封建制の本質的要件たる小経営の一般的成立を説明するために、安良城盛昭氏が提唱した農奴制の前提としての小経営＝単婚家族説を否定し、「複合家族か単婚家族かの問題は、小経営生産様式の枠内の問題である」として、「中世史のデッドロック」を解決し、高尾一彦氏が、「萌芽的小経営の組合せによる『家父長制家族共同体経営』」としたものを、それ独自で、小経営範疇たりうるとしたこと。

第二に、平安時代の中核的経営たる名主・田堵経営について、これを説明するために、家父長制的農奴主経営なる新概念を用意し、また、田堵経営が内包する下人・所従は奴隷ではなく、農奴に他ならないとして、名主・田堵経営を領主と小農民との中間に位置する家父長的大経営＝農奴主経営、すなわち、領主経営の原型であるとしたのである(44)。

戸田説は、マルクス・エンゲルスの歴史理論を基礎に、新たな解釈と、新概念とを提唱した点に特徴がある。だが、はたしてこれらは理論上成立しうるものであろうか。

まず第一に、小経営生産様式が複合家族か単婚小家族か問うところではないとする問題については、すでに安良城盛昭氏自身が、永原慶二氏に対する反批判として明快に論破したように(45)、小経営生産様式に照応する基本的家族形態の否定は、本質論の回避と事実問題への解消であって、農奴制成立の生産力水準を否定することにつながるものと言わざるを得ない。したがって、農奴の基本的家族形態は単婚小家族であるとする安良城説は理論上堅持されねばならない。

第二の問題はさらに重大である。戸田氏の提唱した家父長制的農奴主経営なる概念は、マルクスおよびエンゲルスがかつて一度たりとも使用したことのない新概念である。戸田氏がこの新概念を導き出した典拠は、マルクスが「モーガン『古代社会』摘要」で述べ、エンゲルスが『家族・私有財産・国家の起源』で引用した著名な文章、「近代家族は、servitus（奴隷制）だけでなく、農奴制をも萌芽として含んでいる。というのは、それは、はじめから農耕のための労役に関係しているからである。それは、のちに社会とその国家のなかに広く発展してくる諸敵対のすべてを、縮図として自己のうちに含んでいる(46)」、である。

戸田氏は、この文章から、近代家族の萌芽形態としての家父長制大経営は、奴隷制および農奴制の歴史的・論理的原型であり、そこから奴隷制が優勢に展開するか、農奴制が優勢に展開するかは条件規定的で法則的ではないとして、近代家族の萌芽＝家父長制家族から、農奴制を含む家父長制的農奴主経営が直接展開してくることを、家父長的奴隷制の場合とのアナロジーにおいて、想定したのである。しかし、この解釈には重大な難点がある。

その一は、戸田氏は「近代の家族は、その萌芽（ここでいう「家父長制家族」―著書注）のなかに、たんに奴隷制をもつだけでなく、農奴制をももっている(47)」と、旧訳によって論を進めたが、この部分は、最近では、前掲の引用文、あるいは「近代家族は、はじめから農耕のための労役と関係をもつから、たんに奴隷制（servitus）だけではなく農奴制をも萌芽として内包している(48)」と訳されており、戸田氏の解釈は誤訳にもとづく解釈の可能性が大きい。

その二は、戸田氏は、奴隷制と農奴制の段階差を事実上否定したが、マルクスは同じノートの中で、「じじつ、一夫一婦婚家族が自立的、個別的に存在できるためには、それはどこでも家内僕婢の一階級を前提とする。後者は、はじめはどこでも直接に奴隷であった[49]」と言っており、明らかに戸田氏の解釈はマルクスの真意をくみとったものではない。

その三として、戸田氏は、近代家族が農奴制を萌芽として含むということを、農奴主が家父長としてその家族的経営の中に農奴を包摂するかのように解釈しているが、その場合戸田氏は「近代家族が農耕のための労役と関係をもつ」ということの意味を完全にとりちがえるか、あるいは無視している。なぜなら、マルクスがここで表象として思い浮べているのは、農奴制が賦役労働から発生したルーマニアの事例であって、「自由農民たちが彼等の共有地で行なった労働が共有地盗奪者たちのための賦役労働に転化した[50]」という事実、つまり、自由農民の農奴への転化の問題に他ならなかったからである。(補注)

以上略述したところから、戸田氏の新解釈および家父長制的農奴主経営なる新概念は、その成立根拠が誤解にもとづいており、理論として成立しえないことが明らかとなった。しかも、戸田氏が主張する下人・所従＝農奴説についても、その実証的根拠が崩壊した今日[51]、王朝国家＝封建制説は、戸田説による限り、理論的にもまた実証的にも成立根拠を失ったと見て誤りではあるまい。このことは、当然その他の学説についても、少なからざる影響を及ぼすはずであるが、それらについては、もはや紙幅の尽きた今、他日を期さざるをえない。

注

(1)　石母田正「古代末期の政治過程および政治形態（上）・（下）」（『社会構成史体系』日本評論社、一九五〇年、所収。のち同

『古代末期政治史序説』上・下巻、未来社、一九五六年に収録）。
(2) 石母田正「古代の転換期としての十世紀」（前掲『古代末期政治史序説』上巻、一四頁）。
(3) 同「領主制の基礎構造」（同右書、一三七頁）。
(4) 松本新八郎「南北朝の内乱」（『中世社会の研究』東京大学出版会、一九五六年）所収。
(5) 安良城盛昭「太閤検地の歴史的前提1・2」（『歴史学研究』一六三・一六四号、一九五三年）。
(6) 戸田芳実『日本領主制成立史の研究』（岩波書店、一九六七年）。河音能平『中世封建制成立史論』（東京大学出版会、一九七一年）。坂本賞三『日本王朝国家体制論』（東京大学出版会、一九七二年）。
(7) 稲垣泰彦『日本中世社会史論』（東京大学出版会、一九八一年）。
(8) たとえば、早川二郎『日本王朝時代史』（白揚社、一九三三年）。同『日本歴史論』（白揚社、一九三七年）。
(9) 松本新八郎「原始・古代社会における基本的矛盾について」（同前掲書、五七頁）。
(10) 高尾一彦「荘園と公領」（『日本歴史講座』第二巻、八二～八三頁、東京大学出版会、一九五六年）。なお、王朝国家概念をめぐる研究史については、森田悌『研究史　王朝国家』（吉川弘文館、一九八〇年）参照。
(11) たとえば、高橋昌明「王朝国家論」（『日本史を学ぶ』1〈原始・古代〉有斐閣、一九七五年）。
(12) 竹内理三『寺領荘園の研究』（畝傍書房、一九四二年）。同『律令制と貴族政権』第Ⅰ部・第Ⅱ部（御茶の水書房、一九五七・五八年）。吉村茂樹『国司制度崩壊に関する研究』（東京大学出版会、一九五七年）。赤松俊秀『古代中世社会経済史研究』（法蔵館、一九七三年）。
(13) 村井康彦『古代国家解体過程の研究』（岩波書店、一九六五年）。阿部猛『日本荘園制成立史の研究』（雄山閣、一九六〇年）。同『律令国家解体過程の研究』（新生社、一九六六年）。泉谷康夫『律令制度崩壊過程の研究』（鳴鳳社、一九七二年）。
(14) 芝原拓自『所有と生産様式の歴史理論』（青木書店、一九七二年）。安良城盛昭「律令制の本質と解体」（同『歴史学における理論と実証』第Ⅰ部、御茶の水書房、一九六九年）所収。
(15) 早川庄八「律令財政の構造とその変質」（『日本経済史大系』1〈古代〉東京大学出版会、一九六五年）参照。
(16) 拙稿「日本古代国家史研究の理論的前提」（『日本古代国家史研究』別篇、三四〇頁、東京大学出版会、一九八〇年）。

(17) この項、泉谷康夫前掲書、第二章「戸籍制度の崩壊過程」、第四章「調庸制の変質について」など参照。

(18) 村井康彦前掲書、第二章「公営田と調庸制」参照。なお公営田に関する研究の現状は、森田悌「弘仁十四年公営田について」(『平安時代政治史研究』吉川弘文館、一九七八年、所収)参照。

(19) 坂本賞三前掲書、第二編第二章「公田官物率法の成立」参照。

(20) 公事雑役については、中野栄夫「王朝国家期における収取体系」(『律令制社会解体過程の研究』第二部第四章、塙書房、一九七九年)参照。

(21) 拙稿「荘園形成過程の一齣」(静岡大学『人文論集』一八号、一九六七年)。本書第二部第四に収録。

(22) 大塚徳郎「平安初期の造籍・校田・班田について」(『平安初期政治史研究』第三章第一節、吉川弘文館、一九六九年)参照。

(23) 類聚三代格巻十五　元慶五年一一月二五日太政官符「応割官田充諸司要劇并番上粮料事」、および同右書、第三章第三節「元慶三年設置の官田について」参照。

(24) 村井康彦前掲書、第三章二「元慶官田の史的意義」。阿部猛「官衙領の形成」(前掲『律令国家解体過程の研究』第三編第一章)など参照。

(25) 薗田香融「出挙」(『日本古代財政史の研究』一〇四頁、塙書房、一九八一年)。

(26) この項主として、村井康彦前掲書、第一部第三章「平安中期の官衙財政」参照。

(27) 泉谷康夫前掲書、第五章「延喜荘園整理令について」参照。

(28) 網野善彦「荘園公領制の形成と構造」(竹内理三編『土地制度史Ⅰ』〔大系日本史叢書6〕、第四章、山川出版社、一九七三年)。

(29) 坂本賞三前掲書、第一編第一章「免除領田制」。

(30) 森田悌「王朝国家成立に関する研究」(前掲『研究史　王朝国家』一〇二頁以下)。

(31) 拙稿「田使と田堵と農民」(『日本史研究』八〇号、一九六五年)。本書第二部第五に収録。

(32) 村井康彦「古典荘園の基本構造」(前掲書、二四九頁以下)。工藤敬一「大法師兼算と古志得延」(『荘園の人々』2、教育社、一九七八年）。
(33) 稲垣泰彦「律令制的土地制度の解体」（前掲書、一五七頁以下）。
(34) 竹内理三「名発生の一考察」（前掲『寺領荘園の研究』附録）。
(35) 稲垣泰彦「初期名田の構造」（前掲書、七一頁）。
(36) 経営実態の分析は、史料的制約もあり、帰納法的実証には大きな制約がある。したがって、仮説を前提にした証明が方法上さけられない。ここでは、こうした立場から見通しを述べるにとどめる。
(37) 拙稿「名の成立と構造」（塩澤君夫・後藤靖編『日本経済史』第三章第Ⅲ節、有斐閣、一九七七年）。本書第二部第七に収録。
(38) 田井啓吾「田堵に就いて」（『歴史学研究』七巻五号、三二一頁、一九三七年）。
(39) 福冨正実『共同体論争と所有の原理』（未来社、一九七〇年）。同『アジア的生産様式と国家的封建制』（創樹社、一九八一年）。
(40) 永原慶二『日本封建制成立過程の研究』（岩波書店、一九六一年、第六論文）。
(41) 黒田俊雄『荘園制社会』（体系日本歴史2、第八章、日本評論社、一九六七年）。
(42) 戸田芳実前掲書、第二章・第一〇章。河音能平前掲書、序章・第六章。
(43) 戸田前掲書、第二章・第一〇章。
(44) 同右書、第一〇章、三九一～三九九頁。なお、「家父長制的農奴主経営」なる概念は、この論文ではまだ使用されず、第二章として収められた「中世成立期の所有と経営について」で始用された。
(45) 安良城盛昭（前掲『歴史学における理論と実証』第Ⅰ部、一一七～一一九頁、二七一～二七三頁）。
(46) K・マルクス「モーガン『古代社会』摘要」（『マルクス・エンゲル全集』補巻4、二九一～二九二頁、大月書店、一九七七年）。
(47) 戸田芳実前掲書、三九六頁。
(48) K・マルクス（戸原四郎訳）『家族・私有財産・国家の起源』（七七頁、岩波文庫、一九六七年）。

（49）Ｋ・マルクス、注（46）論文、四九頁。

（50）Ｋ・マルクス（長谷部文雄訳）『資本論』第一部（四一四〜四一五頁、青木書店、一九六〇年）。なお、この問題については、拙稿「階級社会の形成についての理論的諸問題」（『歴史評論』二三一号、五八〜五九頁、一九六九年）、および、芝原拓自『所有と生産様式の歴史理論』第三章「農奴制の諸段階とその類型的把握」第二節「農奴制の諸段階―ヨーロッパ―」一「農奴制形成の論理」（一一二頁〜一三〇頁、青木書店、一九七二年）を参照のこと。

（51）安良城盛昭「法則認識と時代区分論」（岩波講座『日本歴史』24〈別巻1〉一九七七年）。湯之上隆「中世における下人身分の基本的性格について」（静岡大学『人文論集』三二号、一九八一年）。

【補注】

マルクスおよびエンゲルスの「近代家族は奴隷制 servitus だけでなく、農奴制をも萌芽として含んでいる」という著名なテーゼについては、芝原拓自『所有と生産様式の歴史理論』（前注（50）所引）第三章第二節一「農奴制形成の論理」に詳述されているが、ここでいう奴隷制とは自由民家族内部の奴隷制、即ち家内奴隷制であるのに対し、萌芽としての農奴制とは、自由民家族の共有地への労働が、領主による共有地の「盗奪」によって、農奴制賦役に転化したという、いわば近代家族にとっては外的な関係として、ルーマニアの事例が挙げられているのである。

戸田氏は、この内・外両面の隷属関係、ないし契機を理解・認識できなかったことによって生じた誤りであった、と言うことができよう。

第二　八世紀における開発について

はじめに

人間を歴史的存在たらしめる根本的契機は、労働＝生産するという事実にある。それは、換言すれば人間が自然を克服するということであり、一切の歴史研究はこの事実から出発しなければならない。即ち、全ての歴史記述がその根本に生産力の問題をすえ、それを基礎に歴史像を構成し、歴史の発展法則を認識する、ということでなければならない。

このことは、今日までの歴史を階級闘争の歴史としてとらえ、全ての歴史的諸関係を階級闘争の観点から把握し、解明するということと何ら矛盾するものではない。この両者の関係について、われわれが注意しなければならないのは、すでに石母田氏が指摘した如く、生産力の発展ということすべてを階級闘争の発展に解消せしめてしまうポルシネフ的偏向である。

われわれは、氏が正しく提起した如く、「生産力の発展を量的な発展に還元しないで、その社会的形式との統一においてとらえること、また生産力の発展を階級闘争に還元しないで、基礎的独立的な要因としてとらえ、生産力の与えられた条件と生産関係との照応を系統的に研究すること」（『古代末期政治史序説』上）こそ、われわれの今日とり組むべき、緊急にして最も基本的な研究課題といわねばならない。

日本古代史研究においてかかる課題を追求するにあたって、さしあたってなすべきいくつかの具体的問題が必然に提起されるであろうが、小稿においては、歴史の発展における基礎的独立的要因としての生産力の問題に、当時における基本的産業であった、農業生産における「開発」の問題を通して、検討を加えたいと思う。

古代のみならず、前近代社会を通じて基本的産業であった農業、就中稲作農業にあっては、生産力の発展は二つの側面としてとらえられる。一つは、内的な発展としての単位面積における収穫量の増大としてであり、他方は、外延的な発展としての耕地の拡大としてである。前者は、生産用具・農耕技術等の発展・集約化によってもたらされる、いわば質的な側面であり、後者は、生産用具・農耕技術等の未発達・粗放性にもとづく、量的な側面である。この二つの側面は、相互にきりはなされた関係として現象するのではなく、深く相互に依存しあい、規制しあう関係にあるが、小論でとりあげる八世紀の段階は、後者を、生産力発展の支配的な形態として特徴づけることができる。

それは、土木技術の一定の発展にも拘らず、自然の災害に対して依然とし弱体であるという、耕地の不安定性に基づく絶えざる耕地の造成・拡大の必要性と、その具体的表現である、律令政府の一連の墾田政策、及び貴族・豪族・農民の活発な墾田開発に示されるところである。このように、「開発」という問題は、古代における農業生産力を検討する場合、重要な意味をもつものであることが自から明らかであり、更に又、それは自然と人間との関係が最も顕著な対立としてあらわれる場である、ということができるであろう。

小稿が「開発」を問題とするのは、右の意味あいからであるが、以下、具体的な検討にあたっては、史料的に比較的めぐまれた、八世紀中葉の越前国東大寺領諸庄園を対象とし、課題に迫りたいと思う。

1　坂井郡桑原庄における溝と度樋

野地を開発し耕地、就中水田を得るためには、その前提として治水灌漑施設を必要とすることは、水稲農業のもつ基本的性格である。かの三世一身法において、「新造二溝池一」り田地を開発した場合と、「逐二舊溝池一」ことによって開発した場合とで、その用益権に格差を設けるという政策が端的に示す如く、律令制的国家的土地所有の下にあっては、灌漑施設のあり方が耕地の所有ないしは占有を規制するものであった。(1)そして又、この関係は当時の段階にあっては、律令国家が解体をよぎなくせしめられつつある国家的土地所有の原則を、水利の国家的規制によって最少限にくいとめようとするための、極めて有効な手段となり得たのである。(2)

ところで、これら灌漑施設としての池や溝は、歴史的にはどのようなものとしてあらわれるのであろうか。かつて西岡虎之助氏は「池溝時代より堤防時代への展開」(『史苑』三の一・二、一九二九年)において、水田開拓の地域的発達を、山間ないし山麓地帯から漸次平野に進出し、遂に河川沿岸地域に到達する過程ととらえ、「水田開拓のかかる地域的発達の過程は、水田と雁行すべき水利事業にも必然的制約を加えて溝・池等による灌漑事業として堤防による防水事業に先行せしむる」とし、それは歴史的には「上古にありては専ら溝・池等の発展を見、中古に入りて始めて堤防が現はれて、上古以来の溝、池等と雁行するに至る」とシェーマづけられた。

西岡氏のこの見解は、弥生式時代における灌漑の問題を一応除外すれば、(3)四・五世紀から平安時代に至る、水利灌漑史の基本的動向をとらえたものとして、巨視的にみれば、今日なお有効といわねばならない。しかしながら、氏にあって「池溝」として一括してとらえられたこれら灌漑施設は、なお歴史的に検討されなければならない。

灌漑施設としての池は、四・五世紀以来、大和河内平野の開発において、基本的な特徴をなすものであった。記紀記載の大化以前の灌漑手段が、圧倒的に池に集中し、溝に関する信頼すべき記事も、河川を水源とする灌漑施設の溝というより、沼沢池の排水施設としての渠と考えるべきであることから[4]、この特質は一般的に認められるべきであろう。

この四・五世紀における「池による開発」ともいうべき特質は、畿内の四・五世紀の古墳の周壕とも密接な関連をもったものであって、末永雅雄氏が「丘陵の突端に占地した環壕の大古墳は墳墓たると共に貯水池たるの目的を持ったのではなかろうか」と推定し、「池と古墳の濠とは技術的には等しく共通性をもっているのであって、別々のものとは考えられない」(同氏『池の文化』創元社、一九四七年)とされたのは、卓見といわねばならない。

私は四・五世紀の開発を右の如く「池による開発」としてとらえ、かかる開発こそ、弥生式時代の農業生産力と質的に異なる発展をこの時期に可能にした特徴的な指標と考える。この開発に示された生産力こそ、この時期の国家形成を可能にした基礎的要因に外ならないのであり、デスポットの「政治的記念物」としての古墳が、彼らが主導的に推進した開発と不可分の関係にあることを、この事実は物語るものといわなければならない。

ところで、「池」と並び称される「溝」は、機能的に二つの意味をもつものである。即ち、一つはすでに指摘した如く、排水施設＝沼沢地の排水(水田化の前提条件としての)のための施設であり、他方は河川を水源とする灌漑施設としてのそれである。勿論、池から水田に水を引く場合にも、水路としての所謂溝は存在するが、ここでは一般に河川に堰を設け、水田に用水を導入するものとしての「溝」をいう。

八世紀に活発化する北陸の東大寺領諸庄園の開発は、かかる意味での溝による灌漑を、一つの特徴とするといっても過言ではない。それは当地にあっては、古代以来現代に至るまで基本的には同一であり、畿内、特に大和・河内等では池による灌漑が支配的であるのと対照的である。この相違はつまるところ自然的条件の差に基づくものであろうが、そこには、全てを自然条件に解消せしめてはならない歴史的な関係が存在するのであって、それは開発の技術的な段階の相違、即ち、北陸の開発が着手された八世紀を特質づける技術的な要因が考えられなければならない。その一つが、樋＝度樋の使用であって、この度樋と溝こそ、この時期の開発を特質づける技術的要素であると考える。

越前国坂井郡下にあった東大寺領桑原庄においては、天平勝宝七歳の買得以来、経営の停滞的状況を打開するための抜本的な対策として、天平宝字元年に大規模な開発計画がたてられ、修理を含めて三本の溝が掘られることになったが、そこには、併せて二四口の度樋が、必要なものとして計画書の中に記されている。(5)この事実から直ちに知られることは、溝が用水路として機能を十全に果すためには、度樋が必要であるということである。

この両者の関係は、新規に溝を修理・開掘するに際して新たに出現したものではなく、すでに東大寺が、庄地を買得する以前から、この桑原庄地の灌漑には度樋が絶対に必要とされていたのである。文書中「宇弓美溝」とあるものが、この庄地に開発当初から存在していたものであるならば、それに付設されていた度樋こそ、「自レ始在樋十三口」に他ならないのであり、亀田氏のいう如く、「実際には使用されることなく放置されていた」(6)ものではあり得ない。

それは第一に、もし氏のいう如く放置されておかれたものであるならば、何故、当面不必要なものを備えてお

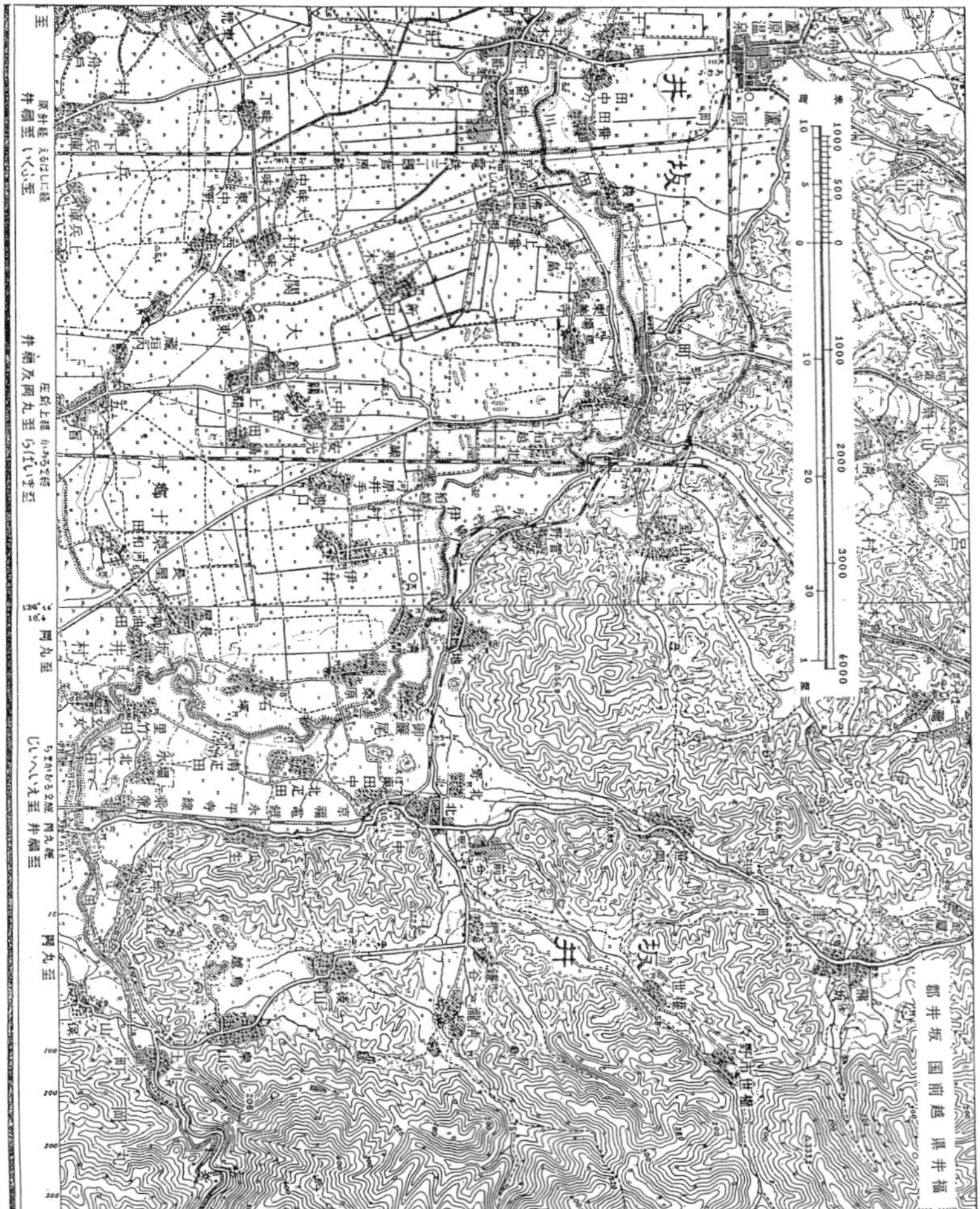

図1　桑原庄周辺図

かねばならなかったのか全く理解に苦しむし、第二に、氏がかく主張するのは、溝が大地を掘りさえすれば、それだけで用水路として機能を果し得ると単純に信じこみ、度樋の機能を溝との関連で追求しなかったことによってもたらされた、明らかな誤りに基づくと思うからである。即ち、すでに存在した宇弓美溝からして、この桑原庄にあっては度樋が使用されることによって始めて、灌漑水路としての溝がその機能を果し得た、という事情が問題とされなければならないのである。かくしてわれわれは、桑原庄の自然的、地理的問題の検討に向わねばならない。（図1参照）

桑原庄は坂井郡下のどの地域に比定しうるであろうか。天平勝宝七歳の「越前国公験」[7]には次の如く四至が示されている。

□野壱佰町　□家地　西□忌寸□甘地・北綾部道　部（下）□坂井郡堀江郷地

これによれば、庄地壱百町は坂井郡堀江郷内にあり、四至は欠字が多いが、西は「□忌寸□甘」の所有地に接し、庄地の北には綾部道と呼ばれる道路が通っていた。東及び南についてては不詳であるが、そのいずれかが家地、即ち集落の一部に接していたことは確実である。従来の諸研究によれば、桑原庄は現在の桑原部落の付近に比定しているが、[8]この推定はほぼ妥当と考えることができる。

即ち、竹田川が御油田の東側ではげしく曲流してから、石塚・桑原・清間部落の東側を経て、稲越まで大きく弧をえがいているが、この流れに沿った今日の長屋・石塚・桑原・清間・稲越等の諸集落は、竹田川の形成した所謂自然堤防上に立地し、この半月状の自然堤防上には、すでに弥生中期以降古墳時代にかけて、坂井郡有数の集落が形成せられていたことが考古学的に確認されている。[9]

このことから、庄地の東或いは南に接して、集落が存在していたことは当然ありうべきことであり、又、西側に「□忌寸□甘」の所有地が続いていたことも、この部分にあたる地点が西方に広く沖積地の存在をみることによりうなずける。更に、北の綾部道が道路を示すものであれば、今日の稲越・清間あたりの自然堤防上に存在した集落をつなぐ道と考えることができよう。

このように考えてくると、従来、桑原部落付近に莫然と比定してきた桑原庄地は、かなり具体的に地図上に比定することができるようになる。即ち、この庄地百町が如何なる形状をなしていたか、勿論そこまでは推測することはできないが、おおよそ庄地百町は、今日の桑原部落の西方、伊井部落を含むあたりの地点に比定するのが妥当であろう。

桑原庄を右の如く現地比定することが可能であれば、この地域は三方を自然堤防に囲まれ、対岸の谷間からの水を利用して水田化する条件を全く欠くものであることが一見して明らかである。(10) 又、西方に展開する沖積地は今日こそ美田化されているが、池口という地名を残し、且つ、そこから北上して稲越を経て、竹田川に合流する小川の存在を考えれば、かつてこの池口付近は、湿地ないしは沼をなしていたと推定することができる。(11) それは恐らくこの辺りにバックマーシュが存在していたことを示すものであり、後述する道守庄において当時の庄図にいくつかの沼が存在したことからも、十分推定しうるのである。

右の如く、当時の自然景観を復元することが可能ならば、この三ヶ月状の自然堤防上に、早くも弥生時代に成立した農耕集落は、この湿地を利用して小規模な農業を営んでいたと考えてよいであろう。それが、弥生末から古墳時代にかけての新沖積地の形成にともない、沼や湿地が次第に埋め立てられていくという自然的変化と、(12) 又、一方四・五世紀以来の、特に七世紀にみられる灌漑技術上の発展（後に詳述する）に支えられた開発への新たな機運が、この沖積地を利用する農業を、従来の小規模な湿地利用の段階から大きく変貌せしめずにはおかない。

かかる発展が明確な姿をとって現われるのは、恐らく、この越前においては八世紀に入ってであろう。それは何よりも、灌漑施設としての溝と樋の利用として特徴づけられる。すでに推定したように、この坂井平野の中心、特に竹田川の左岸地域は、竹田川から直接用水を導入することは近年に至るまでは事実上不可能であり[13]、どうしても長大な溝によって、遠い水源から用水を導入する以外に、開発を行なうことはできない。すでに大伴宿禰麻呂が桑原庄を所有していた時から、宇弖美溝が存在しなければならなかった事情は、このような自然的条件をぬきにして考えることは全く無意味である。次に、この宇弖美溝について若干の検討を加えよう。

大伴宿禰麻呂が東大寺に売進した当時の見開田九町は、この宇弖美溝によって灌漑されていたものであったことは、ほぼうたがいないところである。ところが、この溝は用水路として必ずしも安定的なものではなかったのであって、特に東大寺が買得後、残野を開発するに至って一層その弱さを示している。即ち、この溝のみに依存して開発を進めた結果、「溝下田高」という状態を生ぜしめ、そのためこの開発した耕地の耕作を百姓が拒否するという事態に立ち至ったのであった[14]。

このことは、自然的条件の問題に即してとりあつかえば、この庄地が沖積地に存在するとはいいながら、決して平坦・一様な状態にあったのではなく、部分的に高低差のある、所謂、自然のままの氾濫原であり、それは一条の用水路によって数十町が水田化しうるという好条件にめぐまれていなかったことを思わせる。しかも尚、注目すべきは、この宇弖美溝が九町以上の灌漑にたえなかったのみならず、この本主開くところの九町の維持にすら、はなはだ不安定なものであったらしく、それは、この九町が東大寺買得より三年後の勝宝九歳には「荒」とされていることから、容易に知りうるであろう[15]。

このように、沖積平野の開拓は溝の状態如何に依存していたとさえいえるであろう。右の如く、桑原庄は灌漑条件に決してめぐまれていたとはいえないのであるが、更にこのことを示すものとして、度樋の存在が考えられなければならない。桑原庄券に記載された「樋十三口」は、「長三丈・広三尺」のもの一、「長一丈・広二尺」のもの一、「長七尺・広一尺八寸」のもの一一という内訳で、いずれも長大なものである。[16]この樋の使用法は、明確に知ることができないが、恐らく溝の幹線に付設されるものであったと考えてよいであろう。

それというのは、長距離にわたって溝が掘られる場合、地表の凹凸や、或いは小さな川や、更にはすでに存在する溝と切り合う場合（これについては後述）などが起ることによって、単に地を掘った溝だけでは、水路として十分機能を果し得ない場合が生じたと考えることができ、かかる個所を接続させるためのものとして、これらの樋が存在したと考えられるからである。当時は、この沖積地の大半が原野であり、天平宝字元年（七五七）に坂井郡大領品遅部君広耳が東大寺に寄進した折の、墾田の坪付によるそれらの存在状態[17]（勿論これが耕地の全てではないということはいうまでもないが）からして、ここにはかなり複雑な灌漑水系が存在していたと考えてよいであろう。

そうであれば、樋のもつ意味は極めて重要といわねばならぬ。東大寺が宝字元年一一月の灌漑施設の抜本的な改革において、溝巾を大幅に広げるとともに、度樋の規格をも大きくしていることは、樋が溝と溝を接続させるものとして機能したことを示すものであり、又、新たに二本の溝を新設するに伴ない、一四口の樋が必要とされていることも、樋と溝との関係が相互に不可分のものであることを如実に示すといわねばならない。このように長距離にわたる溝が、各所で諸種の事情で寸断され、それを連結するための樋が必要とされるという条件の下では、かかる溝を用水路として十分にその機能を果させるために高度の技術的な問題が存在したと見なければならない。

この問題に関連して想起されるのは、巨勢楲田朝臣の賜姓に関する、『新撰姓氏録』の記述である。それによれば、巨勢荒人は、皇極天皇の時、葛城の長田を佃るべく命ぜられたが、その地は「野上」＝地勢高く灌漑が困難であった。荒人は「機術」に長じていたため、始めて長楲を作り、それを以て川水を引き田を灌したので、天皇はその功により彼に楲田臣の姓を与えたというのである。(18)

古島敏雄氏は、ここにいう長楲とは揚水機のことであろうとされるが、これには従いえない。長楲は文字通り長い楲《ひ》＝樋であり、それを作り、且つ巧に利用して、遠所から川水を引いて灌漑することに成功したのであって、彼が機術に長じていたというのは、かかる技術に優れていたことを示すものと解さねばならない。この記事は、高樋を使って水を四山に垂し、水を宮中に引き入れたという、垂水公の賜姓説話と比して、はるかに具体性・真実性をもち、しかもかかる技術が、七世紀前半の時期に存在したという点に注目すべきであろう。

これに関連して、孝徳紀大化三年条に工人大山位倭漢直荒田井比羅夫が、(19)難波にウテナを掘ったが、いたずらに百姓を疲労せしめただけで失敗に終り、ついに工事を中止せざるを得なかったという記事がみえ、又、斉明紀二年是歳条には「使㆖水工㆒穿㆑渠、自㆓香山西㆒至㆓石上山㆒」とあり、この渠を時人謗りて、「狂心渠《たぶれのみぞ》」と呼び、そのために功夫三万余を損失した、という記事等に注目する必要がある。

これらの渠溝は、いずれも灌漑のためのものではないが、しかし、それらが如何なる目的のものであるにしても、技術的には、同一のものと考えてよいと思うのであって、今ここで注意すべきは、「工人」といい「水工」と呼ばれる技術者にある。かかる技術者が、この時期に渠溝の開掘に指導的役割を果していたことは、右の記事から直ちに理解できるのであるが、もう一つ注意されるのは、彼らが国家権力に掌握されていたことであり、それは荒田井比羅夫が大山位の冠位をもち、「将作大匠」という官職にある官人であったことからも知られるのである。

このことは、巨勢棭田臣荒人の場合も同様であると考えられ、彼が灌漑に成功した「葛城長田」は、恐らく倭六県の一つである葛城県と関係があるのではないかと思われるし、又、かかる最新の技術が、天皇の経済的・政治的基礎として伝統的な意義をもつ場において、実際に駆使されていることは、この段階に、かかる技術が広く一般に普及していることを意味せず、逆に天皇或いは国家権力に、独占的に掌握されていることを示すと思う。又、かかる長樋が使われるということが、特殊日本的な意味をもつものであれば、七世紀に至って、従来の池を中心とする灌漑に基づく開発から、新たにそれによっては開発できない、広大な沖積地の開発を可能にする技術的条件が達成されたことを示すというべきであって、八世紀に至って急速に展開する畿外・辺境の開発を問題とする場合、このことはきわめて重要な意味をもつといわねばならない。

私は、かかる溝と樋による灌漑方式を、所謂池による灌漑から更に発達した段階に位置するものと規定し、沖積平野を生産の場に転換し「豊葦原瑞穂国」たらしめる上で決定的な意味をもったものと考える(20)。勿論、溝による灌漑が池を駆逐するものではなく、今日に至るまで両者は我国の灌漑方式の基本をなすものであって、これらが、それぞれの自然的条件に応じて撰択的に利用され、稲作農業を発展せしめることが可能となったのは、まさに七世紀以後のことである点を強調しなければならない。

問題をもとにもどし、桑原庄が灌漑に決してめぐまれているといえない条件にありながら、これに開発を加えた大伴宿禰麻呂について考察をくわえよう。彼がこの坂井郡堀江郷に一〇〇町に及ぶ墾田地を所有する契機をなしたのは、大伴氏一族の大伴宿禰駿河麻呂がこの時期に遠くなく、越前国守の職にあったことにもよるが(補注1)、ここでは、彼が野地をここに所有し、開発をなし得た主体的条件を問題としなければならない。

彼は、天平一〇年と思われるが、外従五位下で右京亮に任ぜられ、その後の職歴は不詳であるが、天平一八年には従五位下となり、勝宝六年正月、東院御宴の日に御前に召され、四位の当色を与えられ、従四位下に叙せられた（この叙位は桑原庄を東大寺に売却したことと関連する）中央貴族である。(21) 彼が庄園所有者となり得たのは、何よりも財力をもち、かつ困難な自然条件を克服する技術を駆使しえた―それは彼自身がその技術を理解し、開発を直接指導したということではなく、技術者を開発に導入し得たということであろうが―ということにあろう。

それは、宇弓美溝と樋による灌漑方式を採用することなく、ここを開発し農業生産を行なうことは不可能であり、たとえ、単に一〇〇町の野地を占取したところで、現実には何の価値も生みださないからである。かかる技術が、当時越前国において全くみられなかったとは勿論断言はできないが、大伴宿禰麻呂が自己の開発にこの技術を導入し得たのは、彼が中央貴族として国家権力に連なっていたことに求めねばならないであろう。この問題は、道守庄における生江東人の場合（後述）にも同様であって、技術・技術者が国家権力に集中的に掌握されているという段階にあっては、国家機構に連なる官人貴族が生産力発展のイニシアティブをにぎり得たことを意味するものであり、後に具体的に検討を加える農民的開発との対比において、その特質をみいだしうるであろう。

2　桑原庄の再開発

以上、桑原庄の灌漑問題を通して、溝と樋のもつ意義とその技術の所有関係を検討したが、更に、この庄が東大寺に売却された後の具体的様相に検討を加えることによって、国家的開発の性格と特質をさぐりたい。

この庄地が東大寺に売進されて以後、その経営は造東大寺司の主導の下に進められたのであったが[22]、その開発＝未開地の熟田化は不成功に終った模様である。即ち、未開の野地を切り開き三〇数町歩の水田を造成したことは、庄券に示されているところであるが、しかし、田地は造成されてもそれを灌漑するに足る用水が十分に供給できなかったところに、根本的原因が存在したのである。

この事情は宝字元年の灌漑施設の大規模な造成・修理計画[23]によって知ることができる。同文書によれば、

（前略）雖㆓本至溝在㆒、溝下田高、以㆑茲荒、先開㆑悉、然不買伯姓、上件開堀溝者、見開可㆓吉田㆒、残野可㆑開㆓一二筒（箇）年㆒、於理商量、小㆑損多㆑益、望請㆓寺家牒㆒、申㆓送国府㆒、若有㆑不㆑許㆓熟田㆒者、以㆓寺家田㆒、相㆓替於熟田㆒、仍具注㆑状、附㆓粟田人麻呂㆒、請㆓処分㆒、以㆑解（下略）

とあり、未開地の熟田化を、大伴宿禰麻呂が開掘した宇弖美溝による用水の供給のみに頼り、それで十分に灌漑できるという前提のもとに、三〇数町余を開拓したのであったが、それが実は、「溝下田高」という結果となり、田地は造成しても、灌漑が宇弖美溝のみでは十分に行ない得ないため、これを賃租する農民もなく、庄経営が危機に追いこまれたのであった。かかる行きづまりを打開するため、右の文書にみられる抜本的な灌漑設備の造成が計画されたのである。

この計画において第一に注目させられるのは、旧施設のほかに新たに二本の溝が掘られることになったが、そのうち第一の溝は、長一、二三〇丈・広一丈二尺・深五尺で、単功一、二三〇人を要し、第二の溝は、長三〇〇丈・広六尺・深四尺で単功二〇〇〇人を必要とするものである。このうち、第一の溝はこの庄地一〇〇町を完全に灌漑するに足る、いわば動脈に相当するものと思われる。勿論、旧来から存在した宇弖美溝は廃棄されるのではなく、長二一〇丈にわたって、広五尺・深三尺五寸に修理拡大され、そのために単功七〇人が計上されているの

であって、引きつづき使用されるわけであるが、元来、九町の灌漑に使われたものであってみれば、新設の溝に比しその規模において比肩すべくもない。

次に、第二の溝については、これが一本で完結された溝と考えるよりは、第一の溝＝幹線に附随する支線と考えた方がよいのではなかろうか。この文書の記載からは三本の溝がどのように相互に関連し、庄域をどのように灌漑するかは全く不明であり、しかも最も重要な、これらの溝がどこから引かれたか、という問題も一切詳かにされていない。若し、新たに河川に堰を設け、用水を導入するならば、当然堰を作るための功をも計上されるべきであろう。

しかし、それらについて全く記載がないということは、すでに存在した水路、或いは、堰から分流させるものであったかも知れないが、いずれにしてもこれらの点については不明とせざるを得ない。又、これらの溝の全長も、後に述べるように、実際にはここに記されている長さ以上であったかも知れないのであって、溝の規模についても不明の点が多いのであるが、その溝巾については、旧来の宇弖美溝は五尺をこえないものであり、修理される部分については、元は三尺であった可能性が強い。

新設される二本の溝についても、「広一丈二尺」「広六尺」とそれぞれ記されているが、これは溝の実際の巾＝「溝裏」を示すものではなく、両辺に掘り上げた土を置く部分を含めての数値と考えられ、実際の溝巾はその半分の七尺（唐大尺）、及び三尺であったとするのが妥当であろう。(24) 溝巾についてのみでも新旧のそれの間には大きな差があるが、これは、直接的には一〇〇町の庄地全体を灌漑するのに十分なものとして計画されたものであることに起因する。

しかし、このことはそういって片づけられる問題ではなく、この新計画が東大寺買得後、造東大寺司の主導によって行なわれた、いわば国家的な事業計画である点を見過してはならない。個人的な財力と組織力では限界をもたざるを得ない開発（大伴宿禰麻呂が九町しか開発できなかったという事実はこのことを示す）が、国家権力が直接これに着手することによって、かかる限界が克服される可能性が生まれたことに注目する必要がある。このことは樋についても看取することができるのであって、量が増大したことは当然ながら、幅は全て三尺に統一され、長さも五丈以上と、全体として巨大化している。

東大寺によるかかる大規模な計画は、誰によって立てられ、技術的に指導されたのであろうか。この疑問に対する直接的な解答は関係文書からは得られないが、次の事実がこれに関連して想起される。勝宝八歳、東大寺は因幡国高庭庄の野地占定にあたって、野占使の一行のうちに、「見水道散位従七位上日下部忌寸万麻呂」を加えしめているが、(25) ここにいう「見水道」とは彼の職務を示すものであって、開発に必要な灌漑技術の専門家とすべきであろう。

彼こそは、七世紀中葉において「水工」と呼ばれ、工人大山位倭漢直荒田井比羅夫、或いは、巨勢槭田臣荒人と同じ性格をもつ技術者であって、必要に応じて、国家の要請にもとづき開発に参加せしめられ、計画を立て、或いは現地の水利状況を視察したのであろう。彼が「散位」であって、特定の官職についていないことも、彼の技術上の特殊性と関連があるのであって、恐らく、諸官衙の必要に応じて配属せしめられる性質のものであり、この場合は、造東大寺司の命を受けて因幡に赴いたと考えられる。

桑原庄の抜本的な灌漑設備の修理・造成計画も、万麻呂の如き国家に直属する技術者によって、現地調査を経た上で作成されたとすべきではなかろうか。すでに述べたように、大伴宿禰麻呂が桑原庄開発にあたって、すぐれた技術を駆使し得たのも、日下部忌寸万麻呂の如き技術者の協力なくしては不可能であったと思われ、中央貴族の墾田開発は、彼らの政治的立場を利用して、かかる技術者を自己の事業に参加せしめることによって可能であったと思うのである。

このような事情は、先進的な技術と技術者を国家が独占的に掌握しているという、律令体制の構造的特質として把握すべき事柄であり、石母田氏が古代における生産力の発展の仕方の特質として指摘した、国家及び支配階級の側の技術の優秀さ、及び規模の壮大さと意識性・計画性という問題(26)は、このような関係においてとらえられねばならないであろう。

第二に問題となるのは、この修理を含む三本の溝が、伯姓口分田を破壊するという事実である。「越前国使等解」に示された溝の修理新造の総面積と、「応損熟田」との面積は完全に一致するが、この事実は重要な問題を提起する。それは、若し、この溝が実際に掘られるべき全長を示すとすれば、水源＝堰から庄地までを結ぶ間は全て熟田化されていたことになるし、又、この記載された長さが口分田を通過する部分のみの数値であるとすれば、新造される溝は勿論、宇弖美溝も実際はもっと長大なものであったことを意味するということになる。

若し前者が事実であるとすると、この坂井平野は耕地化が相当進行していたことになり、当時の自然景観はすでに推定したよりはるかに開発が進行していたとみなければならないことになる。しかし、今日諸史料の示すかぎり、坂井郡下の東大寺の諸庄においても、見開田の存在は散在的であり、今日我々がこの沖積地をみる如く、全て熟田化されていたとは考えられ難く、特に、この地域の開拓を決定的にした十郷用水の成立(27)が少なくとも鎌倉初期、早くとも平安末にしか考えられない以上、溝が熟田のところのみを通って完結したと考えることはできない。そうだとすると、この文書の示す数値は、実際に修理、新造されるべき溝の全長ではなく、口分田を破壊する個所のみを記載したものとせねばならない。

若しそうだとすれば、なぜ用稲や度樋の新造まで記載せねばならないかという問題が起るが、それはこの文書の性格に関連するのであって、これは真の意味での計画書ではなく、その計画を実施するにあたって、特に溝が口分田を破壊する部分について、理由を具体的に説明し、国府より口分田を破壊するについての許可を得るための文書であるからに外ならない。

即ち、この文書は亀田氏は「越前国司解」とするが（「一考察」三一八頁）、正しくは「越前国使等解」であって、桑原庄の経営に直接参画している坂井郡散仕阿刀僧・足羽郡大領生江臣東人・国史生安都宿禰雄足の三名によって、造東大寺司あてに出されたものであり、その意図は文末に示された如く、溝の修理・新造にあたって熟田一町八段（口分田）を破壊するについて、寺家から国府にあてて許可をとるべく要請し、その際、国府がこれを許可しない場合には、損田分は寺田をもってその代償にあてるという案を、粟田人麻呂に附して、造東大寺司に送り、造寺司の処分を請うているのであり、問題の中心は口分田を破壊することにある。(28)

溝が野地を通る場合、それが無主地であるならば、勿論何の問題もないはずであり、特に造東大寺司という国家の一機関が行なう場合はいうまでもない。(29)そうであれば文書に示された溝の規模は当然その一部に過ぎないのであり、これをもって実際の溝開掘に要する必要労働力を導きだすことはできない。ここでは宇弖美溝はもとより、新造されるべき溝も実際は更に長大なものであった事を確認する必要があることを主張しておきたい。しかしながらここで溝が伯姓口分田を破壊するということの意味を更に追求する必要がある。実はこのことがこの段階の開発を考える上で、重要な問題を提起するからにほかならない。

溝の新造にあたって口分田が破壊されるという事態が、当時の越前にあっては普遍的な現象であることは、右の桑原庄以外に坂井郡下の溝江・子見両庄、足羽郡下の道守・鴫野両庄の場合にもみられることから推定できる。

このことは、沖積平野の開発には多かれ少なかれ起りうる事態であり、開発が技術的に容易なところから行なわれ、水源から遠い困難なところ程後に行なわれる以上、すでに耕地化されたところが一部破壊されることなくして、溝を敷設し得ないからである。

特にこの段階にあっては、既にのべたように土地所有が灌漑水系によって規制されるという関係が存在する以上、開発した耕地に強固な所有権を付与するためには、公水に依存しない独立的な用水路を造成する必要が存在したのである。すでにみた桑原庄の場合も、大伴宿禰麻呂が、自己の墾田に付属する宇弓美溝を開設したのも、まさに右の意味においてであったと考えられる。

ところで、溝の新設が口分田を破壊することなくして不可能であったということは、単に口分田のみならず、口分田を灌漑している溝＝公水をも破壊、ないしはそれと切合う場合も当然起ってくるのであって、そのような事例に属するのが、道守・鳴野両庄における神護二年の溝開掘計画である。

道守庄では、二所の溝、全長一、七〇〇余丈が掘られることになっているが、その場合、

就中応掘損百姓口分田溝六所

応造度樋六隻（三長各一丈広四尺、四長各六丈広三尺）

とあり、[30] この新設の溝が、従来よりある百姓口分田を灌漑する溝＝公水と、切り合い破壊する事態が六ヶ所にわたって生ずることをあげ、そのため、それらの溝の機能を、従前通り果さしめるための度樋が、六隻準備されている。鳴野村においてもかかる個所が三〇〇丈のうちで六ヶ所起っている。ここでは、樋が、旧来の溝と新設された溝とが切り合い、そのためいずれかに樋をかけることによって、その両者の機能を共存させるために用いられていると考えられる。このような樋の機能は、私水と公水との対立、矛盾を技術的に解決するものであって、

当時における樋のもつ意味に、著しい特質を与えるものといわなければならない。

新たなる開発が既存の灌漑施設や口分田を破壊することは、右の如く当時においては一般的な現象であったが、生産力の発展のためには、それはさけることのできない事態といわねばならない。そこで溝については、樋がそれを技術的にカバーしたのであったが、口分田の損失については、桑原庄の場合、若し国家がそれを認めない場合、寺田をもって損失を保証することを提案している。このことは興味ある問題を提起する。

即ち、国家が開発を直接行なう場合には、当然のことながら、損失分は新たに得られた耕地によって償われるわけであるが、同じく国家的な性格をもつとはいえ、東大寺の開発の場合には、必ずしもその損失は国家の責任のわく内で処理されない場合もあったとみなければならないのであり、東大寺がその損失を補償しなければならない事態も起り得たのである。

このことは、口分田を保有する農民からすれば、自己の班給された土地が縮少されたり、その部分が代給されたにしても、それがあまりに遠い地域に、しかも小面積を代給されたのでは、実際に耕作する場合不便をきたすであろうことは当然であり、又、それを調整するためには繁雑な操作も予想されるのであって、国府にしても、又、農民にしても、かかる場合は甚だ利益に反するという事情が存在したといわねばならない(31)。

それ故、寺家は場合によっては寺田を代償にあててもよいという条件を出したのであるが、本来的には国家的事業である以上、国がその代償を東大寺から要求しなくても決して不合理ではない。このように、この段階においては、開発は農民の利益と一面では対立するという問題が存在するのであり、このことは又、水の配分をめぐっても当然起ってくる現象である。この点は後述するとして、ここでは、開発が国家或いは農民の利益と一面で対立しながらも、それを強行することができるということは、東大寺においてこそ比較的容易になしうることであって、一般の農民はもとより、貴族・豪族においては、決してスムーズになしうることではない点が確認されなければならない。

そもそも、長大な用水路の新造は、東大寺や、中央貴族、或いは後に具体的に検討する、在地の有力豪族を除いて、現実には不可能であるが、それと同時に、水利灌漑の国家的支配の下での、私的な用水路の新造ということは、口分田の破壊や既存水路との交錯という形で、国家的土地所有と対立するものであるかぎり、貴族・豪族等においては、単に彼らが財力と技術をもつのみではその実現は期待しえず、更に政治力をも兼備する必要があったといわねばならぬ。このことは、国家的土地所有の下においては、たとえ墾田永代私財法が出され、私的土地所有への道が開かれたにしても、現実には右の如き制約が存在するのであって、それ故、私的土地所有は、実質的にはすぐれて政治特権をもつもののみに可能なこととなり、一部の特権的階級にのみ、土地所有が集中するという結果をもたらさずにはおかなかったのである。

換言すれば、八世紀の段階にあっては、国家的土地所有と、その必然的帰結としての水利の国家的規制は、少数の政治的特権をもつ、寺院・貴族等に土地集積を必然たらしめたのである。それ故、ひとたび国家的土地所有の原則が修正され、私的土地所有への道が開かれたにしても、それは直ちに農民一般の土地所有を現実的には可能とするものではなかったのであり、このような構造が庄園の発展を可能ならしめた歴史的要因の一つとして、挙げられねばならないであろう。

第三には、かかる大規模な開発が如何なる労働力を編成することによって可能であったかが問題とされなければならない。この問題については、かつて藤間生大氏により奴隷労働力によってなされたものであると主張され[32]たが、その後、氏の見解に対する反論的考証が数多くなされ[33]、結論的には、史料に示された溝開設、及び開田のための功稲は奴隷労働力に対する食料を意味するものではなく、雇傭労働力に対する功食を意味するものであり、それは東大寺による和雇とすべきものであることが明らかにされた。

ここで雇傭労働と呼ぶのは、勿論、自由な契約関係によるとすべきではなく、桑原庄にあっては、国家権力を背景とした造寺司による強制が加わっていることはいうまでもない。又、かかる雇傭労働の対象は、原則として在地の農民が主体であったと考えられ、それに若干の浮浪人等が含まれていたとするのが妥当であろう。

桑原庄には、「雑物」として労働用具・食器等々が備付けられているが、[34]これらのうち、労働用具はその数において雇傭された農民全てに行きわたるものとは思われず、雇傭された大部分の農民は自己の労働用具を使用しなければならなかったと考えねばならないであろう。そして、庄備付の労働用具は、浮浪人等の労働用具をもたないもののために存在したと思う。

このことは、大伴宿禰麻呂から庄の諸施設一切を買受けた中には生産用具が含まれていなかったことと対比して、[35]注意される必要がある。即ち、大伴宿禰麻呂の場合も農民を雇傭し、庄地を賃租に出すことによって、開発と経営を行なっていたと推定しうるのであるが、彼の場合には、労働用具は庄に備えず、全て農民に依存していたと考えざるを得ない。しかるに東大寺の場合は、たとえ少数とはいえ、生産用具が備付けられているのであって、このことは、その開発にあたって、雇傭される労働力の対象が拡大されたことを示すものとすべきであろう。そして、当時「殷富国」と呼ばれたこの越前に、畿内の逃亡農民が流入したことはすでに指摘されているが、[36]彼らをまちうけたのは、かかる場所であったといわねばならないであろう。又、かつて藤間氏は、庄屋に奴隷を住わせたのではないかと指摘されたが、[37]それを奴隷のみとするには従えないにしても、浮浪人や、遠隔地から来た農民には、一時的に住わせたと推定することは、これを全く否定することはできまい。

これら雇傭労働力に支払われる功食は、日別一束四把であったが、それは鎌一柄（直二束）を買うに足らざるものであった。彼らがかかる低賃金で雇傭されねばならなかったのは、一つには、国家権力の強制によるものであったが、他方では、開発に参加することによって開かれた耕地の賃租を目的とした場合も想定しうるのであって、このことは、農民が国家によって給付される班田の絶対的不足と加えて過重な徭役によって、彼らの再生産の条件がたえずおびやかされ、和雇による収入や庄地の賃租を、絶対に必要とする状態におかれていたことに基づくものであるといわねばならぬ。このことから、庄の開発と経営が、律令制の苛酷な収奪の下におかれている農民に、再生産の条件を与える如くみえながら、実は、二重の搾取者として立現われていることに注目しなければならない。

【補記】

溝の開掘を論ずるにあたって、天平宝字三年「足羽郡下任道守徳太理啓」（『正倉院文書』、『大日本古文書』編年文書四の三六五頁）は甚だ興味深いものであるが、この文書がどの庄園に関係する文書であるか不詳である（岸俊男氏は、道守庄というが、確証はない。「史林」所収論文）。又、加えて文意が難解のため、行論中十分利用することができなかったので、関係部分を示し、二、三私見を加えて御教示を得たいと思う。

（前略）従田中大溝令通、欲聞虚実者、茲去三月、掾大夫当田地日、侍床足（道守）広人（秦）等、即掾広人召誂宣、今見佐官田中在経三四年許、都非是、故自上今開講（溝カ）、与此都非相通、如此行者、彼此共応在利益、仍広人吐云、佐官口宣、止此溝而従北方畔令通、是以比畔溝開者、即掾宣今云、北方者地勢高、不便水流、又好田九段余与悪田所相淮、好田九段益、然今此人云々如何、即床足申好田九段益、仍広人与掾大夫共和酒三坏許進、共皆

散去、加以、今人遣、雖見為宅無損、（下略）

まず、文中「都非」とあるのは所謂「度樋」であろう。「自㆑上今開㆑溝、与㆓此都非㆒相通」というのは、溝と都非とを接続させることではないかと思われ、樋と溝の関係を推測させるものであるが、「田中在三年許都非」というのは具体的にはよくわからない。

次に、掾大夫・佐官・床足・広人なる人物であるが、広人・床足はこの庄＝産業所の現地の経営に参加している田使・庄目代などにあたるものであろう。掾・佐官は中央の官人（恐らくは造東大寺司あたりの）と思われ、ここで注意すべきことは、この庄の溝の開設について床足らが掾に指示を仰いでいることである。

そこで、掾は佐官の意見を両人に伝えているらしく思えるところから、この佐官は、私のいう所謂灌漑技術の専門家ではないかと思う。即ち、溝の開掘のためには、現地の庄目代・田使では計画が立てられず、中央の上司の指導をまたねばならず、しかも、それは佐官の如き専門家の立案によるものであったらしいことが看取されるのである。

このように読みとることが許されるなら、本文中に述べた諸点と関連して、この文書が重要な意味をもつことが判明する。尚、後考をまちたい（補注2）。

3　足羽郡道守庄の開発と生江臣東人

これまで、桑原庄の開発を検討することによって、この段階の墾田開発が、国家ないし少数特権階級によって独占されるものであることを不充分ながら明らかにしえたと思う。しかしながら国家又は貴族による開発が当時において支配的であったにしても、現実には在地の豪族以下農民に至るまで、その規模や性格には多様性が存在するのではあるが、合法・非合法を問わず彼らの手による開発が、営々として進展していたのであって、われわれは右の国家的・貴族的開発の対極に存在するこれら在地の豪族・農民による開発の様相を考察する必要がある。八世紀における開発の様相は、これらの対抗関係の中でこそ真実の姿が把握されねばならないからである。

ところで上述の東大寺或いは中央貴族による開発に対置される在地の豪族・農民の開発といっても、それらには多様性が存在するのであって、それは大きく二つの類型に区別される。一つはいうまでもなく一般班田農民による小規模な墾田開発であり、それは郷戸主或いは房戸主層によってなされたものであった。他方は郡司クラスの在地の豪族、或いは富豪層と呼ばれるものの開発がそれである。この両者は、国家或いは中央貴族による開発に対しては、在地勢力の開発として一括しうるが、実際には両者は階級的立場を異にした相互に対立する側面をもつのであって、一概に論ずることはできない性格をもつものである。階級的立場からすれば、在地の豪族による開発は、国家ないしは中央貴族のそれと同一の性格をもつものといわねばならない。そこで以下、越前国足羽郡道守庄の絵図と天平神護二年の「越前国司解」を手がかりに、在地の開発をめぐる様相に検討を加えたい(38)。

（図2参照）

道守庄の所在地である足羽山の西、生江川（足羽川）と味間川（日野川）にはさまれた地域には、早くから部分的に開拓が加えられていたことは、口分田が僅かながらも存在することによって知られる。しかもそれは、一条十里、十一里に集中している。これは恐らくこの北の独立丘のまわりに二つの沼（今仮りに南側の大きい方をA沼、北のそれをB沼と呼ぶ）が存在し、又それらに少し離れて寒江沼があるところからこの辺りは湿地であり、

図２　越前国道守庄図

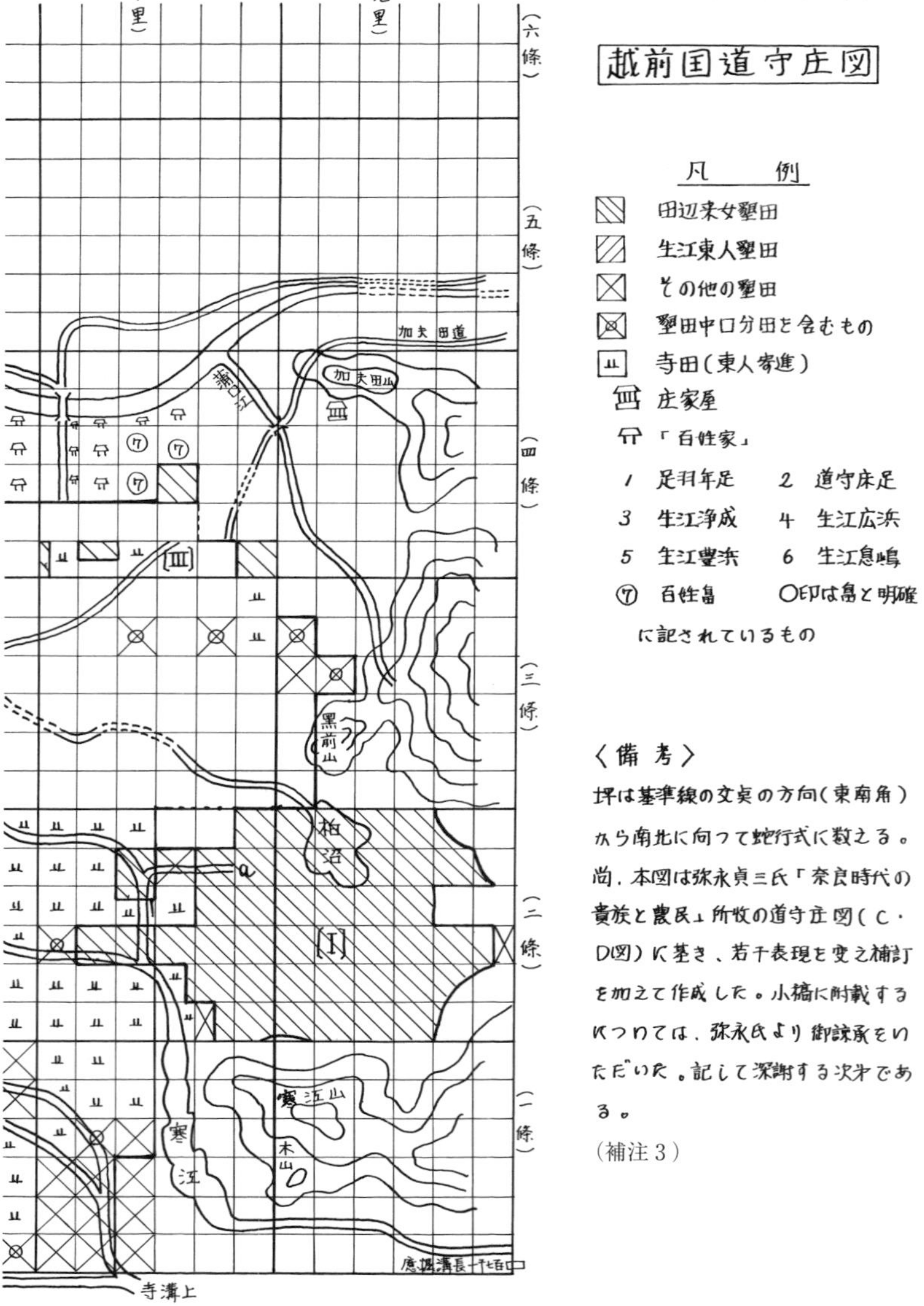

（補注３）

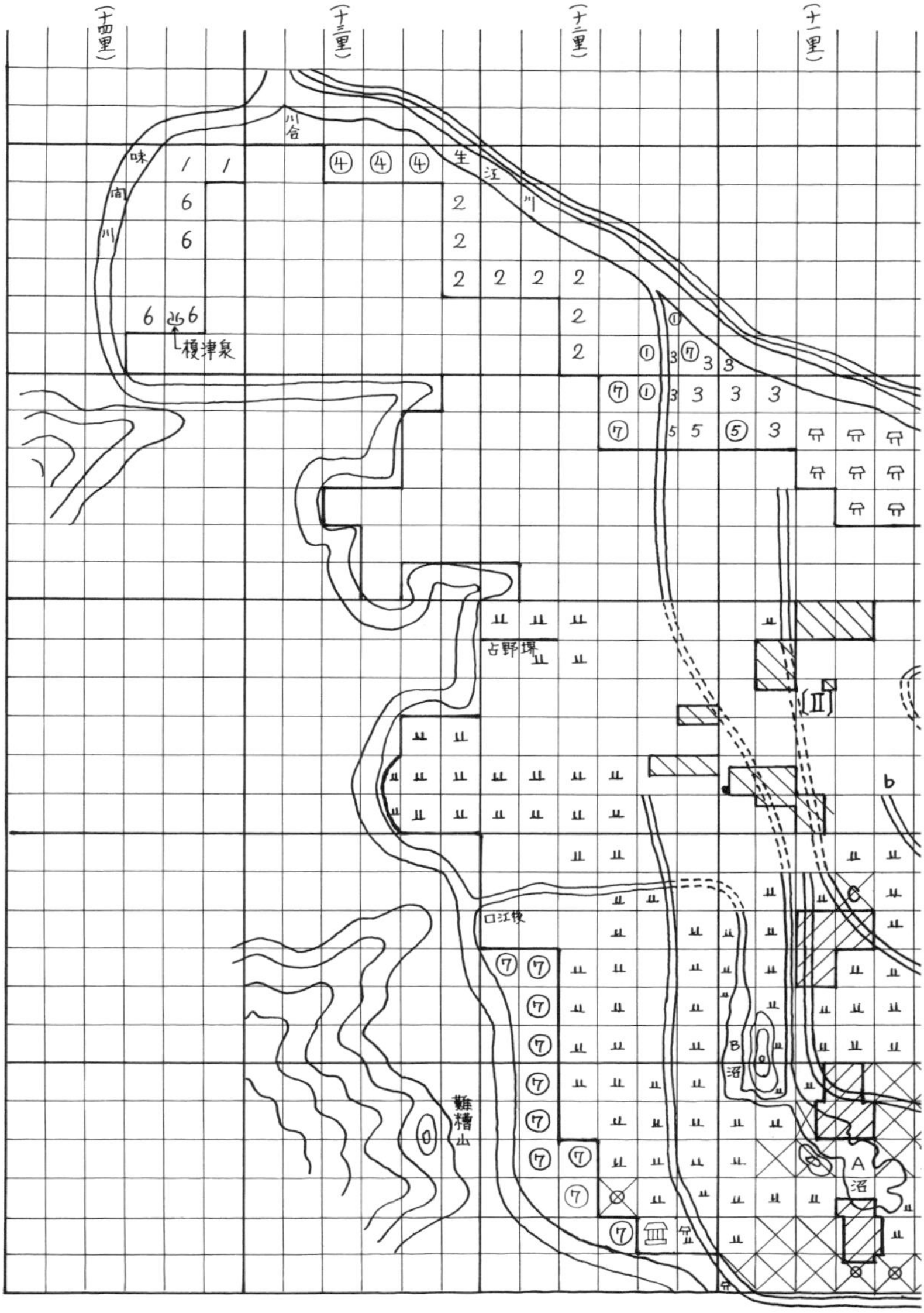
(十四里)
(十三里)
(十二里)
(十一里)
川合
生江川
味岡川
榎津泉
古野堺
B沼
A沼
b
c

それを利用してかなり以前からここに水田が存在したと考えてよいであろう。そしてそれは、図中「寺溝上」と記すものが、生江東人によって東大寺に寄進されたものであるとすれば、この溝が造られる以前、それによって灌漑されることなく、耕作されていたと考えなければならないから、恐らく自然灌漑によるか、或いは寒江の水を利用する簡単な灌漑方法によって耕作されたものであったろう。

次に、もう一ヶ所早くから耕地化されていたと考えられる地点は、三条九里二八・三一・三二坪、同十里八・二一坪の辺りである。ここは図中「黒前山」とある足羽山の西端に接する地点であり、ここが「溝口江」に流れる小川の水源であることを考えれば、恐らくこの水源を利用した小規模な水田が営まれていたのであろう。その他点々と口分田が散在するが、いずれも灌漑が容易な地点をえらんで、早くから水田が営まれていたものであった。

生江東人による大規模な開発が行なわれる以前のこの地域の耕地は、右にみたように小規模な、極めて初源的な灌漑方法で、耕作の可能な条件をもつ地域にのみ存在したと考えることができる。そしてこれらの耕地は、恐らく班田制の施行される以前から存在したものであったと考えて大きな誤りはないであろう。

右の如く、この地域の大部分は八世紀中頃まで未開の野地であったと考えられるが、この地域に本格的な開発が加えられるに至ったのは、足羽郡大領生江臣東人によってであった。彼がここに開発を着手したのは、彼自身のいうところによれば「未㆑任㆓郡領㆒時」であり、彼が郡大領に任ぜられたのは天平勝宝四年頃であると推定されているから、[39] 少なくともそれ以前のことである。ところで、東人はそれ以前、勝宝元年から二年にかけての頃は造東大寺司史生であり、元年には寺使平栄とともに、北陸の東大寺墾田地の占定に従っているが、私は後にもふれる様に、この頃、即ち、天平末年から勝宝初年にかけての時期に、彼の開発が着手されたと考える。

ところでこの地域が開拓されるためには、次の二つのことが、技術的に問題となる。第一は、A・B両沼の水を排出し湿地をとりのぞくこと、第二に、そこに灌漑するための水路を新設することである。原図の中央部が破損のためどの溝がどう接続するか分明ではないが、今点線で示した復元が正しいとすれば、まず第一の問題は、A沼については、中央部を北上して生江川（足羽川）にそそぐ排水溝によって、B沼は左折して味間川に注ぐ溝によって排出されている。それ故、この二条の排水溝によって二つの沼は縮少され、それに伴い湿地も耕地化しうる条件がそなわったといってよいと思う。

ところで、この二条の排水溝がすでに生江東人によって大規模な開発が加えられる以前から存在していたか、或いは東人によってなされたものかは史料的には決定しがたいが、この両池に接する地域の寺田は、東人の寄進墾田が多いことから、東人によって完成された可能性が大きいといわねばならぬ。このようにして、沼地がせばめられ、湿地がとりのぞかれた上で、用水溝が二、五〇〇余丈にわたって引かれたであろう。

用水溝と思われるものは、図中「寺溝上」と記された系統のものと、もう一つ寒江から続く系統のものと二つあるが、寺溝とある系統のものは、ほぼ確実に生江東人の開掘したものと考えられるが、寒江を水源とする溝は、全て必ずしも東人の開設したものとはいえないようである。即ち、この地には実はもう一人の大規模な墾田の所有者田辺来女がいるからである。

田辺来女は、右京四条一坊戸主・従七位上毛野公奥麻呂の戸口であり、この地に二条九里、十里にまたがる、ほぼ一円化された墾田（Ⅰ）と、それに三条十一、十二里（Ⅱ）、四条十里（Ⅲ）に散在する田地、合せて四六町九段三三〇歩の墾田を所有していたが、このうちには、東大寺との間で水争いを起す「勅旨御田六町」が含まれていたと推定されている。(40)

田辺来女は、宝字八年仲麻呂の乱に連座し、この墾田は没官されて東大寺田に編入されたが、これらの墾田が開発されたのは、何時頃であったろうか。それを示す史料はないが、来女と仲麻呂との関係からしてここの開発に着手したのは、仲麻呂が政権を掌握した宝字元年頃を遠くさかのぼるものとは思えない。そうであるとすれば、生江東人がこの地の開発に着手した時期より後のことであり、東人が墾田一〇〇町を寄進したのは宝字二年七月以前とされているから(41)、恐らく東人の寄進と来女の開発の着手とは、ほぼ時を同じくしていたのではないかと思う。

それは、同一地域に二者の開発が行なわれる以上、相互に対立が起るのは必然であり、東人が東大寺に自己の墾田を寄進したのは、仲麻呂という時の権勢者を背景にもつ、来女の開発に対抗するための配慮が契機をなしていたと推定することは、あながち的はずれではあるまい。

来女の墾田のうち、少なくとも六町の勅旨御田と呼ばれた部分は、足羽郡少領阿須波束麻呂によって管理経営されていたことは確実であって(42)、このことから来女の墾田全部が、東麻呂によって管理経営されていたことも考えられるのであり、これらの墾田の開発も又、実質的には東麻呂が行なった可能性もでてくる。

来女の墾田が、Ⅰ・Ⅱ・Ⅲ地点とも全て、寒江・柏沼の水を利用して灌漑されている点は、東人の灌漑水系と対比して注目されねばならない。来女の墾田は、沼水を利用した灌漑であって、東人の開発事業に比して、技術的にも、又その計画性においても、かなり格差がみられるのであって、このことは開拓された墾田の田品に、極めて明瞭に示されている。即ち、東人のそれが大部分上田、或いは中田であるのに対し、来女のものは、大部分が下田であった(43)。

この事実は、来女に先立って東人が、寒江を水源とする灌漑方法をとることをせず（若し、彼がそれをやろうと思えばできたし、また事実、部分的には寒江の水を利用しているのだが）、二、五〇〇許丈の水路を開設したのは、寒江の水にのみ依存することによっては、この地域を全面的に開拓することはできないことを十分認識していたことを示すものといわねばならぬ。

この東人の見通しの正しいことは、東大寺がこの庄を一円化して以後、神護二年にこの寒江に至る一、七〇〇余丈の溝を掘るべく計画し、用水を確保しようとしていることによって明らかである(44)。

このように来女の開発はその計画性において甚だ見通しを欠いたものといわねばならぬ。それが開発を実質的に推進したと思われる阿須波束麻呂の見通しのなさによるものか、或いは、それを予想しつつも抜本的な対策を実施できなかった来女の財政的な問題なのかは決定し難いのであるが、同一の地点にかかる灌漑方法上の相違が併存していることを看過してはならない。それは、本来かかる小地域にいくつかの灌漑系統が存在すること自体、生産力の発展にとってはマイナスの要因であるにも拘らず、それが統一され得ないということ（この段階にあっては統一水系の成立は技術的には十分可能であった）は、土地所有が灌漑水系によって規制されるということによってもたらされるものであると同時に、それは又、土地所有者相互の政治的対立とも関係する。

即ち、この地域の統一的灌漑水系の実現は、来女と東大寺との協力によって完成するのではなく、来女が依存した仲麻呂政権が没落し、道鏡の支配体制が成立することにより、東大寺による庄地の一円化がなしとげられたことによって現実に可能となったということは、右の関係を端的に示すのであって、生産力を発展せしめる客観的条件が存在しながらも、現実の政治的諸関係によって、それが一時的にせよ停滞せしめられている点が看取されねばならない。

問題を前にもどし、寒江を水源とする溝に検討を加えよう。それは、途中から三本（a・b・c）の溝に分流し、aは来女の第Ⅰ地点に、bは寺田（東人寄進）を通り来女の第Ⅲ地点に向うようであり、cは同じく寺田を通って第Ⅱ地点につづくと考えたい。ところで、この溝は、「件来女田、寺地有レ傍、相接尤甚、地勢一院、溝堰同用」[45]という溝堰に外ならないのであり、実際には堰が、この溝に付設されていたはずである。そしてそれは、東人が来女の墾田開発に先立って、彼の開拓した一〇〇町歩の一部を灌漑するために開設した溝堰であって、後にふれる水守・宇治智麻呂は、これらの管理にあたっていたと考えることができる。

この三本に分れる溝のうち、b・cが東人によってまず造られ、来女がそれを更に延長することによって、aの部分や、Ⅱ・Ⅲ地点につづく部分が掘られたのであろう。来女が、すでに東人によって開掘された溝を、更に延長することができたのは、仲麻呂の権勢を背景にもつからであることは勿論であるが、また同時に、この寒江は「元来公私共用」のものであるという、慣習があったからである[46]。しかし、この沼水の利用には限度があるはずであり、ましてや、来女がこの水にのみ依存して、三六町九段余の墾田を灌漑するとなると、当然問題が起ってくるのであって、東大寺は宇治智麻呂を水守に任命して寺田の水を確保し、来女の墾田への配水を妨害するに至ったのである。

それによって最も甚しく被害を蒙った部分が、c溝の水尻にあたるⅡ地点の六町五反余であって、これが「勅旨御田陸町」にあたり[47]、このことをめぐる水争いが所謂、宇治智麻呂事件である。この事件に深入りすることは、小稿の目的からさけたいが[48]、かかる争論の起る根本的な原因は、灌漑に対する根本的対策が、開発者相互間で統一して進められないことにあり、本来国家がなすべき機能が喪失し、開発が私的で、且アナーキーな状態のままに放置されていたことにある。それが、特に中央貴族の強引な割入みによって引き起された点は、留意されなければならない。

生江東人がこの地の開発に着手したのは、先にのべたように勝宝初年頃と推定されるが、この時は又、東大寺が北陸に野地を占定し、大規模な開発にのりだした時期であって、彼自身も造東大寺司史生として、この占定に参加し、その後間もなくして足羽郡の大領に任ぜられ（勝宝四年頃）、桑原庄の経営に参加するなど、東大寺の庄園経営に重要な役割を果している。彼の墾田一〇〇町の開発が、この東大寺の北陸における庄園経営と平行してなされたということは甚だ重要である。

先に論じたように、すぐれた計画性に基づいて彼の開発は遂行されているのであるが、それを可能にしたものは、彼の財力や在地における支配の伝統性のみでは解き得ないのであり、桑原庄の開発を検討した際に指摘した如く、高度の技術を駆使し得たことが問題とされねばならない。それは何よりも、彼が本貫をこの越前に持ちながらも、造東大寺司史生として、律令機構に所属し、特に、東大寺の野地占定に参加し、開発の事情に精通し、同時に先進技術を導入する機会にめぐまれていたことにあるといわねばならない。

このことは同じく、坂井郡の大領である品治部君広耳が宝字元年、東大寺に寄進した一〇〇町の墾田は、坂井郡下に散在する零細な墾田の集積であった事と対照的である。彼らは共に在地の伝統的豪族であり、財力において甲乙をつけがたかったであろうが、その土地所有において、東人が高度の技術を駆使した計画性をもつ開発によってそれを実現したのに対し、広耳は郡下に散在する零細な墾田の集積であったことは、生産力を発展せしめる上で、前者はより高度な、進歩的な役割を果していたといわねばならない。そしてこの相違は、東人が律令制権力機構の中枢部に身をおいていたことによってもたらされたものであった、ということができるであろう。

このように、地方豪族が私財を投じ在地の開発に着手するのは、国家が本来的な勧農機能というべきものを実質的に喪失した八世紀の段階において、それを代行する形であらわれてくるのであるが、しかし、彼らはそれによって、在地の農民を反国家的に組織するのではなく、結果的には律令機構に寄生し、体制を保強する役割を果すものとしてしか現れないところに、彼らの歴史的性格がうかがわれるのであって、このことは、東人が開発した墾田及び灌漑施設を、東大寺に寄進するという行為の中に如実に示されているといわねばならない。一方、国家はかかる豪族の支配する生産力を自己のうちにとりこむことによって、体制を補強し、その存在を持続せしめたのであった。かかる性格は一人東人のみならず、広耳の場合も、又、越中国礪波郡の礪波臣志留志の場合にも共通するものといわねばならない。

先に、この道守庄地の開発が東人や来女によって大規模に行なわれる以前には、限られた地点のみがわずかに耕地化されていたにすぎなかったことを推定した。それは又、同時に在地農民による小規模な開発の姿を示すものでもあるといわねばならない。以下、この問題に検討を加えよう。

天平神護二年（七六六）、東大寺によってこの地域を一円化する強行策がとられるに至って、農民の口分田が換地され、零細な墾田が改正・買得されていったが、その対象となったものや、或いは庄図にその名を記されたものは、彼らの開発がどのようなものであったかを知る手掛りを与える。農民による墾田は、大きくいって二つの地域に集中している。一つは、A沼の周辺と寒江に接するところであり、もう一つは、生江・味間両川の合流点に近い川沿いのところであり、これは道守庄の庄域外である。その他、来女の墾田のI地点に隣接して若干存在するが、大部分は以上の二つの地域に集中している。

まず第一の地域から検討を加えていくと、そこには早くから口分田が存在していたところであることが注意されねばならない。これらの口分田はすでに指摘したように、東人がここに開発を加える以前から存在していたと考えられ、しかも、寒江に接していることから、水源は寒江に求めていたと考えてよいであろう。先の宇治智麻呂の事件で、阿須波束麻呂がその過状に「寒江之沼水」を「元来公私共用之水者」と注記したのは、この事実を示すものといわねばならない。

即ちここで「公」とは口分田の灌漑に用いられていたことを意味する。そうであれば、ここに接して存在する墾田は寒江の沼水によって灌漑した、換言すれば、大規模な用水路を設けなくとも、旧来の溝を延長させるか、口分田の尻水を利用することによって耕作し得る条件の下にあったといえるであろう。又、A沼に接した十条十一里5・6・7・8・9坪や、15・21・28坪などは、或いは特に灌漑を要しないものであったかも知れない。

ところで、この地域は庄図に記された田品によれば、上田ないしは中田で、田辺来女のそれが大部分下田であるのに対し特徴的であるが、これはA沼の干拓と無関係ではないのであって、A・B両沼水の排出により、湿地が乾田化し、又、雨期の冠水の危険が除かれ、更に、東人の開設した用水を利用することによって、田品が上った可能性が極めて大きいのではないかと思う。勿論、推定の域を出ないが、寺溝が二手に分流した、そのうちに含まれる部分の墾田が東大寺によって買得され、又、口分田も換地されているのは、これらの墾田が全て東人の開発以前から存在したと速断できないにしても、東人が用水路を開いてからは、それを利用するものであったからなのかも知れない。

右の推定が可能とすれば、東人の溝の開発は、かかる零細な墾田の所有者にもその用益を許すような形で進められたのではないかと思われる。即ち、ここに墾田を所有する農民は郷を異にし、又、郷戸主もあればその戸口もあって、その性格は多様であるが、東人の溝の開発がかかる農民の労働力を編成する以外に不可能であることを思えば、彼らが単に功食によって雇傭される労働力―しかも、在地の支配者の権力によって一方的・強制的に雇傭された―として参加したのではなく、完成後はその用水の用益にあずかることを条件に、開発に参加したという事情も看過されてはならない。

勿論、必要労働力がかかる方法によってのみ集積されたとは断言できないが、この地域に墾田をもつ農民は一五人おり、彼らの家族労働力に、東人私有の労働力、更に、その他の雇傭労働力を合せれば、溝開掘に必要な約二、〇〇〇人の延労働力は比較的容易に編成できたのではないかと思う(49)。

この推計の当否は別として、今重要なのは、東人の開発が農民の土地所有への要求を巧みに組織化したのではなかろうかということであって、この関係こそ、桑原庄や来女の開発にはみられない、彼の在地豪族としての特質ではないかと思う。

特に、桑原庄の開発が、東大寺によって任命された専当田使によって、いわば官僚的に行なわれたのに対し、東人のそれは、農民の要求をたくみに組織しているのも、彼が在地の共同体的な諸関係の中に身をおいていることと密接に関係するのであり、庄の雑務を決裁するため、田使僧が使をたてたにも拘らず、「神社春祭礼酔伏、不レ堪二装〓(束)一不参」するという彼の在地での生活のひとこまが(50)、このことを象徴的に示しているといわねばならない。

農民が挙て祝う神社祭礼の日に庄務を相談しようとする田使僧の無神経な行動は、露骨に階級支配者の性格をむきだしにしているが、それに対し、農民と共に祝い酒に酔い伏している東人の姿は、一面では、階級支配者に成長しながらも、他方では、共同体的な諸関係から完全に離脱はしていない地方豪族の性格を物語るものである。この点にこそ、彼の開発を特質づけるものがあるといわねばならない。

農民の墾田開発は、右の如く自然的条件にめぐまれ容易に水田化しうるところか、或いは以前からある水田に切添的に拡大していくかという方法のみならず、より積極的に東人の行なう大規模な開発に参加し、用水の用益権を獲得するというかたちで開発を行なう場合（或いはそれによって田品を上げるとか）などが、考えられねばならない。しかし、その場合、用水の所有権は、開発者である東人の所有するところであって、彼がそれを一度東大寺に寄進した場合、彼ら農民の土地所有権は甚だ不安定たらざるを得ないのであり、彼らが、東大寺に墾田を売却せざるを得なかったのもその表れに外ならない。或いは、刑部茂女の墾田一町や、蘇宜部年成の墾田三反余が改正＝没収されたのも、単に寺域内を開発したという理由だけではなく、それが寺溝＝東人開掘の溝によって灌漑されていたからなのかも知れない。

農民の零細な開発が、独自の灌漑水路を開設した上でなされるということは、一般的には不可能である以上、既存のものを利用するか、或いは、大規模な開発に積極的に参加してその用益権に依存する以外にはない。それだけに、彼らの所有権はその基礎が弱かったといわねばならない。又、それゆえに、彼らの土地所有への強い要求を巧に利用し、大規模な開発を完成しながら、一度それが実現された後は、彼らの所有権を保護することなく、逆に自己の政治的な目的のため、灌漑施設を含む墾田一切を国家権力に寄進した、東人の裏切的行為は、彼の階級的本質を示すものに外ならない。

これらのことから、律令制的国家的土地所有に基づく水利の国家的支配の解体から出現した土地・水利の私的所有が、零細な農民の墾田所有を、大土地所有の中に吸収する結果をもたらすものであることを知ることができる。かかる傾向は、因幡国高庭庄においてもみられるのであり、勝宝七年（七五五）の庄地点定以前に散在していた農民治田は、一九年後には、東大寺田や公田に吸収され、総面積において約半分に減少し、更に、弘仁一四年（八二三）には、国図から全くその姿を消すに至っている。[51]このことは、これら農民の零細な墾田が大土地所有の中に吸収されていく姿を示すものであり、班田農民が営々として築きあげた墾田の運命を如実に物語るものであろう。

次に、第二の地域を簡単にみておこう。ここは、庄域外にあたり、その所有者名を庄図に記すにとどまり、田畠のいずれであるか、又、田の場合でも、墾田か口分田か明らかでないものが多い。しかしながら、味間川ぞいの足羽年足・生江息嶋の所有地は田であった可能性が高い。それは、奥田真啓氏によれば、五条十四里一一坪には榎津泉があり、氏の指摘するように、この泉によって灌漑していたと考えられるからである。(52)

これに対し合流点から集落にかけては明確に畠地と記すものが多く、且つ又、これにつづく庄域内が原野であることから、大部分畠地であった可能性が多いといわねばならない。これらの畠はこの自然堤防上にある集落の農民の所有地として、彼らの再生産を支えていたのであろう。前者の、榎津泉につらなる耕地は墾田か否か断定できないが、庄図に名を記されたそのことからして、その所有ないし占有者は、奥田氏の指摘するように、在地の有力者とすることができるであろう。特に、生江息嶋は天平神護二年（七六六）には道守庄使であり、又、生江一族であることから一般農民とはその社会的立場を異にし、それだけにこの耕地が独自の灌漑水源をもつことと相俟って、寺領に編入されない条件をもっていた、と考えることができるであろう。

今後の課題—結びに代えて—

以上、越前国東大寺領庄園における開発の具体的様相を分析することを通じて、八世紀における開発の特質に検討を加えてきた。直接的な対象が一地域の、しかも二、三の庄園に限られたため、この段階における一般的特質を十分把握するに至っていないことは、これを認めるにやぶさかではない。又、小稿では開発—それも灌漑設備の問題を中心としたため、論及すべき多くの問題を今後に残している。以下、将来の私自身の研究課題に展望を与える意味で、二、三の問題を提起して、結びとしたい。

一つは、弥生式以来の農業生産力発展の諸段階が、系統的に研究されなければならないということである。小稿においては溝と樋による灌漑方式が、七・八世紀における特徴的なものであることを指摘したが、この問題は更に右の課題を追求する過程で、深められなければならないと思う。

従来かかる問題は、古島敏雄氏の一連の業績を除けば系統的な研究はほとんどなされていないが、小稿でも若干指摘したように、戦後、弥生式時代から古墳時代にかけての考古学的研究が著しく進展しているのであって、その成果と統一的に研究を積み上げていくことによって、この課題が果されねばならない。

アジア的専制国家の解明という課題も、その生産力的基礎の解明なくして、真にその性格を把握することはできないのであり、「歴史像の再構成」「世界史の基本法則の再検討」という今日歴史学が負わされている課題を解決するためにも、この問題こそそのために必要にして最も基本的な当面の研究課題であるといわねばならない。

次に、開発という問題は、本来経営の問題と切り離すことのできない事柄であるが、小稿では、これらの関連について十分議論を展開することができなかった。特に開発の労働力編成については、小稿では問題の所在を指摘したにとどまるが、このことは一つには庄園経営の問題として、もう一つは、この段階における農民の再生産の条件を更に追求することによって、果されなければならない。

前者については、もともと本稿が初期庄園の歴史的性格を明らかにするために準備されたものの一部である関係上、この関係は叙述上意識的に捨象したものであって、機を改めて論及したいと思っている。

後者の問題は、行論中若干指摘した如く、単に支配階級の一方的強制による労働編成の側面のみを強調することは、生産力の発展という事実のもつ意味を矮小化するものであって、人民ないしは農民の、生産の場における具体的なあり方を追求することなくして、真に歴史的な認識に到達することはできない。即ち、農民のとり結ぶ共同体的な諸関係、家族形態等を究明し、彼らの再生産過程を構造的に把握する作業なくして、この問題解決に迫ることはできない。この問題は、換言すれば、生産様式の問題に外ならないのであり、今後更にこの問題を追求しなければならないと思う。

最後に、開発という行為の中には、自然に対する人間のたたかいが最も顕著にあらわれるのであるが、この労働を通じて人間は自然を改造すると同時に、自己自身をも変革せしめていくのであって、かかる問題については、すでに戸田芳実氏が「中世文化形成の前提」(『講座日本文化史』第二巻)において、理論的・実証的に追求せられている。

小稿においては、かかる問題に関しては、全く論及することができなかったが、自然を克服すると同時に、古代を克服していく原動力となったこの八世紀における開発の問題を、更に如上の諸問題と合せ、思想的・文化的な側面から研究していかねばならないことを強調し、それを果すための保障として、先学諸氏の御教導・同学諸兄の御批判を期待して小稿をとじたい。

注

(1) 小稿では、律令国家の開発に関する政策・法制面の具体的検討はこれを捨象した。かかる問題についての最近の研究には、羽田稔「三世一身法について」(『ヒストリア』三〇号)、亀田隆之「古代用水制度の一般的考察」(『東洋大学紀要』第一四集)

他、一連の論文がある。

私は法解釈のために事実が存在し、又、歴史的諸現象を制度史一般に解消する傾向の強い、最近の古代史研究には方法論的に賛成できないのであって、小稿が、開発の具体的様相を明らかにすることを中心的課題としたのは、まさにその意味からである。尚、小稿が対象とした、越前の諸庄園に関しては、亀田氏が「古代水利問題の一考察」（『律令国家の基礎構造』所収）で同様の問題について論及しているので参照されたい。

（2）このことを最もよく示すものとして、延喜式民部上所載の「凡私墾田用二公水一者、論二多少一、収為二公田一、但水饒無レ妨処者、不レ論二年之遠近一、聴レ為二私田一」とある規定があげられる。尚、最近かかる国家の規制を「公水公有主義」という概念で把握しようとするが（例えば弥永貞三『奈良時代の貴族と農民』、亀田「前掲論文」、古島敏雄『日本農業史』等）、私はこの用語が、いわんとする事柄の本質を表現する学問的述語として、果して適切であるかどうか甚だ疑問に思う。

そもそも、公水公有という表現自体一種の形容矛盾であって、公有されない公水などあり得ない。「公水」とは古代法にあっては、「公田」「公民」等の用法に対応する一定の意味をもつものであるが、それは、律令制的国家的土地所有の概念に内包されるものであって、土地所有と区別されて、独立的に水利権の所有があったのではない。それが二つのものの如く現象するのは、まさに、国家的土地所有の解体過程にみられる特殊な現象であって、問題は、この関係を追求することにある。無限定な概念の乱用は混乱を導くのみであって十分警戒する必要があろう。

（3）弥生式時代における農業の諸問題は、戦後、考古学的研究によって著しく研究の進展をみた。近藤義郎「初期水稲農業の技術的達成について」（『私たちの考古学』一五号）、和島誠一「東アジア農耕社会における二つの型」（『古代史講座』2）等参照。

（4）神功摂政前紀の裂田溝の記事は、そのまま事実とは認めがたいし、又、仁徳紀一二年条の栗隈県の大溝も、推古紀一五年条と重複する記事であり、藤岡・谷岡両氏により、排水溝渠とすべきことが指摘されている（「山城盆地南部景観の変遷」『日本史研究』七）。尚、小稿では、八世紀に至る日本古代の生産力発展の諸段階については、六・七世紀にかけて一つの画期があることを指摘するにとどまるが、この問題は機を改めて論じたいと思っている。

（5）天平宝字元年一一月一二日「越前国使等解」（『東南院文書』五〇一）、以下『東南院文書』については、『大日本古文書東大寺文書之二』による。数字は同書の文書番号を示す。

（6）亀田隆之「古代水利問題の一考察」三一八頁。

（7）この文書は、『大日本古文書編年文書』四ノ四九頁では正倉院文書とし、『寧楽遺文下』六九〇頁では東大寺古文書としてその所属が一致しない。

（8）桑原庄にかぎらず、越前における東大寺領諸庄園の現地比定は、岸俊男「東大寺領越前庄園の復元と口分田経営の実態」（『南都仏教』第一号）に整理されている。

（9）『新考坂井郡誌』第一編第三章・第二編第一章参照。

（10）桑原部落のある竹田川左岸と御簾尾・東田中等の右岸とでは、右岸が左岸よりかなり低く、対岸の坪江村から水を引くことは当時にあってはまず不可能である。

（11）亀田氏は池口を溝・堰と関係ある如くいうが、これは全くこじつけに過ぎない。注（13）参照。（同氏「一考察」三三六頁）

（12）井関弘太郎「土地利用」（『日本考古学講座』4）。

（13）この地域が、平安末以来その存在が知られる、九頭竜川鳴鹿付近を水源とする、十郷用水によって灌漑されるものであることは、『福井県史』第一冊第一編、『新考坂井郡誌』等に詳論されているので多言を要しない。

この地域に存在する桑原・子見・溝江の諸庄の灌漑を問題とするためには、この事実をぬきにして論ずることは、全く無意味であって、現在の排水路を用水路に考えたり、明治以後、揚水水車やポンプが使用されるまで、竹田川の水は灌漑用とはなり得なかったという、歴史的事実を無視して、あれこれ推測を重ねても机上の空論に過ぎない。かかる問題については特に現地調査が要請される所以である。

（14）『東南院文書』五〇一。

（15）天平勝宝九歳二月一日「越前国田使解」（庄券第三）・『尊勝院文書』・『大日本古文書』編年文書四ノ二二九頁。

（16）桑原庄券第一～第三（『尊勝院文書』）・『東南院文書』五〇〇。

（17）益田男爵家所蔵文書。『寧楽遺文』下・七〇三～八頁。この坪付を、岸俊男『南都仏教』一号所収論文の付図についてみれば、その状態が知れる。
(18)「新撰姓氏録抄」右京皇別上(『群書類従』第二五輯)。古島敏雄『日本農業技術史』第二章第三節参照。
(19) 考徳紀白雉元年条には「将作大匠荒田井直比羅夫」とあり、宮(長柄豊崎宮)堺の標を立てている。尚、この記事は、かかる工事が、如何に技術的にも困難なものであったかを示す好例である。
(20) 勿論、これと平行して、河川の氾濫を防ぐための提防工事等が行なわれたのであるが、今は、この関係は捨象する。尚、西岡氏はこれを「消極的水利事業」と呼んでいる(前掲論文)。
(21) 岸俊男「越前国東大寺領庄園の経営」(『史林』三五の二)。
(22) 岸「史林」所収論文、同「越前国東大寺領庄園をめぐる政治的動向」(古代学一の四)、同「東大寺をめぐる政治情勢」(『ヒストリア』・一五号)。尚、経営に関する、これらの論文を含めての批判的検討は機を改めて行ないたい。
(23)『東南院文書』五〇一。
(24) 虎尾俊哉「東大寺領越前庄園に於ける用水溝の規模と用尺」(『続日本紀研究』八の四)。
(25) 承和九年七月二四日「因幡国司解」(『東南院文書』五三九)、天平勝宝八歳一一月五日「阿波国名方郡新島庄券」(『東南院文書』五二九)にも彼の署名がある。
尚、亀田氏は「奈良時代の算師について」(『日本歴史』一二一号)において、算師が造地・開溝・築堤等の土木工事の技術者であったが如く主張するが、このことも、にわかには賛成しがたい。算師が庄図作成・経理・検田・丈量等々の経営面で重要な役割を果すことは疑いないが、土木工事の技術者であった確証はない。

かかる技術者が算道に通じていたということと、算師でなければならないということとは同断ではない。宝字三年の「東大寺越中国諸郡庄園総券」(『東南院文書』五四一)に署名した「知開田地道僧承天」こそ日下部忌寸麻呂の如き技術者であり(僧籍にあっても一向不思議ではない。例えば行基を想起せよ)、開発を実際に指導したものであろう。又、同文書にみえる算師小摘公石正は、この報告書の作成者であり、同一の文書に現れたかかる関係こそ重要であって、算師の職能と開発にあたっての所謂、技術者とは右の如き関係にあったとすべきである。
(26) 石母田正「生産力の発展について」(『古代末期政治史序説』上・第三章第三節)。

亀田氏が「古代用水研究の現状」（『歴史学研究』二四六号）において、研究の問題点を提起したが、そこでは羅列的に従来の諸論考を紹介したにとどまり、研究の方法論的問題がほとんど無視されている。

即ち氏にあっては、一貫して、水利・用水それ自体が問題とされていて、農業生産との有機的関連づけが、論理的にも実証的にも明らかにされていない。換言すれば、生産力の問題として分析するという視角が欠如しているのであり、氏が用水が農業社会を規定づけたといい、それによって、専制国家の権力の性質を明らかにするといっても、具体的な解決の道は全く示されていない。

又、氏は登呂の水田址をもって「共同体を支配統御する族長層、すなわち国造級の地方豪族の支配指導」の好例とし、大和朝廷が畿内に行なったと同様な灌漑設備が、そこにおいて行なわれたとする（「一般的考察」）が、紀元一〇〇年前後の弥生式社会と、四・五世紀ないしは五・六世紀の段階とを全く混同したこの議論は、右に指摘した欠如の具体的表現であり、原始共同体社会と階級社会との質的な相違が、ここでは全く無視され、用水制度一般に解消されてしまっている。このような方法で果して、アジア的専制国家の性格や、氏のいう、農業社会が用水によって規制されるという関係が解けるであろうか。甚だ疑いなきを得ないのである。

(27)　十郷用水は、中世春日社・興福寺領河口庄十郷を灌漑する用水であって、その起源に関する所伝は、相互に若干の相違はあるが、ほぼ保元年中、越前国追補使藤原国貞なる者が、この地六〇〇余町を春日社に寄進し、春日大明神の神鹿に導かれて水道を得たという。

この所伝は勿論疑うべき点が多いのであるが、この坂井郡に興福寺領が設置されたのは、『三代実録』元慶五年七月一七日条の「越前国丹生、大野、坂井等郡田地六百一町九段百五十八歩、依二天平勝宝元年四月一日詔旨一、令下興福寺領得上、但天平勝宝元年以前為二公田墾田類一、雖レ在二四至之内一、不レ聴レ領之」との詔に始まり、これ以後、藤原氏の勢力を背景に庄園の拡大が進行したと考えられ、河口庄の十郷用水も、興福寺によって恐らく保元の頃に、その一応の完成をみたものであろう。

しかし、興福寺による灌漑水路の完成も、東大寺による八世紀の開発と全く無関係に行なわれたのではなく、恐らく、本文に述べたように、その原形が形成されていたのであって、溝江・子見両庄が、「五百原堰」（その所在は不詳）を共に、水のとり口としていること（『東南院文書』五二五・五二六）は、この地域の、統一灌漑水系成立への動きを示すものといわねばならぬ。かかる努力の上に、平安末に至り興福寺によってその完成をみたのであろう。尚、これらの灌漑水系の成立を考える上で、『延喜式』所載の大溝神社（金津町）・井口神社（旧本荘村）などの存在が注意されなければならない。十郷用水成立史は、更に検討されなければならないと思っている。『新考坂井郡誌』・『福井県史』参照。

(28)『東南院文書』五〇一。

(29)宝字五年、東大寺が「雖レ乞ニ溝堰処一、无レ所ニ判許一」という事態の起ったのは、口分田の破壊をめぐる問題が関係していたであろう（『東南院文書』五一五）。尚、この事件は東晶氏が階級闘争の観点から解明している（同「東大寺領越前国庄園について」『歴史学研究』一六二）。

(30)『東南院文書』五一三。

(31)注(29)参照。

(32)藤間生大『日本庄園史』。氏の業績は、その後、事実に関する実証的批判は数多くなされているが、氏の初期庄園に関する歴史的把握は依然として基本的には克服されていない。

(33)諸説の整理は、弥永貞三『奈良時代の貴族と農民』、新日本史大系『古代社会』等によってなされている。参照されたい。

(34)品目を示すと、

釜二、鋘二、手鋘二、鎌二、鈖二、鍬廿、鉏十、席十、折薦十、簀十、折櫃十、明櫃十、水麻笥十一、田笥一百、槽一、木佐良一百、宇須二、箕一、匜四、缶廿三、田坏三百。（「桑原庄券」第一〜第三『尊勝院文書』）

(35)桑原庄券第一には「自ニ大伴宿称所一勘受物」として、田地の外に、草葺屋三間（東屋二間、真屋一間）、釜一、缶三、碓一、水麻笥一、樋十三がある。これらは前注の中に含めた。

(36)門脇禎二「古代畿内村落の崩壊過程」（『歴史評論』五の二、『日本古代共同体の研究』第五章・三）。

(37)同『日本庄園史』

(38)道守庄の分析にあたっては、弥永貞三『奈良時代の貴族と農民』における、当庄の史料整理・庄図の復原等に負う所が多い。又、付図は氏の作成されたものに、若干の修正・表現の変更を加えて作成した。

(39)岸「古代学」所収論文・付表参照。

(40) 弥永前掲書。
(41) 岸「史林」所載論文。
(42) 『東南院文書』五一三。
(43) 弥永前掲書・折込C図参照。
(44) 『東南院文書』五二三。
(45) 『東南院文書』五四八。原本には、堰の記載があるという。すみやかな公開を要望する。
(46) 『東南院文書』五一三。
(47) 弥永氏はこの「勅旨御田陸町」を、第Ⅰ地点の一部と考えているが、これには従えない。すなわち、氏は宮処新里（二条十里）の1・2・8・9・10・11坪（宮処田と記す）とするが、何故この部分だけ特に用水を妨害されて「不堪佃」となったか説明できない。若し、この部分がそれにあたるとすれば、地続の部分はどうして被害を受けなかったであろうか。それ故、第Ⅱ地点に比定した方がより合理的といわねばならない。
(48) この事件については、庄経営を論ずる時に論及したいと考えている。尚、事件の内容は亀田「一考察」に記述がある。参照されたい。
(49) 労働力の推定は亀田氏の計算による。労働力の問題は、労働量の推定にとどまらないのであり、その編成・質を問題としなければならないが、この問題について十分論及する余裕がないので見通しを述べておくと、必要労働力延二、〇〇〇人は一日五〇人の動員で四〇日ということになり、その半数が、墾田を所有する農民の家族労働力に依存したとすれば、あとの半数が、東人の私有の労働力、或いは雇傭労働力で充足されることになる。

又、所謂、雇傭労働力についても、更に、東人の墾田の賃租という問題を考慮しなければならないから、当時にあっては単に、和雇という点を主張するだけでは、事柄の本質を把握し得ないのであって、和雇は農民の経営との関連で問題とされなければならない。

当時にあっては、自由な賃労働関係などは絶対に存在しないのであり、単に、和雇〳〵といくら強調しても無意味である。それ故、私は、先に桑原庄で指摘した如く、農民の再生産の不安定性、墾田所有への強い要求という契機が、豪族に巧に利用されて労働力に編成されたと考える。
単純に豪族の伝統的な支配力を強調し、強制の側面を一方的に強調することは、人民の生産への意欲を無視し、生産力発展の真の担い手である人民を、否定する結果になるといわなければならない。そのことは、勿論、人間の自然に対するこの闘いが、古代にあっては、身分的・階級的関係によって、著しく人民に苦難を負わせるものであったことを否定することにはならない。

尚、小稿では十分展開できなかったが、開発の労働力を問題とするとき、溝等の灌漑設備に要する労働力よりも、田地そのものの開発に要する労働力の方がはるかに大きいのであって、この点が看過されてはならない。例えば、一〇〇町の開発のためには町別一〇〇束として、一〇、〇〇〇束、単功七、一〇〇余人を要するものであって（弥永氏前掲書）、溝開掘よりはるかに多量の労働力の編成を必要とする。勿論、後者の場合一時に投入される必要はないが、これらの点を無視して溝開掘の労働量のみを云々することは、事柄の本質へ迫り得ないであろう。

(50)『東南院文書』五一一。
(51) 延喜五年「東大寺領因幡国高庭庄坪付注進状案」(『東南院文書』五三七)。
(52) 奥田真啓「荘園前村落の構造について」(『史学雑誌』五八の三)。

【付記】桑原庄・道守庄の現地踏査に際しては、藤野立然氏御夫妻・子息立恵氏になみなみならぬ御援助を得た。衷心より深謝する次第である。

【補注】
(1) 本論文初出時には、大伴宿禰駿河麻呂の名を挙げなかったが、今回補った。駿河麻呂は、万葉集にもその名の見える高市大卿（御行か、と言う）の孫で、駿河麻呂は、天平一五年（七四三）五月、正六位より従五位下に叙され、同一八年九月越前守に任ぜられた（『続紀』）。しかし、大伴宿禰麻呂は、管見の限りでは、大伴諸系図にその名は見えず、両者の系譜関係は明らかではない。

（2）　その後、正倉院文書研究は飛躍的に進展し、この「徳太理啓」に見える佐官は、造東大寺司主典であった安都雄足であることがほぼ確実となり、昨今では、地域史の歴史叙述の中に豊かに生かされるに至った。『福井県史』通史編1　原始・古代　一九九三年、六五七〜六六〇頁（舘野和己氏執筆）。

（3）　ここに掲載した「道守庄園図」は、荘園図研究が長足の進展を遂げた今日の水準からすれば、旧稿とはいえ掲載をためらわれる、まことに欠陥の多い未熟な代物であるが、今を去ること約六〇年前、一九六〇年代初頭の国史学専攻博士課程進学後間もない院生の、手書きの図面として、恥を忍んで旧態のまま収録することとした。

また、本図の土台をなす原本「越前国足羽郡道守村開田地図」（正倉院宝物）については、東京大学史料編纂所編『日本荘園絵図聚影　本文編』一下―三、および同『釈文編』古代―一八（東京大学出版会　二〇〇七年）に就かれたい。

なお、釈文編の「書き起し図」中、本「道守庄図」で示せば、一条一〇里一六坪で「寒江」とした沼名は、前掲の釈文編では「寒□（沼カ）」とするが、沼の北方や西方には「寒江田」の坪名が広がり、又、そこには百姓墾田が東大寺領とする前から開かれていたらしいことを見ると、旧釈文の「寒江」でよいのではないかとの疑念が生ずる。再確認の機会を得たい。

第三　八・九世紀における農民の動向

はじめに

昨年度の古代史部会の大会報告は、「日本古代の都市と農村」の関係を問題としたのであるが、本年度はそこで提起された、古代都市の全面的な農村依存性という問題から出発して、農村の具体的分析、特に農民の再生産構造の変化に視点をおき、八・九世紀の展開の中にその動向をあとづけ、古代政治における人民の役割、古代国家転換期の矛盾の特質を明らかにすることを、共同研究の基本目標としてきた（「日本史研究」六二号部会ニュース参照）。

本報告はこの方向にそって、律令体制の崩壊過程で客観的に形成されてきた、新たな可能性を構造的にとらえ、そのような条件のもとでの、社会各層の動きと相互関係を概括的に検討し、それらの中から、次代の中核を担う階層の成長を把握しようとしたものである。

1　浮浪・逃亡と墾田開発

律令体制のもとにあっては、農民は一般に公民として国家に把握され、口分田を班給されることによって、その再生産の条件を与えられ、同時に、田租及び課役の義務を負わされていたのである。すでに明らかにされているように、彼らに対する諸負担、特に徭役労働は苛酷であり、彼らの生存そのものを脅かすものであって、そのため生活を破壊され、或いは、収奪を免れんがために、居住地をすて、他郷或いは遠く他国に逃亡せざるを得ないという現実を、すでに八世紀初頭にみることができる。

律令体制のもとにおける基本的矛盾は、この現象の中に集中的に表現されているのであって、農民の再生産のための基本的部分が、一方的に国家＝支配階級の掌握するところであり、体制維持のための諸負担＝収奪が、彼らの与えられた生存条件をこえて、課せられているという点にあるといえるであろう。このような矛盾のもとにあって、被支配階級としての農民は、与えられた生産諸条件を、自から拡大・変革して、自己の経営を安定させるか、或いは、国家の支配を脱して逃亡するかという、二つの道のいずれかを選択せざるを得ない、という立場に置かれていたと考えることができる。

ところで、すでに従来から説かれているように、律令体制下の国家的収奪による農民の窮乏化、その必然的帰結としての逃亡という現象が、客観的には律令体制の基礎を崩壊させていった一つの大きな要因であるが、この逃亡という農民のぎりぎりの闘いは、生産関係に如何なる変化をもたらしたのか、又、そのことが八世紀から九世紀にかけての歴史の展開過程で、如何なる意味をもつものであるか、まず、政府の対逃亡政策を検討することによって、問題解決へのいとぐちをさぐりたい[1]。

律令国家は成立当初より、すでに農民の逃亡という問題に直面していたのであって、造籍ということ自体、浮浪の糺断という意図をもつものであった。令の規定によれば、一般に公民の移動は禁ぜられ、逃亡者は原則として本貫に返送されるのであるが、逃亡して以後、「三周六年法」によって絶貫となったものは、当所に貫附され、口分田を与えられると同時に、調庸を輸さしめられることになっているが（戸令・戸逃走条・浮逃絶貫条）、この規定は、若干の変更はあれ、天平初年頃までは、原則的には維持されていたようである[2]。ところで、延暦四年（七八五）六月の太政官符は注目すべき内容をもっている。

一、應レ勘二他國浮浪一事

右無頼之徒規二避課役一、容二止他郷一巧作二方便一（中略）又依二去宝亀十一年格一編二附當處一、因レ茲國司觸レ途欺妄、今年編附給二口田一、来歳逃亡不レ還レ地、遂致二人田共隠没一、自今以後、停二編附之格一、依二天平八年二月廿五日格一、但先給レ田逃亡人分還レ公（『三代格』延暦四・六・二四官符）

右の官符によれば、浮浪人が当処に編附されると同時に、「口田」＝口分田を給されて課役の義務を負わされ、所謂公民として、再び把握されたのであるが、元来、課役の負担の苛酷さの故に本貫をすてた以上、彼らとしては翌年には再び逃亡するということは当然のことであり、又、自己の生れ育った共同体的諸関係の中ですら、再生産が不可能であった以上、他郷にあって公民としての生活を営むことは、事実上不可能であったといわねばならない。その結果、人田共に隠没するという事態がしばしば起ったのであって、そのため、政府は本貫に帰還を望む者はともかく、無貫の無頼之徒に対しては、以後、当処に編附することを停止し—それは当然口分田の給附を停止することを意味するが――「全輸二調庸一當處苦使」するという天平八年の格（『三代格』天平八・二・二五勅）を実施しようとしたのである。

ところで問題なのは「但先給田逃亡人分還レ公」という処置である。これは恐らく、天平八年（七三六）以後浮浪人は編附せずとの方針がとられ、宝亀一一年（七八〇）に令の規定に一旦復したものが（『三代格』延暦四・六・二四官符）、更に、五年後のこの年に至り、再び編附せずとの方針をとることになったのであるから、還公の対象となる給田は、原則的には宝亀一一年以後のものということになるであろう。そうであるとすれば、天平八年以降は、本貫を失った浮浪人は口分田を与えられずして課役を徴収され、当処で苦使（具体的内容は不明である）されるという状態におかれたわけである。ここでは、天平八年の格が、宝亀一一年に一旦令の規定に復帰しながら、再びここに至って復活させられたことの意味が問われねばならない。

天平八年格が如何なる理由でだされたかに関しては、格文から直接知ることはできないが、それは先に推定したように、その理由は根本的には、浮浪人を当処に編附したとしても、彼らのそこでの生活は何ら改善されるものではなかったし、又、編附はしたものの、公民たるの身分保証に伴う収奪の苛酷さは、在地の有力者との結合を、結果的には強めるものとしかなり得ず、公民維持の政策としては上策でない以上、ともかくも、本貫に返すという方針をとり、そのために、当処に留まる場合の規定を苛酷なものにしたと考える。

このことは天平に至る一般的状勢からして、妥当すると思うのであるが、延暦四年の場合は、これと同断に考えてはならないと思う。それは第一に、墾田永代私財法のだされて以後、墾田開発は進行し、逃亡・浮浪人の行きつく先は、王臣寺家の庄園以下、地方豪族の大経営の中であり、国宰郡司の追捕にも拘らず、勢を其主に仮りて調庸を貢上しない（『三代格』延暦一六・八・三官符）、という現象が支配的となってきているのであって、かかる状勢が形成されてくれば、当処に編附し、口田を与え、公民身分を保証したところで、それは彼らにとって、敢て過重な課役を負ってまで、再び復帰するに価する程の身分や特権ではないし、それを強制されれば、再び逃亡を企て、新たな生産関係のもとに走る方がより有利となってきたのである。

即ちこの段階に至れば、農民にとって、国家―公民という生産関係以外の場で、再生産しうる、つまり生活しうる条件が形成されてきている、ということが前提されなければならない。このことは八世紀前半の時期と大きく異なる点であって、往時にあっては、逃亡者の行きつく先は、地方の有力農民・豪族、或いは王臣・寺家の下であっても、それは恐らく奴隷的な境涯のもとにおかれたのではないかと思う。しかし、墾田開発の進行は多量の労働力を必要とするものであり、又その耕営にも労働力が要請される以上、逃亡者の受け入れ体制は、従来とは異なった条件で準備されていたといわなければならない(3)。

農民の逃亡がもたらす、国家にとっての直接の問題は、調庸物の未進ということであるが、当面この収奪が確保されれば、彼ら逃亡者が、如何なる手段によって再生産するかということは、問うところではないというのは極論であるにしても、少なくとも、彼らの再生産を保証せずして、調庸等の徴収が可能であるという、現実に対応した姿勢を延暦四年の格にみることができるであろう。

以上要するに、天平八年格がだされた当時、それは多分に、教化主義的意図をもつものであった政策が(4)、延暦の段階では、それが一見復帰の如くみえながら、この段階の一般状勢からして、明らかに積極性を欠くところの、支配階級の現実に対する対応策であって、律令制的原則の一歩後退といわねばならない。しかも、この浪人給田の没収が、翌五年行なわれる班田のための準備措置であるとすれば、律令制の基礎をなす土地制度が、重大な危機をはらんでいることの証左といわねばならない。又、この浪人給田の停止は、公民維持政策の放棄を意味するものでもあって、律令制の破綻を、自から繕う方策をすら見失ったかの感を与えずにはいないのである。

このように考えることが許されるならば、かかる現象を導きだした根本的要因は何か、ということが次に問われなければならない。それは結論的には、農業生産力の発展ということに帰着する。八世紀中葉以降種々の国家的規制にも拘らず墾田開発が各地で活発に展開するが、それについての具体的状況は、旧稿で不充分ながら検討した如く、技術的には溝と度樋に象徴される開発であり、主として、郡司クラスの地方有力豪族を中心に、広く公民一般に及ぶものであるが、これらの開発された耕地が、開発者の手中にとどまり、彼らの経営を安定させ、国家的支配と従属をたち切って、成長発展していくというコースを直線的にたどるのではなく、それらの多くは、在地の小数有力者の手中に帰すか、或いは、中央貴族・寺院等のもとに集中していったのである[5]。しかしながら、農民の勤労によって生みだされた私有地の増大と、そこでとり結ばれる新しい関係は、農民自身をも変化させずにはおかないのであって、次にこれらの問題について若干検討を加えたいと思う。

2　庄園の成立とその経営形態

庄園発生期の経営形態を東大寺領諸庄園に例をとって考えると、凡て賃租経営であって、基本的には公田＝乗田の経営と同様なものである[6]。かかる方式は、他の王臣・豪族の経営においても、一部の家人・奴婢等による直接経営を除外すれば、その基本部分は賃租経営によっていたと考えられる（二つの経営方式が一経営体に併存することの意味は後に論及する）。

それは、庄地の耕作者が、現実には在地の班田農民をもって基幹とせざるをえない条件のもとにあっては、耕作者にとって著しく不利な、雇傭労働による直接経営では、庄の運営を不可能としたからに外ならない。即ち、庄園経営は、後述する諸点を一応捨象すれば、一般的には国家の乗田等の地子田と競合する関係にあるものとして性格づけることができる。その意味で、耕作者＝農民をめぐって、両者は対立関係にあるものといわねばならない。庄園の経営―それは単に庄園のみならず、後述の「富豪層」の営田においても同様であるが―は、それ故如何にして耕作者を確保するかという問題が、第一義的とならざるをえないのであって、賃租する農民にとっては条件が悪ければ、越前の桑原庄にみる如く、「百姓不買」という事態も当然起り得たのである。(7)

それは単に私領内のみに限らず、公田においても同様であって、九世紀中葉の山城国においては、国内の多数を占める「下田以下、無二人買作一、然則田疇荒癈、翅レ足可レ待」（『三代実録』貞観六・正・二八条）という事態にたちいたっていたのである。又、この関係は国家と私的な大経営との間の問題ではなく、個々の庄園あるいは「富豪層」以下私的な経営間においても同様であって、あらゆる手段を使って、自己の経営の中に農民を吸収する試みがなされたのであり、延暦九年四月一六日の官符（『三代格』）が、畿内の農繁期に田夫に魚酒をふるまう風習に禁止を加えたことも、私的な経営相互間に存在する矛盾を如実に示すものである。

このような環境の中に、自己の生活の場を求めたものこそ、他ならない逃亡農民であり、国家の追求をのがれ、庄園に身を寄せ、所有者の勢にかくれて、調庸を対捍したのである。これに対し庄長らは、これを積極的に保護し、庄経営の維持につとめたことは、親王及王臣の庄園に寄住する浪人の、調庸を徴収すべきことを命じた官符において、「浮宕之徒集二於諸庄一、假二勢其主一、全免二調庸一、郡國寛縱曽無二催徴一」とし、国郡司の検校にあたって、「若有三庄長拒捍、及脱二漏一口一、禁レ身言上、科二違勅罪一、國郡阿容亦與同罪」（『三代格』延暦一六・八・三官符）と、強硬な態度で臨んでいることから、十分推察しうるのである。

このような状況は、公民一般にとっても、重大な変化をもたらしたのであって、少なくとも八世紀前半の時期とは異なり、彼らの再生産の場が、国家の支配内のみに限定されることなく、非律令的な領域の中でも可能となってきたのであり、事実、彼らの逃亡は増加し、又、生活の本拠は、口分田経営に置きつつも、一方では不足部分を私領地の中に求め、国家の全一的な支配から、一歩ぬけでる可能性と現実性をみいだすことができたのである。

勿論、彼らを待ちうけたものは楽園ではないことはいうまでもないが、そこには、若干なりとも彼らの要求を満たし、創意性を発揮しうる条件は存在したのである。このことは、彼らの不断の闘争の成果というべきであり、又、律令体制を克服していく基本的力というべきである。しかしながら、庄園の形成する新しい生産関係は、直ちに律令体制を否定するものと評価することはできないのであり、それは、庄園所有者が王臣・寺社であるということによって、決定的な政治の場では支配階級内部の矛盾としてしか作用せず、直ちに律令体制を克服するものとはなりえなかったのである。

八世紀末から九世紀における庄園経営、或いは所謂、富豪経営には、自家労働力及び雇傭労働力による直接経営（佃部分）と、賃租経営（散田部分）との結合形態が存在するのであるが、かかる二つの経営方式が、一経営体の中に併存しているということは、如何なる歴史的な意味をもつものであるか、農民のあり方と関連させて若干検討を加えたい(8)。

先にも指摘したように、八世紀の庄園にあっては、知られるかぎり賃租経営が一般のようであり、奴婢・家人等の自己所有の労働力による自家経営的な部分に、臨時的な雇傭労働を投入する以外は、所謂、佃経営として明確に分離できるものはないようである。又、令制下の官田にみられるような、苗子営種料の国家負担、労働力は、班田農民の無償労働＝雑徭を充てるという経営方式は[9]、特殊律令制的な経営方式であって、私的な経営の中にとり入れられる性格のものではなかった。

当時の一般例からあきらかなように、雇傭労働による経営＝佃経営は、賃租経営に対してはるかに経営者側に有利であり、耕作者には不利であったが、かかる経営が、官田経営は一応除外して、自家経営地としての口分田と、公田その他の賃租による経営によって、不安定ながら自己を再生産する小経営体の一般的に成立している条件のもとで、如何にして成立しえたかが問題である。一見それだけを抽象してとりあげれば、労働人民にとっては、すでに達成された経営の自立化の道に逆行する、奴隷制的隷属への方向であるとも考えられる。勿論、無償労働ではなく、一定の報酬は与えられるのであるが、すでにより有利な関係としての賃租が、権利として獲得されている以上、逆行的なものといわざるを得ないであろう。

ところで、かかる関係が成立し得た根拠は、すでに指摘されているように、一つは私出挙による、「役身折酬」による労働力の集積である。この段階の「富豪層」の特質が、「営田」と「私出挙」にあるといわれるように[10]、不安定な農民経営を債務関係で捕捉し、経済的な支配を通じて自己の経営の中に、雇傭労働力として集積していたのである。しかしながら、かかる関係のみでは、その安定性は必ずしも保証されないわけであって、経営の恒常性を保証するためには、経営者と耕作者との間に一定の支配隷属の関係が結ばれることを必要とする。かかる関係を形成する上で、決定的に重要な役割を果したのが逃亡・浮浪人であった。

すでに述べたように、律令制の収奪の過重さを脱して私的な経営の中にもぐりこんだ浪人は、国家の課役追求に対し、王臣家・豪族等の被護の下で再生産の条件を獲得していったのであるが、それは恐らく、彼らが庄田等の一部を賃租しつつ、一方では佃経営の雇傭労働力として関係するという自己の生活様式を形成していったのであろう。勿論、このような関係が一挙に成立したとはいえないし、又、凡ての浪人に適用できるものでもない。弘仁二年の官符に、浪人を指して「人之寄住、各有二其主一」とし、浪人の調庸を免ずる場合は「宜下勘二其主戸損一免上之」（『三代格』弘仁二・八・一一官符）といっているように、郷戸の中に非血縁的な家族員として編附される場合も、依然として存続していたのである。

しかし一方では、後に論及するように、「力田之輩」として官田の正長に選ばれるような、独立的な生活を獲得するまでに成長する者も存在したのである。それは何よりも、彼らの闘いと勤労の成果であるが、それを可能にしたものとして、一般的に口分田経営を中核とする公民の個別経営が存在し、又、浪人自身かつてその一員であったということが、彼らの自立化への客観的条件をなしていたと考える。いいかえれば、このことは労働奴隷制への阻止要因であるということができると思う。

ところで、かかる浪人の再生産の諸条件は、公民とは異なり、庄園所有者、或いは「富豪層」に負っているわけであるから、そこには一定の保護被保護の関係が成立する。しかも、そこには明らかに搾取関係が存在する以上、一定の保護被保護の関係を通じてその安定性が保証される佃経営は、未熟ながら新しい階級関係（＝農奴制）を一つの基礎として内包するものであるといえよう。

しかし、佃経営は凡て彼らの賦役労働の徴発によって成立していたのではないし、更に債務関係による「役身折酬」、或いは周辺の弱少な経営体からの自由な雇傭労働等を含めていたと推定されるから、この経営は、律令体制を克服する新しい生産関係（それは労働奴隷制ではない）を内包しながらも、それのみでは貫徹できない、即ち、一方ではそうした関係には至らない債務関係や雇傭労働に依存していたのであって、その意味から佃経営は、不安定な小経営の一般的存在を前提として成立する経営方式であるということができるであろう。

更に又、この佃経営が、庄園等一つの経営体の中で全体を占めるという例は存在せず、九世紀において、その規模の知られる唯一の例である、東大寺領愛智庄（『平安遺文』一七二）では、全体の六分の一にあたる二町であり、全く存在しない場合も多く、佃経営が経営する主体にとって有利なものであっても、それを無制限に拡大することが困難であったということも、右のことと関連して理解しうると思う。なお、佃経営の占める位置は、一般的には貴族寺社の庄園よりは、むしろ富豪の経営や、或いは、庄園を請作する田堵の経営の中でこそ大きかったと考えるが、それは、現実の生産活動における労働人民と支配階級の関係からして、当然といわなければならない[11]。

以上、庄園の成立に象徴される、私的大経営の成長は、律令体制下の農民にとって、必ずしも奴隷化の道を開いたのではなく、むしろ、律令制の呪縛から、自からを解放する可能性を与えるものであったのであるが、それが具体的には、如何なるものとしてあらわれたか、又、支配階級にはそれが如何なる分裂をもたらしたか、更に検討を加えなければならない。

3　富豪浪人中井王・弘宗王と田堵・富豪層

延暦九年一〇月二一日の官符は、所謂、富豪浪人の存在を示す初見史料であるが、ここで「財堪ㇾ造甲ㇾ者」（『続日本紀』延暦九・一〇・二一条）として政府の注意にのぼった浪人は、一般に班田農民が律令制的拘束から脱出し、自己の能力次第で到達しうるものと考えることができるであろうか[12]。勿論、八世紀前半期に比較すれば、かかる可能性が相対的に開かれていることは、疑いもない事実であるが、しかし、所謂、富豪浪人なるものの主体をなすのは「秩満解任之人」・「王臣子孫之徒」と呼ばれた、旧官人或いは、貴族の出自をもつものであると考える。

延暦一六年（七九七）、浪人を検括すべく、大宰管内に下された官符が示す如く、彼らは「結レ党群居、同レ悪相済、佞二眉官人一、威二陵百姓一、妨レ農奪レ業」ことによって、私富を蓄積しつつあったのであり、それは、特に中央をへだたる程に著しく、国司としての在任中に地位を利用して私営田を行ない、私利を追求し、自己の勢力を扶植しつつあったのであり、任期がくるに及んで、自から進んで官界を捨てるか、或いは、在任中の不正のため、任を解かれて後も当所に留まり、そこで築き上げた富と勢力を基盤として、私富追求の生活を送る者であった。国司が任国で私営田を行なうことは、律令政府によってしばしば禁止されたところであるが、延暦二二年、因幡国高庭庄の一部を、国司解任直前に東大寺より買得した、藤原藤嗣（後に参議）の例にみるごとく[13]、禁令にも拘らず、実際には行なわれていたのである。

かかる意味での、富豪浪人の典型として著名なものに、承和前後（八三〇年代）の、前豊後介中井王がある。彼は、私宅を豊後国日田郡に構え、私営田は諸郡にまたがっていたのであるが、彼の活動範囲は同国内にとどまらず、筑後・肥後両国に及んでいる。彼は自己の目的のためには、「任レ意打二損郡司百姓一」することもはばからなかったのであるが、それを支えていたものは、彼が皇親であることに加え、前豊前介であったということにあろう。

彼が「中井尚欲下入部徴二舊年未進一、兼徴中私物上、而調庸未進之代、便上二私物一、倍二取其利一」（『続日本紀』承和九・八・庚寅条）と、その非法を訴えられたのは、彼が前介という職歴を利用し、農民の未進を徴収することを通じて、同時に利益を得ていたからであって、それは一まず私物をもって代輸して後、農民には倍の利をつけて搾取するという方法だったのである。なお、この彼の行為が、非法として訴えられたのは、調庸代輸において「倍取其利」したことも勿論その理由ではあるが、それよりも重要なのは、彼が現職の国司でないにも拘らず、旧任国内に入部して、旧年の未進を徴収したことにあるのではなかろうか。(14)

このように、彼の富豪浪人としての活動が、彼の旧身分や、律令制的支配機構での前職に大きく依存していたことは、注目されねばならない。しかし、彼が官人の道を捨て、浪人として私利追求の道を選んだのは、一面では、かつての地位や身分に依存しつつも、それとは異質の、非律令的諸関係の中で、より有利な私富追求の可能な条件が、客観的に形成されてきていることが前提となっているのであって、かかる可能性は、先に指摘したように、八世紀末から九世紀にかけての時期に、初めて生まれたものに外ならない。

国家にとっては、同じく浪人でありながら、右の富豪浪人と、前節で検討した中下層の浪人とは、本来的に階級的に異質なものであって、それぞれが反律令的な面で結合しあうことはあっても、後者が前者に成長転化し、同質化するような条件は、八世紀の段階においてはなかったと考えられ、したがって、それぞれの担った役割も又、自から異なるといわねばならない。

中井王が官界を捨てる道を選択したのとは逆に、一方では、律令制の再建に活躍する「新官人群」が、弘仁期以降登場してくるのであるが、(15)かかる支配階級内部における分裂は、この段階に生きた支配階級の、現実に可能な二つの道であった。それは又、当時の支配階級にとって、好むと好まざるとに拘らず、いずれかの道の選択をせまったのであって、弘宗王の生涯は、その意味で一つの典型を示すものであろう。(16)

彼は、讃岐守在職中、その非法により部内の百姓等に訴えられ、「仍遣二詔使一推二問虚實一、伏辨已了、使等為レ囚、付レ國禁固」(『文徳実録』天安元・正・乙卯条) されるに至ったのであるが、「而弘宗王脱レ禁、逃亡入レ京」(同前）したものの、再び捕えられて右京職に散禁されたのである。ここで注目すべきは、彼がその後の生きる道を、どう選んだかということである。彼の前には、中井王の如く決然として官界を去るか、或いは、あくまでも律令官人の道を歩むかのいずれしかないし、又、いずれの道も可能であった。五年後に至って、時の右大臣藤原良相の、彼に対する評価は極めて興味深い。即ち「大和守弘宗王、頗有二治名一、多宰二州県一、雖三自賢之費、或罹二法網一、而談二諸経國一非レ無二其才一」（『三代実録』貞観四・一二・二七条）とある如く、彼は官人の道を選択し、しかもその政治的能力は、当時、支配階級に要求された律令体制再建の課題に、十分役立ちえたものであった。

しかしながら、彼の行動の中には、依然としてもう一つの可能性が潜在していたのであって、その晩年は、「越前守従四位下弘宗王、為二百姓一所レ訴、増二出挙之数一、欲レ私二其利一、（中略）刑部省断曰、弘宗王身卒、不二更論レ罪」（『三代実録』貞観一三・一〇・二三条）と、再び不法行為が農民に摘発されている。彼こそは、この時期に生きた、支配階級の人間像の一つの典型とすべきであり、それは正しく、この段階の歴史的特質に規定されたものに外ならない。

右にみた二つの道が、政治的には、保守と変革の決定的な対立としては現れず、むしろ、その意図する理想の保守的な「新官人群」層に、現実的な政治行動において、漸新さを見出すのは、富豪浪人の依存する基礎が、一方では、「佞二眉官人一」という彼らの旧さと、他方では、非律令的な関係の中にありながらも、そこで新しい生産関係を創出し得ないところに由来するのであろう。それ故、彼らの郡司以下農民に対する、いわば悪党的収奪行為が、逆に農民を律令体制へと接近せしめることすら、一時的には起り得たのである。

若干、具体的状況に類似性は欠くが、弘仁一四年（八二三）加賀国分置に際し、その理由の一つとして「郡司郷長任レ意侵漁、民懐二冤屈一路遠無レ訴、不レ堪二深酷一逃散者衆」（『三代格』同年二・三官奏）といわれた状態が、天長二年（八二五）には「今件国准二諸上国一課丁田疇其数差《ヤ、》益《マサレリ》」（『三代格』同年正・一〇官符）として、中国から上国へと発展したのは、基本的には右の関係を示すものであって、彼らが農民対国家という対立の中で、彼らの再生産の諸条件を破壊してまで、収奪を加えるかぎり、―それは後述する在地の「富豪層」においても同様であるが―農民を自己の周囲に結集し、律令体制を克服する政治的主体とはなり得ないのである。

富豪浪人が、右の如く貴族内部の異分子にすぎず、この段階では、律令体制を克服する政治的主体となり得なかったのに対し、地方の郡司以下、有力農民は営田と私出挙によって富豪化をとげながら、富の一部を寄進する行為、或いは、貧窮農民に対し国家に代って救済する行為によって、更に、調庸代輸・徴税請負人として律令体制を補強し、且、農民から収奪を行なうものでありながらも、彼らは又、同時に、地域における開発の先頭にたつなど、集団労働の組織者であり、本来国家のなすべき人民の再生産の諸条件の保証・維持の機能を代行する、という性格をもつものである。

彼らが、共同体的諸関係の中で伝統的につちかってきた、この「在地性」ともいうべき性格の中に、国司の非法を、或る場合には、百姓と一体になって中央に訴え、或る場合には、武力をもって攻撃する必然性が内包されていたのである。

彼らが、富豪浪人と区別されなければならないのはこの点であって、両者が、経済的諸活動においては同一性をもちながらも、現実の階級闘争＝政治的諸活動において果す役割は、異なるものであるといわねばならないであろう。それは、郡司等、在地の「富豪層」が、律令体制の支配機構に占める位置と密接に関連するのであって、彼らの経済活動にもとづく諸要求は、もはや律令制のうちでは充足されるものではなくなっているし、又、現実の生産過程でとり結ぶ人民との関係は、富豪浪人と全く同様な行動をとることを、制約するものであったと考えるのである。

右に略説したように、八世紀から九世紀にかけて、人民にとっても支配階級にとっても、新たな発展への可能性が、客観的に形成されてきたのであるが、かかる状況の中から、次の社会体制の中核を担う階層が形成されてくる。それは所謂「王朝国家の公民」として、身分的に把握された「田堵」層である。

田堵をめぐる諸問題は、日本史研究会中世史部会の諸氏によって、中世成立史の観点から精力的に追求されてきたのであり[17]、論点は多岐にわたるが、今必要なかぎり要点をあげれば、田堵とは、農業経営を専ら業とする者、即ち、営田のエキスパートであり、その経営者的能力をもって、散田を請作するものであって、彼らは、庄園のみに特殊的に存在した者ではなく、国衙領内にも存在した。

又、田堵とは第一義的には「合法浪人」の意であるとする見解[18]もあるが、浪人を含むことは否定しえないにしても、全面的に承認しがたいものがある。更に、田堵とは、必ずしも富豪であるとはかぎらないのであって、これらの諸性質からして、八・九世紀の社会的分業の発展過程の中で形成されてきた、各分野の専業者と、同一の次元で考えられるものである。

九世紀における田堵の史料は、貞観元年（八五九）の元興寺領近江国依智庄検田帳（『平安遺文』一二八号）が唯一のものである。そのうちの一人、依智秦公安雄は前伊勢宰であり、地方官人としての経歴をもち、且、依智秦公氏は歴代の郡司として、伝統的にこの地域に勢力をもつ一族であって、同じく検田帳にあらわれる遠江掾依智秦公乙長や、同じく田刀である依智大富などと同族関係にあると考えられ、彼らは、在地で大規模な営田を行ない、動産を所有する富豪化をとげていたのであろう。

安雄は、大富とともに依智庄の庄地を請作していた（具体的な面積不詳）と考えられるが、彼らと検田使延保との論争などからうかがえることは、庄別当クラスのものでは太刀打できない大物であったということであって、このことは、庄経営が彼ら在地の豪族を組込まないかぎり、経営が不可能であるという一面と、又、そのことが逆に、彼らの不正によって庄経営の不振を生みだすという矛盾を内包していたことを示すものである。

初期の田堵（依智庄検田帳では「田刀」と表記）が、かかる存在として認識できることは重要であって、彼らを「負担納入責任者」[19]とするのにも疑問があるが、経営面に直接参加せしめないにしても、彼らの存在は庄園所有者が耕作者を把握する場合、或いは、現実の庄田耕営にとって、重要な意味をもつ存在であったと考える。いいかえれば、庄田請作者のうちの、基幹部分をなすものということができる。

依智庄の場合、現地で庄経営をとりしきる者は、庄別当僧豊保であり、彼は田使延保の弟子であるが、彼は寺家から派遣された庄別当でもあって、一般に庄預とか庄長とか呼ばれた在地の人間を管理機構のうちに含めていないということは、元々、安雄らを田堵に任命した寺家の意図が、庄預等に準ずべきものとしていたことにあると思われ、「田刀何不㆓匡申㆒」という田使の難詰も、そうした意味をもつものと思う。即ち、当庄にあっては、延長（九二〇年代）頃の丹波国大山庄の場合の如く、田堵が庄預に対する庄子という関係にまで進展しない以前の形態を示すと考える。

このように考えれば、この段階においては、庄預・庄長と呼ばれるものと、田堵とは階層的同一性をもつものであり、庄長・庄預として庄園支配機構に丸抱えとなるか、或いは田堵にとどまるかは、それぞれのおかれた条件に規定されていたということができると思う。

右に若干検討を加えた田堵は、一般的には八世紀から九世紀の歴史的展開の中で、次代の中核を担う階層として形成されてくるのであるが、彼らの姿は、国家から「村里幹了者」或いは「力田之輩」として、公営田・官田経営の中核を担わされた「正長」にこそ、より典型的にみいだされるように思えるのである。

4　公営田経営と正長

弘仁一四年（八二三）、小野岑守の建議に基づいて、大宰管内に一二、〇〇〇余町にわたって設定された公営田は、農民の階級分化の中から、周辺の弱少経営を収奪しつつ成長する「富豪層」、或いは村里幹了者を体制の内へくりこむと同時に、他方では、調庸等の未進の根源をなす、彼らの諸活動に対する体制的な挑戦でもあって、激烈な対立関係を内包するものである。[20]又、公営田はその経営方式において、民間の庄園経営のそれを採用したものであったことは、すでに指摘されたことであるが、[21]以下、農民の側からそれらの問題を検討しようと思う。

公営田として設定された一二、〇九五町は、一町につき五人の割で徭丁が充てられ、年間一人三〇日使役されて、植付けから収納までの、全過程がなされる仕組になっており、実際の経営には、「村里幹了者」が正長として任命され、力量に応じて、一町以上の経営に責任をもたされることになっていた。

この正長は、「縁レ田之事惣委二任之一」（『三代格』弘仁一四・二・二一謹奏）と、実際の経営において中核をなすものであるが、彼らは徭丁町別五人の外に置かれたものではなく、そのうちに含まれるものであって、そのことは、町別五人の割で計算した必要徭丁数が、実際に史料に計上されている徭丁数六〇、二五七人より、二一八人多いことから判明する。

次に、徭丁全員に日別米二升が食料として、又、町別一二〇束が佃功として徭丁に支払われる（一人当り約二四束）外、調庸が免除という名の下に、穫稲の中から交易して代輸されている（一人につき三〇束）。この他、租料・池溝官舎修理料が差引かれた残りが、納官分として国家（中央）の収入になるという所謂、直接経営＝佃経営の方式に、一見類似している。

しかしながら、ここで次の点が注目されねばならない。第一に、村里幹了者であり、経営の中核を担う正長も、功食の支給という点では、一般徭丁と全く同一であり、この点では公民として同質的に把握されていること、第二に、実際の経営は正長に一町以上の経営を割りつけ、彼に営料と労働力を与え、経営させるという形態、即ち、営田のエキスパートに、耕地と営料と労働力を与えて経営させ、そこからの収益は、まるまる吸い上げるというやり方である。このことは、正長らが、八世紀以来あらゆる努力を重ねて創出した、当時において最も生産性の高い経営方式を、そっくりそのまま移植しようとしたものに外ならない。

このように考えると、公営田経営は一般徭丁にとっては勿論、一見、彼らの能力が尊重されたかにみえる正長にとっても、著しく苛酷な収奪方式というべきであり、特に、一般公民にとって、彼らの再生産に必要な乗田耕作を剥奪され（それは実質的に収入の減少を意味する）、正長らは、自己の拡大再生産の可能性を収奪され、彼の労働に対する報酬は、その能力にも拘らず、一般徭丁と全く同一にしか支払われなかったのである。しかも、正長以下農民から収奪した全剰余は、凡て納官され、当初の岑守の立案にも拘らず、農民の再生産の国家的保証として、乗田の租の部分にあたる一八万余束を正税に混合し、不時の災害に備えるという至極当然のことすら、政府はこれを認めなかったのである。

かかる政策は、結果的には農民の階級分解に拍車をかけるものであり、彼らの意図に反して、客観的には富豪浪人以下郡司土豪層＝「富豪層」と、周辺の小経営農民との結合を促進させるものである。それ故、もし彼ら官人が律令体制の起死回生を志向するならば、不安定な農民経営を自立化させる方向で、公営田経営の収奪体系が維持されねばならない。

　貞観一五年（八七三）一〇月二七日、大宰府は筑前国において、弘仁一四年以後数年にして停止されている、公営田の復活を試みた（『三代実録』）が、その前提的措置として、仁寿二年以後一九年間途絶していた班田を行ない、特に、諸課役を負う課丁には、一人三段三二九歩、不課口に二段、女子に一段の口分田を班給し、公民の経営の安定をはかっている。かかる前提の上に、土浪人を論せず、公営田を「須充耕佃」せしめたのである。ここに至って、大宰管内の公営田は、従来専ら検括の対象であった浪人を、直接経営の中に組入れ、収奪の対象とするに至ったが、かかる政策転換のもつ歴史的意義は、貞観年間に始まる「国例」＝国衙法の形成として把握されている[22]。

　ところで、この筑前における「国例」は、更に元慶五年（八八一）の肥前国において、秩満解任之人・王臣子孫之輩＝富豪浪人が「陵二轢百姓一、奪二佃粮一、不レ受二官稲一、出二挙私物一、収納之時、好妨二公事一」という行為に対し、「非レ厳二新符一、何粛二舊濫一」として、筑後国例に准じて「不レ論二前司浪人一、准二営田数一、班二給正税一、并令下佃二公営田一一如中土民上、若有勢之人、不レ順二此事一者、追二却部内一、不レ能二居住一」（『三代実録』元慶五・三・一四条）という、より拡大された「国例」に展開する。

　かかる「国例」は、いわれるように確かに律令法の重大な修正としてあらわれるが、しかし基本的には、肥後国例にみる如く、自己の支配の基礎としての、公民に対する私的な支配を拒否し、加えて、彼らを収奪の対象にくりこもうという、専制的な本質はなお失われてはいない。新官人群の出現を契機に、ここに至って富豪浪人以下、在地豪族等「富豪層」は、新たな局面に立たされたということができると思う。

即ち、彼ら自身かかる攻勢に対抗しうる体制を急速に作りあげないかぎり、彼らの私的経営は破壊されるであろうし、事実、彼らの経営は、一面ではそれに対抗できない弱さをもつものであった。かかる状勢を契機に、所謂「同類」組織[23]が在地豪族・田堵層の中に形成されはじめ、又、富豪浪人も、在地での定着化を行なわざるを得なくなったと思う。そして、彼らの経営の中に、農奴制が、もはやさけがたい必然性をもって形成されてくるのではなかろうか。古代末期の辺境における諸内乱も、かかる状勢を起点として、理解されなければならないであろう。

大宰管内において、右にみたような状勢が進展しつつある時、畿内においては、元慶三年（八七九）班田が行なわれるのと併行して、公営田と基本的に同一の性格をもつ官田が設置され、同五年には経営に着手したのである。

ここにおいて注目されるのは、すでに指摘されているように[24]、第一に、正長は土人・浪人を問わず「力田之輩」が任命され、公営田と同様、経営を実質的には請負わされ、又、彼らの経営の監督として、「諸司官人并近衛兵衛二宮舎人及雑任」（『三代格』元慶五・二・八官符）等の下級官人が、「郷里所㆓推譲㆒」よって郷毎に配置されたこと、第二に、総耕地の半分が直接経営、残りが賃租によって経営され、又、直接経営部分の法定穫稲は著しく減定されたことなど、公営田或いは従来の官田に比し、重要な修正が加えられていることである。

これらの諸点を通じ特に問題としなければならないのは、正長に経営を実質的に請負わせるにあたって、政府納入分を減らし、営料等の官が支給する功料の他に、彼らに実質的に若干の取分を与えていると思われることである。しかしながら、かかる譲歩をしてもなお、政府の収益は賃租の二倍を確保しえたわけであって、依然として、農民にとっては著しく苛酷な収奪であった。又、政府収入の減少分だけ、正長の得分となったとすれば、一般徭丁にとっては、公営田と全く変らないものであったに相違ない。

次に、正長らの監督として設置された惣監は、支配機構の末端に連なる下級官人であって、郷毎に配置されたのであるが、彼らが郷里の推擧をまって任命されるものであることは、特に重要である。正長以下の農民に、惣監を選択する権利が存在したことは、かつてみられなかった人民の権利の発展であり、又、国家が村落の意志を無視しては、現実の支配を行ない得ないまでに、村落結合が成長してきていることも看過してはならない。

官田の経営機構をみる時、佃部分と賃租部分とは、有機的関連性―庄園における佃と散田との関係―を持つに至っていないが、それは官田が、一つの独立した経営体ではなく、あくまでも公営田と同様に、公民たる農民に課せられた、律令制的徭役労働に基いて経営されるものであって、本質的に、私的経営である庄園とは異なるからである。しかしながら、官田において、耕地を実質的に正長に請負わせ、惣監に管理を委任すると同時に、彼自身官田の耕営にあたるというシステムは、庄園における田堵と庄長・庄別当という関係に極めて類似したものであって、このことは、公営田におけるよりも、官田において著しい特徴を示すといわねばならない。それ故、公営田・官田における正長は、庄園の庄長との対比の上で、云々さるべき性質のものではなく（敢て、対比を試みるならば、惣監がそれにあたるであろう）[25]、むしろ、田堵との関係で把握すべきものであろう。

正長は、公営田においては、全徭丁の一割としても、六千人以上（二町に正長一人として）存在したはずであり、しかも、全徭丁のうちの調庸免の特権をもつものは六万余の徭丁中わずか一七人に過ぎず、村里幹了者といわれるものの実体は、上・中層農民で、しかも営田のエキスパートというべきものと考えることができるであろう。

又、官田では「正長等、縦有㆓家業㆒、未㆓必富饒㆒、臨㆓於辧㆑事恐致㆓欠負㆒」[26]といわれたように、彼らは力田之輩といわれながらも、必ずしも富裕農民ではなかったのであり、彼らが正長たり得たのは、営田のエキスパートだったからであり、力田之輩とは、まさにそうした意味に外ならないであろう。このような個性的な農民の広汎な出現こそ、おしなべて公民として、一律に把握されていた律令農民の、成長の一側面を示すものであろう。

おわりに

以上、これまでみてきたように、公営田・官田が、その耕営において、依然として律令制的賦役の本質をもちながらも、一方では、私的な関係の下で成長してきた経営形態と同質化しつつあり、しかも、農村の新しい変化と、村落的結合に譲歩しないかぎり、律令体制の維持すら困難となってきたということは、何よりも人民の成長として認識されなければならない。

しかし、問題はそれにとどまらない。即ち、この官田における国家の譲歩は、更に大きな人民の攻撃を導きだすのであって、大和の官田は、翌々年の元慶七年には、ついに全面的に直接経営を停めて凡て賃租田とせざるを得なかった（『三代実録』元慶七・三・四条）のであり、このことの中に、人民が律令制的賦役の拒否を次々にかちとり、更には、体制そのものを変革していく基本的力となる人民の動向を我々はみることができるであろう。所謂、王朝国家の公民としての田堵層の形成途上の姿を、私は公営田・官田の諸様相の中にみたのである。

注

(1) 古代における逃亡・浮浪人に関する問題は、北山茂夫氏の古典的労作『奈良朝の政治と民衆』、川上多助『日本古代社会史の研究』、直木孝次郎「奈良時代における浮浪について」(『史林』三四の二)以後、中心的課題として追求したものは少ないが、松岡久人氏が、田堵との関連で浪人の問題を追求しているのは注目される。同氏「田堵の性格について」(『国史学論叢』所収)。

(2) 松岡氏前掲論文。

(3) 直木氏が奈良時代における逃亡が、凡て生活を破壊された下層農民の絶望的逃亡ばかりではなく、中流以上の階層からも、計画的・積極的移住者の存在したことを指摘したのは重要であるが、それはかかる状勢の変化の中で、客観的に可能となったものであろう。

(4) 弘仁二年大納言藤原園人が、天平八年・養老五年の格について、「拠二検格旨一、並是欲レ令二浪人一還二本土一也」といっているのは、これらの格の意図するところを的確に示すものである。(『三代格』弘仁二・八・一一官符)

(5) 拙稿「八世紀における開発について」(『日本史研究』六一号、本書第二部第二に収録)。

(6) 岸俊男「越前国東大寺領庄園の経営」(『史林』三五の二)。

(7) 前掲拙稿。

(8) 初期の佃経営に関しては、赤松俊秀「公営田を通じて観たる初期荘園制の構造に就いて」(『歴史学研究』七―五)、吉田晶「佃経営に関する二・三の問題」(『国史学論叢』所収)・「八・九世紀における私出挙について」(『律令国家の基礎構造』所収)、等がある。

(9) 官田については、滝川政次郎「王朝時代の官営田」(『日本社会経済史論考』所収)に、制度的概観が与えられている。又、本稿4(三七三頁以下)で論及する。

(10) 戸田芳実「平安初期の国衙と富豪層」(『史林』四二の二)、「中世成立期の所有と経営について」(『日本史研究』四七号)。尚、本稿3(三六三頁以下)で再論する。

(11) 吉田氏は『延喜式』所載の左右馬寮田の佃の比率を、庄園一般のそれと関連させて問題とされているが(「八・九世紀における私出挙について」注55)、後述するように、官田の佃と、私的な経営のうちに含まれる佃とは、形態的には類似しても、本質的に性格を異にするものであって、両者の比率を云々することは意味がないのではないかと思う。それ故、公営田が公田の六分の一にあたり、佃智庄の佃の比率と一致するという赤松氏の見解も、吉田氏のいうように偶然の一致であり、本来的に比較すべき共通の基礎のないものではないかと考える。(補注)

(12) 本節で問題とした、古代から中世への展開において、重要な役割を担う中間層としての「富豪層」については、戸田芳実・河音能平両氏によって提起され研究されてきた問題であるが、私見では、「富豪層」なる範疇は、主として彼らの経済活動に関する、所有と経営の側面から追求されて定立された範疇であると考えられ、彼らが、古代社会の身分関係・階級関係の中からどのようにして形成されたものであるかという側面からの検討は、必ずしも十分とは思われない。小稿は、彼らの形成過程を、後者の側面から検討し、身分的・階級的関係によって規制された、彼らの性格を明らかにしようと試みた。それは、八・九世紀の政治過程を追求しようとする場合、欠くことのできない作業ではないかと思うからである。

(13) 林陸郎「初期庄園の一形態—東大寺領因幡国高庭庄—」(『国史学』五四号)。

(14) 戸田氏は「この調庸納入請負は彼の私営田と無関係ではない」(『史林』所収論文・九六頁)とされるが、私はそれにとどまらず、本文の如きものではないかと思う。

(15) 門脇禎二「律令体制の変貌」(『日本歴史』古代3所収)。

(16) 弘宗王については、佐藤宗諄氏の御教示をえた。

(17) 主要な論文をあげるにとどめる。村井康彦「田堵の存在形態—とくに散田と請作について—」(『史林』四〇の二)、吉田晶「田堵の成立について」(『ヒストリア』一六号)、黒田俊雄「荘園制の基本的性格と領主制—封建化の過程についての一考察—」(『中世社会の基本構造』所収)。

(18) 松岡氏前掲論文。

(19) 三国彰「田堵の一側面について」(『日本封建制成立の諸前提』所収)。なお、氏の立論は、史料操作上の欠陥をもつ。坂本賞三「元興寺領近江国愛智庄について」Ⅰ・Ⅱ(『滋賀大学学芸学部紀要』十・十一号)参照。又、同庄に関する諸研究については、坂本氏論文参照。

(20) 戸田「平安初期の国衙と富豪層」(前掲)。

(21) 赤松氏前掲論文。
(22) 戸田「平安初期の国衙と富豪層」（前掲）。
(23) 河音能平「日本封建国家の成立をめぐる二つの階級」Ⅰ・Ⅱ（『日本史研究』六〇・六一号）。
(24) 石母田正『古代末期政治史序説』第一章（未来社）。
(25) 赤松氏前掲論文。なお、初期庄園の経営機構については、かかる観点から更に検討されるべきである。
(26) 「未必富饒」は『三代格』、『政事要略』等では「不必其人」とあり、『三代実録』（元慶五・二・八条）・『類聚国史』（田地部上・官田）では、本文引用の如くなっている。文意から推して、後者をとりたいと思う。

【付記】

本報告を準備するにあたっては、古代史部会の協力をえ（『日本史研究』部会ニュース参照）、又中世史部会の方々にいろいろと御教示をいただいた。記して深謝する次第である。


【補注】

この佃と公営田の六分の一の比率の問題は、今日の時点で改めて考えると、偶然の一致とするのは早計で、やはり赤松俊秀先生の指摘にそって考え直す必要があると思う。

第四　荘園形成過程の一齣

―唐招提寺の土地集積を中心として―

序

荘園制大土地所有が、律令制社会の胎内から生みだされてくる過程に、寄進・買得・開発、あるいは、封戸の荘園化などの諸現象がみられることは、すでに一般的に指摘され、周知の事柄ではあるが、しかし一歩たちいたって、その創生記を具体的に知ろうとすると、われわれは意外に、抽象化された制度的記述のみしか見出すことができない。

これまで、形成期の荘園は、「初期庄園」、あるいは「古典荘園」などの名称で呼ばれ、特に、近年その構造の静態的分析には一定の進歩があり、その歴史的性格の究明のために、有利な条件が整えられつつはあるが、所詮は本質論ぬきの単なるメカニズムとして抽象され、〝血と汚物とを滴らせながら〟生まれでてくる荘園の創生記は、学問の名において、語られようとはしない。

今日の主流をなす、制度考証主義者流の学問によっては、うち捨てられて顧みられることのない、この古代社会の歴史的現実こそ、具体的に明らかにされる必要があるし、またそうすることによって、荘園の本質をより徹底的に究明することができるであろう。

　小稿は、そのための一つの試みとして、八世紀末の、備前国津高郡津高郷における、唐招提寺の土地集積を中心的素材としてとりあげようと思う。論を進めるにあたって、叙述上の必要と便宜のために、関係史料を一括して次に掲げる。

史料

○甲　備前国津高郡菟垣村常地畠売買券　○東京大学図書館所蔵文書

菟垣村□□(人長カ)漢部阿古麻呂解　申依正税不成常地売買畠□(事)

合畠参段　充直稲捌拾束　東田　南漢マ真長畠
　　　　　　　　　　　　西□(田)　□(北)漢マ古比麻呂畠

右□口漢部□□人之大税不成散波畠常地売与同郷三野臣乙益如件、

依券文造弐通、一通進郡家、一通給今主、仍注事状、券案立置、以解、

宝亀五年十一月廿三日戸主漢部阿古麻呂

税長書直麻呂

郷長寺広床

徴漢部古比麻呂

「(別筆)以同月□」

外員少領正八位上蝮王臣　○以下唐招提寺文書

主張外大初位上勝

三野臣乙益沽進畠本券

○乙　備前国津高郡津高郷陸田売買券　○唐招提寺文書

津高郡津高郷人夫解　申進絁根売買陸田券文事

合散波畠参段参拾弐歩　　充直稲肆拾肆束

按作部千紲畠三百廿歩　　充直稲拾参束

漢部真長畠一段七十二歩　充直(稲脱カ)拾陸束

蝮王部臣公楯畠一段　　　充直稲拾伍束

以前、依庸米并火頭養絁直不成、件陸田常地売与招提寺既畢、

仍造券文二通、一通進郡、一通授買得寺、

宝亀七年十二月十一日税長書直麻呂

村長寺広床

蝮王部□□(臣公カ)楯

(別筆)「以同日郡司判許

大領外正六位上薗臣

少領外従七位上三野臣浪魚」

〇丙　備前国津高郡収税解　〇吉田文書

津高郡収税□可請百姓等陸田直稲事

合肆伯伍拾束

以十二月十一日受伯玖拾肆束

漢マ古比麻呂八十束

漢マ大楯六十八束

三野臣薗生十七束巳上先券

按作マ千紲十三束

漢マ真長十六束

遺弐伯伍拾陸束

以前陸田直、且請所并遺注進如件、唯遺者既成正税、是以後日、

望将請、仍注事状、謹解、

宝亀七年十二月十一日尾張祖継

〇丁　備前国津高郡司牒　〇東京大学図書館所蔵文書

□継使令向□所乞察□使口状充之、仍注事状、故牒、

宝亀七年十二月十一日

少領外従七位上三野臣浪魚

○戊　備前国津高郡収税解　○唐招提寺文書

津高郡収税解　申可請散波陸田直稲事

合稲肆伯伍拾束

以去七年十二月十一日受百九十四束

以同年十二月廿三日受□□(廿三)束　漢マ阿古麻呂

遺二百卌三束

以前、陸田直先所請、并今可給遺員如件、仍注事状、以解、

宝亀八年正月十八日収税尾張祖継

(追加筆)「以同日、所遺稲弍伯参拾参束、依員受治既畢、仍注事状、謹啓、

収税尾張祖継　」

○己　漢部阿古麻呂解　○唐招提寺文書

納已畢、仍注状、券案文進置、恐謹申、以解、

宝亀八年四月七日即阿古麻呂

知三野臣乙益

史料についての覚書

○史料引用文は『大日本古文書』六に収められたものによる。但し、文書の接続、継目裏書、印文等に関する注記は、これを省略した。

○甲号文書は、もと一通の文書であったものが切断され、前半部が東京大学図書館の所蔵するところなり、後半の郡判の部分は唐招提寺に残されたと思われる。それは、左端書に『三野臣乙益沽進畠本券』とあることから判明する。但し、この郡判の部分には、大領・少領等の署名があってしかるべきと思われるので、二行分位は、まだ不足していると推定される。なお、東京大学図書館所蔵文書（甲・丁）は、関東大震災で焼失し、現存しないという。

○これらの文書は、かつて整理が行なわれ、連券とされていたものであることは、「招提寺封」という継目裏書のあることから判明するが、それが、何時ごろの整理にかかるものであるかは不詳である。裏書を手がかりに、その復元を試みたが、満足すべき結果は得られなかった。ただ、丁・甲・乙の三通のみはこの順序で連続していた可能性があるが、他については不明である。更に、今後の精査を期したい。

○文書の接続については岸俊男氏の、東京大学図書館所蔵文書については東京大学史料編纂所の土田直鎮・皆川完一両氏の、また、唐招提寺文書については奈良国立文化財研究所の田中稔・狩野久・横田拓実・鬼頭清明、四氏の御教示を得た。記して、深謝したい。(補注1)

1　二通の土地売券と収税解

宝亀七年（七七六）一二月、すでに納期をすぎた、庸米と火頭の養物の催足を受けた、備前国津高郡津高郷の按作部千継・漢部真長・蝮王部臣公楯の三名は、自己所有の畠を唐招提寺に売却し、その代価をもってこれにあてた（乙号文書）[1]。それぞれ一段前後の一片の畠は、恐らくは各人にとって、彼と、その家族の再生産に必要不可欠の土地であり、それを手ばなさざるを得ない、彼らの心情は、時代を超えて、なお察するに余りあるというべきであるが、加えて、非情にも、この売買が、所有者の最低の権利すら、ほとんど無視された形式をとって行なわれていることに注意を払う必要がある。

それは何よりも、文末の署名に、象徴的にみることができる。そこには、売主である三名の名があってしかるべきであるにもかかわらず、所有者として名を連ねているのは、蝮王部臣公楯のみであり、他の二人に代るごとくに、税長書直麻呂・村長寺広床の名がみえるではないか。

この文書が、税長書直麻呂の執筆になるものであることは、文書の様式上、彼の署名が日附の下にあることから判明する。税長、それはいわゆる「郡雑任」と呼ばれるもので、『三代格』弘仁一三年九月二〇日官符に「税長正倉官舎院別二人」[2]とある税長であり、郡衙の収税吏である。彼が書直という氏姓をもつことも、この際注意しておいてよいように思う。税長が売券の筆をとるということは、目に一丁字もたぬ、農民が売買を行なう場合、あり得ることではある。

しかし、日附の下に署名を加えるということは、単に執筆者たることを示すにとどまるものではない。甲号文書にみるごとく、それは本来売主（この場合は、漢部□□人の正税＝公出挙稲の返済ができないため、その戸主たる漢部阿古麻呂が所有地を売却して、その返済にあてているのであるが[3]）か、あるいは、売却人の申請を受けた郷長の名があるべきところである[4]。それ故、もし、蝮王部臣公楯が売主三名を代表するのであるならば、日附の下には彼の名があってしかるべきである。そして、税長書直麻呂の名は、甲号文書のごとく、その左におかれるべきであろう。「津高郡津高郷人夫解　申進絁根売買陸田券文事」という文頭の書き出しは、解文提出の主体が「人夫」、すなわち按作部千縄以下の三名にあることをあらわしている。[5]

しかるにその主体の名が置かるべきところに、郡衙の徴税吏たる税長の名があるということは、そこに、いかなる事態が表現されているとみるべきであろうか。その書出しにおいて、あたかも、土地所有者たる農民の主体的意志に基づく売却という形式をとりながら、文末の署名において、税長が、所有者の名のあるべきところに、とって代っているということの中に、実は、この売買が、課税滞納の強制執行に他ならなかったことを、はしなくも露呈していると私は考えるのである。

この畠の売買が、納期をすぎた課税滞納によるものであることは、執達吏としての税長とともに、村長が連署していることからも知ることができる。「村長」という職名は、管見の限りでは、この前後の時期には他に二例を知るにすぎない特異のものであるが、宝亀五年の甲号文書に、同一人が「郷長」としてみえることから、郷長と同義の慣用例と解釈して、この際、大過はないものと思う。[6]

この「村長寺広床」という署名が、収税の責任を負うものとしての連署であることは、甲号文書で税長・郷長・徴（これは郷雑任「徴税丁」の略称である。後述）の三者が連署していることからも、明白である。また、郷（里）長が、徴税上の責任を負っていることは、山上憶良の「貧窮問答歌」に、リアルにうたいあげられていることを想起されたい。[7]

これを遡る二年前の宝亀五年、戸口の「大税成らず」という理由で、自己所有の畠を売却せざるを得なかった漢部阿古麻呂の場合も、この場合と同様、事実上、大税滞納の強制執行による売却であったことに変りはない。しかしながら、そこには、乙号文書にみられる程の、あからさまな権力の強制は、少なくとも文書形式を通じてみる限り、露骨には現れてはいない。しかもこの場合、両者の事例とも、税長・郷長ともに、同一人が関与しての上でのことである。

もとより、文書の形式的な程度の差を、ことさらに区別し強調したところで、何程の本質的問題がそこに伏在しているというのであろうか、という反論は予想されるのではあるが、後述するところを勘案すれば、自からこの差異を無視できないことに気づかれるであろう。さしあたって今は、わずか二ヶ年を隔てて、権力の収奪がよりあらわな姿態をとって現れてくることに、注意を向けておきたい。

宝亀七年の売買券文（乙号文書）で、三名の陸田売却が一括して記載されているということは、当時においては極めて異例のことである。なるほど、そこには、買手がいずれも唐招提寺であるという共通項があり、またそれに加えて、それぞれの畠が、「散波畠」という恐らくは同一坪、あるいは一続きの土地であったという事情がある（後述）。しかしながら、それをもって根本の理由とすることはむずかしい（この場合、税目の一致ということが理由にならないことは一見して明瞭である）。

何故ならば、右のような条件があったとしても、土地私有権が法的に承認されている以上、本来ならば、たとえ一段前後の零細な土地であろうとも、それぞれの所有者ごとに、立券されてしかるべき性質のものである。しかるに、彼らの土地所有者としての権利が全く無視せられ、事実上税長の名において売買がなされるということは、どのような理由に基づくのであろうか。それを解明するには、彼らが背負わされていた、課税の性格を明らかにしてかかる必要がある。

文書冒頭の書出しによれば、「絁の根を進」めるために陸田の売却がなされたとあるが、実際は後文に「庸米并に火頭の養の絁の直成らざるに依って、件の陸田常地を招提寺に売与」した、とあるのであるから、文頭の「絁根」、つまり絁の代物、というのは火頭の養物のことであって、課税の一部をなすにすぎない。

もう一つの税目である庸米は、公民たる以上平均に課されるものであるが、火頭（衛士に附せられた廝）の養物は、養老三年四月格によって、それまで郷の負担であったものを、仕丁・衛士等をいだす房戸が雑徭を免除される代りに負担することとなったのであるから、(8)郷内でその負担者は一人ということになる。

ところで、彼ら三名がともに津高郷に編戸されていることは、まず疑いないところであるから、火頭の養物を出すべきものは三名のうちの一人であるはずである。ではその一人とは誰であろうか。結論を先に示せば、それは蝮王部臣公楯である。このことは、宝亀七年一二月一一日の「津高郡収税解」（丙号文書）を勘案することによって導きだすことができる。

乙号文書と同日附のこの「収税解」において、郡衙の税の収納吏尾張祖継が一二月一一日附で、唐提招寺より受領した農民の土地売却代稲一九四束のうち、按作部千紲分一三束、漢部真長分一六束はそのうちに含まれているが、蝮王部臣公楯の分のみは記載がない。彼の分が欠落しているのは、彼の分が未収であったからであるとか、或いは乙号文書と丙号文書は直接関係しないものであるからとか推定するのは当らない。公楯を除く二名分の直稲がこの二つの文書で一致するのは、「已上先券」と注記された三名の土地売却の直とともに、収税尾張祖継によって郡の正倉に収納されるべき性質の課税を両名が滞納していたからである。

ということは、とりもなおさず丙号文書で公楯のみ欠落しているのは、彼がその直稲をもってあてるべきものが、直接収税の手によって郡倉に収められるべき性質のものではなかった、ということを意味するのである。そこで、彼ら三名がその滞納のために土地を売却した、より正確には売却せざるを得なかった、庸米および火頭の養物の性格が問題となる。

庸米とは、歳役の庸が米で代替されたものであり、『延喜式』の記すところによれば、備前国の庸は、「白木韓櫃十三合、自余輸二米塩一」とある。[9] これは国が中央に進める場合の規定であるから、それが直ちに国・郡衙が直接人民から庸物を収奪する場合に一致するとはかぎらないが、備前の場合、庸の圧倒的大部分は米・塩であるから、在地での収奪も恐らく、海浜の塩生産地は塩で、内陸地域は米で徴収される場合が多かったのであろう。庸は正丁一人につき米なら三斗、塩なら一斗五升というのが『延喜式』の規定である。[10] 慶雲三年（七〇六）庸の半減がなされ、調庸の比率が二対一となって以来、『延喜式』にいたるまで変化はなかったようである。[11]（補注2）

他方、火頭の養物であるが、先にも述べたように、これは衛士の火頭の養物で、火頭を出す房戸の負担である。養物は、故郷を遠く離れて生活する、火頭の生活費ともいうべきものであるから、いわゆる税のカテゴリーには属さない。しかしながら、この養物は、自由意志で郷関を出て、他国に生活する子弟の生活費ではなく、権力による、徭役の強制的徴発に伴って生じたものである以上、その本質においては、税としての性格をもつものといわざるを得ない。

したがって、その本質においては、税の性格をもちながらも、律令法上、税のカテゴリーに属さないということは、収税吏の収納の対象外であるということを意味する。このように考えれば、火頭の養物を出さねばならなかったのは、丙号文書にその分が欠落している、蝮王部臣公楯であるということにならざるを得ない。

彼ら三名のうち、公楯のみが一人異なる負担のために、土地を売却したとなると、彼のみが、また文末に署名のみえることと、どのように関係するのであろうか。それは単なる偶然にすぎないのであろうか。

乙号文書は、些細に記載内容を検討してみると、その表現と形式にいくつかの矛盾がある。すでに指摘したように、「津高郷人夫解云々」とありながら、その主体の署名すべきところに「税長」の名があり、また「進絁根云々」とありながら、後文では「依庸米并火頭養絁直不成云々」とあるがごとくである。これらは、滞税の強制執行に伴う売買で、かつ複数の所有者の土地売買を、一通の売券で行なうという、異例の事態のもたらす結果には相違ないが、解釈をここにとどめることは、この異例の事態の本質に、十分肉迫したことにはならない。

文面上のいくつかの矛盾のうちで、最も重大なことは、庸米の未納者であった按作部千紲、漢部真長の二人の署名がみえず、売券の書き出しからして、当然彼らの名があって然るべきところに、税長の署名があるということである。このことは、先に指摘したように、滞税の強制執行であるということを意味する、と同時に、また、事実上、税長が、彼らに代って土地を売却しているということにならざるを得ない。

土地売買券文に税長が連署している事例で、比較的早い時期のものをあげれば、天平勝宝元年一一月二一日「伊賀国阿拝郡拓殖郷墾田売券」がある。[12] この文書は、拓殖郷戸主敢臣安万呂が、自己所有の墾田七段を元興寺三論衆に売却したものであるが、この場合は、田主たる敢臣安万呂の解文という形式をとらず、郷長が、田主の申請を受けて、郡判を請う形式をとっている。敢臣安万呂が、いかなる理由で墾田を売却せざるを得なかったか、文書面には記されてはいないが、彼の場合も、恐らくは徴税の強制執行によるものと推定する。文書の日附が一一月二一日であること、及び「税長石部果安麻呂」の連署のあることが、この判断の根拠である。

徴税執行人としてこの売買に関与した税長の署名は、本来この位置にあって然るべきである。ところが、これに対し、津高郷の場合は、同じく税長・郷長ともに、売買に関与しているが、郷長は、ここでは徴税責任の一端をになうものとしてのみ連署しており、税長は、彼の場合とは対照的に、本来のあり方を逸脱して、主役としてふるまっていることに注意されたい。そして、農民は土地所有者としての最後の権利―売券に署名を加えるということ―すら、ここでは全く拒否されている。わずかに、一人公梋のみが、正当なる場所も与えられず、加署し得たのは、彼が名目上、税の滞納をしていない、つまり火頭の養物を調達するためであったという理由によっている。

私はここから、庸米未納者であった二人の農民の土地売却が、実は、彼らの意志の有無に拘らず、税長の、権力をかさにきた、一方的強制によって行なわれたものであるということを確認できると思う。言い換えれば、按作部千継、漢部真長の二人の畠は、彼らの庸米滞納の故に、税長書直麻呂に差押えられ、彼の手によって、唐招提寺に売却されたということができるのである。われわれは、権力による、課税収奪の極限にまで至った姿を、ここに見出すことができる。たとえ目に一丁字をもたずとも、自己所有の畠を売却するにあたっては、彼ら二人も、敢臣安万呂の如く左手食指に墨をつけて、押印するだけの権利は、残されていたはずである。しかし、現実には手印はもとより、公楯のごとく、その名を記されることすら、彼らは拒否されたのである。

では、公楯は三人のうちにあって、一人例外であったというべきであろうか。なるほど、売券の文頭は、彼の差出す解文というにふさわしい文言で始まり、また文末に加署することも拒否されてはいない。しかし、すでに指摘したように、火頭の養物は、本質的には課税と変るところがなく、また、その子弟への輸送も、自からとどけるのではなく、国郡衙の手を介さざるを得なかったであろう。

庸米と養物では、それを出さねばならぬ農民の感情には、確かに異なるものがあったであろう。しかし、養物は、客観的には、すでに人質をとられた上での課税といわねばならない。したがって、たとえ文面上、公楯の諸権利が曲りなりにもとどめられていたからとて、その本質において、他の二名と敢て弁別されるべきものではないのである。

三名の土地売却が、一括して立券されたということ、また、その券文の表現には、さまざまの矛盾がみられるということの根本の原因は、この売却が、滞税の強制執行という形態をとって現れた、権力の手による農民私有地の売却であったということにあるといわねばならない。勿論この場合、公楯と他の二名との間にみられる、いくつかの相違点が無視されてよいというのではない。両者の間にみられる相違点は、論理的には、右の根本的原因から派生する二次的な諸現象であって、それは論理的に区別された上で、農民の現実の生活に及ぼす、支配階級の分裂支配の具体的あらわれとして、慎重に検討されなければならないのである。

2　宝亀六年、備前国飢す

津高郷における、宝亀五年と七年の二つの売券を比較検討することによって、注目されるもう一つの重要な事実は、両者の畠の売買価格に、著しい格差がみられるということである[13]。宝亀五年、漢部阿古麻呂が、同郷内の三野臣乙益に売却した畠の価格は、三段で直稲八〇束、段当り二六・六束である（甲号文書）。これに対し、宝亀七年の按作部千紲らの場合は、平均段当り一四・二束であり、その差は約二倍に近い（乙号文書）。わずか二、三年の間に土地価格がこのように変動するということは、一般的には考えがたいであろう。

また、両者の畠は、きわめて近接した場所にあった。阿古麻呂売却の畠の四至は、「東田、南漢部真長畠、西田、北漢部古比麻呂畠」とあることから、この「散波畠」なる条里一坪内の土地は、東西両面が田にはさまれ、南北にのびる微高地上に、畠地がある中の一部ではなかったかと推定される[14]。按作部千紲らの畠も、この阿古麻呂売却の畠と地つづき（恐らく同一坪内）のものであったことは、乙号文書が、「合散波畠参段参拾弐歩」と記し、また漢部真長所有の畠が、さきの四至表示の中にみられることから確認できる。同一坪＝一町の地内で、その価格のひらきが約二倍にも及ぶということは、どのような理由によるものであろうか。それを明らかにするためには、古代の売買価格が、どのようにして決められるものであるかを、まず明らかにしておく必要がある。

一般に、土地の売買価格は、その耕地の賃租価直（＝賃租料）の三年或いは五、六年分に相当するという関係にあることが、菊地康明氏によって明らかにされた(15)。価格算定の一つの基礎になる賃租料は、法定では、収穫量の五分の一で、天平八年頃から『延喜式』の頃まで変化はない。しかし実際には、それは、郷土沽価によるものとされていたから、個々の事例について考える場合、複雑な要素があって、一概に論じ難いという困難がある。更に、もう一つの要因である、三年または五、六年という数になると、何故ある場合は三年であり六年であったか、その理由はきわめてつかみにくい。これが畠の場合となると、事例が少なくその困難は度を加える。

畠の賃租料が具体的に判明する、ほとんど唯一の事例といってもよい、天平八年の弘福寺領「讃岐国山田郡田図」によれば、直米の判明する七例のうち、段別一斗五升が二例、あとは一斗三升・二斗・二斗三升・二斗五升・三斗六升と一筆ごとに異なり、しかもその差はかなり大きいことが知られる(16)。

このような事情を前提にして、津高郷の場合について考えると、どのようなことがいえるであろうか。まず、宝亀五年の例についてみると、三段で稲八〇束という価格は、段当り二六・七束で、これをかりに六年分（六年価直）とすると、賃租料は約四斗四升ということになる。

これは、讃岐の最高額より更に八升上まわる額であり、きわめて高額のものといわねばならない。他方、宝亀七年の場合は、三例の間にそれぞれ一束前後の差があるが、平均価一四・二束で試算すると、六年価直とした場合、約二斗三升となり、讃岐の場合の平均的な直米に近い。三年価直とした場合には約四斗六升であって、基本となる賃租料は、宝亀五年の場合に近似したものとなる。

このような分析から導きだされる関係は、津高郷の二つの土地売買において、その価格の決定にあたって、年数がいづれの場合も同一であったとすれば、基本とする賃租料に、きわめて大きなひらきがあったことになるし、また賃租料が同一であった場合には、両者間の差は、かけあわされる年数の差にあったということになる。

そこで年数を他の例に求めると、平安京建設にあたって、政府が宮域内の土地買収を行なった事例が参考となる。(17)『日本紀略』延暦一二年三月七日条によれば、「新京宮城之内、百姓地卌四町、給三年価直」とあり、通例の五、六年価直の半分しか支払っていない。土地売買価格決定にあたって、郷土沽価を尊重したと仮定して、次にそれを三年とするか、五、六年とするかという問題には、売買当事者間の力関係がそこに働いているのではないかと想像されるのである。

これをもって津高郷の場合を推論すれば、両者の売買を通じて、賃租料については郷土沽価を基準としたが、それに乗ずる年数において、一方は六年とし、他方は三年としたとすることが可能である。後者が半額となったのは、この売買が事実上郡衙による唐招提寺への売却であった、ということに原因があるのではないかと思う。そこには農民の利益には、一片の配慮もなかったとみられるからである。

以上の分析は、単に、一つの解釈の可能性を示したにすぎない。前提となる条件を、さまざまに変えることによって、いく通りかの解釈が可能となるであろう。しかしながら、両者の間に、価格の大きな相違が存在していることは厳然たる事実である。この格差に注目して、別の角度から考察してみよう。

『続日本紀』によれば、宝亀五年という年は、一月から七月にかけて全国的に飢饉が起っており、(18)前年の稔りは、甚だ不作であったことが知られる。備前では、とりたてて激しい飢にはおそれなかったとしても、対岸の讃岐が飢えていることは、この地域にも何等かの被害が当然予想されるのであって、少なくとも、作柄が良好であったとはとうてい考えられない。加えて、五年秋は明らかに凶作であった。宝亀六年五月、「備前国飢、賑給之」という、『続日本紀』の記事はそれを示している。前年の不作と、それに加えて苛酷な権力の収奪は、それでなくとも不安定な農民生活の天災への抵抗力を、著しく弱めていたと思われるのである。

漢部阿古麻呂の畠売却は、このような凶作の最中で、戸口の大税＝公出挙の返済を強制され、余儀なく自己所有の畠を売却し、その代価をもってこれにあてたのであった。このような事態にあって、段当り二六束余という、高価な価格をもって売却がなされたということは、そこに、如何なる事情が伏在しているのであろうか。

段当り二六束余という価直は、神護年間における越前国での水田の標準的価格、段当り二四束をうわまわるものであり[19]、売買されたのが畠であることを考慮すれば、異例の価格といって過言ではなかろう。この売買の背後には、通常の売買価格の原則を無視した、特殊な事情が存在していると私は考えるのである。その特殊な事情をさぐりだすためには、何よりも、この売買が同じ村落内の農民相互の売買であるということが注意されねばならない。

漢部阿古麻呂の畠三段の買手は、同郷内三野臣乙益であるが、三野臣一族は、乙号文書の郡判にみえるように郡司少領外従七位上三野臣浪魚を出す、この地方での有力な豪族である。乙益が三野臣浪魚とどのような関係にあったかは、もとより推定の域を出ないが、彼が、この凶作に相遇してなお、稲八〇束をもって土地を購入することができる財力からして、地方豪族の一族につらなる者であると思われる。この津高郷内での土地売買が、連年の不作と、それに加えて権力による大税の収奪に対して、在地での蓄積をもって、それに対処していることに注目する必要がある。

三野臣乙益の、凶作に相遇してもなお余裕をみせる富の蓄積は、在地での漢部某に代表される零細な農民からの収奪によるものであることは疑いないが、しかしなお、そこには非常の事態に際しては、あるていど通常の売買価格を無視して、貧窮農民の窮状を救おうとする、在地豪族につらなる有力農民の共同体的相互扶助の行為をみとることができる。窮状を救うその行為が、権力の支配体制を承認し、更には、自己の在地での支配の維持と、将来の更に拡大された収奪の意図を、うちにひそめるものであったにしても、そこには、なお徹底して非情なまでに、あらゆる機会を通じて、私富の追求を行なうという、階級支配者のあらわな姿勢はみられない。この畠三段の直稲八〇束は、畠三段のもつ価値から導きだされた価格というよりは、漢部某の大税の負債額によって決定されたものであろうと考える。

これに対し、二年後の宝亀七年における、按作部千継らの売買価格の示す意味は、いかなるものであろうか。彼ら三名が売却した、畠の反当りの価直は、按作部千継が一四・六束、漢部真長が一三・三束、蝮王部臣公楯が一五束であり、それぞれ一束前後のひらきをもっている。このような差が近接する畠で生じてくるということは、讃岐国山田郡の例からして、あり得ないことではない。しかし、隣接する畠の二年前の価格に比して、約半分という評価は、それが一般的にみて厳正なものであったとしても、凶作と重税にあえぐ農民の実状に思いをいたせば、苛酷なものといわざるを得ない。

それは、彼ら三名の畠地売却が、収税吏の手によって、強制差押えの上、唐招提寺に売却されたということと、密接不可分に関連することである。それは、日常的に生活を共にし、また、ともに凶作という現実の前に立たされている在地の豪族と農民、あるいは、農民相互間では、このような売買は成立しがたいことであったであろう。

郡の税長という権力の走狗と、唐招提寺という、在地の共同体とは無関係な外部的勢力との間でこそ、成立し得る売買といわねばならない。

しかも、宝亀五年・六年と続いた凶作は、七年にいたっても、なお、農民生活に大きなきずあとを残していたと思われる。それは、七年一二月において、唐招提寺がこの地で土地買収に要した稲が、文書から知られるかぎりで、総額四六五束に達していることからも推察できるであろう。そして、そのうち四五〇束が、収税尾張祖継によって唐招提寺から直接正倉に収納されていることは、これが全て税の滞納の強制的取立てによる農民の土地売却であったことを意味している（丙・戊号文書）。

後述するように、この時、唐招提寺が買得した土地は、更に大きかったと推定されるのであるが、この年、それほど大量の土地が唐招提寺に集中されたということ、しかもそれが、農民の滞税の強制的取立ての結果生じたものであることは、この宝亀七年もまた凶作で、農民の手もとには、その家族の再生産に必要なたくわえすら、残されていなかったのではないかとさえ推定されるのである。

更にまた、唐招提寺が、このような土地集積を行ない得たその背後には、連年の凶作と収奪のために、村落内部に蓄積された富（諸個人の所有する富の総和としての）がすでに払底し、村落内部での土地売買という手段を通じて、課税の支払いが行なわれがたくなっている、ということを察知せしめるのである。

漢部阿古麻呂から、宝亀五年八〇束の価直で買いとった三野臣乙益の畠が、更に唐招提寺に転売されたのも、恐らくはこの年ではなかったろうか（甲号文書）。乙益の転売がいかなる事情によるものであったかは、直接文書の示すところではないが、宝亀五年には余裕を示し得た彼も、連年の凶作には、ついに、屈せざるを得なかったのではないかと思う。乙益にしてなおかかる可能性があったとすれば、一般貧窮農民にあっては、いかに厳しい状況に追いこまれたか、察するにあまりある。

乙益と同様なことは、また漢部古比麻呂についても言える。彼は、宝亀五年の売買券文において、「徴」として署名している（甲号文書）。「徴」とは、弘仁一三年閏九月官符にいう「徴税丁郷別二人」[20]にあたるもので、いわゆる郷雑任である。その古比麻呂が、宝亀七年には、八〇束という知られるかぎり最高額の畠を売却しているのである。この彼の所有地売却が、按作部千紲らと同じく課税の、恐らくは、庸米の未納によるものであろうことは、その八〇束が、収税尾張祖継の収納するところであったことから判明する（丙号文書）。

徴税丁という職掌は、郷内のいかなる階層の農民が任ぜられるところであるか、推測の域をでないことではあるけれども、それが徴税に関することであるだけに、恐らく平均的な農民以上の階層の担当するところであったとして、大過なかろう。してみれば、彼といえども、また税をその年の収穫から納め得なかったということの意味するところは、きわめて事態が深刻であったことを推察せしめる。

その他、同じく宝亀五年の売買券文に、戸主としてみえる漢部阿古麻呂も、宝亀八年正月一八日の「収税解」（戊号文書）に、「同年十二月廿三日受□□（廿三）束漢部阿古麻呂」とみえ、彼もまた、例外たり得なかったことを知るのである。また彼は、宝亀八年四月、唐招提寺宛の解文を認めている。その内容は、断簡にして不明であるが、恐らく、これも土地売買に関するものではないかと考えられるのである（己号文書）。

以上、残存する一連の文書を通じて知られる、津高郷内の郷長以下八名の農民のうち、郷長のみを除く、他の七名は、連年の凶作と、苛酷な権力の収奪のために、自己所有の土地を売却せざるを得なかった。より正確に事態に則して表現すれば、郡の税長によって所有地を差押えられ、一方的に唐招提寺に、しかも安価で売却されたのである。

郷内の住民は、もとよりこれで全てではない。したがって、これをもって津高郷、更には、当時の農村一般を論ずることは、その結論に、何ほどの信頼性も保証し得ないのではあるが、しかし、律令体制のもとで慢性的な凶作と、苛酷な課税の収奪に苦しめられた、農村の一断面を窺知することができたと信ずるのである。

　このような状況の中で、強引に推し進められた、唐招提寺の土地集積のもつ歴史的性格を、徹底的に究明するためには、関心をひとまず、唐招提寺そのものに移す必要があろう。

3　招提寺如宝と豊安

　唐招提寺は、唐僧鑑真が天平宝字三年（七五九）、聖武天皇の素願を奉じ、平城京右京三条二坊の地に新田部親王の旧宅を施入され、戒院となしたことに始まるといわれる。鑑真は、天平勝宝五年（七五三）幾多の苦難を経て来日して後、同七年頃より彼のために造られた東大寺唐禅院に居住し、勝宝八年五月には大僧都に任ぜられ、翌天平宝字元年（七五七）には、勅によって、「以㆓備前国墾田一百町㆒、永施㆓東大寺唐禅院十方衆僧供養料㆒」された[21]。しかし、翌二年八月には、大僧都の任を解かれ、同時に、大和上の称号を与えられた。これとともに、鑑真は一部の弟子達とともに唐禅院を出て、新たに戒院を建立し、そこに宝字七年五月遷化するまで居住した[22]。

　唐招提寺の寺領を問題とするとき、宝字元年施入された、備前国墾田一百町（唐招提寺の諸記録は「水田一百町」とする）が、いかなる性格のものであったかが重要な論点となる。『続日本紀』天平宝字七年五月戊申条の、鑑真伝によれば、「俄以㆓綱務煩雑㆒、改授㆓大和上之号㆒、施以㆓備前国水田一百町㆒、又施㆓新田部親王之旧宅㆒、以為㆓

戒院二」とあり、また、『唐大和上東征伝』は、「大和上以二此田一、欲レ立二伽藍一」と記しているが、福山敏男氏は、これらの記事に批判を加え、次のようにいう。

この水田一百町が、その後も、唐招提寺領として存在したという証拠は一つとしてないことから、問題の水田一百町の施入は、東大寺唐禅院に対してなされたものであって、鑑真個人に施入されたとは考え難いこと、また、『続日本紀』薨卒伝の記事は、宝亀一〇年（七七九）、淡海三船によって著された『東征伝』に基づいて書かれたものであり、その後も、寺家側の記録にしばしばくりかえされる「備前国水田一百町」とは、宝亀年間、備前国津高郡下で買得した田地を確保するための、寺家の口実であった[23]、と。

これに対し、井上薫氏は、「田は東大寺唐禅院に施入されたというよりは、唐禅院の十方衆僧供養料として施入されたもの」であり、「鑑真が田をもらったわけではないが、供養すべき僧を収容すべき寺を（この田の収益を使って・原）彼が建てることは、勅に反しない[24]」とし、更に、水田一百町が唐禅院の所領としてのこったという史料・記録のないこと、及び施入の水田一百町は、津高郷における買得の内容とは、地種・面積ともに一致せず、またその位置も備前国とあるだけで、備前国津高郡津高郷であるか否か断定できない、として福山説に反論を加えた。

両氏の見解の対立を検討してみるに、まず「水田一百町」の施入の対象については、井上氏のいうように、唐禅院の十方衆僧供養料であるとするのが当を得ていると考える。しかし、鑑真が唐禅院を出て後も、この供養料を鑑真が己の目的のために使用できたか否かとなると、井上説には甚だ疑問が残るのであって、恐らく、鑑真が唐禅院を出るとともに、「備前国水田一百町」とは無関係になったとすべきではないか。

それというのは、唐禅院十方衆僧供養料として施入されたとはいっても、その経営は、造東大寺司の行なうところであり、その収益が、供養料＝唐禅院の運営費にあてられたのであろう。また、造寺司の経営といっても、それは国家機構の一部であり、実務は国家官僚の行なうところであるから、鑑真とその弟子達が、唐禅院在院中に、それを事実上所有するなどということは、まず考えられない。しかも、鑑真が唐禅院を去って後は、福山氏が指摘するように、彼の弟子法進がそこに留り、その後は、法進の系統による師承の関係が存続するから、本来、この「水田一百町」は、唐禅院に残さるべき性質のものだったのではなかろうか。

他方、鑑真遷化後、唐招提寺は、その弟子如宝の相承するところであるが、しばらく寺運は低迷し、如宝の活躍によって昂揚期に入るのは、宝亀年間に入ってのことである。それについては、福山氏の労作を参照されたい。唐招提寺が、備前国の水田百町を鑑真個人に施入されたものであるかの如く主張しはじめるのは、宝亀年間以降、寺領の獲得を合理化するための方便であったとする福山氏の指摘は、卓見であったというべきであろう。

ところで、この問題の水田一百町は、東大寺唐禅院に、その後も引きつづき存続したわけでもない。東大寺の記録に、絶えて見出すことができないことから、これまた、程なく東大寺の手から離れたものと思われる。その理由は、もとより定かではないが、或いは、宝字年間の仲麻呂政権の時期に、寺領が収公される動きの中で、東大寺の手から離れたのでもあろうか。

たとえ一時なりとも、備前国に鑑真の活動を支える財源が存在したということは、その後、一小戒院として新たな出発を始めた唐招提寺にとって、忘れることのできないものであり、如宝の時代に、寺の興隆策が強力に推進され、経済的基礎としての、寺領獲得の動きが活発化する時、第一に備前国が注目されても不思議ではない。このような因縁があって、さきにみた、備前国津高郡津高郷における、土地集積がなされたと考えるのである。

唐招提寺が一つの寺院としての形態をととのえるのは、宝亀年間に入って、如宝の努力によるものであった。

それまで、新田部親王旧宅の施入による鑑真の居院、平城宮朝集殿を移築した講堂などが主要な施設であった唐招提寺に、伽藍の中心をなす金堂が、宝亀年間に入って、有縁の檀主等を率いた如宝によって造営される。

他方、宝亀七年六月、「播磨国戸五十烟捨二招提寺一」と『続日本紀』は記しているが、これが、豊安の『鑑真和上三異事』にいうように、「充二修理之資一、令二造レ寺供一レ僧[25]」られたものであるならば、この封戸施入は、唐招提寺の発展の一つの画期をなすものと思われる。如宝による金堂の造営（福山氏はその完成を宝亀一〇年頃とする）、そして国家からの封戸施入、これに併行して、他方では、寺家の経済的基礎としての、寺領の獲得が推進され、延暦二三年には、唐招提寺の寺院としての基礎が、ほぼすえられたのである。

『類聚三代格』によれば[26]、

太政官符

応レ令二招提寺為レ例講レ律事

四分律一部七十巻　疏一部十巻　釈法礪撰華厳経一部八十巻

涅槃経一部卅六巻　大集経一部卅巻　摩訶槃若波羅密経一部卅巻

已上在二寺内一

田地一十三町在二備前国一　宝亀八年七月廿六日官符

水田六十町在二越前国一　用二知識物一所レ買

右得二律師伝燈大法師位如宝牒一偁、件寺者斯唐大和上鑑真奉二為聖朝一所レ建也、去天平宝字三年、勅以二没官地一賜レ之、名為二招提寺一、令レ修二学戒法一、尓来殆五十年、雖レ有二経律一、未レ経二披講一、一則乖二和上之素意一、一則闕二仏道之至志一、伏望、下二符寺家一、永代伝講、便用二件田一、充二律供儲一、然則招提之宗、久而無レ廃、先師

之旨、没而不レ朽者、右大臣宣、奉レ勅、依レ請、

延暦廿三年正月廿二日

とあり、伽藍、恒例の仏事とともに、寺領も備わり、ここに、唐招提寺が、一つの寺院としての体制を整えたことを知ることができる。

特に、「律供の儲に充」てられる備前国田地一三町、及び越前国水田六〇町の獲得は注目に価する。このうち備前国の田地一三町が、前節で問題とした、津高郷で買得した畠を、この内に含んでいることは、ほぼ疑いないところである。そしてそれが、宝亀八年七月二六日の官符によって、寺領として確定したことが知られるのである。今日、その官符なるものの内容は、具体的に知ることはできないが、恐らく、仏事の供料にかこつけて、寺家の所有とすることの承認を、太政官から得たものであろう。

また、越前国の水田六〇町については、今日それに関する文書の存在を確認することはできないが、この頃までにはその買得が一応完了し、律供の儲として寺領たることの確認を、この太政官符によって、獲得することができたのである。そしてまた、この六〇町が、「知識の物を用ひて買ふ所」であったということも、次節との関連で注意を喚起しておきたい。

如宝によってその基礎が固められた唐招提寺は、弘仁五年正月、如宝物化の後は、その弟子豊安によって、その拡充が推進される。

仁寿三年（八五三）には、

招提寺田地百七十八町四段三百廿三歩、永為二伝法田一、初宝亀中、大唐和尚鑑真買二得此地一、施二入寺家一、其後逐レ年墾闢、頃畝増レ広、以二功徳一故、聴レ不レ輸レ租、(27)

と、寺領は約二倍半に増大し、それをもって伝法田となし、不輸権を獲得するに至る。このような、八世紀末から九世紀にかけての、唐招提寺の発展に伴う寺領の拡大は、律令国家を背景として、巨大な規模をほこった東大寺領の、この時期における退転と対照的であり、甚だ興味深いものがある。律令体制の崩壊過程に照応して、寺領の衰微をみせる東大寺とは反対に、新興勢力として、小規模ながらも寺勢を伸長させてくる、唐招提寺の寺領の発展は、荘園形成期における一つの典型と見なし得ると思う。

また、このような寺領拡大と、特権獲得のために、「大同帝(平城)貴為レ師」というように、権力中枢との結びつきをはかった豊安[28]や、或いは右掲の文中に記されたように、寺領の基礎が、宝亀年中、鑑真の買得と施入によってすえられたとする歴史の偽造—それは祖師の神話化といってよい—による、寺領の権威づけと、所有の合理化の企てがみられるのである。

『唐招提寺建立縁起』は、鑑真の寂年を宝亀七年としているが[29]、これは右の神話化に伴う作為である。このことはまた、さきに論じた「備前国水田一百町」の施入をめぐる、寺家の主張の中にも一貫している。このような作為によって、何ほどの現実的な利益がもたらされたかは、具体的に知ることはできないが、目的のためには歴史の偽造も敢て辞さないという寺家の行為、つまり、創生記の神話化という観念のいとなみは、支配階級の本質にかかわる問題として、この際特に注目する必要があろう。

4　津高郡衙と唐招提寺

これまでの叙述において、備前国津高郡津高郷における、土地売買の売主である農民と、その買得主である唐招提寺について考察を加えた。次にわれわれは、この土地売買の歴史的性格、すなわち、その荘園形成史上に占める意義について、検討を加える必要がある。

津高郷における土地売買は、土地所有者が、直接、買得主と売買行為を行なうのではなく、その間に、権力が介在しているということに、その特徴がある。それは、所有者である農民が、国家に対する負税未納という、さしせまった必要から、売却せざるを得なかったという事情にもとづいている。したがって、その売却と代価の収納は、所有者の権利を全く無視した形態をとって、国家権力の末端機関と、唐招提寺との間で、直接行なわれたのである。

このことは、宝亀七年一二月一一日付の三通の文書（乙・丙・丁号文書）に、明瞭に示されている。このうち、売買券文（乙号文書）については、すでに明らかにしたように、一見所有者たる蝮王部臣公楯が、三名の所有者を代表しているかの如くでありながら、事実は、税長書直麻呂の売却という意味をもつものであった。

このようにして売却された土地の代価は、丙号文書に明らかなごとく、津高郡収税尾張祖継によって、正倉に収納されたのである。「津高郡司牒」断簡（丁号文書）に「□継使令向□所」とあるが、これは、尾張祖継を使（収税使）として、農民の土地売却の代価収納のため、唐招提寺庄所に向わしめるという意味のものであると判読される。

したがって、この土地売買は、唐招提寺の庄所で、郡衙から派遣された税長・収税、それに郷長、及び土地売却人たる農民、買得主たる唐招提寺側の関係者、など立合いのもとで行なわれたと推測される。そして税長は、自から筆をとって売券を認め、収税はその代価を受取り、請文を認めることによって、売買は終了したのであろう。その事務的なやりとりの傍にあって、土地所有者たる農民は、ただ傍観するしかなかったのである。「津高郡収税解」（丙号文書）によれば、この時合せて稲四五〇束を請求しているが、このことは、この時すでに、これだけの額にのぼる土地売買が、事実上成立していたことを示す。そしてこの時、文中「以上先券」と注記された、漢部古比麻呂・漢部大楯・三野臣薗生ら三名の土地売却の代価も、収税によって収納されたのであるが、彼らの売買契約は、或いはすでに、この時を遡って成立していたのかも知れない。それはまた、未収の二五六束分についても同様であろう。

ところでこの残額二五六束は、その翌年の正月一八日、再び祖継による請求があり、同日をもって決済がなされたが、その間の一二月二三日には、漢部阿古麻呂分二三束の支払いがなされていたことが知られる（戊号文書）。この収税が収納した四五〇束についてみても、唐招提寺は三回に分けて支払っているわけであるが、その間にはどのような事情がひそんでいるのであろうか。

まず、収税側の態度は、丙号文書にみるように、四五〇束分の土地はすでに売買が成立したとみなし、「唯遺者既成二正税一、是以二後日一、望将レ請」ということであった。文中「遺」とは未収分の「遺弐佰伍拾束」をさすが、これが「既成二正税一」とはいかなる意味であろうか。それを解く手掛りは、やや時代が降る、民間の例ではあるが、次の場合が参考となる。

貞観一六年四月一九日付の「広津福主田直銭請文」によれば[30]、広津福主は田四段を唐招提寺に売却し、その田直=代価の貞観銭一貫八〇〇文を請取ったのであるが、その請文に「後日誤者、被レ当二勘本銭一、加二利息一将二進納一」と記している。すなわち、この売却した田が、彼の所有ではなかったというような事態が生じた場合、田直として請取った貞観銭一貫八〇〇文については、利息を加えて返納するというのである。つまり、契約が売主の責任において破約となった場合は、請取った田直は、借銭と同じ扱いにするというのである。

この売買契約の論理をもってすれば、「遺者既成二正税一」というのは、彼此に立場の相違はあるが、すでに売買が成立している以上、未収の代価は買手である唐招提寺が、正税出挙稲を受けたと同様の扱いをする、という意味であると判断されるのである。

つまり、ここに示される関係は、すでに指摘したごとく、庸米未納の農民からその代価物として土地を差押え、それを権力が唐招提寺に売却しているということに外ならないから、庸米未納は実質的に唐招提寺に転稼され、唐招提寺が支払うべき、代価の未納分には利息をかけるというのである。そのからくりは、今日税の未納者の不動産を差押え、競売に付す、権力のやり口と変るところがない。したがって、売却後の買主の代価支払未納分には、国家に対する借財とみなし、正税出挙に準ずる取扱いをするというのである。

かかる収税の態度に対し、買主である唐招提寺がそれを承認したか否か、遺された文書の限りでは明確ではない。しかし、唐招提寺の側にも、一つの一貫した態度があったようである。それは、所有者の売買券文が造られない限り、その代価は支払っていないということである。丙号文書で支払った一四九束は、「已上先券」とある漢部古比麻呂ら三名分と、その売券が現存する（乙号文書）、按作部千継・漢部真長の分のみである。

また、戊号文書に「以二同年十二月二十三日一受二□□（廿三）束一漢部阿古麻呂」とあるのも、恐らくこの日、売券が造られたので、代価を支払ったと考えてよい。したがって、同文書の、「以二同日一所レ遺稲弐佰参拾参束、依レ員受治既畢」という追筆の請文も、この日、二三三束分の売買券文が造られたことと解してよいのではないかと考える。但し、この場合、追筆でもって請文が認められているということは、この問題をめぐって、郡衙と唐招提寺の間に確執があったのではないかという疑念をいだかせるのである。

このように、代価の収支をめぐって、郡衙と唐招提寺の間に、異なった対処の仕方の生ずる原因は、それぞれの利害に関する問題が根本にあることは勿論であるが、加えて、郡衙の側に、未納の税の強制執行と、その代価の収納が、別々の税吏によって行なわれているということも関係している。

つまり、税長書直麻呂と収税尾張祖継との職務分掌＝分業に、一つの原因があるのである。税長は滞税の差押えと、その売却を担当し、収税は、専らその収納にあたっている。したがって、税長が個々の滞税者に強制し、唐招提寺に差押えた土地の売却を約束させたことが、収税においては、売買の成立と見做されたのであった。

国家権力の末端機構としての郡衙と、唐招提寺との間には、それぞれの利害に基づく対立が、右の如く存在したのではあるが、終始一貫して、この売買から疎外されていた農民にとっては、ともに、相容れることのできない階級敵であったことに変りはない。

連年凶作という非常の事態にあって、しかも、さきに指摘したように、村落内部の土地売買によって、税の収奪にたえ得るような、蓄積も尽きはてた津高郷内に、唐招提寺が、豊かな財源をもって、土地買収の手をのばしてきたことは、確かに一面では、彼ら住民の大部分にとって、破局を救うものであったかも知れない。しかし、その代償は、在地の現実を無視した、土地価格の非情な評価による、土地収奪となって現われている。それは、宝亀五年と七年の売券を比較することによって、明瞭に看取できることであった。

他方、権力は連年の凶作にも拘らず、その苛酷な収奪の手をゆるめようともせず、誅求を加えたのであるが、もし、唐招提寺がそこに介入してこなかったならば、恐らくは、多量の農民の逃亡という結果を招くか、あるいは、最後的には、徴税を断念せざるを得ない結果となったであろうことは、十分予想されることである。しかし、現実には、そのような結末を迎えることなく、納入の遅れた代価には、利息までかけようという、郡衙の収税ぶりは、唐招提寺の貪欲な土地集積への欲求によって、支えられていたものであった。税長が個々の農民に強制し、唐招提寺に土地売却を約束させることによって、未納の税は、確実に、郡衙の手中に収納できたのである。しかも、一片の券文を作ることによって、税としての稲は、寺家の倉から郡衙の正倉へと運びこまれたのである。凶作という非常の事態においても、このようにして、徴税を確保することが可能であったのは、唐招提寺の存在があってのことである。ここにおける、唐招提寺の客観的に果す役割は、あたかも、徴税請負人のそれに比定することができるといわねばならない。

これに対して唐招提寺は、すでにみたように、丁度この時、寺院の建設期にあたり、宝亀七年の、播磨国封戸五〇戸の施入を一つの契機として、かって鑑真が唐禅院にあった時、十方衆僧供養料として墾田百町の施入を受けたという因縁のある備前国に、寺領獲得の手をのばしたのであるが、それを仲介したのが誰であるかは、残念ながら知り難い。

唐招提寺の買得の財源は、越前の場合がそうであったように、知識による財物の寄進を、主要な源泉としていたようであるが、この備前においても、在地で、そうした財源を寄進するものがあったのかも知れない。それはいずれにもせよ、凶作にあえぐ備前に、買得の手をのばしたことは、確かに慧眼であった。

連年の凶作により、すでに在地内部の蓄財は底をつき、一方的な買手市場の中に、巨財をもって臨むことは、まさにぬれ手に粟というがごときものであったに相違ない。徹底した価格の値切りは勿論、買得地の一方的指定すら可能ではなかったかと思われる。さきにも指摘したように、文書から知られる限り、唐招提寺の買集めた土地は、散波畠に集中しているが、このような一円化した形での買得は、右のような事情のもとでのみ、可能なことである。

一般に形成期の荘園が散在的傾向をもつのは、零細な面積の墾田畠を、個々に買得した結果であるが、散在する荘園より、一円化された荘園が望まれることは、その経営上必然であり、すでに、八世紀の越前の東大寺領に、そのための努力を見出すことができる[31]。現実には、公田と墾田が交錯して存在する以上、一円的買収は、きわめて困難なことであるが、この備前の場合には、農民の大部分が、土地を売却せざる得ない状態にあったというだけでも、買手にとって有利な条件であったということができる。特に、畠は特殊な地方を除き、全て私有されていたのであるから、その一円的買収は、水田に比較し、より容易なものであったであろう。

宝亀八年七月二六日の太政官符によって、唐招提寺は、備前国に一三町の田地の所有を承認されたのであるが、この一三町は、長年の買得の結果というよりも、この七年間に、集中的に集積したものではないかと推定する。それは何よりも、この年が凶作という、特殊な条件のもとにあり、またさきにみたように、三野臣乙益などのごとき比較的富裕なものまでも、土地を売らざるを得なかったことは、今日遺されている文書以上に、多量の土地売買が行なわれたことを推測させるのであって、この一三町が、津高郷内の大半の農民の零細な土地を集積したものであると推定することは、十分可能なことだからである。

このような唐招提寺にとって、徴税の収奪に熱意を示す税長や収税は、主観的には、彼らが自己の職務に忠実に行動したとしても、客観的には、寺家の走狗として土地集積に狂奔するものでしかない。彼らが、税の未納を一掃しようとすればする程、それは、唐招提寺の土地集積が進捗することに外ならない。むしろ、彼らはそれを自覚して強制執行にあたっているかにみえる。

つまり、徴税ということを通じて現われる、国家と農民の和解しがたい対立の間にこそ、唐招提寺存立の基盤が存在するのである。このような、国家権力と唐招提寺の相互依存関係は、階級的本質からして当然のことではあるが、この徴税と土地集積が、凶作を背景として、一体となって展開する時、農民の疎外は、極度に著しい様相を呈すといわねばならない。売買券文の文書様式無視に特徴的にみられる、農民の疎外化現象は、まさに、その表現に外ならないのである。

権力に依拠しつつ、農民の前にたち現れてくる、外部の勢力である唐招提寺は、農村内部の共同体的紐帯をたちきらないままに析出されてくる支配階級に対比して、その姿はより鮮明であるといわねばならない。それは、郷内での土地売買と、唐招提寺のそれとの、売買価格の相違に明瞭に示されている。しかしながら、唐招提寺の村落内部への侵入は、自力のみによってなしとげられるものではない。それは、村落内部の階級分化と、権力組織を媒介としている。

具体的にいえば、税長・収税といった、権力機構の最末端に結びついた、村落上層村民の活動を支えとしているのである。したがって、買得の後に課題となる土地経営には、彼らの、より直接的な参加を必要とするのである。庄長、田刀（堵）と呼ばれるものは、そうしたところに、その発生の基礎をもつといわねばならない。この問題は、素材とする史料の限界をこえたものであるし、また、次元を異にする問題でもある。私見の一端は、「田使と田堵と農民―田堵論のための断章―」（本書第二部第五）に述べたことがある。併せて、御参照いただきたく思う。

結

これまで、荘園の本源的蓄積過程ともいうべき、唐招提寺による土地集積の具体的様相に、売買文書を素材として、検討を加えてきたわけであるが、そこには、農民の勤労の成果である自己所有の耕地が、重税に加え凶作という災害を背景として、唐招提寺に集中される過程の中に、「頭から爪先まで、あらゆる毛孔から血と汚物とを滴らせながら」生まれいずる、荘園の姿を看取することができる。

天平一五年（七四三）の墾田永世私財法は、勤労人民に、ばら色の未来を約束したのではない。彼らが、額に汗して蓄積した、労働の成果としての私有地は、慢性的な凶作と、重税の下では、貴族・寺院をはじめとする、支配階級の大土地所有実現のための、あくなき欲望の前に、餌食としてさらされたのである。

なるほど、それは、生身の肉体を質とする借財をしないでも、ある程度は、非常の事態に耐え得ることが可能になっただけ、農民にとって進歩であったかも知れないが、収奪の対象が、人格づきの労働力そのものから、労働の生産物に変ったとしても、搾取そのものが消滅したのではない。それは富の蓄積形態が、人間そのものから土地へと変化したにすぎない。そして新たなる搾取の体制としての農奴制が、それを通じて準備されていったのである。

土地売買とは、八世紀から九世紀にかけて、このような転換を実現させる上で、大きな役割を果したのである。したがって、この時期の土地集積は、奴隷の蓄積に代って現れるところの、支配階級による勤労人民の剰余労働搾取の、新たなる形態であるといわねばならない。特に、売買＝永売が、一般に耕作権保留付売却という形態をとるということは、[32]買得者の立場からすれば、その土地の耕営を義務づけた上での土地買得ということを意味するから、そこからの地代収奪は保証されている、ということに留意する必要があろう。

すでに、竹内理三氏がいちはやく注目したように、[33]「依二正税一売二墾田一」とか「所レ負官稲」にあてて、所有地を沽却するという事例は、八世紀から九世紀にかけて、普遍的にみられる現象である。それらの一々の事例について説明を加えるまでもなく、それらを貫く本質は、小稿の津高郡における土地売買の分析において、不十分ながら、明らかになし得たと思う。

零細な農民の所有地を、さまざまな機会を通じて買得し、それを通じて集中をとげていくという形態が、荘園制大土地所有の形成に果した役割は、過少に評価することはできない。唐招提寺の場合、宝亀年間に始まり、仁寿年間に至って一七八町四段三二四歩に達する土地集中過程に、農民所有地の買得が、その主軸をなしたことは、今日残存するわずかな史料からも確認できることである。

このようにして実現された、荘園制大土地所有は、九世紀においてほぼ体制的に確立すると考えるのであるが、それについては、機を改めて論じたい。小稿は、それにいたる土地所有の集中過程に、土地売買という、この時期に特徴的な手段の歴史的性格を明らかにすることを通じて、照明を与えることに、限られた目標があったのである。

注

（1）古代において、売買という概念は、一年限りの賃貸借（小作類似の慣行）を意味する賃租と、所有権の移譲、あるいは不動産質を意味する永代売買、との二義をもつものであった。この土地売買の二義性に関しては、菊地康明氏が、「古代の土地売買について」において、法社会学的な方法をもって注目すべき研究を行なった（『史林』四八の二、四九の四・五）。小稿で取扱う土地売買とは、いうまでもなく、永代売買としての側面であって、賃租に関してはこれを捨象している。

菊地氏の主要な関心は、土地売買の二義性の問題を通じて、古代における土地所有権の性格を解明するところにあるが、行論の中で指摘された永売に関する問題提起は、小論と深いかかわりをもつものである。なお、残された問題が多いが、今後の課題として行きたいと思っている。

（2）『類聚三代格』巻六、国史大系本二七九ページ。

（3）漢部□□人と漢部阿古麻呂との関係は、文書に欠字があって、判定に苦しむが、文中、「右□口漢部云々」とある欠字の部分は、「右、戸口漢部云々」であったのではないかと推定した。

（4）その様式をとっている例としては、早い時期のものでは、注（12）引用の「柘殖郷長解」、やや時代が降っては、寛平三年四月一九日「大神郷長解写」（『平安遺文』一の一七八号）がある。

（5）「人夫」は、この場合、「公民」というほどの意味であろう。類例としては、天平宝字二年一二月二一日「三家連豊継解」（『寧楽遺文』下七八一ページ）に、「早良郡額田郷人夫戸主三家連息嶋戸口三家連豊継」という文例がある。また、天武紀に同義として使用されている例が二、三あり、古訓は「オホミタカラ」とある。

なお、甲号文書の文頭「菟垣村□□漢部阿古麻呂云々」とある欠字は、編者は、「人長カ」とするが、人長という用例は類例を知らず、或いは「人夫」ではないかと考えている。

（6）村長の用例のうち一つは、『平城宮発掘調査出土木簡概報』三に、「但馬国養父郡老左郷赤米五斗村長語マ広麻呂天平勝宝七歳五月」（一一ページ）とあるものであり、もう一つは、『続紀』天平宝字元年七月戊午条の「是日、御二南院一、追二集諸司并京畿内百姓村長以上一」、とあるものである。

この津高郷の用例に、いち早く注目した清水三男氏は、「荘園と村落について」において、「村長は郷長の俗称であったかと思はれる」とし、更に「官制では許されぬ村が誤用されたものであらうが、誤用されるに至ったところに、郷制のみだれが考へられ、私用の村といふ称が、今後国衙側によっても平気で用ひられる事の、早い現はれを存してゐる」といっている（『中世荘園の基礎構造』八六ページ)。

(7)「短きものを　端截ると　云へるが如く　楚取る　里長が声は　寝屋戸まで　来たち呼ばひぬ」(『万葉集』巻五・八九二)。

(8) 弥永貞三「仕丁の研究」(『史学雑誌』六〇の四)。なお、弥永氏はこの史料に関説し、「備前からはるばる京に上って火頭の役に服している我が家の子弟に送るべき養物は何をさし置いても送らねばならない。収税の催促も厳しい。田畠を売って唐招提寺の庄民となりその場をしのいだのが按作部千縄等のうちの一人だったのである。班田農民が庄民に化していく一つの径路がここにも見出されるのは興味深い。」(二〇ページ)といっている。

(9)『延喜式』主計上、国史大系本六一五ページ。

(10)『延喜式』主計上、国史大系本五九九ページ。

(11) 青木和夫「律令財政」(『岩波講座日本歴史』3)一三〇~一ページ。

(12)『大日本古文書』家わけ第十八、東南院文書之二、四九一(九〇ページ)。なお、この文書は、その筆跡から、文書の作成過程を推定し得る、注目すべきものである。

(13) 小稿では、菟垣村は津高郷内に存在するという前提で議論を進めているが、このことは仮説であって、証明されたものではない。それは、郷長と村長とが、事実上同一のものであるか否か、ということとも関係することである。

両者を同一とするならば、菟垣村は津高郷に包摂されるものと考えられることになる。他方、それが別のものであるとするならば、菟垣村が何郷に属するかということは、史料の文面上からは、不明ということになる。それ故、別の解釈が成立しうる可能性がないわけではないのである。

それは、郷と村の関係如何という、長い論争をもつ問題と関係してくる。この問題は、改めて論ずる機会をもちたいと思う。

(14)「散波畠」という表記は、例えば「阿波国名方郡新島庄絵図」にみるように、「野依圃」「川辺圃」などの如く、条里制の坪名とみてよいであろう。『大日本古文書』家わけ第十八、東南院文書之二、折込図参照。

(15) 菊地康明『古代の土地売買について』。

(16) 菊地康明「地子と価直」(『日本歴史』一九五・六号)、及び前掲論文による。

(17) 菊地康明『古代の土地売買について』中、二七ページ参照。

(18) 飢により賑給のあった国をあげれば、
宝亀五年、二月、京師・尾張、三月、讃岐・大和・参河・能登、四月、美濃・近江、五月、河内、六月、志摩・伊予・飛騨、七月、若狭・土佐・尾張。

宝亀六年、二月、讃岐、五月、備前、七月、参河、八月、和泉（以上、『続紀』による）。

(19) 竹内理三「上代における土地価格の一考察」（『上代日本寺院経済史の研究』三五四ページ）。

(20) 注（2）に同じ。

(21) 『続紀』天平宝字元年一一月壬寅条。

(22) 鑑真、唐招提寺に関する研究は多いが、井上薫「阿倍仲麻呂・鑑真」（『日本人物史大系』第一巻）は、研究史をてぎわよくまとめている。

(23) 福山敏男「唐招提寺の建立」（『歴史地理』六〇の四）。以下、福山氏の見解は、主としてこれによる。

(24) 井上氏　前掲論文。

(25) 『大日本仏教全書』遊方伝叢書、一一三の一五一ページ。なお、豊安のこの書と、『戒律伝来記』とは、いわゆる鑑真の神話化を考える上で、重要な意味をもつものと思う。

(26) 『類聚三代格』国史大系本、五〇ページ。

(27) 『文徳実録』仁寿三年一〇月丙子条。

(28) 『元亨釈書』第十三、明戒六の豊安伝は「釈豊安、参州人、招提寺如宝之徒也、大同帝貴為レ師」（国史大系本、一九六ページ）とあり、また『律苑僧宝伝』は「大同皇帝欽二其徳一詔於二宮中一受二菩薩大戒一至二於妃嬪公卿一受二戒法一者多」（『大日本仏教全書』一〇五の一二一ページ）、と記している。

(29) 『諸寺縁起集』所収の抄録による（『大日本仏教全書』一一三の二一一ページ）。

(30) 『平安遺文』一の一七〇号。

(31) 神護景雲年間の東大寺領越前国諸庄園に典型的に示される。

(32) 菊地康明「古代の土地売買について」（前掲

（33）竹内理三「上代に於ける土地価格の一考察」（『上代日本寺院経済史の研究』三六七ページ）。

【補注】

（1）ここで採り上げた、唐招提寺関係文書については、その後、奈良国立文化財研究所史料第七冊として、奈良国立文化財研究所編『唐招提寺史料』第一、奈良国立文化財研究所発行、一九七一年三月三〇日が刊行され、その中に収められている。

（2）この段落につづく、「ちなみに」以下約五行分の記述は、按作部千紲の直稲一三束を、米に換算して、大升で一斗三升とすべきところを、初出稿では、誤って一石三斗と誤認し、それをもとに試算を行なったため、とんだ誤算を引き起し、発表直後に、直木孝次郎先生から懇切なご指摘を頂戴したことがあった。

本書再録に当って、計算をやり直し、学恩に報ゆるのも一案ではあるが、元来この一文は、小論の論述からはいささか逸脱し、文末に記したように「さしたる論拠とはなり得ない」試算でもあるため、本文からはひとまず削除し、その原文を次に掲げて、直木先生の学恩に謝することとした。

「ちなみに、この基準で推考すれば、按作部千紲の場合、直稲一三束は米にして一石三斗、正丁五人分の庸米に二斗不足し、漢部真長の場合は一石六斗、六人分の庸米に二斗不足の額に相当し、もし彼らがその不足分を別の方法で補ったとすれば、千紲の場合は少なくとも正丁五人以上、真長の場合は六人以上を含む戸であったと推定される。但し、これは、さまざまの可能性を捨象した上での算定であるから、さしたる論拠とはなり得ないものである。」

第五　田使と田堵と農民
―田堵論のための断章―

田堵の存在は荘園の存在と同じ位い古い。田堵は既に平安朝の初期に存在した。そして中期から末期にかけて次第に多くなってくる。所が鎌倉時代に入ると突然姿を消してしまふ。田堵は徹頭徹尾、平安朝のものであった。

田井啓吾（「田堵に就いて」『歴史学研究』四三号）

序　田堵の初見―元興寺領近江国依智庄―

田堵（田刀）なる歴史的名辞が、史料上最初にあらわれるのは、貞観元年（八五九）の元興寺領近江国依智庄の検田帳においてである（1）。

九世紀中葉といえば、すでに、律令制は本来の支配体制を維持するに、著しい困難と直面し、律令制的土地所有関係は、庄園の発展によって崩壊の危機にさらされていた。即ち、班田制の事実上の崩壊によって、収奪の基礎としての、農民の経営的均等性は全般的に崩壊の危機を迎え、その反面、経営の不均等性は、私的大土地所有＝庄園制と国家的土地所有との競合の中にあって、拡大の一途をたどりつつあった。国家対班田農民という、原理的に一元的な関係は事実上崩壊し、国家的土地所有は、実質的に公田・官田等にのみ貫徹され、それは、貴族的大土地所有と競合する対等の地位に、転落しつつあったのである。

墾田永世私財法によって認められた、農民的土地所有は、国家財源の確保のために誅求を加える権力によって、大土地所有の貪欲な自己増殖の餌食にさらされていたのである。事実、この頃における庄園の増大と拡大は、零細なる勤労人民の墾田の集積として、広汎に進行しつつあった。このようにして発展しつつあった庄園は、律令的束縛から自からをたちきりつつあった、農民＝浪人や、再生産の必要部分すら保障されない班田農民を、自己の経営内部にとりこむことによって、庄田の耕営を行なっていたのである。

しかしながら、庄田の領有に関しては、自己の権利を法的に確立していたとはいえ、庄園経営における労働力に対して、人格的に束縛する権利をほとんど確立するに至っていないこの段階にあっては、庄田耕作に必要な労働力を自己の経営にとりこむために、領主は、多くの困難に直面せざるをえなかったのである。この耕地の私的所有の確立と、相対的に自由な労働力との矛盾は、奈良末〜平安前・中期にかけての庄園を規定する、基本的特徴であるといわねばならない[2]。

田堵なる名辞の出現は、このような一般的状況の下においてであったが、では、依智庄において、田堵はいかなるものとして存在したか。われわれは、田堵の性格の究明に視点をおいて、検田帳の分析を行なうことから始めねばならない。

1　田使延保と田刀安雄

依智庄検田帳は、同庄検田使延保が、嘉祥元年(八四八)から貞観元年(八五九)に及ぶ一〇余年にわたって、諸種の原因に基づく、庄田の荒廃を復旧するために奮闘した、彼の「闘争」の記録である。彼自身の表現によれば、「投㆓身於龍樹聖天㆒、帰㆓命乎自在天神㆒」という、一大決意をもって庄田の失地回復に臨み、「任㆑理勘匡」した事柄の一々を、問題別に集計して目録とし、且つ、個々の田地について事由の大略を注し、特に典型的な事例については、その経過を、生々しい対話型式をもって記録して、後代の備としたものである(3)。

八条九里十二・十八坪について、延保は、次のように記している。

右二坪、本自中田、今臨㆑地見、尤是上田、因㆑茲召(問カ)㆓向田刀前伊勢宰依知秦公安雄㆒
勘(延保)云　是尤上田、何進㆓中田地子㆒、豈無㆘犯㆓三宝物㆒罪㆖哉
答(安雄)云　此昔所㆑定、非㆓今之事㆒、作㆑意不㆑奸、有㆓何罪㆒矣
使(延保)迫云　假令司愚不㆑弁、傑㆑之田刀、何不㆓匡申㆒、須任㆑理為㆓上田㆒
答(安雄)云　任㆑理被㆑行、若為㆓拒捍㆒。
仍為㆓上田㆒、即進㆓地子㆒、

この対決においての中心問題は、地子の引上げにあった。田使延保は、現状に基づいて、上田の地子を課さんとしたのに対し、田堵（刀）安雄は、現に上田たることを認めながらも、「これは、昔定むるところにして、今の事に非ず」と、従来の慣例を主張して、「作意不奸、有何罪矣」―意識的に不正をしよう、としたのではないにも拘らず、それを、三宝の物を犯したなどという、大それた罪を着せられる身に覚えはない、とつっぱねたのである。しかるに延保は、この論理の通らざるとみるや、方向をかえ、声をあらげて、田堵安雄を更にせめたてた。

「よしんば庄司が愚かにして、上田と中田の区別をつけられないとしても、庄司より傑れた田堵たるものが、それと承知しながら（或いは、それをよいことに）、田品を匡さないというのは何ごとか[4]」。この一言は、田堵安雄の反撃を完全に封ずる痛打であった。

安雄が答えて「理にまかせて行わるとも、いかに拒捍せんや」―おっしゃる通りに、地子を引き上げられても、別に文句は申しませんよと、ややふてくされにすら聞える返答をして、地子引上げを承認せざるをえなかったのは、延保の主張が、よく田堵安雄の弱点をついて、死命を制したからというべきであろう。

この論争において、安雄が延保に屈服せざるを得なかった弱点こそ、田堵の性格を象徴的に示している。即ち、田堵とは、庄司を補佐すべき任務を、庄園領主側から与えられていたものであった。「田刀何不㆓匡申㆒」という、安雄の田堵たる職務上の任務をついた一言は、慣習をたてにとっての、安雄のそのかぎりでは正当なる論拠を、一挙に粉砕したのである。

中田が上田となるということは、自然生長的な結果ではない。そこには、絶えざる農民の勤労と叡智を俟たねばならない。安雄がこの二坪の寺田を直接耕作していたか否かは、文書に記されているかぎりでは決定できないが、彼の「前伊勢宰」という社会的地位からして、私は否定的である。

しかし、彼が「昔所レ定」と慣習をたてにとって、地子引上を肯じなかったのは、単に、彼自身の利害にとどまることなく、依智圧全耕作農民の利害にかかわる問題でもあった。それ故にこそ、又、田使延保にとっても、田堵安雄をこの問題で屈服させるか否かは、今後の問題をも含めて、庄経営全体にかかわる、重大問題たるの資格をもつものであったに相違ない。

何故ならば、在地の豪族たる田堵安雄を屈服させることは、現実に、彼が重大な影響力をもっているこの地方の農民と直接対決する上において、きわめて有利な条件を、つくりだすことになるからである。

依智庄の存在する、近江国愛智郡において、依知秦公氏一族は、奈良中期以降、代々郡司を勤めるこの地域の有力豪族であり(5)、安雄にしても、又、後述する遠江掾依知秦公乙長にしても、恐らくはその一族であり、彼らが共に地方官として出身したのも、そうした伝統的な豪族の出自をもつものであったからに外ならない。それ故にこそ、この安雄と延保との対決は、きわめて生々と記録されざるを得なかったのであろう。

寺家側が安雄を、田堵として任命したことも、又、右の関係と、深くかかわっていた。

すでに発生期の庄園において、中央貴族・寺院が現地での庄園経営に在地豪族の協力を俟たねばならなかったことはすでに諸研究の指摘するところであり、又、私自身もすでに旧稿において具体的に分析を加えたところである(6)。

元興寺がいつの頃か依知秦公一族を庄経営に関与せしめたのも、その例にもれない。庄経営の安定をはかる上では、彼らを関与せしめることが不可欠の条件だったのである。しかしながら、関与のさせ方には、それぞれに特殊事情が存在する。一般に貴族の庄園においては庄長として現地の有力者を採用するのが通例であったと推定される。[7]

しかしながら、寺院領庄園においては若干事情が異なっていた。今ここでの詳細な議論はさけたいが、概括的にいえば、天平宝字末年から神護年間にかけて寺院領庄園においては寺僧による経営権が強化され、現地の有力者の関与の仕方は、相対的に副次的地位におしやられる。しかし、このことは一面では庄経営に危機をもたらす要因ともなるのであって[8]、この依智庄においても、延保が田使に就任する直前は、まさにその矛盾が表面化していたのであった。

即ち、現地の事情に通ぜぬ田使・専当は中田が上田となったのを知らず、常荒が見熟となるを知らず、方付指換を摘発しえず、あるいは寺田・寺地が百姓治田となり、家地となり、或いは公田に収公されたるを糺返できなかったのである（『検田帳目録』）。これらの変化は、あるいは知りつつも、それを勘匡する熱意と実行力とが寺家に欠けていたのかも知れない。

それはいずれにもせよ、在地の有力者を寺家の主導権のもとに庄経営に関与せしめるという、八世紀末以来形成された条件こそが、「田刀」＝田堵なる歴史的名辞を出現させた客観的基礎なのである。それ故、田堵とは九世紀において寺院領庄園の経営における現地庄別当、あるいは庄司を補佐すべき一定の義務を負わされた「職名」として現われたのである。[9]

いいかえれば、田堵とは、初源的には「仮令司愚不レ弁、傑レ之田刀、何不二匡申一」という検田使延保の叱責に、不本意ながらも従わざるをえない安雄の姿に、最も象徴的に示されている。即ち、検田使・庄別当等の庄園の本来的な支配機構の職制＝「司」に対し、それを補佐し、その支配に属する従属的・臨時的な職分であった。

更に付言すれば、田堵は、庄経営の中心的任務を課せられたものではなく、あくまでも庄園の支配機構の上からは、支配者側から便宜的に任命されたところの副次的・臨時的な存在であったのである。
田堵をかかる存在として認識する時、従来、田堵を庄田の請作者、あるいは、農業の専門家と規定してきた定説的見解[10]とは、必ずしも一致しないことになる。

従来の諸説に関する学説史的検討は他の機会にゆずるとして、さしあたって要点のみ記せば、庄田請作者という、農業の専門家という認識は、田堵の一面をもって全てと誤認した、論理的には必要条件の一部の指摘にすぎないのであって、田堵の本源的性格を説明しうる十分条件を認識できなかったのである。田堵の存在形態は歴史的に変化するが、その変化を、本源的なものからの変化形態として、認識する方法論を欠如していたのが、田堵＝請作者とする見解であり、又、分業の観点から田堵を分析するという主観的には正当な視点に立ちながらも、技術論に偏して政治の論理を欠如していたのが、田堵＝農業の専門家とする論者であった。

私が分析した右の如き田堵の初源的性格を、更に立ち至って究明するためには、田使・専当・田堵それに庄田耕作農民という庄園の生産諸関係の中で、更にその相互の関連性を追求しなければならない。

2　田刀依知大富

依智庄には、もう一人の田堵がいた。依知大富である。

大富は、九条九里三五坪五反二〇〇歩について、次のように主張した。

田刀依知大富愁云、此田唯有レ名少レ實、無レ由レ進二地子一、雖二前々使愁申一、而都不レ弁、以強二迫无實地子一、
於二劣民一大愁者

彼の主張するところは、「この田は五反二百歩、といっているが、実際は、それに足りない。だから、五反余の地子はとうてい納め難いということを、前々の田使に訴えてきたのであるが、一向に、私の主張をいれて適切な処置をとらぬばかりか、あまつさえ、ありうべからざる地子を強奪しようとする。このような田使のやり方は、われわれ劣民にとっては、きわめて堪えがたいことである」というのである。

この大富の訴えによって、延保が調査したところによれば、寺の預けるところは、三段二〇〇歩で、二段は、いつしか、口分田として班給されていた。そこで、「口分戸主」の依知真象に、直接交渉したところ、

真象申云、已不レ知二寺田一、給二口分一、今承二賢者教一、更不二預作申一

「寺田だとはつゆ知らず、私は口分田として、班給されておりました。今、貴方様のお話ではじめて、寺田を耕作していることを知った次第です。今後は、この田を預作するようなことはいたしません」といって、返還したと検田帳は記録している。

この争論において、田堵大富の主張は、寺家より預かるところの寺田は（この場合、大富が預作し、耕作しているのか、あるいは、第三者のそれを、田堵として大富が代弁しているのかは、必ずしも明確ではないが、前者の、しかも、より正確には、預作と考えてよいと思う）名実にくいちがいがあり、寺家の要求する、五段二〇〇歩の地子は、とうてい納める理由がない―だから、三段二〇〇歩の地子しか納められないと主張しているのであって、不足分の二段（現実には依知真象の口分田）を作らせろ、という要求ではない。これに対し、田使延保は、五段の地子を確保するために、口分田に編入された二段を追跡して。それを奪回することにより、大富の要

求をも解決しているのである。

ここにおいて注目すべきは、田堵たる大富は、公田に編入された寺田を、奪回すべき義務を課せられてはいないし、それは、検田使、あるいは、庄別当の任務に属することであった。即ち、示された限りでは、田堵は自己の預作に関して、自己の利益を主張できたのであるが、その場合、寺家に有利なように―奪われた寺田をとりもどすという方向で―解決すべき義務も、配慮も、もちあわす必要はなかったのである（このことは十条七里八坪においても同様）。

しかしながら、自己の利益を主張することができたといっても、安雄の場合の如く、その主張には、一定の制限が存在したのであって、この両者の言動にみられる範囲内に、田堵の地位と任務が示されているというべきであろう。つまり、田堵は、庄司ないし検田使、あるいは庄専当を補佐し、自己の責任範囲内では庄の利益に奉仕しなければならないのであったが、しかし、彼らは、公田に組込まれた寺田を勘匡するという、いわゆる検田権を、行使することはできなかったし、又、する義務もなかったのである。

とはいえ、この、いわば、田堵の職務上の義務なるものは、帰納的に明らかにされたものであって、明白なる規範が、存在したわけではない。むしろ、彼ら田堵のかかる行為は、庄園の慣習法に規定されたものではなく、彼らの在地における諸関係に、規定されていたのである。

この問題をとくためには、更に諸事例について考察を進める必要がある。

田堵安雄の別の個所での言動はこの問題を解く一つの鍵を提供する。九条十里五坪・七坪に対する彼の関係のあり方はきわめて興味深い。次に検田帳の記載を示そう。

五梨本田一段百六十歩中

右坪、本注二常荒一、今臨レ地勘、已成二遠江掾依知秦公長治田一、爰
(延保)使論云、此坪本有二寺田一段百六十歩、治田六十歩一、而今寺田稱二常荒一、本少二治田一、有レ数見熟、推二量此一、
是本寺田、奸為二治田一、
(安雄)答云、本寺田稱レ東、今治田有レ中、方指已異、何云二寺田一、答者、依知安雄宰
(延保)使論云、本此坪内、有二寺田一段百六十歩・治田六十歩一、謂下此二田中、寺田在レ東、治田在上レ西、非レ謂三寺田
在二東畔邊一、加以田自二窪地一始開、何本寺田在レ岡、今治田在レ渓
於レ是、治田主屈レ理、即進二地子一、

延保の記すところによれば、もと、この坪内には、寺田一段余と、遠江掾依知秦公乙長の治田六〇歩とが存在した。ところが、今、寺田は常荒となったといい、かつて寺田よりも少なく、わずか六〇歩だった乙長の治田は、あまたの熟田となっているではないか。これをみて、延保は、乙長の治田の増大は、寺田を侵略することによって、なし得たものと推定し、弁明をせまったのである。

これに対し、田堵安雄が、乙長の代弁者として答えていうには、もと、寺田は坪の東にあったというではないか。ところが、乙長の治田は、坪の中どころにあるのであって、そのあるところが異なるのではないか。それなのに、どうして乙長の治田をもって、寺田というのか、何の証拠もないではないかと反論した。これに対し、延保の反撃はあざやかである。

この坪内にあった寺田・治田の二種の田は、「寺田在レ東、治田在レ西」と、確かに記載してある。しかし、そ

れは二種の田の位置関係が、寺田は東に、治田は西にあるという意味であって、寺田が坪の東方の畔の辺にあったという意味ではない。そもそも、田というものは、水便のある窪地より開くのが通例であって[11]、若し、いうように東方の畔（これは条里の坪の堺である）にあったとすれば、もと、寺田は水便の悪い、岡の上にあったことになるではないか。もとからあったものが、岡の上にあって、後に、六〇歩に加墾された治田が、渓＝窪地にあるとは、理にあわないではないか。それ故、乙長治田のうち、増大した部分は寺田を侵略したものといわざるをえないと主張し、治田主（この場合は田堵安雄）の詭弁を論破して、理に屈せしめたのである。

この論争をみて気づくことは、きわめて、互いに、現地の事情に精通した上での、論戦であることである。又、この対決において、治田主乙長とその代弁者安雄とは、全く一体化しており、両者は同姓であり、且又、その官人としての地位の同じことからして、恐らく二人の関係は、父子、あるいは兄弟関係か、よしんばそうでなくとも、きわめて近い親族関係にあったのではないかと思われ、安雄が代弁したのも、単に、田堵たる彼の立場からだけではないと考える。それは、同条同里内七坪の二反二五〇歩についてみればなお明らかである。

七荒木田二段二百五十歩中

右坪、一百八十歩、見熟、作依知安雄、二段七十歩、入㆓遠江掾宅㆒、雖㆓前々使勘決㆒、都不㆑伏㆑理、今任㆑理勘伏、令㆑進㆓地子㆒、

この七坪は、先の五坪に隣接し、寺田の大半は、遠江掾の宅地内に編入されてしまっている（目録に「二段七十歩、成百姓家」云々、とあるのが、これに相当する）。この、もと寺田が、宅地に編入されるに至った経緯は、わずかに残った一八〇歩が、田堵安雄の預作するところから、恐らくは、かつて一筆全てが安雄の預作するところであって、それが、近接する乙長の宅地に編入されてしまったのは、安雄自身が全く知らぬうちの出来事では

なく、むしろ、逆に意識的に、わが子、あるいは弟のために、宅地として提供していたのではないだろうか。

それ故、つづけて、「前々の使勘決すといへども、すべて理に伏さず」と、延保が記録したのは、延保以前においても、田使はこの事実に気づき、奪回を試みたのではあろうが、在地の有力豪族で、しかも、地方官として律令権力機構につながり、加えて、田堵たる安雄を敵にまわしては、庄経営全体に及ぼす影響をも考慮せねばならず、又、敢て強行することもはばかられて、不本意ながら、黙認せざるをえなかったのではあるまいか。

このように考えてくると、五坪梨本田の場合も、田堵安雄の意識的な侵略、あるいはそのための協力が行なわれていたとみるべきであって、少なくとも、田使延保の糺明に対する安雄の返答は、国図ないしは、その写しとしての庄図を知悉した、田堵安雄の用意された反論とみなければならない。しかしながら、この用意された反論を封じた延保の論証は、凡庸なる田使の容易にできるわざではなく、前後一〇年に及ぶ弟子豊保との、一体となっての庄経営の実践から、獲得したものであったであろう。

田使と田堵との、右の如ききわめて激烈な論争を通じて、知りうることは、田堵が全く庄家の側に立って、日常的に行動していたのではなく、きわめて自己本位の、同族本位の立場に立っていたということである。このことは、贅言を要しないであろう。この田堵の立場は、彼の本質をあますことなく表現している。

しかしながら、彼のこの自己本位・同族本位の立場は、彼の主観的意図をこえて、客観的・歴史的には農民の立場に通ずる側面をもっていた。それは、先にも指摘したように、安雄が田品の引上げとそれに伴う地子の改訂を拒否したことは、単に、彼自身の利益にかかわる問題ではなく、この田使の主張を彼が認めるか否かは、全預作農民にかかわる問題でもあった。

又、田堵大富が、額面上の寺田に対する地子の賦課に対し、実質的面積による地子に訂正するよう要求したのも、一つには、かかる寺家の横暴に対する、農民の不満に共通する問題であったし、又、他方では、その差額の部分が春秋、畔を隔てて労働する農民の、口分田となっていることを知っての上で、とった行動であったとみるべきであろう。何故ならば、若し、大富が田堵として、庄家の側に立った要求をした場合には、もっと異なった主張の仕方をしたに相違ない。

われわれが今、検田帳に則してみるかぎり、依智庄田堵は、寺家によって期待された田堵像とは、著しく異なっていると見倣さざるをえない。このことは、すでに一面では支配階級として成長し、あるものは、律令官人として地方官にまで出身しながら、他方では、在地において彼らをとりまく共同体的諸関係が、彼らを全面的に寺家側に立たせることを制約していたであろうし、又、そうさせた、もう一つの重要な要因として、安雄にせよ、大富にせよ、彼ら自身が鍬をもち、汗を流して、農耕に従事したか否かはしばらくおくとしても、庄田預作者として、一般農民と等しく寺家に対立する側面をもっていたことが、看過されてはならない。

田堵らが預作者であり、そのかぎりでは、一般農民と同じ立場に立たされているということは、彼らに、寺家に対して闘わざるをえない、という姿勢をとらしめたのである。勿論、田堵と一般預作農民、あるいは、その他の農民との間には、階級的矛盾が存在したであろうことは否定すべくもないが、こと、元興寺という、農村居住者にとっては外的な、都市的な勢力に対しては、相互に結合しあって、その領田の蚕食（治田化）を試み、それぞれの要求に基づいて、抵抗を試みたのである。

しかしながら、この結合は意識化されたものではない。そこに、元興寺が分裂支配をもちこむ余地があった。寺家側はかかる事態の発生を予想して、その長い経験から、農村内部の支配階級を、自己の経営に一定の範囲内で関与させることをはかったのであり、それが、くり返しいう、田堵に外ならない。それ故、田堵とは初源的には、農村内部の支配階級としてたち現れざるをえないのであり、その性格は、従来のごとく単に庄田請作者、あるいは農業経営の専門家、という把握のしかたでは解くことができないのである。

この依智庄において、庄田預作者として、検田帳から確認できるものは、前記二名の田堵（それに無名の田堵を別人とすれば三名）と秦忌寸家継とを合せて、わずか三名（ないしは四名）であり、そのうち単なる預作者は家継一人にすぎないが、[12] 勿論、これが全ての預作者ではなく、その一部であろう。それは検田帳の性格のしからしむるところであるといわねばならない。

以上みてきたところから明らかなように、田使延保にとって庄園を侵略から守り、正常な経営を維持するためには、本来恃みとすべき田堵をも含めて、在地農民全てに対立せざるをえないという、客観的状況に立たされていたのであったが、そうした彼の行為をささえたものは、一体、何であったろうか。

3　延保の回顧―勘匡の論理―

延保は、嘉祥元年（八四八）から貞観元年に至る一〇年間を回顧して、次のようにいう。

爰使延保、投㆓身於龍樹聖天㆒、帰㆓命乎自在天神㆒、任㆑理勘匡、毎㆑色惣畢、

即ち、彼にとって、田使として寺領の経営にあたるということは、身命を己の信仰する、龍樹聖天・自在天神に託し、全智全能を傾け、あたかも死地に臨むかの如き決意を必要としたであろう。

確かに、彼の心境は誇大ではない。すでにみた如く、事態は楽観を許さないものであったし、前任の田使の報

告は、延保も学頭の一員として、常に聞くところであったに相違ない。又、政界には藤原氏の独裁化が進行しつつあり、その創設において、蘇我氏と深い因縁をもつ元興寺は、都市貴族の世界においては、その凋落の影を深くしていたであろう。

それ故にこそ、わずかの寺田とはいえ、収納の道を奪われ、三宝の供えを欠くことは、死活の問題であり、学頭としての地位を自覚すればする程、延保の決意が誇大となり、悲壮となることも又、止むをえなかったであろう。一〇年にわたる奮闘の結果、わずか三町一段に満たない庄田の復興ではあっても、元興寺にとっては朗報であり、延保をして「卞和懐賢、不レ言致レ破、延保為レ功、不レ顕誰知」と誇らしめるに足る業績であった。

彼の自信に満ちた、この「勝利の宣言」をもたらしたものは、彼が身命を託した、龍樹聖天や自在天神の加護ではない。それは、延保が好んでいうところの「任レ理勘匡」したその理にある。しからば、彼の行動の論理としての、「ことわり」とは何か。

延保が、田使として現地に臨んだ、その当初、庄経営を行きづまらせていた原因は、一つは、本来庄田であるべきはずのものが、宅地に編入され、治田となり、あるいは公田となって侵害されており、又、「方付指換」によって、あるべきはずの寺田が、所をさし換えられる等々、によって寺家の所有権が侵害せられ、それによって、あるべき地子収入が減少していたこと、二つには、田品が上昇し、寺家の所有に属する常荒田が熟田化されながら、それを摘発しえずして、本来ならば増収さるべき地子が、収納されていないということにあった。

これらの妨害に対する彼の勘匡の論理は、律令法と墾田永世私財法とによって認められたところの、古代法的所有権の論理であり、さらにそれは「挂畏勝宝感神聖武皇帝、以二先帝納物一……所レ買」であるという、庄の草創をいろどる超越的権威によって修飾されたものでもあった。しかしながら、このいわぱ「所有権の論理」は、

(一)に対しては有効でありえても、(二)に対しては必ずしも有効とはなりえない。では後者に対しては、延保はいかなる論理をもって臨んだのであろうか。

すでに、田堵安雄との論争において明らかなように、安雄の、慣習をたてにとっての反論に対しては、田堵たるものの義務を主張して、これを屈服せしめたのであった。「理にまかせて行わるとも、いかに拒捍せんや」という安雄の返答は、田堵たる地位を認めるかぎり、これを拒むことのできないものであった。かくして、一旦成立した延保の地子引き上げの論理は、その他の農民に適用する道を、容易に拓いたであろう。特に、当庄においては、預作は、実質的に連年同一寺田について行なわれていると推定されるので、農民の勤労の果実は、この延保の勝利によって、きわめて容易に、寺家の手中につみとられるに至ったであろう。

では、在地豪族として、又、前伊勢宰という律令官人として、富と権威をもつ安雄が、何故に、こうもやすやすと、田使延保の主張を承認せざるをえなかったのであろうか。その秘密は、きわめて明白である。それは、安雄自身の、律令官人としてつちかわれた性格にある。彼の律令官人としての教養と習性は、官僚的な論理に対しては、きわめて脆弱であったのであって、延保の、田堵たる義務をたてにとっての主張は、彼のかかる弱点をきわめて巧みについたものであった、といわなければならない。

このことは又、依知秦公乙長の弁護をした、安雄の言辞の中にも見出すことができる。それは先に具体的に検討を加えた如く、安雄の主張は、田図記載の方位を恣意的に解釈した詭弁であったが故に、現地調査をふまえた、延保の反論に、敢なく敗北せざるをえなかったのであったが、安雄のかかる詭弁は、まさに律令地方官としての発想を、如実に示している。

律令的文書主義に馴らされた彼の思考様式は、よしんば敗北したにせよ、土にまみれる農民の、労働の論理を主張することが全くできなくなっている。確かに、彼は一方では、在地の慣習の論理を主張しはした。しかし、それを強硬に一貫して主張しえない彼の弱点は、彼が基本的には、在地性を喪失した律令官人としての習性に、骨の髄まで犯されていたからである。

私は、このような安雄に関連して、丁度一世紀前、越前国足羽郡において、百余町の墾田を開発した、生江東人の晩年の姿を想起せざるをえない。確かに彼は、在地農民との共同によって開発した、百余町歩の墾田を、東大寺に寄進するという、農民の期待を裏切る行為をしたのではあったが、その晩年において、村落の神社の祭礼の酒に農民とともに酔いしれて、東大寺田使の召換を拒否して肯じなかった反骨の精神を、又一面では、持ちつづけていたのではあった[13]。

同じく官人の道を歩み、地方豪族としての出自をもちながら、歴史の進展は、この一世紀間に、右の二人にこのような差異をもたらしている。勿論両者を、安易に比較することは厳につつしまねばならないが、律令的官僚意識は、一面では八世紀段階より、より広く、より深く農村にまで滲透していたのであり、支配階級のイデオロギーは、農村における支配的階層に、かくも深く食い入っていたことに注目すべきであろう。

右の、延保の依拠した二つの論理は、それぞれに特殊性をもつが、その両者に共通する根本的性格は、律令的論理ということに求めうるであろう。

勿論、延保自身元興寺の学頭であり、後の元慶八年（八八四）には、維摩会の講師となり、翌九年正月には、「於二大極殿一、始講二最勝王経一、以二元興寺三論宗僧伝灯大法師位延保一為二講師一、天皇臨幸聴レ之[14]」と、学僧としての栄達の道を辿るのであり、彼の思想に、仏教思想が深く関連していることはいうを俟たない。それは、彼の記録した検田帳の端々にもうかがうことができる。

しかしながら、今問題としているのは、彼の世界観ではない。彼の庄園経営に示された、「ことわり」＝勘匡の論理そのものの性格である。それが、仏教的言辞をもって表現されているか、否かにかかわりないところの、いわば政治の論理そのものの性格を、私は基本的には、律令的論理と規定することができると思うのである。延保が庄経営に着手するにあたり、身命を龍樹聖天・自在天神に託したという彼の心境は、仏教思想にいろどられてはいるが、それは、政治的には、律令体制への期待であり、「任理勘匡」とは、律令的論理の駆使による勘匡に他ならなかったのである。

4　別当僧豊保

われわれは、検田使延保の勘匡の論理が、律令制的本質をもつものであることを見たのであるが、彼の田使としての一定の成功の要因は、この点にのみあったのではない。この論理は、恐らくは、彼に先行する田使も又、主張したところであったろうが、それが現実に成功せず、延保において一定の成功をみたのは、如何なる理由に基づくのであろうか。この問題は、延保がその弟子豊保とともに、如何なる態度をもって、田堵以下農民に対決したかという、彼の行動の分析を通じて、解きあかすことが可能となるであろう。

これまで、すでに明らかにした如く、延保にとって田堵とは、前々の田使が期待した如く、庄経営にとってたよるべき味方ではなく、まさに庄経営の荒廃をもたらす、獅子身中の虫であり、第一に対決すべき相手であった。彼の安雄に示した態度は、田堵そのものを、全面的に否定し去るというものではなく、一定の範囲内では、田堵たる存在を承認するというものであった。しかしながら、延保が現実に彼らの力を利用したかというと、それは全く否定的であって、彼にとって田堵の利用価値は、田堵の不正を勘匡することによって、それ以下の農民の不正に対する、みせしめとすることにあった。

換言すれば、田堵は在地の有力者であるが故に、彼らを「任理勘伏」せしめることによって、それ以下の農民との対決を、自己に有利に展開することのできる、橋頭堡たる意味をもっていたのである。それ故にこそ、田堵との対決は、他に比較して克明に記録さるべきものであった。まさに、田堵、就中安雄との対決は、延保の全事業の成否の明暗を分ける、決定的意味をもったのではあるまいか。このように理解することによって、安雄に示した彼の「使迫云」という表現は、文字通り、彼の全力を傾けての対決の姿勢を描写して、真に迫るものがある、といわねばならない。

このように、恃むべき勢力を在地にもたなかった延保は、全く孤立してこの事業にあたったのであろうか。先にも指摘したように、彼は三論の学僧として「投㆓身於龍樹聖天㆒、帰㆓命乎自在天神㆒」いう精神的よりどころを、仏教信仰に求めていたのではあったが、彼の行動を現実に支えたのは、庄別当僧・豊保であった。

豊保は延保の同僚たる某学頭がいう如く延保の弟子であった（後述）。われわれはこの両名が「保」字を共有していることからも師弟関係を認めうるであろう。豊保は僧名をもち、延保の弟子と第三者に認められながらも、果して正式に得度し、僧籍をもつものであったか否かは疑わしい。あるいは延保が田使として庄の経営に臨むにあたって、自己の命のままに働くものとして俗人たる豊保を弟子としてとりたて、僧形をとらせたかも知れないのである。

それはいずれにもせよ、豊保は確かに延保の忠実なる弟子であり、彼の片腕として精力的な延保の活動を支えたのであった。庄別当としての豊保の基本任務は、恐らくは依智庄に常住し、散田収納をはじめとして庄経営の諸事務を司ることにあったのではないかと推測されるのであるが、彼は又、しばしば、師延保の命によって、勘匡の事務をも代行している。

例えば延保は次のように記している。

（十条）八里二家田七段百四十歩、

右坪、東一段二百歩四十中上、先々被レ取二公田一、不レ進二地子一、無二人勘匡一、遂被レ給二秦咋丸口分一、轉無レ由レ勘、而令二別當僧豊保推決一、令レ進二避文一、即地子勘収之

これによれば、坪内七段一四〇歩のうち、一段二四〇歩は国衙によって収公せられ、地子の収納が不能であったのであるが、これまで、これを勘匡する人とてなかった。そして、ついには、秦咋丸の口分田として班給されるに至っていたのであるが、この間の事情は、他例と異なり、その事情を究明するに手掛りとてなかった(15)。それで、別当僧豊保に命じて、この間の事情をつきとめさせ、現に口分田として班給されていた、秦咋丸に避文を書かせて、ついにとりもどし、それと同時に、これまでの地子を勘収したというのである。

このことから、この事例は、公田に収公されていらい、その行方がつかみかねる性質のものであって、その他に多くの問題をかかえていた延保にとっては、この問題に専心するいとまがなかったようである。そこで、その調査を豊保に委任し、命を受けた豊保は、ついに口分田主秦咋丸をつきとめ、避文を書かしめ、寺田をとり返すことができたのであった。

このように豊保は、延保の命に従って、かなり困難な調査を担当し、口分田主に避文を書かせるという、師延保の、恐らくはすでに開拓した方法に従って、寺田を糺返したのであった。

延保・豊保による緊密な共同作戦は、時として、元興寺内部の同僚の疑惑をすら、生むものであった。次の事件は、両名の共同的行動をもっとも典型的に示すものであろう。

（十一条）八里廿八門田六段二百四十歩下

右坪、南一段十六歩、依知秦公益繼稱、已治田沽二進日向守藤原穎基朝臣宅一、爰延保、自二去仁壽年中一以来、興レ宅相論、而宅司等、奸遁不レ遇、為レ成二論由（田）一、令三庄別當僧豊保強二作一年一也、而或學頭讒云、延保者、寺田三段公文注レ有レ論、令二弟子奸作一不レ進二地子一云々、論決之日、讒者更無レ所レ陳、延保不レ憚二如レ是魔事一、今年遂令レ進二避文一已了

延保の記すところによれば、二八坪六段余のうち、南の一段一六歩は、依知秦公益継によって治田とされ、彼より、日向守藤原穎基に売却されていた。延保は、仁寿年中（八五一～四）以来、穎基宅と交渉を行なってきたのであるが、宅司はこれにとりあおうとしなかった。そこで、延保は強行手段をとり、一旦穎基家より作手を奪い、論田とするため、豊保に一年間その田を耕作せしめたのであった。この延保のとった手段は、論田の耕営権をめぐって、きわめて興味深い問題を提起するが、今しばらく論及をさけたい。

ところで、この事実は、田使より寺家に提出される毎年の公文＝田帳に注記されて、報告されたのであったが、この公文をみて、延保の同僚である某学頭は、日頃から彼の強引な方法に対し反発を感じていたのか、あるいは、「前々使」の一人としてかつて依智庄に関係し、今や、延保の精力的な活動の前に、已の怠慢を暴露されるのを恐れてか、延保の不正行為として非難を加えたのである。

彼の主張は、「延保は、寺田三段は公文に論ありと注し、弟子をして奸作せしめ、地子を進めず」というのである。この某学頭の非難に、一定の根拠を認めるとすれば、かかる論田が、当時三段存在したことになり、穎基

宅との相論と同じ事例が、この他にも存在したことになる。又、論田の地子が寺家に収納されていないということが事実とすれば、論田を強作した場合の地子は、最終的な結着のつくまで、いずれの所属とも決しないものとして、しばらく収納の対象とならないことが、推定されるのである。しかし、勿論、地子分を差引いた収穫は、強作した主体である豊保の収入となったであろうことはうたがいない。

このような論田三段の存在は、田使・庄別当の収入となったのであって、むしろ、某学頭が批判を加えるならば、この点にこそ向けらるべきであった。この某学頭の批判は、恐らく衆議の議題とされ、両者の対決が行なわれたであろう。しかしながら、延保の主張は、相手を沈黙せしめるにたりうるものであったのであろう。「延保かくのごとき魔事をも憚らず、今年遂いに避文を進ましめすでに了ぬ」と、数年にわたる相論に、決着をつけたのであった。

ここにみられる、延保の元興寺内での立場は、その、少なくとも表面的には、私心なき行動にも拘らず、同僚の間から非難を受けねばならないという、微妙なものであった。それ故にこそ、彼は豊保と緊密に結びつき、ますます、庄経営に全精力を集中せざるをえなかった、というべきであろう。

こうした延保の活動をみれば、ある時は現地に、ある地は国郡衙に、ある時は北京の宅司に、又、ある時は南都の山門のうちにと、緊張の連続であり、文字通り一〇年間、東奔西走、席のあたたまるひまもない活動であったに相違ない。そのような延保と、その弟子として、現地の庄経営を預る庄別当豊保との関係は、三論の学僧としての師弟関係をこえた、別種の結合関係を、想定する必要があるのではないだろうか。

われわれは、律令的官僚制の中にかかる人的結合関係を見出すことはできない。私は、かかる関係は、庄園経営という限定された生産の場において、支配階級のとり結ぶ、これまでの社会には、一般的には見出しがたかった、新しい関係と認定せざるをえない。確かにそれは、僧侶の師弟関係という擬制によって表現されているが、それは、すでに指摘したように、本質ではない。

この両者の関係が、土地所有を媒介として成立する「御恩奉公」という、支配階級相互のとり結ぶ関係にまで進んでいることを証明する、厳然たる事実を欠く以上、封建的主従関係と論断することはできないが、かかる関係に発展する契機を内包するものと、認定することはできないのであろうか。

さきに検討を加えた、論田強作の問題に示される、一時的に作手権を支配しうる、検田使の権利を利用して、弟子豊保に収入の道を与えた延保の行為は、当時において、的確にその問題性をとらえた非難こそされなかったが、確かに重要な問題を提起している。

この延保の行為は、きわめて臨時的なものであったから、これをもって、延保と豊保の結合関係を規定する経済的基礎とは断定できないが、そうしたものへ発展する可能性を内包しているということは、言いうるのではなかろうか。今私は、この史料を分析することを通じて認定した事柄を、封建制の理論的次元にまで抽象して論議する準備に欠けるが、この問題については、更に今後、検討を加えたいし、又、先学・同学の御教示をえたい。

延保の勘匡の論理を支えた現実的基礎は、以上に論述した延保・豊保の、仏教的師弟関係に擬制された、萌芽的な封建的主従関係と認定しうる可能性を内包するものであった。しかし、彼及び彼らの行動を特徴づけるものは、これのみにとどまらない。われわれは延保の農民に対する態度について、最後に検討を加えてみる必要がある。このことを通じて、われわれは、九世紀における農民問題の一つの核心的な問題に、ふれることができるであろう。

5　延保と国衙

延保の農民に対する態度は、検田帳の次の部分に最も典型的に示されている。

（十一条九里）廿三神田二百四十歩中上

右坪、本自六十歩、進二地子一、百八十歩被レ奪二公田一、而秦忌寸家継愁云、前々使勘二負空地子一、所レ負高数者、因レ茲臨レ勘、所レ愁有レ實、今任レ理勘取、令レ進二地子一、彼所レ負随二免除一、然則家継之愁已絶、供家之益今盛、

延保の記すところによれば、寺田二四〇歩のうち、六〇歩は寺田としての地子を収納していたが、一八〇歩は公田として奪われていた。しかるに、前々の田使はこの事実に注目せず（あるいは、知っていながら黙殺していたのか）、この寺田の預作人である秦忌寸家継に、二四〇歩分の地子の上納を要求していたのであった。しかし、家継としては、実際に耕作していない一八〇歩については、地子を進めなかったし、又、進納することもできなかったに相違ない。このような現実を無視して、これまでの田使は、「空しき地子を勘負」し、そのため家継名義の未納の地子は、巨多に及んだのであった。

国衙あるいは在地の有力者に対しては、きわめて妥協的であった従来の田使にあっては、庄田への侵害を防ごうにも防げず、しかも寺家の収入を維持しようとすれば、かかる最も無力なる農民に、その矛盾のしわよせを転嫁せざるをえなかったのである。しかも、そうすることによって、帳簿上では寺田は安泰であり、地子未進の一

切の責任は、預作農民に帰せしめられていたのであった。

しかしながら、預作農民はかかる不当なる処遇に、沈黙を守ったのではない。家継が新任の田使延保に訴えたのは、恐らく、この未納の額の取立てに、延保が彼の所に赴いた折でもあったろうか。その時、家継は、きびしく催促する延保（あるいは、豊保であったかも知れない）に、現実に預作＝耕作しないにも拘らず、地子を勘負する、これまでの田使の不当なる処置を主張し、逆襲したのであろう。

この主張によって、再調査をした延保は、そのかぎりでは良心的であった。その結果、家継の主張を認めざるをえなかった延保は、公田に奪われていた寺田を、理に任せて奪回し、地子収納の道を、再び確保したのであった。そして、これまで家継の負債となっていたものは免除し、「然らば則ち家継の愁はすでに絶え、供家の益は今盛んなり」と、記したのである。

この延保の、検田帳を通じてここのみに記した、かかる一句は、彼の農民に対する態度を象徴的に表現しているといえるのではないだろうか。すでに指摘したがごとく、この検田帳において、庄の耕営に直接関係する在地の預作者のうちで家継のみが、唯一の一般預作農民であった。

この家継の場合と同様の事例は、田堵大富の場合にも求められうる。そこで大富は、地子を進むるに由なき理由をのべて、更につぎのように言ったのであった。「而るに（田使）都て弁ぜず、もって无実の地子を強迫す、劣民においては大いなる愁となす」と。

田堵大富が事実いうように、劣民にあたいするものであるか否かは、勿論これを決定するきめ手はない。しかしながら、恐らくは大富一流の（あるいは延保の）表現であって、事実は富裕なる依知秦公一族であろうことは、すでに想定したごとくである。この大富に対しては、一言の附言も加えない。加えぬどころか、これまでの無実の地子の累積したものを、免除したか否かをも記さない。

しかるに、家継に関して、先の如く附言したのは、決して偶然のなせるわざとは考えられないのである。すなわち、おそらく延保にあっては、田堵依知大富に対して、何か心中、わだかまりを感じていたのではないだろうか。そのことは、庄田の侵害の主勢力が、在地の田堵を中心とする、特に依知秦公一族であり、延保にとって、彼らとの対決が中心的課題となっていたからである。

田使延保にとって、在地の農民全てを敵にまわすということは、庄経営の今後を考えるとき、得策ではない。かかる場合、延保自身、自からが依拠すべきものを、主観的にも客観的にも、在地に設定せざるをえないではないか。その場合、本来依拠すべき田堵が、安雄に典型的にみられるごとく、実は最も信頼のおけないものであったとすれば、延保の期待は、より直接的に、庄田預作農民、それも社会的にはより下層の、直接生産者に向けられざるをえない。延保が「家継の愁はすでに絶え、供家の益は今盛んなり」と附言したのは、そうした延保の、期待と信念の表現とみなければならない。

延保の思考においては、家継の利益と、供家＝元興寺の利益は、何ら矛盾せざるものであり、又、家継の愁を解決することが、庄田の安全確保に通じ、供家の利益につながるものであったのである。この延保の思考は、確かに、前々使より積極的なものであり、又、事実一定の有効性をもつものであった。延保が好んでふりまわす「理」なるものは、このような支配の論理と結合することによって、一層効果的となった。

しかし延保は、全面的にこれら下層農民に依拠することによって、田堵なる、つまり、現実に庄経営にとって敵対的な勢力を、庄園から駆逐したのであろうか。事実は決してそうではない。恐らく、延保自身現実にこれら田堵を、庄園経営から追放することは不可能であると同時に、得策でもないことを十分承知していたに相違ない。

だからこそ「田刀何んぞ匡し申さざるや」という、田堵の職務をたてにとった追求となってあらわれているのである。かかる延保の行動はきわめて現実的・妥協的なものであり、彼の階級的本質が奈辺にあるかを示してあまりあるものといわねばならない。

右にみた、延保の、ある意味ではあざやかな論理に基づく行動に一貫している、きわめて重大な特徴を看過してはならない。それは、延保においては、国衙＝国家権力に対するただ一言の批判も、終始一貫してのべていないということである。

庄田が公田として収公され、それが口分田として班給されたという事例は、一、二にはとどまらない。しかるに、この問題に対してとった彼の態度はどうであったか。九条九里三五坪の五段二〇〇歩に関して、延保は次のような手段をとって解決をみいだしている。この坪は再々論及したように、田堵大富の関係する坪であるが、このうち二段は公田に奪われたのであった。そして、それを口分田として班給されていたのが依知真象―正しくは依知秦真象[16]―であったが、彼は延保の追求を受けて、次のように答えている。

依知真象申云、已不レ知二寺田一、給二口分一、今承二賢者教一、更不二預作申一、避已畢、

真象がいうように、まさに責任は口分田を班給された彼にあるのではなく、班給した国衙にある。責むるべきは国衙に対してであって、真象ではない。つまり、問題の真の解決は、延保と真象との間で行なわるべきものではなく、延保と国衙との間でなさるべきである。しかるに、「今後預作することはいたしません」と真象をしていわしめ、耕作権を放棄することをせまっている延保の態度は、問題の本質をついた解決とはなっていない。延保が、この問題の真の責任者である国衙と交渉せず、直接に口分田主と交渉したことの示す意義は、二つの点において重要である。

まず第一は、彼が、律令法上からして責任をもつべき、国家権力と対決することをさけた真の理由は、何よりも彼の対決の武器である勘匡の論理が、本質的に律令的なものであったことと無関係ではないということである。このことは、一見矛盾撞着するかのごとくであるが、そうではない。延保においては、国家権力そのものと対立し、それと闘争するという内在的契機はきわめて微弱である。

それは、寺田の領有そのものが律令体制そのものによって支えられており、よしんば一時的に収公されようとも、寺田たる証拠さえ明確に示せば、まさに理によって有利な結果をもたらすことに、何らの疑惑すら持たなかったからである。又、この確信が、彼をして田堵安雄に対しても一歩も引かず闘争せしめたのであり、さらに又、彼の論理が、より律令制的な原則を貫いたからこそ、一定の勝利を収めたのであった。その意味で寺田の収公は、彼にとって、国家権力＝国衙との敵対的な対立の契機とはならなかったのである。

ここに、われわれは、延保が国衙に対して、一言の批判的言辞をすら加えなかったことの、根本的理由をみいだすことができる。若し彼が、真に農民の立場に立つならば、——それは全く不可能にしても、もう少し、真剣に農民に依拠しようとしたならば——彼の対決の対象は、国家権力に向わざるをえなかったであろう。しかしながら、そうはなりえなかった延保の行動は、よしんば、先にみた如く、寺田預作農民に依拠しようとする姿勢を示したとしても、本質的には、この時期に特徴的にみられる、改良主義的官人層＝「良吏」の立場と、本質的に同一範疇に属するといわねばならない(17)。

第二に、注目されねばならぬことは、延保が寺田の奪回のために、口分田主と直接交渉し、耕作権を放棄せしめていることである。

このような事例は、先にも指摘した如く、庄別当僧豊保をして推決せしめた、一〇条八里二坪に関する秦咋丸との問題にもとめることができる。この場合には、「令進避文」とあるように口分田主秦咋丸に避文を書かしめている。真象との問題においても「避已畢」とあるのは、具体的には真象に避文を書かせていたとみることが許されるであろう。この避文は、その後に行なわれたであろう国衙との交渉において、最も有効な役割を果したであろうことは疑いない。

その避文が、如何なる文面からなるものであるかは、知るすべもないが、そのわずかな手がかりをなすと思われるものとして、真象をして「更不二預作申一」といわしめたということは、きわめて興味深い。この文章の意味はきわめて微妙であるが、「今後この田を口分田として預作することはいたしません—口分田主としての権利を放棄します」と解するのが妥当であろう。これをもし「寺田を預作することはいたしません」とすると、真象自身は寺田を預作していたわけではないから、きわめて筋の通らないことになるからである。

右のように解することが許されるとすれば、この段階で口分田を耕作するということが、法的にはともかく、実質的には、預作＝請作と考えられていたことになり、班田制崩壊期の口分田の性格を究明する上で、興味ある問題を提起するものである。

今この問題を全面的に展開することはさけたいが、必要なかぎり要点のみ記せば、私財法の制定以来、口分田の性格はますます農民的所有とは無縁の、いわゆる公田＝地子田としての性格を強めるに至り、第三者が、預作せずとの避文を口分田主に書かせることによって、容易に耕作権を剥奪することのできる性質のものであったということである（勿論この場合、延保の主張が事実無根であったというのではない。寺田か、口分田かの論争が、寺家と口分田主との間で行なわれ、その際本来的に責任を負うべき、国家権力＝国衙が姿を見せていない点に注目したいのである）。

このように考えることが許されるならば、延保のとった問題解決の方法は、きわめて現実的かつ有効な方策であったことが知られるのであり、豊保をして執拗に口分田主の行方を追求させたことも、又、十分納得のいくことである。

延保のとった行動のこの二つの側面は、一見矛盾背反するかのごとくでありながら、本質的にはなんら矛盾対立するものではない。何故ならば、彼の立場が律令体制的であればあるだけ、その対決の対象は農民にむかわざるをえなかったのである。そしてまた、農民に対峙する時、彼らを理に伏さしめ、あるいはまた、自己の体制にとりこむための執拗な努力が、延保に、彼ら農民をとりまく客観的現実の洞察を、可能ならしめたのである。いうまでもなく、延保の認識は、支配階級としての限界をこえるものではない。しかしながら、危機意識に支えられた延保の認識は、凡庸な支配階級一般のそれをはるかにこえる到達点を示しており、それが、弛緩しつつある律令体制の矛盾をたくみについて、寺家の利益を貫徹することを可能にしたのであった。

6　延保と預作名

最後に私は、庄園経営、及び平安時代の農民問題を考える上で、きわめて注目すべき現象がこの依智庄に出現していることに論及しておきたいと思う。それは、検田帳の次の如き記載に示されている。

(十一条九里)
廿四蓼田一段二百九十歩中上
右坪、百七十六歩、被レ取二依智秦勝繼治田一、不レ進二地子一、前々使無二人勘決一、今即勘取、令レ進二地子一、而

前々付二家継之名一、未進巨多、仍免除之、

それによれば、坪内一段二九〇歩の寺田のうち、一七六歩が依智秦勝継によって奪われ、彼の治田となっていたのであるが、この事実をこれまでの田使は勘匡することなく放置していた。そのため地子の未進ということが生じ、その解決を行なう過程で、未進の原因が、在地農民による寺田の治田化にあることを発見した延保は、これを勘匡し、治田化された寺田をとりもどすことによって、地子収納の道を開いたのである。

ところで、問題の部分はその次にある。延保の記すところによれば、「しこうして、前々家継の名に付す（地子の）未進は巨多なり、よって之を免除す」とある。この延保のとった処置を、史料に忠実に理解すれば、この治田として奪われた一七六歩は、かつて家継の預作するところではあったが、先にのべた同条同里二三坪と同様に、すでに実質的には家継の耕作が行なわれていないにも拘らず、かつての田使は家継の預作せるものとして、「勘二負空地子一」してきたのであった。その結果、前々から「家継之名」に付してきたところの未進の地子は累積し、その額は巨多に及んでいたと考えざるをえない。

このような事態が生じた原因はすでにのべてきたことであるからくり返さないが、かくして延保は家継の未進が彼の責任でないことを認め、二三坪の一八〇歩と同様に、これを免除せざるをえなかったのである。このように考えてくると、二三坪の二四〇歩、及び二四坪の一段二九〇歩は、恐らくかつて秦忌寸家継が預作したところであって（勿論、これのみにとどまらず、それ以上の面積を預作していたと考えることをさまたげない）、それは「家継之名」に付して、毎年地子の収納が行なわれていたとみなければならない。

しかしながら、その家継が預作した寺田はその一部が、あるいは公田に奪われ、あるいは治田として奸取されるということが、田使の知らぬ間に起ったのであり、それを預作する家継の力では、それらを阻止し寺田を守る

などということはとうていできなかったであろうし、又、自己の生活を守るための努力はしたであろうが、寺田を守ることなどは、全く彼の関心の外にあったに相違ない。

一方、田使はかかる事態を知ってか知らずか、例年家継の名に付して地子を勘負してきたのであり、これに対し家継は、自己の生活擁護のため、見作分の地子しか納めないという態度を一貫してとりつづけ、その結果、家継の名に勘負された、仮空の巨多の未進が生じたのであった。

このような依智庄の収奪の体制は、その原理において、十一世紀に一般的にみられる、いわゆる「百姓名」、あるいは「負名体制」[18]に通ずるものであり、その初源的な形態とみなすことができるであろう。かかる「名」ないし「負名」の確認は、これまで十世紀前葉の丹波国多紀郡の「堪百姓等名」(『平安遺文』二四〇号)をもって史料上の初見とするとしてきた定説に、大きく変更をせまるものといわざるをえない[19]。今ここで、「家継之名」の「名」を「ミヨウ」とよむか、「ナ」とよむかという発音上の議論は必要としない。これは明らかに、支配階級によって設定された収奪単位としての「名」であって、それは墾田の所有を国図に表記した場合の「名」とは、本質的に異なるものである[20]。

この「名」の発見は、国衙領における調物の収奪単位としての「名」の初見に先行すること約一世紀、しかも、庄園内の地子収奪の単位たる、「預作名」として出現しているということにおいて、きわめて注目にあたいする。

この「名」の歴史的意義を、全面的に解明するためには、更に、観点とところをかえることを必要とするが、さしあたって小論に必要なかぎり二、三の問題点を提起しておきたい。

第一に、依智庄においては、すでに延保の田使就任以前から、この「預作」名の体制が形成されていたということである。

第二は依智庄においては、このような「預作名」は、毎年請文をだすことによって設定されたものではなく、すくなくとも、それは固定的な性格をもっていた。そのため、田堵大富においても、又、家継においても、すでに現実の預作田が減少しているにも拘らず、従来の面積に対して地子を勘負されるという矛盾に悩まねばならなかった。

このような庄経営上の問題を認めるとき、延保の勘匡とは、一面では「預作名」を見作と一致させ、又、同時に失われた寺田を奪回するということであった。このように考えてくると、預作＝請作において、毎年請文を領主に提出するという手続が起ってくるということは、体制的にみれば、このような矛盾を解決するための措置ともいえるのであって、この問題は更に、預作する農民の立場からの再評価をせまられているといわねばならない。(21)

第三には、かかる「名」の初見が、九世紀の庄園においてみられるということであり、このことは、「名」の発生とその意義、及びそれを根幹として編成された庄園の支配体制と、国衙領との関係を追求する場合に、新たな事実を提供したわけであって、従来の「名」に関する諸説は、再検討を要請されるに至ったのである。特にその場合、「名」を、治田の国図記載様式としての名と混同したり、単純に律令制負担体系一般の中に解消せしめたり、あるいは安易に、調庸請負行為に結びつけたりする見解は、根本的に再検討される必要がある。(22)

第四には、この九世紀の依智庄が「預作名」の体制を、不充分ながらとっているということは、約二世紀後の、永承七年（一〇五二）の「依智庄坪付注文」(23)に示される体制へと連続することが、確認されたことになる。この問題は更に、康平三年（一〇六〇）の「近江国愛智庄司等解」(24)に示された、田堵の動向と関連させて再論することを必要とするが、それは後論にゆだねようと思う。

以上、きわめて概括的に問題の所在を提示したにとどまるが、延保が客観的に担わされた任務は、この「預作名」の体制の否定ではなく、反対に、その再編強化にあった。「家継之愁已絶、供家之益今盛」という彼の附言は、かかる観点からすれば、「預作名」の体制を整備し、この新しい体制を推進強化して、その一応の達成を宣言したものと言えるのではないだろうか。又、延保が、一般預作農民へ依拠する姿勢を示したということは、換言すれば、この収奪体制たる「預作名」への依拠に外ならなかったのである。

律令国家権力が、富と威信をかけて建設し、その地位と権威においては、南都、否、当代随一を誇る東大寺においてすら、その経済的基礎たる庄園の経営において、次第に自滅化を辿りつつあった時に、この依智庄がよく九・十世紀の転換期を生きぬいて、十一世紀に再びわれわれの前に姿をあらわす時、いくたの新たな問題をはらみながらも、拡大の方向をとりつづけてきたことは、延保の、「預作名」体制への基本路線設定に負うところが大きかったに相違ない。そのことが、この延保の検田帳を、よく今日まで保存せしめた理由でもあったのである。

結　田堵の行方

延保のこの一定の「勝利」を許した条件の一つには、又、次のようなことが考慮せられねばならない。それは、これまでもしばしば指摘してきたように、田堵や一般農民において、自からの利益を守り、主張する論理を十分にもつに至っていないという点にある。特に、在地の有力豪族がきわめてもろくも延保の主張に屈したことは、田堵が自からの論理を形成しえていないということにあった。ここにいう論理とは、決して観念的なものをいうのではない。それは、延保にみたように、実践にうらづけられた、いわば行動の論理である。

田堵が、農民が、かかる論理をもって庄園領主、更には国家権力と闘うとき、古代国家はその根底から大きく変貌せざるをえないのである。われわれは、田堵の、そして農民の論理が、不断の闘いと自己変革を経て、形成されるには、なお、一世紀有半をまたねばならなかったのである。

注

（1）「近江国依智庄検田帳」（『百巻本東大寺文書』四十七）

印行されたものとしては、（1）『平安遺文』第一巻一二八号、（2）『大日本古文書』家わけ第十八、『東大寺文書之七』（三二〇号）、（3）『愛智郡誌』等に収められている。

これらのうち（1）は若干の誤植（或いは誤読）があり、（2）は追筆・異筆等を示して文書の印行に正確で細い配慮が払われているが、句読点の打ち方等に若干の誤りがある。

筆者は原本に接する機会がなかったが、京大影写本「東大寺成巻文書」、それに写真版として前記『東大寺文書之七』（首・尾部分）、『史林』三三の五、口絵写真（首部より全体の約五分の三）等を参看した。なお、この文書は延保の自筆として誤りないものであろう。

従来、この文書は田堵の初見史料として著名なものであり、論者によって言及された例は枚挙にいとまがないが、田堵の本源的性格を究明するという観点から全面的に考察されることなく、放置されていた。

（2）荘園における田地（生産手段）と労働主体との関係、つまり生産諸関係を如何に認識するかという問題は、長い論争の歴史をもち、にわかに決定することはできないが、試みに問題解決の一つの方向を提示すれば次の如くである。

この問題に関する克服すべき一つの有力な見解として、竹内理三氏の「荘園にあっては土地の支配と農民の支配とは別個のものであった」とする、いわゆる「領知権の二元性」論がある（「荘園制と封建制」『律令制と貴族政権』所収）。

この竹内説を承認するものは、いわゆる本質論ぬきの「制度史」研究家に多いが、この説は、現象を一定の限りで正当に認識した点では評価しうるとしても、その立論の前提をなす、主従関係をもって封建制の標識とすることに根本的疑問があり、加えて論理的にも根本的誤謬がある。

封建制を主従関係としてとらえることはしばらくおいても、氏が「領知権の二元性」としてとらえたものを、直ちに「荘園領有の本質は田地の領有である」と一元化するのは論理矛盾である。

そもそも「二元性」という認識の論理上の誤謬もさることながら、実は氏の認識した現象は「二元性」ではない。それは生産関係における矛盾・対立するもの以外のなにものでもないのであって、問題はこの対立物が、何に由来し、如何なる関係にあり、又、それは如何に統一されるか、という観点から改めて考察されるべき事柄なのである。

このように問題をとらえなおすとき、マルクスの所有に関する分析方法はきわめて有効な導きとなる。(補注)つまり、マルクスのいう本源的所有―労働する（生産する）主体（もしくは自己を再生産する主体）が自己のものとしての〈別な表現をすれば、自己の肉体のいわば延長をなすにすぎない自分自身の自然的前提としての〉彼の生産と再生産に対して関係すること―の解体の過程において、労働する主体が自己のものとして関係できなくなった、すなわち労働する主体が所有から疎外された関係におかれた状態が、まさに荘園にみられる所有と労働の分離であり、矛盾である。しかもその場合所有から疎外された労働主体が現実の土地所有者たるものによって、土地に附属した天与の生産条件の一部としてくりこまれる以前の状態にあることに注意しなければならない。このことを歴史的現実についてみれば、荘園内部の生産諸関係においては、所有から疎外された労働主体は、一方では社会的にそれ自身としては身分上国家公民として、土地所有者に対し相対的に自由な地位におかれていたのである。

更に具体的にいえば、この段階においては、労働する個人が全生活を一荘園に全面的に依存する場合はきわめてまれであって、まさに「諸方兼作之民」として複数の私的大土地所有者（荘園領主）及び同時に又国家的所有と（公田耕作者として）同時的に関係していたのである。このような関係のもとにおいては、公民的身分編成は、現象的には荘園における労働と土地領有の一体化にとって、阻止的な要因をなす。そのかぎりで荘園は国家権力と対立する側面をもつが、本質的には荘園の領有は国家的土地所有を不可欠の前提としていたのである。

それ故、荘園に実現された大土地所有は、本来それのみを抽象して論議できる性質のものではなく、国家的土地所有と私的土地所有の相互規定的な関係としてとらえる以外に、問題解決の方向をみいだしがたいことを示している。十一世紀にいたる土地所有関係をかかるものとして認識するとき、その本質の究明のためには、この段階における経済整体（das Ökonomische Ganze）の実体と性格を明らかにすることが、改めて要請されるのである（マルクス『資本主義的生産に先行する諸形態』）。

（3）延保の筆録した検田帳がかかる性格をもつものであることは、それを素材にして小稿の目的とするような分析と叙述を行なう場合、きわめて慎重な配慮を必要とする。特に、検田帳に記載された相論が、一方の当事者のみの記録としてしか存在しないこと、又、現実には口語で行なわれたであろう対話が、漢文によって記録されたこと等々によって起る一面性や誇張等は、しばしば事柄の客観的認識を誤らせるからである。

しかも、かかる史料上の制約を克服する方法論的、補助的な諸研究の蓄積は今日あまりにも乏しく、又、それ以上に私自身未熟である。しかしながら、敢て火中の栗を拾おうと試みたのは、問題関心への執心もさることながら、かかる可能性への追求が今日の研究状況では等閑視されて省りみられず、あるのは、「実証」を墨守する不可知論者や、科学的方法に媒介されない観念論と、反動的ロマン主義思潮の横行であるということに対する対決と、問題提起を意図したからである。願わくば、小稿に対するきびしい批判をもって、科学的歴史学の無限の可能性を開拓されんことを。

（4）「假令司愚不弁傈之田刀何不匡申」という一節はきわめて難解な文章である。

まず文中の「傈」は「傑」の異体字であると思う〔類例として、嵯峨天皇筆「李嶠雑詠」一巻（『宸翰英華』第一冊の五）に「英霊已傈士、誰識卿雲才」の用例がある〕。ところで傑の語義としては「スグル」―すぐれて勢ある人、才力万人に秀でたるをいう（大字典）の意と、もう一つ「オゴル」（説文、傲也〈康熙字典〉）―下のものが分限をこえ上の者になぞらえ奢ること（大字典・「傲」項）の意もあるから、自から二通りの解釈が可能となる。

前者をとれば①「仮令、司愚にして弁ぜざるも、これにすぐる田刀、何ぞ匡し申さざるや」と読みくだすことができるし、又後者をとれば②「仮令、司愚にして弁ぜざるも、これにおごり、田刀何ぞ匡し申さざるや」と読みくだすことができる。私はこの検田帳全体から受ける印象としては、後者の方が妥当であると思うが、それを確証する積極的証拠を見出しえないので、しばらく本文のごとく二つの解釈を併記しておく（ここで一言、敢て贅言を加えておくと、延保が「傑之田刀」云々といったのは、安雄の能力を司より傑れたものと認めたのではなく、安雄が「此昔所定、非今之事」といって、現在上田であるという事実を認めたことを逆手にとって〈そうだとわかっているなら田堵たるものが何故匡そうとしないのか〉といって安雄にさかねじを食わせた場面の、文章上の表現にすぎないのである）。

次にここで問題となるのは「司」の意味である。これを私は「庄司」と解したが、その根拠を二、三示す必要があろう。庄司なる職名はすでに八世紀にその用例をみることができる（竹内理三『奈良朝時代における寺院経済の研究』第五章第二節）。天平神護二年の「越前国江沼郡幡生庄使解」（『大日本古文書』五ノ五四七）は、その書きだしに「江沼郡幡生庄使解」云々、とありながら、文末の署名は「庄司僧慚教」とあり、又同人が翌日付の同国坂井郡溝江庄に関する解文では（五ノ五四八）「佃使」として署名しているところから、竹内氏は「庄司は又田使の一名」であったかと判断している。氏の判断は一面の妥当性をもつが、しかし、この時期に庄司という職名がまだ明確な概念として定着していないことも看過してはならない。この八世紀の用例をもってすれば、ここで司とは田使延保をさすということになる。

次に九世紀になると、欠年文書ながら弘仁期に比定される「太政官符案」（『平安遺文』三六号）に「庄司所進解状」云々、という用例がある。ところがこの文書は若干疑しい点があり、直ちにそれをもって一定の結論を導きだすことは危険であるが、ただ九世紀に庄司の用例が存在した可能性を傍証することはできるであろう。

更に、司ないし庄司が明確な概念として定着したことを示すものとして、長和四年（一〇一五）の「播磨国符」（『朝野群載』巻廿二）をあげなければならない。ここでは、司（庄司）は寄人と対立する概念であり、司に含まれる職名として、総検校（一人）、検校（一）、別当（一）、預（三）、専当（一）があげられている。すなわち、庄司とはこれら荘園支配機構の諸職の総称として使用されている。

司ないし庄司がこのような過程を経て成立した概念とすれば、この依智庄において司が田使のみか、あるいは別当たる豊保をも含むかということは速断できない問題である。ただ依智庄において明確なことは、田堵は司なる範疇には属さないことである。

なお付言すれば、この場合司を郡司や国司と考えることはできないと思う。

（5）　依智秦公氏が郡司として史料上確認されるのは、天平宝字六年の「近江国愛知郡司解」（『大日本古文書』五ノ二一八）に署名した、大領従七位上依智秦公門守をもって初見とする。しかし、郡名が姓の一部と共通することは、依智秦公一族が立郡以来のいわゆる譜第郡司であった可能性を示唆する。

(6)　拙稿「八世紀における開発について」(『日本史研究』六一号、本書第二部第二に収録)。

(7)　この種の分野は研究がたちおくれており、特に貴族の荘園の場合、詳細はほとんど不明といってよい。さしあたって小論では、庄長そのものが直接の課題ではないので、かくいうにとどめる。

(8)　このことの詳細は、私の修士論文で論及した。いずれ公表して、御批判をえたいと思っている。

(9)　ここで注意してほしいことは、(4)でも指摘したように、田堵は庄司なる範疇には入らない存在であるということである。庄司なる職名が、令制下の司(例えば国司、郡司)と深く関連するものであること、有年庄にみられた司の構成が、令制の司を貫く四等官制と原理的に同一のものであることを指摘するのみでたりるであろう。

ここに私は庄園の支配機構が、律令的官僚機構に媒介されて成立してきたことを認めることができる、と思うのである。このように考えれば、田堵なる職名は、いわゆる司の四等官の範囲に位置づけられるものではなく、問題を明確にするために誤解を恐れず、敢て対比を試みるならば、むしろ、律令的官僚機構における雑任に対応する位置にあると思う。

ここで、田堵＝田刀の語源にふれておくならば、従来の田頭→田刀→田堵という考え方(田井啓吾「田堵に就いて」)に対し、林屋辰三郎氏は、田刀は「田刀禰」の転化したもの(禰は美称)と考えられた(昭和三〇年度の京大講義)が、私の右の如き考え方からすればきわめて適合的であって、「刀禰」なる語の語源的説明が解決すれば、おそらく最も適切な考え方になると思う。

又、小論では「田刀」なる用例は原史料を除き本文ではすべて「田堵」に統一して使用したが、田刀→田堵への標記法の変化はそれ自身歴史的なものであり、それが十世紀においてみられることに一つの意味を見出すことができるのであるが、それについては機を改めて論じようと思う。この田刀の名義の問題については、林屋辰三郎氏および河音能平氏の教示を得た。

(10)　前者の典型としては村井康彦「田堵の存在形態」(『史林』四〇ノ二)、後者としては黒田俊雄「荘園制の基本的性格と領主制」(『中世社会の基本構造』所収)。又、戸田芳実氏は黒田氏の業績を継承して「田堵とは大小をとわず本来経営者としての本質から生じた主体的な名称」であると規定し、十一世紀の国衙領の負名体制において、王朝的公民身分として把握されるものであると展開させた(「平安初期の国衙と富豪層」『史林』四二ノ二)。

私自身、旧稿「八・九世紀における農民の動向」(『日本史研究』六五号、本書第二部第三に収録)においては、従来の諸説に疑問をいだきながらも十分に克服できず、同じ誤りを犯してきたが、小稿ではそれらと訣別する契機をつかんだと思う。旧稿では庄預・庄長らと田堵との同一性を主張したが、そのことは小稿の主張と矛盾するものではなく、前者は階層性を問題としており、後者は庄園の支配関係を問題としているところから生ずる、いわば盾の両面であって、事物の普遍性と特殊性の両側面とみなければならない。

従来の諸見解の根本的欠陥は、一言でいえば、田堵のもつ二つの側面を正しく統一的にとらえることに不十分さがあったと考える。なお、従来の諸説の学説史的検討は小稿のよく含みうるところではないので、他日を期さざるをえない。

(11)「加以田自窪地始開」という文章の解釈は本文に示したごとく、一般論として解釈する場合と、「この田は窪地より開いたものである」という、寺田の開墾された歴史的事情を延保が主張したともいえないこともない。しかし、その場合文中「田」とあって「寺田」とないことは、この解釈を困難ならしめる。

検田帳では、延保は寺田、治田、田をそれぞれ使いわけており、ここでは本文に示したごとく一般論として述べたものであり、そう解釈すれば「加以」という語句も生きてくるように思う。

(12)宮川満「平安時代の農民―特に田堵・名主について―」(『史林』三三ノ四)は、家継を田堵と解しているが、これはまったく根拠のない臆説にすぎない。検田帳では、田堵の場合は明示しており、後に論及するように、家継に対する延保の態度は、これ又、彼が田堵でないことを示す傍証となる。

(13)「八世紀における開発について」(『日本史研究』六一号、本書第二部第二に収録)。

(14)『三代実録』巻四十四、当該条。

(15)「転無由勘」の読み方はややむつかしいが、「転じて勘するに由なし」と読んだ。或人は「転は由なしと勘す」とは読めないかと示唆を与えてくれたが、延保は一定の結論を下した場合、「勘」一字で表現する場合はなく、すべて「勘匡」「勘収」「勘決」等々の如く熟語化して使用するから、かかる読み方は成立しがたいと思う。この場合は本文のように、寺田が収公されてから、秦咋丸の口分田となっているまでをつきとめるのに、大変苦労したことをのべていると解すべきであろう。

(16)承和一四年九月三日「近江国八木郷墾田売券」(『平安遺文』八七号)に、売人依智秦真大刀自女の戸主として連署している。

(17) 佐藤宗諄「『前期摂関政治』の史的位置」(『日本史研究』六七号)。

(18) 戸田芳実「国衙領の名と在家について」(『中世社会の基本構造』所収)。

(19) この著名なる史料に関する学説的検討をするだけでも、ゆうに一稿を必要とするが、さしあたって必要な点のみ摘記するにとどめる。

私は従来の諸説の、いわば学説以前ともいうべき、史料解釈にそもそも疑義がある。村井康彦氏から戸田芳実氏へと継承発展せしめられた解釈によれば「件郷（余部郷）本自無レ地、百姓口分班二給在地郷々一、因レ茲当郷調絹、為レ例付二徴郷々堪百姓等名一、方今平秀等身堪二同俗一、加之年来依レ成二申件調絹一、付二申播本帳平秀・勢豊等名各二丈一者」云々、とあるのは、余部郷の百姓の口分田が他郷に班給されているという特殊事情のために、班給された口分田の近くの「有力百姓」が「堪百姓の名において」余部郷農民の調絹をとりまとめて納入するということであり（村井「名成立の歴史的前提」『歴史学研究』二一五号）、この堪百姓＝平秀らは単に有力百姓というにとどまらず、調庸請負人たる「富豪層」であり、「富豪層」が「負名」に転化する形態を示すもの（戸田「平安初期の国衙と富豪層」）という。

しかし、この解釈には大切な点が看過されている。すなわち、郷々に散在した余部郷農民の口分田は、誰が耕作していたかという問題である。結論のみ示せば、余部郷の農民に班給された口分田は、実際に口分田主によって耕作されていたのではなく、実質的には「公田」として賃租にだされていたのであり、それを請作していたのが郷々の百姓等であり、かつ調庸の収奪が人頭税から田率賦課へと転化した時、実は「付徴郷々堪百姓等名」という問題が起ったのである。

つまり、実際に口分田―それはあくまでも公田ではない―を耕営する者に調絹を課すというのが右の事態であり、余部郷農民の口分田を請作していた農民が「堪百姓」なのである。平秀らは、余部郷農民の口分田を耕作していたが故に、「堪同俗」者として国家権力によって「堪百姓」として把握され、二丈の調絹を課されたのである。

かく解すれば、「堪百姓」とは口分田の請作＝預作農民に他ならない。ここに、偶然的に近くにいる「有力農民」とか「調庸請負人」を想定する必要は全くない。口分田の班給ということが、元来名目的な側面をもつものであった以上、かかる事態は必然的に起る現象であるが、当面必要なのは、現実の預作者をもって、調の収奪の単位としている点を強調すれば足ることである。

すなわち、ここでも「名」が預作との関連であらわれており、しかもそれが、依智庄よりおくれること一世紀にして、国衙領において出現している事実を指摘しておきたい。又、このことは田堵に関連して論ずべき多くの問題を含んでいるが、すべて後論にゆずらざるをえない。

なお、最近、阿部猛氏が私見と一部共通する解釈を加えていることを知った（同氏「摂関期における徴税体系と国衙」『摂関時代史の研究』所収）。

(20)　この検田帳の「名」の記載に注目したのは、林屋辰三郎氏であった。氏は、「この場合にはもはや地子を負担するための『名』ではなく、地子免除を目標として己が名を付したものであって、『名』は全く新しい意味をもってくるであろう」（「律令制より荘園制へ」『古代国家の解体』所収）といっているが、この解釈は誤解である。事実は、全く反対に、地子を収奪するために、支配階級が名を付したのである。

(21)　賃租する場合、借耕者が請文を提出するという関係は令制にすでに存在し、一、二の実例もあるが、それは一般的な現象ではなかった（菊地康明「古代の土地売買について（上）」『史林』四八ノ二）。

しかるに、荘園において十世紀以降、請文の提出が一般的となるのは、単に領主の土地所有権の優越性からのみ説明されるべきことではなく、本文で指摘したように、請作者の立場からも正当に評価されねばならない。つまり、領主の所有権が危機に相遇したとき、自己の権利を保持するための欲求が、請文の一般化を必然ならしめるのであり、このことは農民、つまり預作人の要求と斗争の進展とは表裏の関係にある。

例えば、不当なる地子の収奪を拒否するためにも請文は一定の役割を果しうるであろうし、又、預作者が更にその実際の耕作を第三者に転ずる時、請文は権利（作手権）の証明ともなりうるであろうし、その他さまざまな場合がありうるであろう。

それ故、請文の提出という現象から、領主の優越性と請作者の不安定な立場のみを強調することは、小市民的思想の表現に外ならない。特に、村井氏の個人的な体験にもとづく立論は、歴史認識が素朴な日常的体験から出発すること自体を敢て否定しようとは思わないが、科学的な方法論、あるいは労働する人民の立場と思想に媒介されたものでないために、きわめて一面的にしか問題の性質をとらえることができなかったといわねばならない（『古代国家解体過程の研究』まえがき参照）。

(22)　名の問題をとくための中心的な視角は、一言でいえば、「所有」の問題を基本にすることである。それは単に通俗的意味での所有の問題ではなく、労働とそれの実現のための諸条件との総体としての、所有の問題である。

名の問題は従来のごとく、墾田＝治田との関係、あるいは単に、収奪の制度として分析するのみでは全く一面的であり、より広く、根本的に、律令制成立期より十一世紀にいたる時期の農民の労働のあり方と、支配体制との関連で、問題とされねばならないと考える。私は、名の問題は、班田制とのかかわりあいにおいて、最も明確にその性格を認識できるのではないかという見通しをもっていることを付記して、今後の研究を期したい。

(23)『東大寺文書』四ノ四十六（『平安遺文』六九五号）。

(24)『東大寺文書』四ノ四十七（『平安遺文』九五四号）。

【補注】

この段落以下の、マルクス『諸形態』に関する記述は、院生時代のまことに一知半解、稚拙な論述で取るに足らない代物である。わたくしのマルクス・エンゲルス理論の理解の本格的取組みは、芝原拓自氏の指導と援助を得ながら、古典の解読に本格的に取組み始めた、『アジア的生産様式論批判序説―諸形態の理解にもとづく基礎的諸概念の再検討―』（『歴史評論』二二八号、一九六九年）以降のことであった。

第六　遠江国質侶荘に関する二、三の問題
―関係文書の調査と立荘をめぐって―

はじめに

遠江・駿河・伊豆三国の荘園のうち、平安時代にまで遡るものは、ざっと数えたところ、一〇荘ほどにすぎない。そのうち多少とも文書・記録をのこすものといえば、遠江国の松尾社領池田荘・圓勝寺領質侶荘・左大臣源俊房家領笠原荘・賀茂社領比木荘・大江伊州家領小高荘、それに伊勢神宮領の遠江国蒲御厨・鎌田御厨、駿河国の方上御厨などであり、さらにたちいって成立の事情や、在地の坪付などまで判明するものは、池田荘と質侶荘に限られるといってよい。

このうち、池田荘については、すでに早くからその存在が知られ、旧『静岡県史』第三巻でとりあげて以来、その後研究も相当に進んでいる。[1]これに対し、質侶荘の場合は、『吾妻鏡』建久元年九月一七日条に、地頭の存廃をめぐって、後白河院と頼朝とのやりとりが見えるほか、鎌倉時代にいたって、宝金剛院領原田荘や蓮華王院領飯田荘などとともに、遠江国三代御起請地の一つとして数えられていることなどから、[2]その存在は早くから知

られてはいたが、立荘の由来や在地の構成などについては、関連文書の存在が知られなかったことから、永く不明のままであった。

ところが、昭和二六年、堀池春峰氏によって、東大寺図書館所蔵の、東大寺尊勝院主宗性の撰述にかかる聖教類のうち、『唯識論第五巻問答抄』、『倶舎論第八・九巻抄』、『弥勒如来感応指示抄第一』などの紙背文書から、質侶荘関係文書が発見された。そして、堀池春峰氏の編になる『東大寺遺文』で紹介され、[3]さらに平安時代にかかるものについては、竹内理三編『平安遺文』に、また鎌倉時代のものは同『鎌倉遺文』に収録されて、広く知られるところとなった。

他方、これと併行して、堀池春峰氏は「遠江国質侶荘と待賢門院御願円勝寺」を発表され、[4]質侶荘の成立や伝領関係、所領の構成、さらには質侶荘関係文書が宗性によって蒐集された理由などについても解明を加えられた。これによって、静岡県史上、平安時代の荘園としては、もっとも詳しく、かつ具体的にその様相を知ることができる荘園が出現したわけであって、その意義は甚だ大きいものがあるといわねばならない。

私自身についていえば、堀池春峰氏の文書の発見と研究の驥尾に付し、この荘園に関心を寄せ、数年前、湯之上隆氏の協力を得て、関係文書の基礎調査を試み、とりあえず釈文の校訂に着手したが、その後、余事にかまけ進捗を見ぬまま現在にいたった。ところが、本年度から、静岡県史の編纂が再開されるにあたり、古代部会の史料調査の一環として、質侶荘の調査を行なうこととし、久々に篋底から手控えなどを引きずり出して、記憶を呼び覚すと同時に、その第一回として、原本校合を為残してあった、天理図書館所蔵文書から着手することとした。そして、昭和六〇年一二月五日、天理図書館を訪れ、特別の御配慮により、永久元年一〇月一五日「大蔵卿公資副状」（『平遺』五―一八〇〇）の閲覧を許され、調査を行なうことができた。

数年前の調査方針と今回のそれとでは、この間の研究水準の進展もあって格段の相違があり、当然現在では、鎌倉時代のものも含め、全点について再調査の必要がある。この点は、以下にのべるような今回の調査結果からも、改めて痛感されたところであった。したがって、本来ならば、関係文書の十分な再調査を経た上で、報告と考察がなされるべきであるが、県史編纂の第一年度から、『静岡県史研究』を刊行しなければならぬというさしせまった事情もあり、個人的調査の経緯も含め、一部の文書の調査をもとに、あえて質侶荘に関する二、三の問題を解明すべく、小文を草することにした。それ故に小稿は、今後の本格的な調査・研究のための、予備的考察にすぎないことを、あらかじめお断りしておきたいと思う。

1　質侶荘の伝領および関係文書

質侶荘の成立とその伝領関係、および、その所領構成等については、すでにのべた堀池春峰氏の論文にほぼ尽されているといってよい。ここでは、それによりつつ、若干の私見をも加え、以下の説明に必要な限りで、その概要を示すことにする。

質侶荘は、元来は質侶牧といい、平安時代の中流貴族で、遠江守や兵部権太夫等を歴任した、従四位下大江公資（?—一〇四〇）の私領であった。おそらく、大江公資が、遠江守在任時代に入手したものであろうと推定されている。堀池氏は、公資の私領化以前にすでに荘園化しており、その成立は、九世紀後半に遡る可能性のあることを示唆されたが、この点には問題があり、後に検討を加える。

長暦年中（一〇三七—四〇）、公資は民部卿藤原長家（道長の六男）に寄進し、本所と仰いだ。その後、領家職は公資の嫡男広経に譲られ、さらに、彼から外孫の、藤原南家貞嗣流の、文章博士藤原永實に伝領された。一方、本所職は、長家から、藤原北家の信長、俊家、宗俊を経て、右大臣藤原宗忠に至り、天永三年（一一一二）、一切経書写の費用を捻出するために、宗忠の手から領家永實に、二五、〇〇〇疋の代価をもって売却された。ここに至って領主権は再び一人の手中に帰したわけであるが、大治三年（一一二八）、永實から伝領したその子、文章博士・宮内卿永範は、さらに権威を募って、六勝寺の一つ、待賢門院御願円勝寺に、年貢米三〇〇石を寄進して本所と仰ぎ、自らは領家として、その他の年貢・雑事の進止を領掌するところとなった。(5)

この寄進行為にもとづき、翌大治四年五月、待賢門院庁の要請によって、立券の手続が行なわれ、庁使・在庁官人等立合いのもとに、立券文および絵図にしたがって、四至の牓示を打ち定めた。(6)

この時の寄進状案（『平遺』五—二一五三）によると、牧の四至は、東は中河を限り、南は坂口中山并真野崎、西は粟峯・梅沢領宇《ママ》那河等を限り、北は大井河流并鷹駒を限るもので、現在の地名でいえば、大井川の下流西岸、榛原郡金谷町高熊から粟ヶ嶽・志戸呂・牧の原・島田市湯日・岡田・中川、および掛川市と小笠郡菊川町の一部をも含む、広大な地域にわたり、その構成は田二〇九町余、畠一二八町余、原二一〇町、山五四七町、野二九一町、河原三六〇町、それに在家二一八宇からなり、行政区画上は榛原郡質侶郷、湯日郷、大楊郷の三郷を包摂する一円所領であった。(7)

これら質侶・湯日・大楊三郷のうち、『和名抄』にみえる郷は質侶郷（高山寺本は「賀沼」、東急本は「質治」とするが、これらはともに質侶の誤りであろう）(8)のみで、湯日・大楊郷の名は、大治四年の質侶荘立券文案（『平遺』五—二一二九）および在家帳案（『平遺』一〇—四九八一）で、はじめてその名が見えるものである。大治四年の立券にかかわる文書の一部とみられる、年欠の「遠江国質侶牧四至注進状案」（『平遺』一〇―四九八二）によれば、質侶郷には杉沢村・大畠村・大白村等一一ケ村、湯日郷には田片世村・岡田村・堀立村・湯日村など七ケ村があり、また大楊郷については、虫喰いのため判読できないが、少なくとも五ケ村の存在が確認できる。(9)

このことは、当初、牧として出発した質侶荘が、十二世紀前半には開発が進み、在家の増加もあって、郷・村の進展が見られたことを示すものであろう。治承二年（一一七八）の永範の譲状にいたって、はじめて質侶荘の名があらわれるが、この質侶牧から質侶荘への転化の背景には、右のような事態の進展があったものと推測される。

治承二年の永範譲状案（『平遺』八―三八二六）は、存命中に書かれたものであって、質侶荘内湯日郷の預所職を、永範の嫡女である、宮内大輔藤原隆兼の妻に譲る旨を記したものである。そして、おそらく、この時と同時、あるいはそれに前後して、質侶本荘質侶郷を嫡子民部卿光範に、また大楊郷は三女に譲与し、ここに質侶荘は事実上、三分されることになった。

これらのうち、嫡女の隆兼妻に譲られた湯日郷分は、さらにその夫隆兼に譲られ、隆兼の死去に際しては、二人の間の実子有夜叉、すなわち、のちの宗性に譲る旨の遺言がなされたらしい。しかし、ほどなく母も亡くなったらしく、有夜叉が幼少だったこともあってか、有夜叉にとっては従兄弟にあたる、光範の子頼範が、嫡女死去の後は無主地だとして、自分の権利を主張するなどのこともあったが、後鳥羽院は湯日郷をとりあげ、これを女房伊与局に与えてしまった。

この処置は、いわゆる収公ではなく、本所たる円勝寺の、事実上の当主である後鳥羽院が、本所の権限を行使したものと思われる。(10)そして、それが実行された年は、宗性が本領主としての権利の回復を要求して訴えを起した、承久三年（一二二一）、宗性二〇歳の時から数えて七年前の、建保二年（一二一四）のことであったらしい。[11]

一方、宗性の側には、承元三年（一二〇九）、宗性八歳の時、祖母尼公と推定される、尼れんしょうの譲状（『鎌遺』三―一七七六）があり、それによると、れんしょうは「こくないきゃうのとの」（故宮内卿の殿）、すなわち隆兼より湯日郷を譲り受け、いったんは孫の「こだいふにうどう」（小太夫入道）を嫡子に立て、これに譲ると約束したが、その甲斐もなく死亡してしまったので、隆兼から有夜叉に譲るようにといわれていたので、これを譲り渡すとしている。

しかし、この譲状の効力は認められなかったようで、宗性のもとに、湯日郷の預所職は返還されなかった。このことは、継承者である宗性が幼かったという事情に加え、円勝寺を含む六勝寺の所領が、のちに三代御起請地といわれて特別視されたように、事実上の本所たる、院の権限が甚だ強かったことを示すものといえよう。

その後の質侶荘の運命については、三代御起請地の一つとして存続したことのほかは、断片的な史料からその一端を窺い知るにすぎない。室町時代に入って、清和院文書（山城国）の中に、数通の関係文書がみられるが、これについては別の機会に言及を試みたい。

宗性筆の聖教類の紙背文書の中に、質侶荘の関係文書が含まれていることは、堀池春峰氏が明らかにされたように、宗性の預所職の返還要求のために、湯日郷を中心とした質侶荘関係文書が蒐集された結果である。したがって、今日伝存しているものは、いずれも写しとしての案文、ないしは土代であって、同一の案文が、二通以上ある場合もある（関係史料一覧参照）。大治四年の立券文案（『平遺』五―二一二九）の端裏書には、「質侶御荘立券案文　湯日郷分」と記され、また、奥書には「於㆓正文㆒者、在㆓質侶方文書惣券中㆒、仍書㆓抜當御荘㆒所㆓相副㆒也」とあって、この間の事情を明記している。

ところで、これら一連の関係文書は、すべて東大寺図書館に伝存しているわけではなく、その一部と思われるものが、陽明文庫にも収蔵されている。これについても閲覧を許され、釈文の校訂を行なったが、その折確かめたところでは、陽明文庫に収蔵されるに至ったいきさつは明らかではない。

これとは別に、永久元年一〇月一五日「大蔵卿公房副状」(『平遺』五—一八〇〇)が、天理図書館に所蔵されている。この文書は、同年一〇月一四日付「遠江守源基俊請文」(『平遺』五—一七九九)に副えられた書状で、やはり一見して、一連のものとわかる。この文書は、これまで閲覧の機会を得なかったが、さきにのべたように、今回念願を果すことができた。その結果、新たな事実の確認もできたので、次にその報告を試みよう。

なお、前回調査の折に、湯之上隆氏が作成した遠江国質侶荘関係史料一覧を、その後の同氏による補訂を加え、次に掲げておく。

遠江国質侶荘関係史料一覧

○刊行欄のうち、平は『平安遺文』、鎌は『鎌倉遺文』を示す。

	年月日	文書(史料)名	出典	刊行	備考
1	永久　元年一〇月一四日	遠江守源基俊請文	東大寺図書館所蔵宗性筆唯識論第五巻問答抄紙背文書	平一七九九	
2	永久　元年一〇月一五日	大蔵卿公房副状	天理図書館所蔵文書	平一八〇〇	
3	大治　三年　八月　日	藤原永範寄進状案	東大寺図書館所蔵宗性筆弥勒如来感応指示抄第一紙背文書	平四六九二	
4	大治　三年一二月　日	待賢門院庁牒案	東大寺図書館所蔵宗性筆唯識論第五巻問答抄紙背文書	平二一二二	
5	大治　四年　三月二八日	遠江国質侶荘立券文案	〃	平二一二九	

6	〃	〃	陽明文庫所蔵宗性筆最勝講聴集記紙背文書	〃	右ト、ホボ同文
7	大治四年□（三月二八日）	遠江国質侶牧在家帳案	陽明文庫所蔵宗性筆最勝講聴集記紙背文書	平四九八一	
8	欠	遠江国質侶牧四至注進状案	〃	平四九八二	
9	大治四年五月一三日	待賢門院庁牒案	東大寺図書館所蔵宗性筆唯識論第五巻問答抄紙背文書	平二一三四	
10	〃	遠江国司庁宣案	〃	平二一三五	
11	治承二年四月二六日	宮内卿藤原某譲状案	〃	平三八二六	
12	〃	遠江国質侶荘年貢物等注文案	〃	平三八二七	
13	治承三年三月　日	遠江国湯日郷四至注文案	〃	平三八七四	
14	（建久元年）八月一九日	源頼朝書状写	吾妻鏡建久元年八月十九日条	新訂増補国史大系	
15	（建久元年）八月二七日	後白河上皇院宣写	吾妻鏡建久元年九月十七日条	〃	
16	（建久元年）九月一七日	源頼朝書状写	〃	〃	
17	せうけん三年二月六日	某譲状案	東大寺図書館所蔵宗性筆唯識論第五巻問答抄紙背文書	鎌一七七六	
18	〃三年二月六日	〃	東大寺図書館所蔵宗性筆弥勒如来感応指示抄第一紙背文書		右ト、ホボ同文
19	〃三年二月六日	〃	東大寺図書館所蔵宗性筆地示論指示抄紙背文書		〃
20	欠	有夜叉（宗性）申状土代	東大寺図書館所蔵宗性筆倶舎論第二四巻要文抄紙背文書	鎌一七七七 鎌二八八二	同一文書
21	承久三年閏一〇月　日	宗性申状案	東大寺図書館所蔵宗性筆倶舎論第八九巻抄紙背文書	鎌二八八一	

22	文永　二年　二月　七日	遠江国三代起請地并三社領荘々注文写	東寺文書	教王護国寺文書 巻一	
23	応永　二一年一〇月　一日	白山神社所蔵鰐口銘文		静岡県史料 第一輯	
24	応永　三二年　八月一一日	足利義持御判御教書	清和院文書		
25	応永　三三年一一月一八日	室町幕府御教書	〃		
26	永享　三年　三月　五日	足利義政御判御教書	〃		
27	文安　五年一二月　吉日	東光寺所蔵鰐口銘文		静岡県史料 第一輯	
28	長禄　二年　八月一〇日	足利義政御判御教書	清和院文書		
29	延徳　三年　八月二四日	足利義稙御判御教書	〃		

2　大蔵卿公房副状案

天理図書館所蔵の、永久元年一〇月一五日「大蔵卿公房副状」(『平遺』五—一八〇〇)は、同館所蔵の特殊文庫である「保井文庫」の中に収められている。

保井文庫は、『大和上代寺院志』の著者として知られる、保井芳太郎収集にかかる大和の文献・史料等、およそ二万点からなるもので、その他にも、大和の古瓦三千余点があり、この分は、現在天理参考館に収められている。昭和一九年、保井氏の希望により、収集品の一切は、天理図書館に譲渡された。同図書館は、保井氏の多年

の集蔵を顕彰し、これを保井文庫と名づけ、その整理・保管につとめて、今日にいたっている。(12)

本文書の形状は、竪紙で、法量は縦二八・九センチメートル、横四八・〇センチメートル、文字は六行に書かれ、料紙は楮紙かと思われ、修理による裏打ちが施されている。差出人は大蔵卿公房、この公房は草名風に書かれ、宛先は文章博士、これは関連文書より推して文章博士藤原永実と判定される。大蔵卿公房については、なお特定できていない。

端裏に「依㆓院宣㆒停㆓湯日入検㆒国司請文并大蔵卿消息按」とあり、これは、今回の調査で確認できた新事実である。これによって釈文を示すと、次のごとくである。

（端裏書）
「依㆓院宣㆒停㆓湯日入検㆒国司請文并大蔵卿消息按」

質侶御牧内湯日谷　事

右、国司請文如㆑此、可㆑被㆑進㆓覧
本家㆒之状、如㆑件、

永久五年
十月十五日　大蔵卿公房（草名）

謹上　文章博士殿

用紙のほぼ中央に、くっきりと縦の折目があり、また、紙の四隅には、約一センチメートル間隔で、一対の小穴が認められる（図1）。左下のものは、やや不鮮明であるが、これらは、紙背を利用する目的で、二つ折として

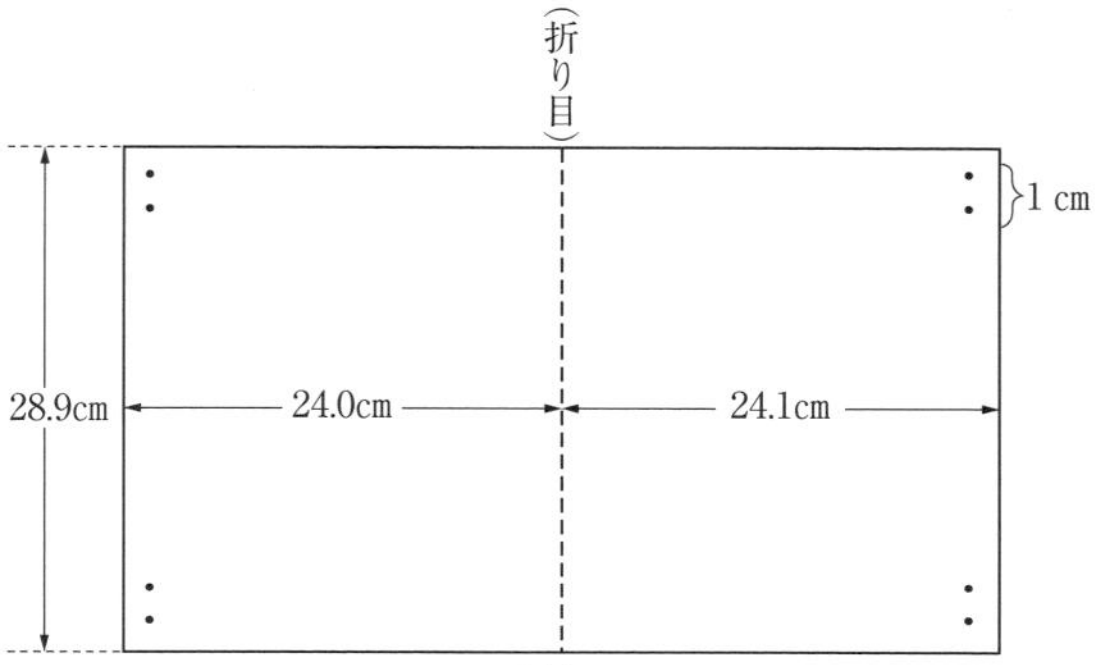

図１

袋綴じにした時の、綴じ穴かと推定される。このことは、紙面に見られる虫喰いの跡が、折目を中心に、左右対称であることからも確認できる。ただし、紙背は白紙であり、冊子に仕立てられた後、この部分に書きこまれた形跡はない。また、これに関連して、端裏書の第二字、院の阝や、第四字、停のイが切断されており、このことは、冊子に仕立てられる時、右端あるいは、左右両端が整えられたことを示している。

紙面の右上には、「保井文庫」の二重長方形朱印（一・七センチメートル×五・〇センチメートル）があり、また、裏打紙の右耳上端に、分類カードが粘付され、その下に、

「永久元年十月十五日
大蔵卿公房文章博士宛披露状案
平遺巻五」

と鉛筆書きがあり、その裏には、「天理図書館　昭和四九年四月十日」の二重卵形朱印を打った、シールが糊付されている。これらは、いづれも、天理図書館での整理の際のものであろう。

以上の調査結果から、まず第一にいえることは、従来この文書が、「大蔵卿公房副状」として、原本と紛わしい文書名を付されてきた点については、端裏書に銘記されているように、正しくは「大蔵卿公房副状案」とすべきこと、第二に、同じく、端裏書に記されているところから、この副状案は、文面からもまた察知できるように、紛うかたなく、永久元年一〇月一四日「遠江守源基俊請文案」（『平遺』五―一七九九）と一連のものである

こと、第三に、この副状案自体は、その裏面を利用する目的で、二つ折にされて冊子に仕立てられていた時期があり、それが、いずれの時にかはずされて、巷間に流出し、保井芳太郎氏の収集するところとなったことの三点が判明した。

このうち、第二、第三点について、若干敷衍しておく。まず、第二点について、請文案と副状案を併記した端裏書が、請文案の端裏ではなく、副状案のそれにあるということから、これらの案文作成当初は、副状案が先で、その後に請文案が接続していた可能性が推測できる。また、この順序は、原本でも、同様であった可能性がある。なお、推定される文書の接続順序と、端裏書の文書の順序とが、逆転しているのは、端裏書の順序が、文書の主客の序列によるからであろう。

次に、第三点については、副状案が冊子として転用されたとき、どの聖教・抄本類の一部であったかという問題は今後に残されており、寸法や、とじ穴などの比較検討を通じて、検証されなければならない。なお、裏面に墨付がなく、未使用であるということは、田中稔氏の示教によれば、冊子の末尾であった可能性があるとのことである。これらの問題点の解明のためにも、東大寺図書館、陽明文庫各所蔵本の、新たな視点からの再調査の必要性を痛感している。

3　質侶荘の立荘

質侶荘の伝領関係や、在地構成の概要については、堀池春峰氏の論文にほぼ尽されており。付言や訂正はさして必要とはしないが、ただ、その成立をめぐっては、堀池氏の解釈に、若干疑問が残る点があるので、この際一言しておきたいと思う。

質侶荘が、大治三年（一一二八）、円勝寺に寄進されるまでの、伝領の経緯については、大治三年八月の「藤原永範寄進状案」（『平遺』九―四六九二）に詳しいが、その文書の後半で、永範は、権威を募らんがために円勝寺に寄進するとして、次のように言っている。

御年貢者、以二米参佰石一、毎年可レ進二上寺家一也、此外之地利并執行雑事者、永範子々孫々、永可二領掌一也、抑格文云、百姓以二田地舎宅一、寄二権貴一者、不レ論二蔭贖一、不レ辨二土浪一、決杖六十、但従来相伝、為二庄家一券契分明、無レ妨二国務一者、不レ在二此限一、加レ之件牧為二起請以前一之上、限二四至一打二牓示一之後、干レ今為二不輸牧一、国司不レ致二入検一、仍且守二格文一、且存二傍例一、所二寄進一如レ件、

この個所に依拠して、堀池春峰氏は次のように述べられた。やや長文になるが、次にその個所を引用しよう。

永範に相承せられた質侶荘は大治三年八月（一一二八）に至って円勝寺に寄進され、年貢三〇〇石を毎年寺家に進める事によって当荘の確保安全を期したのである。父永實をうしなった二九歳の散位永範にとっては、曽て永久元年（一一一三）に遠江守源基俊に収公されんとした事もあり、円勝寺建立と共にかかる「断向後牢籠」んがために「今為募権威」に当寺に寄進し本所と仰ぐ処置に出たのである。そして、この寄進状には「格文云」として延喜二年三月十三日（九〇二）の太政官符の中に示された権門勢家に田地舎宅を寄進することを禁止した箇條と、当牧の相伝の券契が明白であり、今に至る迄も不輸の牧であり国務を妨げるものでないと云う延喜二年の所謂荘園整理令といわれる格に違背せぬ旨を明示している。特に当牧が起請以前としているのは、蓋し延喜二年以前の成立の牧を意味するのであろうか。果してしからば当牧の成立は大江公資以

前、少く共九世紀後半にあったわけである。[13]

問題は、「起請以前」とあることを、延喜二年（九〇二）三月一三日の、いわゆる延喜荘園整理令以前とみて、質侶牧の成立を、九世紀後半にまで遡らせることができるかということである。

たしかに、「格文云」として引用された文言は、小異はあるものの、延喜二年三月一三日官符「応レ停下止勅旨開田并諸院諸宮及五位以上買二取百姓田地舎宅一占中請閑地荒田上事」の、末尾の文章を抄出したものであり、[14]これにつづいて、「加レ之件牧為二起請以前一之上」の起請は、文面だけからみると、延喜二年格を指すともとれないことはない。

しかし、この寄進状案の本文は「右件牧元者、親父文章博士永實朝臣之外戚、先祖大江公資朝臣私領也」で始まり、大江公資以前に、牧の所有者がいたという確証はない。しかも、すでにのべたように、公資は長暦年中（一〇三七〜四〇）に、これを民部卿藤原長家に寄進した。この寄進は、寛徳二年（一〇四五）の荘園整理に先だち、長久元年（一〇四〇）六月、政府内部に新立荘園の停止に関する議が起り、一旦は、国司の申請によって、其任以後の荘園を停止するという案にまとまったが、結局、施行されずじまいとなった、いわゆる、長久の荘園整理に示される、時代の動向に対応したものであったと思われる。[15]

この時、政府内部では、「当任以往、一両代以来」の新立荘園の停廃を主張する、関白頼通と、これをなまぬるいとして、「近代以来」の荘園を長く停止すべしとする、後朱雀天皇との間に意見のくいちがいがあったと伝えられるが、[16]こうした問題は、この年はじめて現れたものではなく、すでに、何年か前から取沙汰されていたとみなければならない。

こうした政府内部の動きは、この頃、任地に私領の獲得を競っていた国司達にとっては、甚だ気になる動きだったに相違ないし、特に、長久元年にほど遠くない時期に、任地で広大な質侶牧を私領として囲い込んだ大江公資にとっては、重大関心事だったに相違ない。そして、来るべき荘園整理に対処するため、前の摂政道長の六男、長家に質侶牧を寄進し、長家を本所と仰ぎ、自らは領家として、その権益の確保をはかったのであろう。若し、質侶牧が延喜以前に成立し、公資が買得などして、それを証拠だてる券文を所持していたら、恐らく荘園整理の対象となることはなかったから、敢て寄進する必要は生じなかったといわなければならない。

では、「起請以前」とはどういうことか。その意味を解くためには、『勘仲記』弘安一〇年（一二七八）七月一三日条に引く、大治二年（一一二七）五月一九日官符に、「寛徳二年以後、新立荘園、可二停止一之状、前格後符、厳制連綿、何況致（ママ）二起請已前庄一、於二本免外一、可二停廃一之由、同所レ被二裁下一也」(17)とあるのが参考になる。ここでは、「起請」とは、寛徳二年に、前司任中以後の新立荘園の停止を命じた、いわゆる、寛徳の荘園整理令を意味する。

なお、ちなみにいえば、この荘園整理の趣旨は、長久元年に、荘園整理の議が起った時の頼通の主張に合致し、その折により強硬な意見の持主であった後朱雀天皇の没後、頼通の意見によって出されたものと推定されている。(18)また、類例として、大治二年一一月一〇日「筑前国牒案」（『平遺』五―二一一〇）に、「三条院御宇、去延久年中、寺司在京間、雖レ為二起請以前一、令レ蒙二事於新制一、令レ入二勘官符国使等一、依レ令二検注一」云云、と見え、この場合も、延久元年（一〇六九）の荘園整理令においては、天喜三年（一〇五五）の場合と同様、寛徳二年以降の新立荘園の停止がうたわれているところから、やはり、「起請以前」とは、ここでも寛徳二年の荘園整理令以前の意と解してよいと思われる。

以上の事例から、少なくとも、大治年間においては、荘園整理にかかわって「起請以前」といえば、寛徳二年の荘園整理令以前の意と解して、まず誤りないものと思う。こうした観点から、再び大治三年の寄進状案の文面にもどれば、「抑格文云」以下、「国司不致入検」までの文章が、「加之」で接続する対句となっており、それがまた、「仍且守二格文一、且存二傍例一」という対句と対応しあっていることを看取することができる。このことは、平安時代の荘園整理において、延喜二年格と、寛徳二年令のもつ意義を、端的に表現したものとして注目すべきであろう。

以上の考察によって、質侶荘の前身たる質侶牧は、十一世紀初頭の、長暦年間を遡ること、ほど遠くない時期に、大江公資が遠江守在任中、私領として獲得したものと見て、ほぼ誤りのないものであることが明らかとなった。

おわりに

質侶荘の歴史は、十一世紀初頭、遠江守として赴任した中流貴族が、広大な山野を牧として私領化したことに始まるが、それはまた、中央政界で栄達の望を断たれた中・下級の貴族が、地方に土着していった時期とも重なっている。

堀池春峰氏は、質侶荘を、東海道型荘園と性格づけたが(19)、確かにその規模や、牧から荘へと転形を遂げてゆく展開のありようは、そうした類型化を可能にするといえよう。

しかし、それと同時に、他方ではかかる広大な私領の成立が、地域の歴史に及ぼした意義についても、併せて考察される必要がある。そして、こうした課題を設定するとき、中央貴族の土着化によってもたらされる地域の変化と、中央貴族の私領化と、その収奪がもたらす変化とが、いわば、この時代の地域が新たに抱えた二つの問題として、対照的、かつ構造連関的に浮び上ってくるように思われる。

東海地域の平安時代史は、東国のそれに比べてなお貧弱の感が否めないが、こうした観点から、乏しい史料にも丹念に光を当ててみる時、意外に豊満な、歴史の女神クレイオー（Clio）の相貌が現出してくるようにも思われるのである。とりわけ本県は、中世幕あけの舞台を提供した地でもある。その平安時代史の究明は、激動の時代を準備した舞台裏を明らかにするものとして、ひとり、本県史にとってのみならず、広く、日本歴史の解明にも、寄与するところが少なくないであろう。

他方、小論が問題の一つとしてとりあげたところであるが、荘園の歴史を証言する文書もまた、それ自身の歴史をもっている。とりわけ、質侶荘関係文書にはその感が深い。文書の歴史が語るところにも、静かに耳を傾けながら、質侶荘の歴史が、わが静岡県史上にもつ意味を、引き続き究明してゆきたいと思う。

注

（1）谷岡武雄「天竜川下流域における松尾神社領池田荘の歴史地理学的研究」（『史林』四九―二、一九六六年）。
（2）文永二年（一二六五）二月七日「遠江国三代御起請三社領注文案」（『教王護国寺文書』巻一、六八号文書、平楽寺書店、一九六〇年）。
（3）堀池春峰編『東大寺遺文』一～八（私家版、一九五一～五六年）。
（4）堀池春峰「遠江国質侶荘と待賢門院御願円勝寺」（『国史論集』一、京都大学読史会、一九五九年）。
（5）大治三年八月「藤原永範寄進状案」（『平安遺文』九―四六九二）。

（6）大治四年五月一三日「待賢門院庁牒案」（『平安遺文』五―二一三四）、同「遠江国司庁宣案」（『平安遺文』五―二一三五）。

（7）堀池春峰前掲論文、五九七～八頁。なお、質侶荘の歴史地理学的検討を試みたものに、佐々木清治「遠江国質侶荘の歴史地理学的研究」（『静岡英和論集』二号、一九六五年）がある。荘域の現地比定や条里復元、および所領構成等の問題は、機会を改めて検討を加えたい。

（8）『和名抄』は、高山寺本、東急本、流布本とも、質侶の表記を正しく伝えていない。また、『吾妻鏡』建久元年九月一七日条では雙侶庄とあって、これも誤記かと思われる。このように表記に誤りが多いのは、呼称・表記とも、「質侶」は一種の難語ともいうべきものであったことによるのであろう。

（9）『平安遺文』の釈文では、木隆村の名が見え、また、一行三ケ村のみで後欠となっているが、前回の釈文校訂の結果では、木隆村と判読するには難点があるほか、大楊郷の項は、二行・五ケ村、（但し村名の判読は困難）と推定できることが判明した。

（10）この間の事情は、年欠「有夜叉（宗性）申状土代」（『鎌倉遺文』三―一七七七、同五―二八八二に重出）に詳しい。堀池春峰氏は、後鳥羽院の処置を収公とされたが（前掲論文六〇二頁）、これは、国衙による私領の否定ではないから、本所の権限にもとづく行為と見るべきであろう。

（11）「有夜叉（宗性）申状土代」に、「有夜叉幼稚之間、于レ今不レ及二奏聞一、已歴二七箇年一」（『鎌倉遺文』五―二八八二）と見える。なお宗性が何故二〇歳になるまで異議申立をしなかったかという問題については、明証は欠くが、訴訟の権利が、成人を迎えるまでは生じなかったのではないかと思われる。

（12）天理図書館『善本聚英』（天理大学出版部、一九六〇年）「保井文庫」（永島福太郎氏執筆）の項参照。

（13）堀池春峰前掲論文、五九三～四頁。

（14）新訂増補国史大系『類聚三代格』（吉川弘文館、一九六五年）六〇七～九頁。

官符の関係部分を左に示すと、

且夫①百姓以二田地舎宅一売二寄権貴一者、不レ論二蔭贖一不レ辨土浪一、決杖六十一、若有乖二違符旨一受レ嘱買取、②并請二占閑地荒田一之家上、国須下具録二耕主并署牒之人使者之名一早速言上上、論以二違勅一不二曽寛宥一、判許之吏解二却見任一、但元来相伝為二庄家一券契分

明、無レ妨二国務一者不レ在二此限一

となるが、このうち傍線①・②の部分を抄出して作文している。①では、官符に「売寄」とある個所が、寄進状案では、「売」が脱落しており、②では、官符の「元来」が、「従来」となっている。しかし、後者は、新訂増補国史大系本の頭注では、「元来、前本及文粋作従来」とあるから、寄進状案の誤字ではなく、別本によったものであろう。

(15)　川上多助「平安朝の荘園整理策」(同『日本古代社会史の研究』河出書房、一九四七年)三四六～七頁。

(16)　『春記』長久元年六月三日条(『増補　史料大成』臨川書店、一九八一年)一五四～五頁。

(17)　『勘仲記』二(『史料大成』内外書籍、一九三五年)二〇八頁。

(18)　川上多助前掲論文、三四八頁。

(19)　堀池春峰前掲論文、六〇一頁。

第七　名の成立と構造

1　荘園公領制の成立―中世的所領の形成―

これまで、古代から中世への経済史的移行は、班田制に基礎をおく国家的大土地所有制としての律令制から、私的大土地所有制としての荘園制への展開として、一般的に総括されてきた。しかしながら、近年荘園研究が深化するにつれ、中世の土地所有関係が、単純に、私的大土地所有制を直接表現する、荘園制という概念では把握しきれないような性格、すなわち、一種の国家的性格をもっている点が、注目されるようになった。

網野善彦氏は、この点に注目して、「荘園公領制」という表現を与えたが、網野氏によれば、中世の土地所有関係の特質は、荘園を私的所有とし、国衙領を国家的土地所有と規定して、そのいずれかにその基本的性格を求めることによって解決されるような性質のものではなく、少なくとも、十二世紀以降の荘園と国衙領は、もはや相互に異質な対立をするものでもなく、本質的に同化をとげ、荘公ともに私的性格と同時に国家的性格がそれぞれに貫徹していたというのである(1)。

つまり、荘園的土地所有は、貴族・寺社の固有の実力によって、実現・維持されたものではなく、やはり、朝廷あるいは幕府の公権の保証を必要としていたのであり、また他方、公領自体も、かつて見られたような国家的規制は薄れ、諸権門による分割私領化が進行したのである。そして、荘公をとわず分割された私領の内部に、領家―地頭・下司―名主という権利と義務の体系、すなわち知行あるいは職《しき》と呼ばれる体制が形成された。

このように、中世では荘公を問わず私領ないし所領と呼ばれるものが形成され、その内部に、権利・義務の体系としての職の体系が貫徹していたのであるが、これは、律令国家の土地所有＝国家的土地所有を前提に、私的分割が進行した過程、すなわち、その解消形態にすぎず、国家的土地所有と本質的に異質な土地所有制が、とって代わったわけではなかった。当時の文書で、「庄公平均」ということがしばしば言われ、また、公家法としての律令と、武家法としての貞永式目との関係が、幕府自身によって、「彼者海内の亀鑑、是者関東の鴻宝」と意識されていたことは、上記の関係をよく言いあらわしたものといえよう。

このような荘園公領制ないし中世的所領体制は、どのようにして形成されたのであろうか。私領が形成される根拠は、すでに律令体制それ自体の中に、例えば功田・封戸、あるいは墾田私財法などとして萌芽的に存在したが、九・十世紀以降、戸籍・計帳を基礎とした調庸制・班田制が崩壊するにしたがって、荘園を中心とした私領の形成が進展し、また公領自体でも、郡郷の分割や在庁の形成など、在地の支配機構の変化が進行した。こうした変化をふまえて、中世的な体制への道を大きく開いたのが、延久の荘園整理令（一〇六九年）であった。

藤原氏による摂関政治の束縛から相対的に自由であった、後三条天皇の親政によって行なわれたこの改革は、寛徳二年（一〇四五）以降の新立荘園、および国政のさまたげとなる荘園等の停止、加納・出作の整理等々、荘園の増大に歯止めをかけると同時に、荘公の区別を明確にする方向づけを与えた。

つづく白河院政は、この基礎の上に、公田官物率法による官物・雑公事の制度、畠地に対する国衙検注、公郷在家の設定、郡・院・郷・保・別名などの行政組織の再編成をつうじて、公領の再編・整備をはかり、また同時に、院宮分国、封戸の保への転化などを推進して、院独自の経済的基礎を定め、その上に、荘公を問わず課される一国平均役を成立させた。

つづく鳥羽院政期には、こうした再編成の上にたって、院宮王臣寺社等の諸権門による、不輸不入権をともなった荘園＝私領の形成が、在地における在庁・郡郷司の私領の形成と併行して、急速に進展し、多くの寄進地系荘園が成立した。いわゆる中世的所領体制の原型が、ここにできあがったのである(2)。

平氏政権や鎌倉幕府は、在地に根ざして力を伸ばしてきた在庁官人・郡郷司・荘園下司等の、いわゆる武士＝在地領主層を被官・御家人等として組織し、それを基盤に成立した一権門であり、したがって、その経済的基盤は院政主導の下に進められた、荘園公領制そのものであった。それ故、かれらの究極の目標は、その体制の中で下地の進止権（知行権）＝農業経営の実権を掌握することに向けられており、体制そのものの破壊を目指したものではなかった。

院政期に始まった、国家的土地所有の中世的再編成としての、荘園公領制の到達点は、鎌倉時代に幕府や国衙の必要に応じて、国衙在庁によって作成された、諸国大田文（図田帳、田数注文、田数帳とも呼ばれる）に示されている。そして、ここに成立した体制は、鎌倉末から南北朝内乱期にかけて手直しされながらも、基本的には戦国時代にいたる、いわゆる中世全体の基本的枠組みとして維持されたのである。

では、このような荘園公領制下の所領の経営、すなわち、そこでの農業生産のあり方、およびそれを規定する内部構造は、どのようなものであったろうか。次に、この問題を考えて見よう。

2　本名体制の構造—名の発生とその諸形態—

すでにのべたように、荘園公領制と呼ばれる中世的土地所有関係は、荘園・公領の構造的均質性の上に成立していたのであるが、その均質性を構成する重要な要素として、両者の経営形態、すなわちその生産体制が、名体制とよばれる構成をとっていた点を指摘できる。名体制は、鎌倉末から始まる荘園公領制の再編成期に、その変容をせまられたが、この時期を境として、それ以前を、本(旧)名体制、以後を、新(当)名体制と呼んでいる。

さて、ここでの課題である、本名体制の構造とその性格を明らかにするということは、荘園公領制の本質とその歴史的性格の解明、ひいては、中世社会の発展段階的位置づけを明らかにするうえで、もっとも中心的役割を果たすといっても言い過ぎではない。しかし、その解明に直接役立つ史料は、きわめて限られており、しかも、ほとんど荘園関係のものである。それゆえ、以下主として荘園の構造と、その経営形態をとりあげながら、名体制の構造と、その歴史的性格にせまりたいと思う。

初期荘園の構造と名

荘園が真に荘園としての体制を整えるのは、対外的には、不輸不入権を獲得し、内部的には名体制を確立した十二世紀以降のことであるが、その特質を認識するためには、それ以前の荘園、すなわち、いわゆる初期荘園についても、その特徴をあらかじめ知っておく必要があろう。

初期荘園の特徴をよく示している代表的な事例として、東大寺領近江国愛智荘をあげることができる。貞観一八年（八七六）一一月二五日付の「近江国愛智荘定文」[3]によると、荘園の総面積は一二町で、そのうち二町が佃（直接経営）、一〇町が地子田（請作にだす）であった。佃とは「つくりだ」、すなわち所有者が直接経営を行なうことで、営料（種子や労賃等）を全額支出する代わりに、全収穫を収納する方法である。この荘園の場合は、一町当り一〇〇束の営料を支出し、国家に納める租、町当り一五束を差し引いた、残り二八五束（米にして一二石八斗五升）、二町で五七五束（米二五石七斗）が、寺の収入となった。これは、中田（穫稲町別四〇〇束）の収益であるから、上田（五〇〇束）の場合はもっと有利になる。

地子田は請作、すなわち一年限りの小作にだす場合であり、この方式は、営料および租は請作者の負担であるから、地代は町別三石五斗、一〇町で三五石であった。佃と地子田とを比較してみると、収入において三倍以上の差があるから、所有者にとって、直接経営は収入の安定をはかるためには、欠くことのできないものであった。一般に現地で佃経営にあたったのは、荘預とか専当とかよばれた者で、寺領の場合、多くは下級の僧侶がこれにあたった。

愛智荘における佃の営料一〇〇束というのは、公営田などでの営料一二〇束に比べ、かなり切りつめたもので、それだけ収奪の度合いが激しかったことをうかがわせる。なお、この荘園経営で注目すべきことは、実収益からその年度分の講経料・施燈料を支出した、残りの五石は出挙＝貸付にだし、その利稲を、房中の息利銭（住房で行なう金貸しの利息）と合わせ、治田＝墾田の購入、つまり荘田の拡大の費用に宛てよ、としていることで、この時期の荘園の獲得が、多く買得によるものであったことを反映して、興味深いものがある。

さて、荘田の大部分をなす地子田の請作はどのように行なわれていたか。この史料は、直接このことについては語らないが、この頃は、在地の農民によって請作されるのが通例であった。請作した在地農民の中で、地方豪族やその一族など、有力なものが田刀《たと》（後には田堵《たと》）と呼ばれ、地子田請作の基幹をになった。田刀とは田刀禰《たとね》の略称と見られ、刀禰とは団体・組織の幹部を意味する言葉であった。

荘園経営は、おそらく佃の雇傭労働力の確保も含めて、こうした在地の有勢者を組織することによって、はじめて安定させることができたのであろう。しかしその反面、こうした連中は、領主の意に反し、不正を行なう危険も持ち合わせていたわけで、田刀と経営者（田使・荘別当）とのあいだには、厳しい対立関係がしばしば生じた。その好例として、ちょうどこの頃に起こった、元興寺領近江国依智荘の事件(4)がよく知られている。

平安時代も中頃以後になると、荘園の地子田を請作する農民は、広く田堵とよばれるようになり、また、たんに荘園に限らず、公領でも使われるようになる。田堵の名称が一般化するにつれ、田堵の請作地が固定化し、そこに事実上の、永続的な耕作権が形成されるようになったが、とくに、荘園の内部においては、それが相続や譲渡できる明確な権利にまで成長するということはほとんどなかった。それが可能になるのは、院政期以降、荘園の不輸不入権が確立し、領家側の主導で、名体制が成立してからのことである。しかも、名の発生は、荘園にではなく公領＝国衙領にあったのである。

今日、名の早い時期の史料としてよく知られているものに、十世紀中頃の東寺領丹波国大山荘の文書がある。その文書の一節には、次のように記されている。

件《くだん》の郷（余部郷）は本より地無く、百姓口分（口分田）は在地の郷々に班給す。これにより、当郷の調絹は郷々の堪百姓《たんひゃくせい》等の名に付けて徴すを例とす。方今、平秀等の身は同俗に堪《た》う。しかのみならず、年来件の調絹を成し申すにより、播本帳《まきほんちょう》の平秀・勢豊等の名に各二丈を付け申す(5)。

これによると、丹波の国では、経営能力をもつ有力農民＝堪百姓に、地子田の耕作を請け負わせ、それと同時に、調の絹などを納めさせる、責任単位にもしていたようである。これは班田制の崩壊に伴い、調が田率に徴収されるようになったためであった。「堪百姓の名」とはそういう段階での、経営を基礎とした徴税の基礎単位であり、大山荘の別当であった平秀と田刀であった勢豊とは、おそらく当地に本籍をもたない浪人の身でありながら、公領の田地をも請作していたため、国郡衙から堪百姓として認定されていたのである。

ところが、かれらは承平二年（九三二）に従来の慣例を破り、調絹の納入拒否にでたのである。それはおそらく、かれらが大山荘の荘司・荘民であることを理由に、臨時雑役拒否の実力行使にでたからだと思われる。

この史料から判明する注目すべき事実は、すでに十世紀には、国衙領においては班田制の崩壊にともない、公田＝地子田の請作と調絹＝雑公事の徴収単位とが一体化した「名」が形成されていたことで、こうした名はその後広く国衙領で見られるようになる。

十世紀以降の国家を王朝国家と命名し、その体制下に封建制の萌芽を色こく検出しようとする論者は、名とは徴税請負人のことであるとか、あるいは、経営とは無関係の純粋な徴税の単位にすぎない、などと主張しているが、以上に見たように、名は請作経営と切り離して考えることはできない。

このような名は、実際には、請作者＝堪百姓の力量に規定されて、大小さまざまな規模で形成されたと思われる。そして、そうした請作地は十一世紀以降になると、公領では作手ないしは永作手として相続・譲渡しうる権利が発生した。それは納税義務の履行と、経営実績のつみかさねを基礎に、徐々に形成されてきた権利であった。しかし、この段階では、それは荘公を含めて、広く農民一般に開かれたものではなかった。

なぜならば、第一にこの段階の独立的な農業経営は、資力・財力にめぐまれたもの（それは単に動産の所有だけで足りるものではなく、親類・縁者・下人・奴婢など、当時、従類・伴類・下人・所従などと呼ばれた、隷属的な人々をも必要とした）のみに、許されたのであって、小経営が一般的に成立しうるような条件は、とうていなかったこと、第二に、荘園の場合、国家法の見地からは、領主こそが経営権をもったいわば名主であり、その内部に私領が形成されることを厳しく警戒していたからである。

したがって、荘園の田堵は、自然成長的に名主に転化したのではない。荘園領主が、十二世紀以降不輸不入権を獲得し、領地内から、国衙領と同様、独立的に年貢・雑公事を併せて収奪できるようになって後、その収奪単位として、名が設定されるようになったのである。言い換えれば、荘園が佃と地子田のみからなり、耕作民から雑公事を徴収することができなかったり、また、官物は国衙、雑役は荘園領主といった、雑役免荘園であったりした間は、荘園はまだ半独立的であり、内部に名体制を敷くことはできなかったのである。

名体制の成立過程、つまり田刀（堵）から名主、負名から名田へ、という移行過程にはなお多くの論ずべき問題があるが、ここでは以上のような概括にとどめ、次に、本名体制の構造に移ろう。

本名体制の構造

初期荘園が、佃＝直営地と地子田＝請作地とからなっていたのに対し、十二世紀以降の荘園では、多くは名田と一色田（公事を免除された雑免田、間田・散田・浮名ともいう）とからなっていた。両者の根本的な相違は、十二世紀以降の荘園では、不輸不入権が確立し、それにともなって、年貢・公事を負担する名主が、荘園経営の中核的担い手としてすえられたという点にある。

初期荘園における田刀（堵）は、名主の前身、ないし萌芽形態というべきものであり、かれらは、不輸不入権の獲得を契機に、領家より名田を給付されて義務を課されると同時に、それにともなう権利を獲得した。興福寺一乗院領大和国池田荘では、名主等の屋敷を田堵屋敷と呼んでいたが、このことは、両者の系譜的な関係を物語るものである。

名の存在形態、および、領家を媒介とした、名主と一色田作人＝小百姓との関係は、時代と地域とによってさまざまな形態をとるが、名は、大づかみにいって、①畿内とりわけ大和の寺領荘園に典型的に見ることができる均等名、②畿内近国、中間地帯を中心に広く一般的に見られる百姓名、③辺境地帯、特に、九州地方に典型的な在家をその内部に包摂する領主名、の三形態に区分されている。以下、それぞれについて特徴を示そう。

（a）均等名

例えば、さきにあげた一乗院領池田荘の名編成などが、その好例である。文治二年（一一八六）の「池田御庄丸帳[6]」によれば、荘田畠合わせて三六町余のうち、常荒地・池等五町余と給田・佃・田堵屋敷・損田等の除田一二町余を差し引いた、残りの定田一七町余は、二町九反余の下司名を除き、二町一反余の重遠名から、一町九反余の貞垣名まで、ほぼ均等な一〇名より構成され、名主には、反別三斗の年貢と田率の絹（町別二匹）と紅花（町別三両）の公事、それに、畠地子（反別一斗五升、但し、代油五升、一斗五升別油一升）が課せられた。

丸帳に記された、名別の年貢・公事の一例を示せば、表1のとおりである。名田畠の他に、除田の中に含まれる預所給田や、佃などの給免田が、合わせて六町九反あり、そのうち、佃を除く五町余は、請作にだされていたようであるが、その具体的内容については、この丸帳が、名主からの年貢・公事収取に主要な関心を払って作成

表1　均等名の年貢と公事と畠地子

国則名
二条四里一―二段内畠一段六十歩　三―三
段内荒半　八―町　廿―一段　廿一―
二段　廿二―二段内畠一段
已上田一町七段小損田三段半畠二段六十歩内屋敷一段　荒半損畠九十歩
得田一町三段三百歩　分米四石一斗五升
田率絹二疋四丈六尺紅花四両四朱
得畠三百卅歩分地子一斗三升八合代油九合二勺

（注）文治２年12月「大和池田荘丸帳」『鎌倉遺文』１−201号

表2　出雲荘の構成

		村落名		江包				箸中	大泉	備考
		耕地区分		(A)	(B) 間田 I					
		名田の名称	名田総面積	「名」基本耕地	本佃	本佃作料田	八坪佃	本佃作料田	燈油田	
			反　歩	反　歩	反歩	反歩	反歩	反歩	反　歩	
(ア)	均等名	1　国　時	16. 30	12. 30	1.000	1.000			2.000	
		2　重　国	15.300	11.300	1.000	1.000			2.000	
		3　助　安	12.120	6.120	1.000	1.000			4.000	
		4　貞　元	13.240	6.120	1.000	1.000			5.120	
		5　国　久	13.080	6. 80	1.000	1.000			5.000	
		6　貞　安	15.000	9.000	1.000	1.000			4.000	
		7　久　国	14.000	7.000	1.000	1.000			5.000	
		8　国　珍	14.000	8.000	1.000	1.000			4.000	
		9　助　元	20. 30	6.270			7.120		6.000	
		10　助　国	13. 90	11. 90					2.000	
		11　貞　次	12.000	8.000					4.000	
		12　貞　国	13.000	8.000					5.000	
		13　重　末	10.180	5.000					5.180	
		14　助　賢	13.330	1. 90			2.240		10.000	
		15　国　完	12. 60	4.000					8. 60	
		16　今　国	20.000					20.000		
		(A)+(B)小計	229.020	111.20	8.000	8.000	10.000	20.000	72.000	
(イ)	(A)「名」	名　田	87.120	87.120						
		田堵屋敷　I	8. 50	8. 50						
		〃　II	6.310	6.310						
		名　畠	3.000	3.000						
		年荒、常荒、河成	6.260	6.260						
		(A)小計	112.020	112.020						
	(B)間田I	本　佃	8.000		8.000					
		本佃作料田	28.000			8.000		20.000		
		八坪佃	10.000				10.000			
		燈油田	71.240						71.240	
		(B)小計	117.240	112. 20	8.000	8.000	10.000	20.000	71.240	
		(A)+(B)	229.260	112. 20	8.000	8.000	10.000	20.000	71.240	
(ウ)	(C)間田II	新御佃	10.000						10.000	
		寺敷地	1.000	1.000						
		預所佃	20.000	11.000					9.000	
		下司給	5.300	3.180					2.120	
		公文給	1.000	1.000						
		職事給	2.000	2.000						
		人　給	10.000	6.000					4.000	
		浮免田	40.240	23.000					17.240	
		仏　聖	2.000	2.000						
		(C)小　計	92.180	49.180					43.000	
		(A)+(B)+(C)	322. 80	161.200	8.000	8.000	10.000	20.000	114.240	
(エ)	(D)間田III	方々知行間田	112.280							庄外 112.280
		(A)+(B)+(C)+(D)	435.000	161.200	8.000	8.000	10.000	20.000	114.240	112.280

（注）島田次郎「荘園制的“職”体制の解体」竹内理三編『土地制度史』1、山川出版社、1975年、所収、より引用。

された、名寄帳《みょうよせちょう》であることもあって、よくわからない。

また、同じ興福寺の大乗院領大和国出雲荘の場合も、典型的な均等名によって結成されていた（表2参照）。文治二年（一一八六）の出雲荘坪付帳、およびそれをもとに後に集計・作成されたと思われる、同荘検注目録[7]などから知られることは、①この荘は、今日の桜井市最北部に位置する江包・箸中・大泉の三地区にまたがっており、このうち、江包が中心部を占めていたこと、②同荘は、荘内地三二町二反余（表2ア～ウ）と、荘外地一一町二反余（同エ）からなり、荘内の田畠は、均等名分二二町九反余（同ア）と、給田・免田等九町二反余（同ウ・間田Ⅱ）からなっていたこと、③名は、一町二反余から二町余まで、比較的小規模な一五の均等名からなっていたことなどである。この荘の特色として、名田の構成のあり方から、均等名の形成過程が推測できるということがあげられる。

渡辺澄夫氏、島田次郎氏らの研究[8]によると、この荘は雑役免田二二町余と若干の不輸租田とを基礎に、十二世紀中葉以降、不輸不入権を獲得して成立した、いわゆる雑役免系荘園で、本来は公領であった。一六あった名のうち、一三名が領家から名と認定され（同1～13）、残りの三名（同14～16）は、名の実質を備えながらも一三名のうちとされ、独立の名とは認められなかった。

ところで、これらの名は、表2（A）欄に見えるように、元来は、大小さまざまの不均等な名であったと思われるが、それは、国衙領であった頃に、自然発生的に形成された本来の姿であり、寺領となって後、これを基礎に佃や燈油田等（(B）間田Ⅰ）が、本名に逆比例して配分され、見られるような、均等名が段階的に形成されたと考えられている。1の国時から8の国珍までに本佃一反と作料田一反ずつが割りつけられているが、これらが、第一次名として設定され、ついで、9から13の五名や14～16の脇在家的名が、二次的に形成されたであろうと、推定されている。

こうした均等名は、主として公事の収取を意図し、その単位として、領家側のイニシアティブによって設定されたものとされ、それらが均等化された理由は、必ずしも明らかではないが、農民側の要求によるというよりも、やはり、支配者たる領家側の便宜が優先していたと考えられている。十四世紀中頃、検注帳目録の末尾に、

是者、本名主十三名なり。近来は作者の名字をもって何名となす。太だ然るべからず。作者の名字は時に依り定まらざるなり。本名号を用うべき事なる哉《か》。常の御領は別に本名を以って名字を称《とな》うなり。

と注記されたが、このことは、領家がいかに本名体制の維持をはかろうとしていたか、ということと同時に、また、名が単に年貢・公事収奪の単位たるにとどまらず、現実に荘田の耕作を担う、荘園経営上の基礎単位でもあったということをも、雄弁に物語っている。

このような畿内近国の均等名荘園は、摂関家領の番頭制荘園や、高野山領の紀伊国の荘園などとともに「膝下の荘園」などとも呼ばれ、領家の権力が直接荘内に及ぶとともに、その直接支配が永く維持され、荘内に在地領主が成長するのを強く阻んだ点に特色がある(9)。

（b）百姓名

百姓名は中間地帯をはじめ広く一般的に見られ、名の標準型ということができる。東寺領若狭国太良荘を例にとり、検討を加えてみよう。

太良荘は現在の福井県小浜市太良荘にあり、平安末には、太良保と呼ばれる国衙領であったが、承久三年（一二二一）、領家七条院により、歓喜寿院領太良荘の荘号がたてられ、さらに、七条院のあと仁和寺道如親王により、仁治元年（一二四〇）、領家職が正式に東寺に寄進され、東寺供僧供料荘の一つとなった。

東寺は延応元年（一二三九）以来、預所の代官＝雑掌を現地に派遣して、荘経営にのりだし、在地の名主らを味方につけて、地頭の干渉とたたかい、建長六年（一二五四）に、荘内の実検（検地に相当）をおこなって、太良荘実検取帳と実検取帳目録[10]を作成し、さらにその翌々年の建長八年には、勧農帳[11]を作成して、ここに東寺領荘園としての体制が名実ともに確立した。

建長年間に作成されたこの三通の文書は、その後二〇〇年余にわたって存続した太良荘の、基本構造を決定づけた根本文書である。

実検取帳は、太良荘田二八町八反余を、一筆ごとにその面積と、その時点での作人、ないし作職保持者の名を書きあげたものと思われる。これを人名別に整理しなおして見ると、大は四〇筆、五町二反三〇八歩の安追以下、わずか一筆、一〇歩の惣三郎まで、総計四九人となり、そのうち、一町以上のもの九人、七反台一人、あとはすべて四反以下のものによって占められている。

この実検取帳をもとに、ほぼ同時に実検取帳目録が作成され、見作二六町余のうち、神田・寺田・佃・給田等の除田七町余を差し引いた定田一八町七反余について、五斗代（反別五斗の年貢高）から石代にいたる斗代別の面積とその分米、およびそれら所当の合計と佃米・加徴米等とを合わせた年貢総額一八六石余と、糸・綿・布をはじめとし薦・椎（しいのみ）に至る種々の雑物が書きあげられ、領家に納入すべき所当米＝年貢と、雑物＝公事の総量が預所代・実検使・公文によって決定された。

この実検取帳とその目録の作成によって、領家東寺が支配する荘田と、そこから収奪する年貢・公事の総量が、明確になったわけである。

この実検＝検地は荘園の経営権＝荘務権の確立にとって不可欠のものであった。そして、これをふまえて、一年おいた建長八年二月に勧農帳が作成された（表3参照）。それによると、まず各名別に名田と佃と一色田のそれぞれの斗代別の分米と加徴米が書きあげられ、つづいて、一色田分の一筆ごとの斗代・分米・作人名が書きあげられている。

この勧農帳は、実検取帳に示された、太良保以来の伝統的な土地所有関係、すなわち国衙領時代に形成された耕地の耕作と年貢負担をめぐる権利義務関係を尊重しつつも、新たな所有者たる東寺のヘゲモニーのもとに、年貢・公事収奪の体制＝支配の構造が再編成されたことを示している。

太良荘の前身太良保は、建保五年（一二一七）頃は、一一名から構成されていたといわれ、実検帳に見える一町以上の面積を保持する八人は、その後身であると考えられるが、そうであるとすると、約半世紀を経た建長年間には一二名のうちいくつかの名は、すでに解体していたことがわかる。

このような実状をふまえ、領家は地頭名＝安追名と預所名＝末武名を除く、時沢・勧心・真利・宗清・時安＋宗安の五名（時安・宗安は合わせて一名）を結び、それぞれ二町一反の名田と佃一反を均等に給与し、名田分所当米一五石九斗四升八合と佃分米一石四斗合わせて、一七石三斗四升八合の年貢と雑役＝公事とを宛課した。定田の四分の三は、これらの均等に給与された名田・佃によって占められる。そして、残りの三分の一の定田は一色田として、名主の一部と、重永以下の、いわゆる一色田作人＝小百姓二七人に請作させた。

その結果、注目される点は、たしかに五つの百姓名は、名田・佃を均等に給与されたが、他方で実力に応じて一色田を請作し、また、事実上、半名が名として遇されているため、実際には二町九反余の時沢名以下、一町二反余の宗安名（半名）にいたるまで、その経営規模に格差が生じたこと、また、小百姓は三、四反から一反未満の零細なものが、圧倒的多数を占めたことなどである。

表3　建長8年（1256）の勧農帳にみえる太良荘の構成

	均等田・佃	名主宛一色田	一色田	同註・重層関係	計	建長6年実検取帳面地積	同順位
	反歩	反歩	反歩		反歩	反歩	
1 時　沢	22. 0	6. 240	1. 180	うち1反散仕田180歩貞利へ下す	29. 240	32. 312	2
2 勧　心	22. 0	6. 70			28. 70	20. 330	4
3 真　利	22. 0	5. 220		時沢下　180	28. 40	31. 30	3
4 宗　清	22. 0	150			22. 150	(23. 000 貞国)	(5)
5 末　武	22. 70			うち1反綱丁給	22. 70	22. 139	6
6 時　安	11. 0	3. 50			15. 50	10. 150	9
7 安　追	10. 0		3. 170		13. 170	52. 308	1
8 宗　安	11. 0	1. 310			12. 310	(17. 40 安川)	(7)
9 重　永			22. 190	うち他へ下す 14. 100	8. 90	11. 160	8
10 惣　追			3. 20	重永下 2. 180	4. 200	300	31
11 新次郎			320	重永下 3. 30	3. 350	20	47
12 福　万			3. 290		3. 290	2. 0	21
13 長俊士			1. 0	重永下 2. 220	3. 220	7. 160	10
14 平四郎			2. 50	重永下 1. 60	3. 110	2. 230	17
15 押領使			2. 240		2. 240	2. 240	16
16 権　介				重永下 2. 90	2. 90	——	
17 西　仏			1. 290	重永下　20	1. 310	1. 0	30
18 上野房			1. 150		1. 150	3. 320	13
19 貞　国				重永下 1. 120	1. 120	22. 300	5
20 豊　前			1. 120		1. 120	——	
21 海　追			1. 0		1. 0	1. 0	28
22 次郎検校			1. 0		1. 0	1. 0	29
23 源　太				重永下 1. 0	1. 0	——	
24 石見房			180		180	350	20
25 藤五郎			180		180	1. 320	22
26 時　宗			180		180	180	33
27 四郎㯃杖			120	重永下　30	150	60	42
28 高太郎			140		140	140	36
29 三郎検校			120		120	1. 120	23
30 金剛丸			120		120	120	39
31 中　太			120		120	120	40
32 弥　介				重永下　70	70	——	
33 菅太郎			50		50	40	44
34 又四郎			40		40	——	
35 弥源太			20		20	20	48
計	142. 70	23. 320	50. 40 (帳面記載)		216. 70		

（注）黒田俊雄「鎌倉時代の荘園の勧農と農民層の構成」『日本中世封建制論』東京大学出版会、1974年、所収の第6表を一部加除して引用。

このように、領家の荘務権が確立した段階における太良荘は、公事＝雑事収取のための均等名編成を原理として、その基礎におきながらも、実力に応じた一色田請作と、半名の分立によって、事実上不均等な六つの名と、一色田のみを請作する二七人の弱小・零細な小百姓によって構成されていた。このような名田と一色田、それに対応する名主と一色田作人＝小百姓、言い換えれば、少数の安定的大経営をいとなむ名主と、弱小零細な小百姓という二重構造こそ、当時の荘園、ひいては農村の一般的な性格であったと思われる（その実態や性格は後述。なお、太良荘については、黒田俊雄氏・網野善彦氏らの研究を参照した[12]）。

（c）領主的名

名の第三の形態は、九州・東国等辺境に見られる在家を、その内部に包摂した領主的名である。辺境の名＝領主的名の典型は、建久八年（一一九七）の薩摩国図田帳（表4）や、承元二年（一二〇八）の源壱の所領譲状[13]などに見られ、その規模は数町から数十町と様ざまで、甚だしいものは一〇〇町をこえ、畿内・中間地帯の一荘園に、ゆうに匹敵するものであった。

こうした名は一般的に、①名主直営である門田や給田と領家または国衙の賦課対象となる公田などからなる田地、②家屋・畠・住民が一体化したものとしての在家（薗または屋敷とも呼ばれた）、③未墾地を含む山野という三つの要素から構成されていたことが、永原慶二氏によって明らかにされており[14]、名主の多くは郡司、郷司あるいは在庁官人を兼任するもの、そうでなければその一族につらなるものであって、いわゆる在地領主の名というべきものであった。

こうした名では、直営地たる門田・給田等は下人・所従を駆使して、また、田地の主要部分を占める公田・荘田は、在家農民の請作によって耕営されていた。在家農民は屋敷・畠の私的占有を認められ、公田・荘田を請作

表４　辺境の名＝領主的名

薩摩郡三百五十一町三段内	
寺領二十六町八段安楽寺	下司僧安静
寺領五町八段弥勒寺	下司僧安慶
社領一町七段府領五ヶ社内	下司郡司忠友
公領三百十七町内	
成枝八十六町	郡司忠友
光富四十九町内廿町万得	名主荒河太郎種房
是枝九町	名主在庁家弘

（注）建久８年６月「薩摩国図田帳写」『鎌倉遺文』２−923号

する半独立的農民で、公田の所当のみにとどまらず、在家役として畠生産物と徭役労働とを課されていた。このような在家の性格は、百姓名とその下での小百姓＝一色田作人の中間的形態を示すといえよう。

このような名—在家体制は、十二世紀以降、百姓名が一般的に成立しがたいような生産力条件のもとで、郡・郷司職の世襲・私領化と、その分割・併合の過程で名が成立し、その内部で、農民的所有権の未成熟に規定され、名内の収奪対象として在家が成立したと考えられている。こうして成立した名—在家体制も鎌倉中・末期には名の分割の進行、在家・脇在家の独立化などによって変容をせまられるようになり、また、部分的にではあるが、南北朝以降になると、辺境にも均等名が出現すること（大宰府安楽寺領筑後国水田荘等）などが知られている[15]。

以上、名の三形態—均等名・百姓名・領主的名—について見てきたが、これらの諸形態は、それぞれが他と区別される特徴をもつと同時に、発展の一系列の、それぞれの段階をも示していることが注目される。

すなわち、第三形態の辺境の名＝領主的名が、もっとも生産力段階の低位な水準に照応する形態であり（工藤敬一氏は平安末期の畿内近国の負名—在家体制に、これと照応しあうものがあると見ている[16]）、次いで、第二形態の百姓名、第一形態の均等名の順でより生産力の高次な水準に対応するものといえよう。

また、別の指標をとれば、名の規模それ自体が、自立的農業経営の単位として、順次小経営への方向をたどっている点に、発展の序列が端的に示されているということができる。この問題は、名の歴史的性格、言い換えれば、名の社会経済史的な位置づけにかかわる問題である。項を改めて論ずることにしよう。

3　名の歴史的性格

荘園公領制の発展段階的位置づけをめぐる諸説

日本の中世＝荘園公領制社会を、いかなる歴史的発展段階に位置づけるべきか、という問題をめぐっては、大まかに言って、奴隷制を基礎とした古代的段階と見る場合と、農奴制を基礎とした封建制段階とする論者とに、大別することができる。

荘園制の基盤として名田経営を措定し、その性格を、班田制下の世帯共同体的経営の解体の中から形成された、家父長的奴隷制経営であるとして、この過渡的経営体が、南北朝内乱期を転機として、封建的な地主小作関係にもとづく領主的経営に移行すると説く松本新八郎氏⑰の見解は、前者を代表する古典的学説である。この松本説は、歴史科学の立場からはじめて荘園制に発展段階的位置づけを与えた点で、不朽の意義を有している。以後の研究は、この見解を出発点とし、また、それへの批判・克服という形をとって発展した。

安良城盛昭氏⑱は、松本説を批判的に継承しつつ、さらに一歩を進め、封建的生産関係への移行は、太閤検地をもって画期とすべきことを提唱した。また、松本説から出発した永原慶二氏⑲は、名主経営を農奴制成立の前提的位置をもつ過渡的経営体とし、その分解の中から、はじめて本格的な領主＝農奴関係が展開されるとして、その画期を松本説と同じく南北朝内乱期にもとめた。永原説は、荘園制を封建的土地所有の一段階と規定することは極めて困難であるとして、本質的には、古代的なものと見ながらも、その過渡性を強調する点で、理論的には古典学説の修正とみるべきであろう。

この一系列の見解に対し、批判は二つの方面から加えられた。その一つは、十世紀以降平安中・末期に展開する田堵経営は、豪族による大規模な私営田経営に対抗しつつ現われた自作地を中心とする小家族の小作経営を結集したものであって、そこには封建的生産関係の萌芽があり、鎌倉時代には、封建的な領主対農奴の生産関係に発展するとする高尾一彦氏の見解を出発点とし、田堵・名主経営を、領主―農奴の封建的生産関係の起点であると同時に、その二つの経営の中間的・過渡的形態でもある、家父長制的農奴主経営であるとする戸田芳実氏[20]・河音能平氏[21]らの見解である。

もう一つは、名の制度的な研究から、名そのものは一つの収税上の単位にすぎず、それを経営体と見ることはできないとして、名の擬制的性格を主張する村井康彦氏[22]・阿部猛氏[23]らの説である。

大きな枠組みとしては、荘園制を封建的なものと見る立場に立ちながら、荘園制を領主制を主軸に解明しようとする傾向に反対する黒田俊雄氏[24]は、名田は、名主たることを表示するために設定された虚構であり、また、名主は荘園内の下級管理者的性格をもつ農民の一身分（階級としては広義の農奴）であって、荘園の経営基盤は、名とは直接関係のない、単婚家族を形成する小百姓＝封建的小農によって担われていたとして、この批判的な二つの方向を統一的に理解する行き方を示した。

荘園制、ひいては中世社会の歴史的位置づけをめぐる諸説は、もちろん以上をもって尽きるわけではないが、今日の中世史学界の大勢としては、明治時代以来の近代史学が打ち立てた、鎌倉時代以降を封建制とする政治主義的な時代区分にも制約されて、後者の傾向が支配的である。

その基調を一言で要約すれば、名は年貢・公事の収取単位であり、それを支える経営基盤は、小農民経営ないし家父長的農奴主経営であったとする、名と経営とを分離して考える傾向である。

だが、はたして日本中世社会の支配的生産様式は小経営であり、また、名は経営体とは無関係なものであったのか。これらの問題について最後に考察を加え、荘園公領制の社会発展段階的位置づけを試みよう。

名主の性格

荘園制の経営基盤を小経営を基礎とした農奴制に求め、中世社会を封建制とする立場を、もっとも徹底した論理で構築したのは、黒田俊雄氏であった。

黒田氏は、さきにとりあげた名の標準型ともいうべき、百姓名の好例を提供する太良荘の農民構成を分析して、荘内の住民は大別して、名主・小百姓・下人の三階層からなり、比較的大きな経営を行なう名主はもちろん、小百姓も零細ながら自立的経営をいとなみ、階級的には、いずれも領主に隷属する農奴であったとした。また、下人は地頭・荘官・名主等、特定個人に人格的に隷属しながらも、すでに家内奴隷から脱却した事実上の農奴であったとして、経営の基本は大経営としての名主と、零細とはいえ自立的な小百姓とが、相互依存的に結合している点にあり、そして、名主は年貢収納のため、領主から荘内における下級管理者として設定され、その地位を表示するものが、均等田にほかならないとした。

この黒田氏の、太良荘を基本にしたこの理解は、建長年間作成の三通の基本的文書のうち、現実の所有経営関係を示す史料として、勧農帳よりも実検取帳を重視し、そこに記された土地と農民との関係を、耕地の保有権（加地子得分権を含む耕作権）＝作手職と考え、他方、勧農帳は、勧農という言葉が、本来もっていた意味とは若干異なり、年貢収取の目的で、個々の耕地について貢租の責任額を記載したものにすぎないという、独特の解釈にもとづいている。

したがって現実の土地保有＝経営関係は実検収帳に、年貢収取は勧農帳に示されていることになり、それゆえ、勧農帳に特記される名主は年貢収納のためにおかれた下級管理者で、名田はその地位を表わすものにすぎないということになるわけである。

この黒田説は、荘園制を農奴制の原理で一貫して説明しようとした点で、学説史上有意義なものであり、また、特に、名主の荘内における下級管理者的性格を明らかにした点などには、賛意を表明せざるをえない。しかし、黒田氏の立論の重要な論拠ともいうべき、実検取帳が経営実態を示し、勧農帳は年貢収取の台帳であるとする考え方には疑問がある。

勧農帳は、すでにのべたように、太良荘総面積二八町余のうち、その収益が他にふり当てられる神田・寺田等の除田を差し引いた、実質的荘田＝定田二一町余について、そこからの年貢を確実に収納し、合わせて公事収取の基礎を安定させるため、領家独自の経営方式を記したものであるから、そこには単に、年貢の責任額の記載という以上の意味、すなわち、領主としての土地と、それを媒介とした人民支配の独自的体制が示されていると見なければならない。

事実、そこに示された名について見れば、太良保時代の一二名が均等田をもつ、五つの百姓名に改組・再編成され、また、一色田作人についても移動があり、そこには、これまでの慣行を踏襲しつつも、新たに領主となった東寺の、独自的な支配体制創出にかける意図が、明確に表明されていることを見なければならない。成立当初の経営の実態と、その後二〇〇年余にわたり太良荘を規定した、支配体制の基本的骨格とは、やはり、勧農帳に示されているとみなければならないのである。

勧農帳によれば、すでにのべたように、実質荘田二一町六反余のうち、名主に給付された均等田と、佃の合計は一四町二反余、これに名主請作分の一色田を加えれば、一六町六反余と実に全体の四分の三を占め、そして残りの五町余が、二七人の小百姓に一色田としてあてがわれたのである。このことは、太良荘荘田の基幹部分が、六人の名主の経営によって担われたことを示すが、この名主経営の実態は、いかなるものであったか。その解明が、太良荘の、ひいては荘園一般の、発展段階的位置＝歴史的性格を決定する鍵だと言っても言い過ぎではない。

均等な名田と、佃を分与された五つの百姓名が、実際には、二つの半名と、それぞれの力量に応じて一色田を請け負うことにより、一町以上三町未満の、六つの不均等名からなることについてはすでにのべたが、これらの名主の家族形態と、その経営はどのようなものであったろうか。

この問題について、直接明快な解答を与えてくれる史料は、残念ながらない。しかし、かれらが畠を含む屋敷をもち、その中に親類・下人や所従などを、据え置いていたということが知られている。このことから、かれらが名主を中心に、その直系・傍系の親族からなる、複合的な大家族＝家父長的世帯共同体を形成し、しかも、その内部に下人・所従など、奴隷身分の隷属民を包摂していた点で、家族形態としては家父長的奴隷制家族と呼ばるべきものであったことが判明する。

下人・所従については、これを不安定ながらも家族結合をとって小規模経営を行なう農奴であるとし、これらを内部に含む名主経営を〝家父長的農奴主経営〟と規定する見解が、戸田芳実氏・河音能平氏らによって提唱された。しかし、このような範疇設定は、単に理論史上典拠を欠くというばかりでなく、本来、小経営の一般的成立を前提とし、所有（領主）と経営（農奴）の分離の上に成立する農奴制概念を、いかにその原型であるとはいえ、〝農奴主経営〟として未分離なままに範疇化することには、理論上の手続きとしても、問題がある。かれら下人・所従は、マルクス＝エンゲルスの歴史理論からは、奴隷からの解放過程にある奴隷小家族、農奴の前身であるが農奴ではない奴隷、すなわちコロヌスと見るべきである。

また、黒田俊雄氏は、下人・所従が一色田作人たる小百姓と、実態的に同一である点を強調し、両者の区別をとりはらおうとするが、下人・所従は、名主の被官としてその直接の支配下にあり、領主に支配される百姓身分たる名主・小百姓とは、中世法上、決定的に区別されていた点を、無視することはできない（『貞永式目』等）。

名主は、以上のように、親類・縁者、すなわち一族と、非血縁の下人・所従、すなわち奴隷階級とを結合させて、統率する家父長的奴隷主であったが、その規模においては大小の格差があり、そのちがいが、不均等名として経営規模に現れていると考えられるのである。

名主経営の内容

では、名主経営の内容は、どのようなものであったか。このことを直接示す史料は、やはり残念ながらない。しかし、勧農帳に名の形骸を残す、重永の場合が、そのための手掛りを提供する（表3参照）。重永は、実検帳では一町一反余を保有し、明らかに、かつては名を形成していたと思われる。しかし、なぜか勧農帳では名として認定されず、一色田作人の中におかれた。だが、その請作規模は二町二反余と、一名に相当する面積に達し、条件しだいによっては、将来名に復活しうる可能性を、残されているように見える。

その内訳を見ると、一筆ごとに「重永」と単記するものと、「重永・新次郎」などと複記する場合とがあり、後者は、新次郎が重永名義のものを、更に請作＝下作していることを示すと考えられている。このような下作分は一町四反余と、重永分の半数を超えるが、このようなあり方は、名主持分の中で、さらに何程かが—それは、名主の家族形態によって規定されたであろう—下作に出されていたことを推測させるのである。

つまり、名主経営の内部は、名主一族・下人による直営部分（これもその中では更に分割耕作が行なわれていたかも知れない）と、小百姓等に下作＝請作させる部分とが存在したのである。重永の場合は、何かの事情によって、中核となる家族結合が弱体化し、名としての形骸を残すのみであったから、下作部分が半数を超えているが、一般的には、名主の家族結合の大小・その労働力の大小に応じて、直営部分と下作部分の比率は変化したであろう。

名主経営の内部は、このように直営地と下作地とから構成されていたと思われるが、その直営地の経営も、純粋に自家労働力のみで行なわれたのではなく、小百姓等の雇傭労働力が使用されていた可能性も考えられているように、名主の家父長的奴隷制家族それ自体によって自己完結的に経営されたのではなく、多数の小百姓の存在を不可欠の条件としていた。このことは、逆に、小百姓の側から見れば、四段以下二〇歩にいたる零細な請作地のみでは、とうてい生存できず、名田等の下作や、臨時の賃稼ぎ、その他さまざまな生活手段を使って、かつがつ生存を維持していたと見なければならない。

かれらは、たしかに、個々の名主には隷属してはいない点で、名主と「対等」な地位にある百姓ではあったが、しかし、農業を基幹産業とする社会において、自己の保有地のみでは自立できず、恒常的に領主・名主等に依存し、その給養を得ることによって、かつがつ生存を維持しうるという、体制隷属的な存在であった。このような依存関係こそ、荘園の名田・一色田という区分に対応する、名主・一色田作人（＝小百姓）の二重構造の内容に他ならない。（補注1）

こうしたことは、太良荘のみに特有の形態ではない。例えば、水無瀬神宮領出雲国加賀荘は、総田数五九町余、うち定田三四町余からなり、本名六と、浮名＝一色田作人とから、構成されていた。嘉禎二年（一二三六）、春先の勧農において、本名については「所当公事之間、改めて沙汰に及ばず」として、六人の名主が引きつづき所当公事を負担する力量をもつゆえに、従来通りとし、浮名＝一色田作人については、「万雑事を停止し、起請田として所当を弁ずべし」としている。[25] ところが、注目すべきことに、「公事之名を相好む輩においては、其意に任すべし」とあって、この段階ではなお、名の数は固定的ではなく、力量次第で、申請により名としてとりたてられるものであったことを示している。

だが、こうしたことは、荘園の草創期のみに見られたことであって、いったん成立した体制は、やがて固定化され、容易に変更しがたいものとなるのであるが、このことは、他面から見れば、名主たりうるだけの力量をもつもの、いいかえれば、当時における経済的な自立要件としての、家父長的奴隷制家族を形成しうるものが、在地ではいかに少数者にすぎなかったか、ということを示しているといえよう。

荘園経営の歴史的性格

このように、荘園経営は、家父長的奴隷制経営たる名主経営を基幹にすえ、小百姓＝一色田作人の弱小零細経営を、補足的に結合させることによって成立していたのであるが、では、この経営全体としての歴史的性格、および名主・小百姓等の階級的性格は、どのように考えるべきであろうか。

永原慶二氏は、奴隷制説から出発しながら、荘園の基礎をなす名主経営は、家父長的家族共同体による経営で、農奴制成立の前提的位置をもつ、過渡的経営体であるとし、その分解の後に、はじめて農奴制が展開するとした。[26] この見方は、封建制から資本制への移行期に、過渡的経営体としての、独立自営農民が形成されることにヒントを得て提唱されたものであるが、理論的にみて、奴隷制から農奴制への転化を、封建制から資本制への移行と同一レベルで類比的に考えていること、および、奴隷制の諸形態、とくに、アジアの奴隷制に対する認識が不十分な点に問題があり、従うことはできない。

荘園経営の生産様式をどう規定するか、という問題の解明に不可欠な論点として、それが形成されてくる母胎ともいうべき、律令体制の性格をどう認識するかという問題がある。ここは、その問題を全面的に展開する場ではないので、要点を記すにとどめるが、私見によれば、班田制を基礎とした国家的土地所有と、公民奴婢制を基盤として成立した律令体制とは、もっとも抽象的な次元でいえば、社会全体が家父長的奴隷制的に編成された社会、すなわち家父長としての天皇、家族員＝共同体員としての公民、そして最後に家内奴隷としての奴婢という構成をとる、国家的規模での家父長的奴隷制＝国家的奴隷制社会であった[27]。

この奴隷制は、奴隷制としてはきわめて未成熟なものであり、その支配体制の構造は、強大な一族結合と、奴婢所有によって特色づけられる貴族・豪族の族長、およびその子弟等を、国家の中央・地方の官僚とし、大多数の非自立的な公民を、国家の奴隷（半奴隷＝半自由民的奴隷）として支配するというものであった。

荘園公領制とは、こうした全国的統一体の解体過程の産物であって、個々の所領（＝私領）が、相対的に自立的な完結的小世界化したのである。そして、それはまさに、律令国家体制の小規模な再生、擬似国家的構造をとるものであった。すなわち小君主としての領家、中央派遣官としての預所・雑掌、地方官としての公文・名主、公民としての小百姓、奴婢としての下人・所従である。

このような律令国家の小宇宙的再現のもとにおいては、名主は、安良城盛昭氏が明快に指摘したように、奴隷所有者として、経済的には支配階級でありながら、荘園制的支配機構のもとでは、年貢・公事負担者として被支配階級の列中におかれていた。しかし、それと同時に他面では、在地的秩序の維持と年貢収取体制上、下級管理者的位置づけを与えられ、弱小零細経営の被給養民として、体制的に半奴隷状態を余儀なくされていた小百姓らと、区別される地位を与えられていたのである。

経済的には、奴隷所有者として一定の解放をとげながら、政治的には、被支配階級の地位におかれた名主と、および、なお依然として半奴隷状態を余儀なくされた小百姓とは、ともに律令国家の公民の後身であり、その奴隷制分解の結果であるが、律令貴族、および権門寺社は、在庁官人や郡郷司など地方豪族を荘官に、また、奴隷主として解放をとげつつある上層農民を名主として、所領経営の基幹にすえ、それを媒介として、小百姓らに対する在地支配の体制を作りあげた点に、中間地域型百姓名の特徴があり、したがって、その歴史的性格は、国家的奴隷制の解消形態としての、家父長的奴隷制を本質とする、複合的大経営と規定せざるをえない。

家父長的奴隷制としての名主経営は、アジア的専制国家の基盤としての、国家的奴隷制の分解の一極に形成されたものであり、これを経営の中核的担い手にすえることによって、国家的上地所有の分割的領有＝小宇宙的再現としての、中世的所領体制＝荘園公領制が形成されたのである。

このような意味で、荘園公領制は、古代専制国家の第一次否定であり、その解消形態に他ならない。したがって、これを直ちに封建制の成立に結びつけることはできない。小農民経営の一般的成立、すなわち家父長的奴隷制の一般的解消を前提とする、農奴制の形成は、名主経営の解体、小百姓の自立化、下人・所従の解放という、第二の否定、弁証法でいう、いわゆる否定の否定を俟って、初めて可能であった。(補注2)

一般に、労働奴隷制を基盤とした古典古代の奴隷制が、出口のない袋小路であったのに対し、家父長的奴隷制を基礎とするアジア古代の奴隷制は、奴隷制それ自体としては未成熟なものであったとはいえ、そのことゆえに、条件次第では、自力救済の道が開かれていた。

すなわち、家父長的奴隷制家族は、その内部に農奴制を萌芽として含んでおり（例えば、日本の古代で賤民身分に属しながらも、奴婢とは相対的に区別されていた、家族結合をもつ家人がそれにあたる)、農奴制への発展の内的条件を備えていた。また、国家的奴隷としての公民も、すでに見たように、その隷属の未熟さ＝半奴隷状態の故に、解放の条件をそれ自身のうちに不十分ながら保持していた。

こうした二種類の奴隷の解放を可能にする外的条件は、単婚小家族が、自家労働によって自存できると同時に、領主のための剰余をも生産しうるような農業生産力の発展である。すでに鎌倉初期の均等名では、一町二、三反規模の経営で自立可能となっており、また、太良荘では半名が出現していたように、経営規模の縮小化傾向は否定できない。そして、その進展につれて名の分割、小百姓の自立化、下人・所従の解放が進んだが、それが顕著になるのは南北朝・室町以降のことであった。

そして、その行きつく先に農奴制とそれを基礎とした封建制が、太閤検地を画期として成立したのである。その移行過程の究明は、次節の課題である。(補注3)

注

(1) 竹内理三編『土地制度史』一(山川出版社、一九七三年、第四章「荘園公領制の形成と構造」)。
(2) 工藤敬一「荘園制の展開」(『岩波講座・日本歴史』五、一九七五年)。
(3) 『平安遺文』一—一七二号。
(4) 同一—一二八号。
(5) 同一—二四〇号。
(6) 『鎌倉遺文』一—二〇一号。
(7) 同一—二〇二、二〇三号。

（8）渡辺澄夫『畿内荘園の基礎構造』（吉川弘文館、一九五六年）。竹内前掲書、第五章「荘園制的〃職〃体制の解体」。
（9）工藤前掲論文。
（10）『鎌倉遺文』一一―七八二六、七八二五号。
（11）同一一―七九六六号。
（12）黒田俊雄『日本封建制史論』（東京大学出版会、一九七四年）。網野善彦『中世荘園の様相』（塙書房、一九六六年）。
（13）『鎌倉遺文』三―一七三八号。
（14）永原慶二『日本封建制成立過程の研究』（岩波書店、一九六一年）第五論文。
（15）工藤敬一『九州庄園の研究』（塙書房、一九六九年）第三章三。
（16）同第三章一
（17）松本新八郎『中世社会の研究』（東京大学出版会、一九五六年）。
（18）安良城盛昭『歴史学における理論と実証』第Ⅰ部（御茶の水書房、一九六九年）。
（19）永原前掲書。
（20）戸田芳実『日本領主制成立史の研究』（岩波書店、一九七六年）。
（21）河音能平『中世封建制成立史論』（東京大学出版会、一九七一年）。
（22）村井康彦『古代国家解体過程の研究』（岩波書店、一九六五年）。
（23）阿部猛『日本荘園成立史の研究』（雄山閣、一九六〇年）。
（24）黒田前掲書。
（25）『鎌倉遺文』七―四九四一号。
（26）永原前掲書、第六論文。
（27）原秀三郎『大系日本国家史1古代』（東京大学出版会、一九七五年）序説。

【補注】

（1）このような荘園における二重構造を、大山喬平氏は荘園村落における二重構造としてとらえ、「構成的支配」と概念づけた。同氏『日本中世農村史の研究』（岩波書店、一九七八年）第一部Ⅱ「荘園制と領主制」（一九七〇年初出）

（2）これこそが、いわゆる近世幕藩体制社会の成立である。安良城盛昭著『幕藩体制社会の成立と構造　増補版』（御茶の水書房、一九六四年）

（3）本論文初出の、塩沢君夫・後藤靖編『日本経済史』（有斐閣　一九七七年）第Ⅳ節「名の変革と解体」（三鬼清一郎氏執筆）を指す。

第八　なぜ藤枝か
―藤枝の歴史の原像と特質―

はじめに

藤枝の初見

仏教の言葉に「名詮自性」（名は自性を詮《そな》う）という成句があり、俗にいう「名は体を表す」のこととされる。では、なぜ「藤枝」なのだろうか。この地名の表すところ、その由来から考えてみることにしよう。

藤枝の初見は、飛鳥井雅経（一一七〇〜一二二一）の家集『明日香井和歌集』に「藤枝にて」として、

はるをまつなけきはたれもあるものを　おなしかれ葉のふちえたの里

（『資料編2』一三〇号）（補注）

とあるのが初見であるが、よく知られているのは、『海道記』の貞応二年（一二二三）四月一〇日条に見える「前嶋ヲ過《すぐる》ニ波ハ立ネド、藤枝ノ市ヲ通レバ花ハサキカ、リタリ」（『同』一三三号）であり、平安時代の末から鎌倉時代の初めには藤枝の名が定着していたことが知られる。

後述するように、古代では益頭郡飽波郷とよばれていたらしい藤枝市街地が、ふちえたの里とか、藤枝の市と

よばれるようになったのは、奈良時代の天平宝字元年（七五七）に象徴される、この地と藤原氏との因縁の強さを藤の枝分かれにたとえたことに由来するのではないかと、藤枝市史編さん発足時の講演会で推測したことがあった(1)。

この特論では、これをさらに一歩進め、五世紀の王領の設置から、八世紀律令制下の皇室領と藤原氏との結びつき、そして十二世紀の院政時代の藤原文化の開花と、中世の鎌倉・室町・戦国時代にいたる王領・皇室領の行方を略述し、藤枝の名に詮わった藤枝・益頭地域の土地柄―歴史的性格にせまってみたい。

1　王領の成立と矢田部氏

国造制下の藤枝

三世紀の中頃、崇神朝に成立した大和王権が、国造・県主による地方支配をほぼ整えたのは四世紀中頃の、成務朝であった。戦後の歴史学は、国造・県主制の成立を五世紀後半から六世紀のこととしてきた。しかし、それは根拠のない憶説であり、『日本書紀』『古事記』（以下、『紀』『記』と略記）や『先代旧事本紀』『国造本紀』など、古典の伝えるところを大筋で認めることができる(2)。

国造制成立期の志太地域は、隣接する有度地域、および対岸の伊豆とともに珠流河国造の支配領域であり、その中心は後の駿河郡（沼津市）にあった。つまり、スルガの国は、駿河湾をはさんで、最奥部にその中心があり、その両岸地域が一括して物部氏系珠流河国造の支配領域だったのであり、この頃の志太地域は、珠流河国の中心部から西に離れた、いわば飛地のような位置にあったのである。そして、日本武尊の東征に従軍した吉備武彦が、恩賞として、四世紀中葉の早い頃（成務朝）に、廬原の地（旧庵原郡）を賜わり、その子思加部彦《おかべひこ》が廬原国造となるまでは、阿倍廬原国（旧有度郡を除いた、政令都市静岡市がほぼそれにあたる）は、孝元天皇の皇子、大彦命を祖とする皇別氏族、安倍臣や膳臣が預かる大和王権の直轄地だったのである。

こうした四世紀までの初期大和王権の「分封制」（中国古代の封建制）を直接反映するものが、政治的記念物としての古墳、とりわけ前方後方・後円墳の築造である。しかし、志太地域には古墳時代前期の大型古墳は皆無であり、四世紀の終りから五世紀の前半に、やっと富士見平や五州岳に円墳が造られる。したがって、この頃までは珠流河国の飛地として、地域的独立性は微弱だったと思われる。独立性を備えた族長のシンボルとしての前方後円型の古墳の出現は、実に六世紀の荘館山古墳の出現まで待たねばならなかったのである。

皇后領矢田部の設置

「いはたしたえ　笠忘れたり」で始まり、「いはたなるやたべ《矢田部》の殿」を主人公に歌う東歌・駿河舞は、今日も宮中の神武天皇祭や、春・秋の皇霊祭で奏され、また、春日神社若宮祭などでも行なわれている。(3) この平安中期に始まる東遊は、それ以前は東舞と呼ばれ、その渕源は、五・六世紀に遡るものとされている。

この駿河舞の章句に見られる「いはたしたえ」とは、岩田志太江のことで、鬼岩寺山の旧称、岩田山に通ずる地名である。志太江は志太の浦であり、また、「いはたなるやたべの殿」とは、古代の益頭郡に八田郷があったことから、岩田の矢田部殿と呼ばれる貴人・貴公子のことと判明したのは、近々十数年来のことであった。(4) そして、八田（＝矢田）郷とはこの矢田部に由来する郷名とみてよい。

矢田部とは、応神天皇の皇女で、仁徳天皇の后となった矢田皇女（『記』では、八田若郎女）の子代で、その管理者が矢田部連であった。『先代旧事本紀』巻五「天孫本紀」によると、物部大別連とその一族を皇子代として矢田部を名乗らせ、大別をその造（長）として、矢田部連としたとある。『紀』『記』では、矢田部皇女の母を和爾氏の女とするが、物部大別連や印播連と兄姉妹の物部山梨媛を母とする、「天孫本紀」の所伝の方が具体的で、諸事実との関連も納まりがよく、信頼性が高い[5]。

つまり、岩田なる矢田部の殿とは、益頭郡八田郷を中心に、五世紀の前半頃に設置された仁徳天皇の皇后領である、矢田部の管理者の系譜を引く人物だったのである。そして、八田郷は、月見里《やまなし》神社の鎮座する、藤枝三丁目付近から茶町にかけての地区ではなかったかと考える。

一方、岩田山という地名は、内瀬戸の大円墳、岩田山三一号墳が立地する尾根丘陵も、そうよばれていたらしく、『日本惣国風土記』（駿河国）は、岩田山を止駄（志太）郡の東限とし、また、岩田神社鎮座のことも記している。『日本惣国風土記』は寛文年間（一六六一～七三）成立の地誌でありながら、擬古的な表現をとっているところから、これまで偽書として扱われてきたが、江戸後期の碩学、山梨稲川の識語奥書にいうように、「その中に間々取る可き者」もあり、一概に捨て去ることはできない[6]。

そこでひとまず、内瀬戸の岩田山も認めるとすると、岩田山は志太地域に二ヵ所あることになる。このことをふまえて「いはたなるやたべの殿」を考えてみると、岩田とは、特定の山や限られた丘陵に関わる呼名というよりは、本来は、岩田下江に対する岩田山という、広域的な概念であって、青島から藤枝に至る地域の背後の山全体が、岩田山ではなかったかと考える。このことは、もちろん、岩田山の中心部が鬼岩寺にあったことをさまたげるものではない。むしろ、それ故にこそ、後世まで岩田山の名が、ここに残ったのであろう。そして、それに対する平場と浦潟が下江＝志太江なのであって、郡名としての志太は、この志太江に由来するのではあるまいか。

ひとつの憶説として記しておきたい。

刑部の設置と小長谷舎人

『和名類聚抄』は志太郡に、刑部郷のあったことを記している。刑部もまた、允恭天皇の大后、忍坂大中姫の名代、すなわち皇后領であった[7]。その所在地について『駿河記』は、旧志太郡の北端、東川根村（榛原郡川根本町）の青部とし[8]、熊野神社が刑部神社にあたるとする。しかし、後述するように、青部以北の、田代・上岸・小長井・千頭などは併せて大野郷とみるべきであろう。

青部付近で大きく曲流する大井川のやや上流、青部の東北方・千頭の対岸、藤川地区に小長井があり、中世には小長谷氏が住し、居館・小長谷城址もある[9]。小長井（谷）は五世紀の武烈天皇（幼名、小長谷若雀彦・『記』）の子代・小長谷部に由来する地名と推定される。『紀』では、小泊瀬舎人を置いて子代としたとするが、これは名代の部から出仕する舎人を強調した表現である。この地域には、五世紀中葉の刑部に加え、末葉には小長谷部も設置されたのである。

ところで、青部の青は大に通じ、青部は大部、または多部・生部で、太氏・多氏の部民集団の居住地と見てよい。一方、小長谷部を率いる伴造氏族の小長谷造（後に連）は、神八井耳命（神武天皇の長子）を祖とする多臣[10]と同族であり、皇子領の管理や、養育にあたる氏族であった。大井川上流の山深い地に王領が、と疑う向きもあるかと思われるが、むしろ、かつての山間の山野のもつ豊かさにこそ、認識を新たにすべきであろう（後掲図1参照）。

なお、多氏の同族には島田臣のあることを考えると、大井川下流左岸の島田の地名も、島田臣と無縁ではなく、また、大津や大津谷川も大（多）氏に由来するものかもしれない。

以上、矢田部・刑部の皇后領や、小長谷部が、大和王権最盛期というべき五世紀に相継いで、志太地域に設置されたということは、この地が王領の地であり、王権の中枢を支える物部氏や多（太）氏によって管理されていたということを意味する。岩田＝志太の地は、大和王権の確立とともに、その中枢に直結していたのである。そして、千頭・藤川から富士城・蛇塚・久能尾を経て清笹峠を越え、瀬戸川を下って旧稲葉村に至り、小川・焼津の港から、飛鳥の王宮の地に人や物資が往来したのであろう。もちろん、大井川の本流や、大津谷川・栃山川の水運もあったであろう。矢田部の殿は、こうした志太地域を統率する、物部系の族長の系譜に連なる人物だったのである。

王領の整備と飽波の青池

継体朝に始まる六世紀という時代は、大和王権が中国王朝との冊封関係を断ち、王権の強化と、国家らしい国家＝文明国家への自立を目指して、歩み始めた時期である。それを主導したのは、物部・大伴の伝統氏族と、新興の蘇我氏であった。敏達天皇六年（五七七）、日祀部と私部とが置かれた。日祀部は祖禰、すなわち皇室の祖先を祀る組織と財源であり、私部は、前年皇后となった豊御食炊屋姫尊、後の推古女帝を念頭においた皇后・皇妃領の整理・統合であり、おそらく、前者は物部氏の、後者は蘇我氏出身の母をもつ皇后の後ろ楯、大臣蘇我馬子主導によるものであろう。このことは、志太地域の既存の皇后領にも、何らかの影響を与えたものと思われる。

この間、大連として、蘇我馬子と両頭体制をしいてきた物部守屋は、用明天皇二年（五八七）、いわゆる崇仏問題を契機に、馬子・厩戸皇子（聖徳太子）らによって滅ぼされ、物部氏一族は壊滅的打撃を受ける。そして、守屋の巨額な遺領・財産のおよそ半分が、四天王寺に施入され、残りの大半は、厩戸皇子領に編入されたと推定されている。『伊豆国風土記』の逸文には、「伊豆甲斐両国之間、聖徳太子ノ御領多シ」と記されているが、この西

写真１　聖徳太子孝養像（藤枝市本町　長楽寺所蔵）

駿の地にも、聖徳太子領が出現したとみなければならない。

　推古天皇一五年（六〇七）、皇子領として壬生部が定められた（『紀』）。敏達朝の私部の設置に続く、王領の整備である。壬生部の設置は、物部守屋没官領が、聖徳太子領に編入されたことに伴うものであろう。また、壬生部は、遠江の磐田市寺谷から浜松市天竜区二俣にかけて、壬生直や壬生部の名が残っており、寺谷周辺が磐田の原郷といわれているだけに、先に述べた「いはたなるやたべの殿」や、岩田山との関連性（磐田＝岩田）が注目されるのである。

　岡出山の南、飽波神社と青池を含む一帯は、古代の益頭郡飽波郷の地であった。青池の青は、青部が大部であったように、大に通じ、豊かな湧水をもつ、大池であったことに由来し、飽波《あくなみ》は湧水《わくみず》に通ずる。また、青池の湧水は、付近の小川の水をも集めて六間川となり、焼津市八楠の辺りで瀬戸川に合流する。

　奈良県法隆寺の東南東、額田寺（額安寺）にほど近い所に、大和国平群郡飽波郷がある。七世紀までは阿久奈《あくな》弥《み》評とよばれ、ここに聖徳太子晩年の宮居、飽波葦墻宮があり、奈良盆地の水系を集めて、河内に注ぐ大和川の起点に当る。奈良時代には飽波宮となり、平城宮と河内を結ぶ往還の船旅の中継地であった[11]。

　益頭郡の飽波郷と、聖徳太子ゆかりの大和の飽波郷とは、深いところで結びつくのではないかと、かねがね考えていた折柄、過日、青池の大蛇伝説で知られる、粉川長楽斎の屋敷跡・長楽寺を訪れた際、はからずも、境内に太子堂が弁天堂・薬師堂とともに祀られていることを知った。太子堂の本尊・画像とともにいわゆる太子一八歳の孝養像で、近世以降の太子講（大工・左官・鍛冶職らの講集団）の形態をとってはいるが、粉川長者伝説と果して無縁のものなのだろうか。なお探求の余地がある。藤枝市内に数ある寺院の中で、長楽寺が太子講の場に選ばれた機縁が、問われなければならない（写真1参照）。

なお、青池大蛇伝説の歴史的背景は、粉（小）川長者の真薦池水田開発ではなく、小川―伊勢の海運業者としての長楽斎が、青池を起点とする六間川水運にのりだし、長者屋敷に隣接する、真薦池の津湊整備を行なったものと見るべきであろう。(12)

六間川と水運

青池を主要な水源とする六間川が、古代のみならず、近世の田中城を支える水路として重要な役割を果したのは、瀬戸川の瀬古辺りから築地辺りまでは、天井川で水運に不向きなことにあった。六間川の名称は、いつから始まったか明らかではないが、川幅に由来するものと思われる。六間は三六尺、メートルに直すと、一〇・八メートルである。

この一〇・八メートルという数値は、近年明らかになってきた古代の官道・駅路の道路幅にほぼ等しい。たとえば、静岡市曲金北遺跡の駅路（直道）では路面幅九メートル、側溝の心々で測ると一一・八メートルである。(13)また、浜松市蒲神明宮前方の旧東海道は「六間道」とよばれている。さらに、七世紀代に敷設された道路は、例は少ないが、一〇～一一メートルであるという。(14)

こうした事例から考えると、この六間川は近世に整えられたというよりも、古代に溯源する、官道と同一規格の水路ではないか、と推測されるのである。この問題は現在のところ着想の域を出ないが、明治二一年（一八八九）測量の陸地測量部地図には、青池・郡・田中城周辺に、東北および東南に斜向して延びる水路や、道路が認められ、これらは条里界線に一致している。また、朝比奈川の支流である葉梨川の中流、下郷付近でも、条里界線に乗って直角に曲る水路が認められ、この辺りでも規格をもつ水路の存在が推定できる。志太の浦に象徴される、低湿地の多い志太平野では、交通・運輸手段として、水運の果した役割は大きかったと思われ、今後の歴史地理学や考古学の検証が望まれる。

史佗評と上志太の殿の仲子

浜松市の伊場遺跡から、「史□（佗カ）評史川前連□」と署名のある、文武天皇三年（六九九）の過所木簡（交通手形）が出土している。史佗評はシダ評、史はフヒト、すなわち書記官である。評は、郡家（郡衙）または、駅家の前身で、大宝律令施行直前のこの時期、シダ評が志太・益頭二郡分離後の志太郡に相当するものか、あるいは、二郡未分離の一体的な評なのか、判断に苦しむ所である。しかし、大和の飽波評が水駅の性格を併せもち、律令制下では飽波郷に移行したことを考えると、シダ評は、二郡分離以前の志太地域を全体として統括する、大型の広域的な評、大評とよぶべきものであり、その役所は、藤枝市郡《こおり》付近に置かれたものと思う。

これに対し、かつて想定した青池・六間川水運と密接に関連する飽波評は、大和の飽波評と同様に、後に益頭郡飽波郷にその名が継承される、水駅的性格をもつ小評だったと考えることができる。そして、その位置は、藤枝市稲川辺りにあったのではなかろうか。

志太の名称が七世紀以前に遡るとすると、『万葉集』巻一四の雑歌の冒頭に掲げられた次の一首が、改めて関心を引く。

都武賀野《つむがの》に　鈴が音《ね》聞ゆ　上志太の　殿の仲子《なかち》し　鷹狩《とがり》すらしも

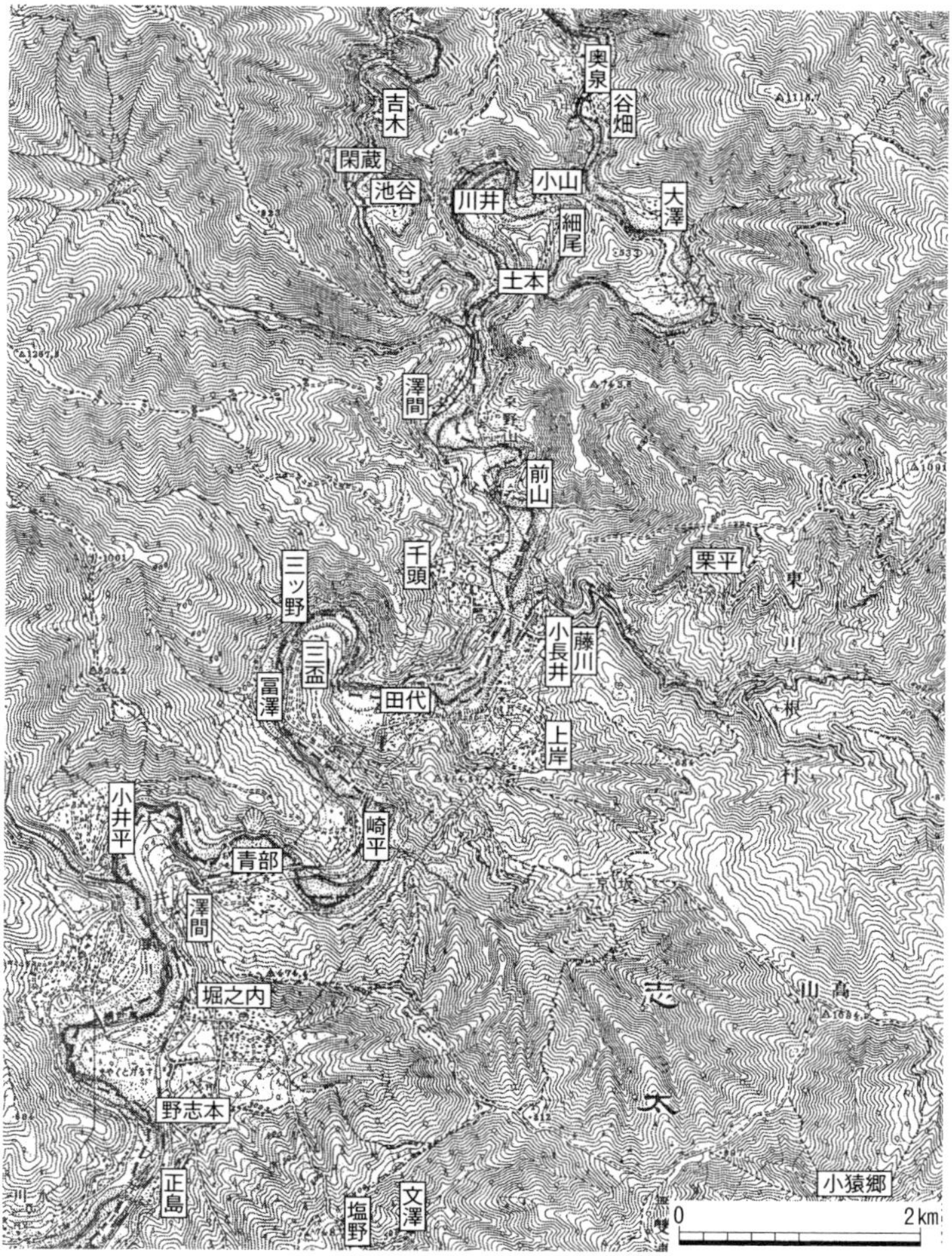

図１　川根本町千頭・青部付近図

或る本の歌に曰はく、美都我野《みつがの》に。又曰はく、若子《わくご》し

この歌は、都武賀野・美都我野ともに志太地区にその名がないとし、また美都賀野を朝比奈川源流の三ツ野に宛てる説も、朝夷郷は益頭郡だとして却《しりぞ》けられてきた。(15) しかし、志太郡の北端、藤川地区田代の対岸に、三ツ野があり、この三ツ野こそ美都賀野の遺称地であろう。天平八年（七三六）一〇月の二条大路木簡に見える志太郡大野郷田邑里(16)の大野郷は、すでにのべたように、川根本町青部以北、千頭にいたる地域で、田邑里は田代であろう（図1参照）。

大井川中流の旧本川根地区が、大井川を隔てて遠江国榛原郡と駿河国志太郡に分れるのは南北朝統一（一三九二年）以後のこととされ、千頭の名が現れるのは室町時代以降である。中世の長講堂領山香荘の前身、山香郡が磐田郡山間部を分割して設置されたのは元慶五年（八八一）であり、それ以前は恐らく安倍郡井川地区と同様、千頭・藤川地区は、『遠江国風土記伝』が河根郷を「蓋、往古ハ駿河国益頭郡乎《カ》」（益頭郡は志太郡の誤り）としたように、志太郡に属していたと見てまず誤りあるまい。

すでに述べたように、藤川・青部には、五世紀には舎人を出す小長谷部や、皇子の養育にかかわる大（生）部が置かれていた。上志太の殿の仲子とは、この地の豪族の次男坊であり、その若者が三ッ野で鷹狩りをするようすが歌われているのである。そして、この若者もやがて宮廷に舎人として出仕し、この歌が都に伝えられて歌い継がれ、『万葉集』巻一四の雑歌の冒頭に掲げられる名誉を担うにいたった。その理由と背景には、汲めども尽きぬ興味が湧くのである。

安康天皇三年、市辺押磐皇子とともに、偽計によって射殺された帳内・佐伯部売輪の、更《また》の名は仲子といった（雄略天皇即位前紀）。仲子が舎人となるのは、五世紀以来の通例とみてよい。上志太とは、志太の上手、奥地を意味する。志太の呼称が少なくとも五世紀まで遡りうることを、この万葉歌は伝えているのである。

2　天平宝字改元と宝亀の大水害

国郡制の施行と志太・益頭二郡の成立

大宝二年（七〇二）、大宝律令が施行され、それまで王領の行政組織であった評の制度が、公地公民の原則の下に、国郡制として施行されると、史陀評よって統括されていた志太地域には、志太郡と益頭郡とが置かれることになった。そして、志太郡には塩出谷川水運を利用する、御子ヶ谷の地に郡家が、また、益頭郡には、六間川水運を使う郡の地に郡家が置かれた。

また、志太郡には、大井川中流域の青部以北の千頭地区に大野郷、下って島田市の大津郷・英原（後の葦原カ）郷、志太地区辺りと思われる刑部郷、ついで葉梨地区の夜梨郷の五郷が山間部から山沿いに、そして益頭郡には、瀬戸川下流域の瀬戸・澤會（沢会）郷、そしてまた、瀬戸川左岸の茶町辺りより下流に飽波・八田郷、右岸の築地・高柳から焼津にかけて、物部・益頭・高楊の七郷、それに、東方の朝比奈川流域に朝夷郷の、合わせて八郷が置かれ、加えて、小川駅家が置かれることになった（表1参照）。

奈良時代の一郷は五〇戸、人口はおおよそ一二〇〇人前後と推定されているから、志太郡は五郷六〇〇〇人程で、郡の等級は大・上・中・下・小の五段階の下郡、益頭郡は八郷一万人弱で中郡であり、山がちな志太郡に約四割、平野部の益頭郡には約六割の人々が生活していた。なお、この地の志太・益頭両郡の郡界は判然としていない。

表1　木簡・和名抄にみえる志太・益頭郡の郷名

	志太	益頭	注
平城木簡等	大野 田邑里 夜梨 張木里	朝夷1 物部2 高楊 中家里 溝口里 赤星里	1郡名は欠損しているが、本郡の可能性が大きい。 2郡遺跡出土の木簡にみえる。
高山寺本和名抄	大野 大津 英原 刑部 〔脱カ〕(夜梨)	西刀 澤會 朝夷 飽波 八田 物部 益頭 高楊 (小河) 〔駅名トシテ別項ニミエル〕	○平安末期の書写本 ○九世紀頃の実情を示すか。
名博本和名抄	大能 大津 葦原 餘能 刑部	西刀 澤會 朝夷 飽波 八田 物部 益津 高楊 小河	○永禄九年(一五六六)書写本 ○祖本を忠実に写す。
道円本和名抄	大長 大津 葦原 餘能 刑部 英原 夜梨 大野	西刀 澤食 朝夷 飽波 八田 物部 益頭 高楊 小河 新居	○元和三年(一六一七)古活字本として刊行。 ○伝存本を集成、校訂を加えたもの。
中世荘名	大津荘 葉梨荘	朝比奈荘 益頭荘 方上御厨 蕩津御厨 小楊津御厨	

天平宝字改元と二条大路木簡

咲く花の匂うがごとく、とうたわれた奈良時代においても、天平勝宝・天平宝字に代表される、いわゆる四字年号の時代約二〇年間（七四九～七七〇）は、華の時代であったといえるかもしれない。中でも、その大半の時期を執政として領導した恵美押勝＝藤原仲麻呂が、この志太・益頭の地を瑞祥出現の地と選んで、天平宝字改元（七五七年）の演出をした事情は、本文に詳述されるところでもあるので（『藤枝市史』通史編上、第二編第四章第二節）、それに譲ることとしよう。

ここでは、その後ろ楯として、

聖武天皇在位中は皇后として国政に影響を与え、そして娘、孝謙帝に譲位後は、紫微中台（中宮）にあって、いわゆる「国母」として政治的実権を掌握していたとされる、光明皇后（聖武譲位後は皇太后）にかかわる、近年明らかとなった興味深い事実を取り上げてみよう。このことは、藤枝が天平政治の重要な一幕に登場する背景を明かすことになろう。

昭和六一年（一九八六）、奈良そごう百貨店（現イトーヨーカドー）の建設に伴い、平城京左京三条二坊の発掘調査が行なわれ、広大な貴族の邸宅跡が姿を現し、左大臣長屋王の邸宅跡と推定された。また、さらにその北に接する二条大路の南北両側の三本の溝（濠といった方が実状にあう）から、これまでに全国で発見されていた木簡の総量を超える、七万四〇〇〇点余の、大量の木簡が発見されたのである。そのうち、長屋王邸に近い南側のＳＤ五一〇〇と命名された溝（長大なごみすて場）からは、全体の約半数を超える三万八〇〇〇点余の木簡が出土し、安房国の干鰒や、伊豆国と駿河国駿河郡・廬原郡、そして、志太郡・益頭郡の荒堅魚（なまり節）の貢進付札木簡が、まとまって多量に出土したのである。

この二条大路木簡の解読と研究が進むにつれ、奈良朝政治史を揺り動かす重大な事実関係が明らかになってきた。中でも、神亀六年（七二九）、いわゆる長屋王の変により王の邸宅が廃絶した後、そこに新たに宮邸を構えたのは、天平元年と改まった八月五日の三日後に、臣下の出身ながら皇后となった、藤原光明子であったと推定されるに至ったことは、一方で慎重な意見はあるものの、甚だ興味深い。

この左京三条二坊の長屋王邸の後に造られた皇后宮は、天平一一年（七四〇）に藤原広嗣の乱を避けて恭仁京に移るまで使われ、その間の雑多な事務・生活用品が、ＳＤ五一〇〇溝に捨てられたことが判明したのである。年紀の判明する木簡についていうと、天平七・八年のものが多いという。

ＳＤ五一〇〇出土の志太・益頭郡関係の木簡は総数一一点で、志太郡は三点、益頭郡は八点である。いずれも荒堅魚や煎（煮汁）の貢進にかかわるもので、調の付札と思われる。平城宮・京から出土している志太・益頭郡関係木簡の総数は二〇点であるから、この皇后宮関係の木簡はその半数を超えることになる。

加えてこれらの木簡の中には、貢進付札としては、やや異例のものが三点含まれている。[17] いずれも益頭郡高楊郷にかかわる木簡で、国郡名や年月が省略されたり、[18] もっとも甚だしい場合は、定形品でありながら表に「赤星里他田臣大山堅魚十」、裏に「三節」[19] と、国郡郷や年月の欠如に加え、荷姿表記のみで重量の記されていない付札もある。[20] また、高楊郷では、判明する堅魚の貢進付札六例中、荒堅魚と明記されたものは一例であるが、荷姿・重量などからみて別の加工法があったとも思えず、堅魚とのみ記されていても荒堅魚のことであろう。

この点について木簡の解説者は、郡役所内での「勘会」（点検・検査）のためか、あるいは現地の「目代所」＝徴収官が皇后宮に直接送付したものか判然としない、と慎重であるが、[21] この状態で京に送られ、皇后宮で荒堅魚が消費された後、その包装・付札がＳＤ五一〇〇に廃棄されたという、結果的事実に即して考えてみる必要がある。

天平元年に立后した光明子は、皇后としての地位にかかわる湯沐（食封）二〇〇〇戸と、更に、別封一〇〇〇戸、合わせて封戸三〇〇〇戸が給された。封戸三〇〇〇戸といえば、五〇戸一郷として六〇郷、仮に、益頭郡規模の一〇郷の中郡で考えてみると、六郡に相当する。一戸二四人として一郷で一二〇〇人、六郡三〇〇〇戸では、七万二〇〇〇人となる。

奈良時代の郡郷の総数は、『律書残篇』の記すところでは、五五五郡で四〇一二郷であるから、光明皇后の食封は全国の郡の約一パーセント、郷では一・五パーセントに及んでいたことになる。これを、人口でみてみると、奈良時代の総人口約六〇〇万として、中郡六郡七万二〇〇〇人では一・二パーセントにあたる。郷数だけで比率を出せば、総人口四八〇万の一・五パーセントということになる（人口試算は、切りのよい数値で略算した）。

総人口の一～一・五パーセントということは、具体的なイメージとしてはどの程度なのだろうか。これを卑近な例で示せば、時代と社会構造に大きな違いはあるものの、人口一億二〇〇〇万人の現代日本において、一二〇～一八〇万の人口県は、石川県一二〇万、滋賀県一三〇万、山形県一三〇万、奈良県一四〇万、三重県一八〇万、といったところに相当する。これらの一県分が、光明皇后の封戸三〇〇〇戸のもつ相対的比重ということになろう。

なお、二条大路木簡にみえる諸国貢進物の集計表をみると、[22]貢納国は畿内・七道四八ヵ国、全国六六国二島の約七割に及んでおり、光明皇后封戸の分布も、これに近似する広がりを示していた可能性がある。

食封は、令の定めでは調・庸の全部と租の半分（天平一一年〈七三九〉以降は全給）で、他に仕丁（雑役夫）が五〇戸に二人宛てられた。この制度は、すでに述べた王権の時代の名代・子代・壬生部・私部等の財産上の権益を、律令制度のもとで、別の表現をとって継承した、日本独自の制度であった。

皇后領の封戸については、相模国足下郡垂水郷と余綾郡中村郷に各五〇戸（天平七年「相模国封戸租交易帳」）、それに尾張国山田郡でも確認され（天平二年「尾張国収納大税帳」）、また、美濃国安八郡壬生郷にも、光明皇后の湯沐の存在が指摘されている。[23]この志太・益頭両郡にも、五世紀以来の矢田部・刑部等の私部を継承して、湯沐が広汎に存在していたと推定してまず誤りあるまい。

皇后宮職封戸の性格をこのように考えると、高楊郷の一見異例に見える木簡の書式は、むしろ、五世紀以来の伝統的皇后領なるが故の略式表記で、在地と皇后宮とが、国郡を通さず直接に結びついていた証と見るべきであろう。そして、こうした志太地域と王宮・宮都との密接な関係が、天平宝字改元の瑞兆・蚕卵文字が益頭郡で作られ、それを持った、駅使中衛舎人少初位上賀茂君継手が、国郡を介さず、いわば頭越しに、しかも、駅家を使って都に馳せ参ずることができたという、傍若無人・無法ともいうべき行為をなさしめたのだと思う。

志太・益頭、そして対岸の伊豆、および東駿地域は、三世紀以来の王権、および成立したばかりの、古代国家の皇室と、政治的にも日常的にも、堅魚の味を絆として、深くかかわっていたのである。ヤイヅ（焼津・益頭）の語義は、弥（八）伊豆＝大伊豆にあり、と解く所以である。

東大寺封戸の設置と瀬戸川の氾濫

天平一九年（七四七）、平城還都（天平一七年）とともに造営の始まった東大寺に一〇〇〇戸の封戸が施入され、そのうちの一〇〇戸が駿河国に置かれることとなり、五〇戸は富士郡に、そして、益頭郡にも五〇戸が置かれた[24]。東大寺は、金光明四天王護国之寺・総国分寺・大華厳寺などと呼ばれ、『続日本紀』の光明皇太后薨伝に「東大寺及び天下の国分寺を創建するは、もと大后（光明）の勧むる所なり」（天平宝字四年六月乙丑条）とあるように、光明皇后の強い意志に基づくものであったから、益頭郡への封戸の設置は、光明皇后の意向によるものであろう。また、この時に、遠江国磐田郡にも封戸五〇戸が置かれているが、同郡には壬生郷があり（磐田市寺谷・豊岡から浜松市二俣にかけての地域）、また、すでに述べた、岩田下江の名がとりもつ、志太と磐田との古い因縁のあることが、ここでも働いているのかもしれない。

降って宝亀一〇年（七七九）、既に天武天皇直系の称徳女帝はこの世を去り、いわゆる天智系の、光仁天皇の世となっていたが、この年の七月一四日、駿河国に大雨による河川の氾濫があり、二郡の堤防が決壊し、百姓の家屋、口分田に被害が出るにおよび、駿河国府（国衙）は復旧工事に着手、延べ六万三二〇〇余人を動員し、粮

（食料）を支給して、四ヵ月後に完成したと『続日本紀』は記している。[25]

この二郡について、かつて安倍川ないし藁科川が氾濫し、安倍・有度両郡が被害を受けたのではないかと推測したことがあった。[26]しかし、その後、明治四三年（一九一〇）八月七日から一三日に至る長雨によって瀬戸川の水位が高まり、旧青島村志太において八〇間、約一四六メートル余が決壊、一二尺＝三・六メートルの瀑布となって、家屋の流失・倒壊八五、溺死二二名、田畑七五町歩を瞬時に砂礫の荒原に変じた、という大水害が発生したことを知り、『続日本紀』の記す宝亀一〇年の水害も瀬戸川に相違なく、二郡の被害とは、志太・益頭両郡のことと確信するにいたった。

その直接の原因は、度を越えた大雨にあったことはもちろんであるが、同時に、瀬戸川上流の志太山地が、三倉層と呼ばれる粘土分に乏しく、粘着力を欠く礫土によって、七〇パーセントが形成されていることにあった。[27]

この宝亀大水害に、律令政府が迅速に対応し、復旧工事を完成させたことの背景には、やはり、この地が、五世紀以来の王領の地であったという事情があったのではなかろうか。正史に記録されたということも、このことと無関係ではあるまいと思われるのである。

3　院政期の皇室領と久能寺経

白河院政と皇室領の再編

平安時代の中期まで、志太地域の皇室領にかかわる動きとしては、東大寺領の封戸の推移がみられるほかは、とくに目立ったものはない。東大寺封戸については、本文の諸章が詳しく述べると思うので、それに譲ることとしよう。

志太地域の皇室領が、史料上、にわかに動きを始めるのは、いわゆる院政時代に入ってからである。まず、永保元年（一〇八一）には、益頭郡に蕩津御厨が設置された。(28) それまで駿河国には伊勢神宮の封戸は置かれていなかったようであるが、これ以降、志太地域には神宮の御厨が設置されていったようであり、大津御厨（内宮・外宮領）と方上御厨（外宮領）は、嘉承（一一〇六～八）・永久（一一一三～八）年間にはそれぞれ成立していたことがわかる。(29)

蕩津御厨は鎌倉時代に成立した『神鳳鈔』（神鳳は神封の宛字）に「小楊津《おやいづ》御園（厨カ）」とみえるのがそれで、「上分三石、雑用三十石、二百八十丁」と記されている。二百八十丁（町）とは荘園占有面積のことと思われ、その全てが耕地化されていたわけではない。小楊津御厨は建武新政時に一時、西園寺公重の管理下に入ったが、(30) 文和三年・正平九年（一三五四）には冷泉為秀に知行の綸旨が下り、以降は為秀が雑掌として供御・上納等の現地の雑務を請負うことになる。冷泉家は藤原為家の子、為相を祖とし、定家以来の相伝の歌書を伝える、現在の時雨亭文庫を継承する、和歌の家として広く知られている。

伊勢神宮は、言わずと知れた皇室の皇祖神・天照大神を内宮に、御饌都神（食膳の神）・豊受大神を外宮として奉祭する官社であり、その財政基盤としての御厨は、広義の王領・皇室領とみることができる。院政期に志太地域に御厨が急増するのは、摂関家に代わって皇室の政治的実権が伸張した結果であった。志太地域に、かくも多くの神宮領が設置された背景には、これまで縷々述べてきたように、この地が伝統的に王領の地であり、かつ、晴れた日には、焼津の虚空蔵山から伊勢の朝熊山が望めるというほどに、海上交通利便の地でもあったということによると見て、まず誤りあるまい。

また、白河天皇は、延久四年（一〇七二）、後三条帝の後をうけて即位すると、やがて、幼帝堀川天皇を立て自らは上皇、ついで出家して法皇となるも、執政権は掌握して譲らず、さらに、鳥羽・崇徳天皇を立て、自己の皇統に執心して皇位の一系化をはかったといわれる。そして「天下の政をとること五十七年、意にまかせ、法にかかわらず、（中略）威権は四海に満ち、天下これに帰服」（『中右記』）したという、白河帝こそ、まさに、「天下三不如意」（山法師・賀茂川の水・双六の目）の故事に象徴される、古代随一の専制的帝王であった。その帝王のもとで、御厨や御願寺領荘園・女院領荘園といった、広義の皇室領の荘園制的再編成が、一方で、新立荘園を抑制（いわゆる荘園整理令）しつつ、着手されたのである。それは、八世紀初頭に成立した律令国家が、三百数十年を経て迎えた、国家体制の大きな変容期に、帝王自らが、積極的に対応しようとしたものであった。

益頭荘の立荘と志太山問題

白河法皇は、大治四年（一一二九）七月七日崩ずるが、その晩年に、寵妃・待賢門院璋子（鳥羽天皇中宮、後に皇后）の御願寺・円勝寺が建立され、大治三年三月、落慶法要が行なわれた。すると、これに応じて、同年八月には大井川の西岸、遠江国榛原郡質侶牧（後に荘）が、藤原永範から「権威を募らんが為に」寄進され、毎年米三〇〇石が、円勝寺に進上されることになった(31)。

ついで、翌五年一一月二二日、この時すでに白河法皇は没していたが、駿河御庄の立庄がなされたと『長秋記』は記し、つづけて、「但し、志太山においては国司の訴により除き畢《おわ》んぬ」とある(32)。ここにいう駿河御庄とは円勝寺領益頭荘であり、その立荘に際し、志太山との境が問題となっていたことが判る。

この志太山とは、特定のひとつの山を言うのではなく、より広く〝志太の山〟、あるいは〝志太の郡の山〟を

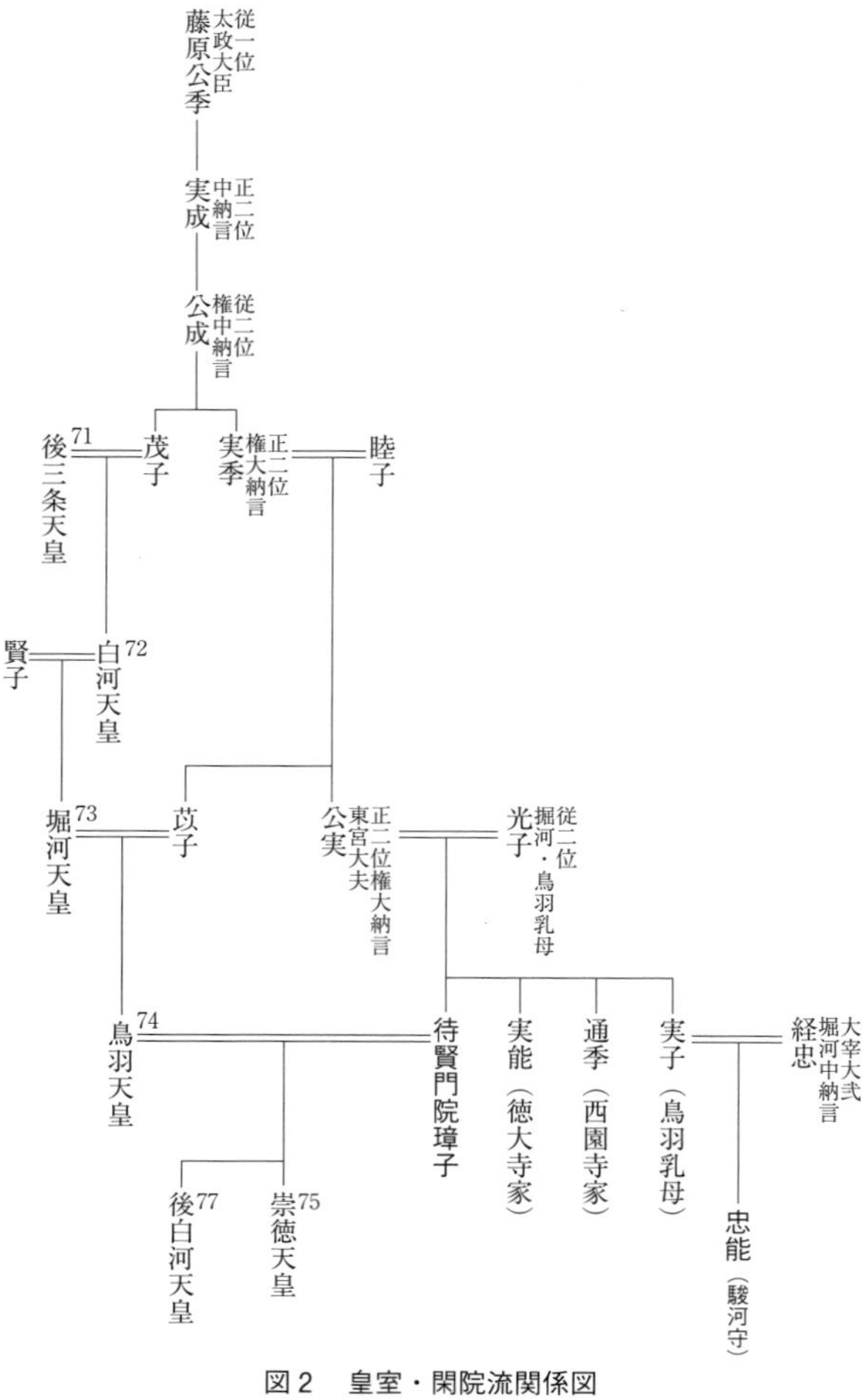

図2　皇室・閑院流関係図

意味するものと考える。つまり、益頭荘の立荘に際し、志太郡の山々にかかって、荘域の設定が行なわれようとしたのに対し、駿河国司が「訴え」を申し立て、陣座の国政会議において、それが認められ、志太の山は除外することで決着がついたことを意味するものと思う。

なお、ここで「訴え」とは、立荘に対する異議申立て、ないしは訴訟という強い意味あいではなく、現地の事情をふまえた国司（守は藤原忠能・後述）の判断の具申と解すべきであろう。このことから、益頭荘の立荘には手間がかかり、円勝寺の落慶には間に合わなかったのではないかと推測されるのであるが、このことを裏付ける、次のような事実がある。

大治五年一一月、駿河御庄＝益頭荘の立荘が終了した当時の駿河国守は藤原忠能で、忠能は璋子の姉実子（従三位・鳥羽天皇乳母）と堀川中納言経忠との間に生まれ、璋子にとっては甥にあたる人物である（図2参照）。そして、若き日に白河院の北面武士となり、いわゆる院近臣として、院との主従関係の深かった人物でもある。忠能の駿河守任官は、大治四年二月一七日で（『中右記』）、白河法皇崩御（七月七日）の約五ヵ月前のことであった（表2参照）。

この新任の忠能の在任中に、この立荘をめぐる問題が起こったとは考えられず、おそらく、大治三年三月の円勝寺の落慶以前から立荘が企てられ、それに伴って在地での問題が発生していたとみなければならない。その衝にあたった忠能の前任の国守は平宗実であった。宗実は『中右記』天永三年（一一一二）四月二〇日条に、斎院御禊に関わって、右衛門尉宗実とその名がみえ、その割書に「検非違使也、候二院北面一者、万事美麗」とあって、当時検非違使に任ぜられ、北面の武士として、何事もあざやかにこなす際立った存在であったことが判明する。

表2　駿河国国司一覧

天治元年	一一二四	守　一月二二日	平　宗実	補任	二中暦
大治四年	一一二九	守　二月一七日	藤原忠能	補任	中右記
大治四年	一一二九	守　二月二六日	平　宗実	死	中右記
大治四年	一一二九	守　九月六日	藤原忠能	重任	長秋記
大治四年	一一二九	守　閏七月二五日	平　為俊	前任	中右記
大治四年	一一二九	守　一一月三日	藤原忠能	見任	根来要書
長承元年	一一三二	守　一一月二三日	藤原忠能	見任	中右記
長承二年	一一三三	守　七月一三日	藤原忠能	見任	長秋記
長承三年	一一三四	守　三月二六日	藤原信輔	見任	中右記

駿河国守・平宗実の死

こうした宗実の経歴と資質とが買われて、天治元年（一一二四）一月に、円勝寺建立にともなう益頭荘立荘も含みの上で、駿河守に任ぜられたのではないかと思われる。それはすでに述べたように、駿河国にはかつて皇后湯沐をはじめ、皇室領が多く存在したことから十分推測できることである。しかし、益頭荘の立荘は思惑通りには進捗せず、しかも、不運にも宗実は任五年目にして死去するに至る。

藤原忠能が駿河守に任ぜられた九日後の『中右記』大治四年二月二六日条に「駿河守宗実卒去了、其替一日雖レ被レ成、禊祭済物自二第二年一所二済來一也、」とみえ、駿河守宗実はすでに死去し、その交替は一日に成されているけれども、四月に挙行される賀茂の祭と禊の費用は、国守任用第二年目から進済している旨が記されている。宗実の死因とその日付は不明であるが、あるいは立荘問題や、次に述べる方上御厨の問題などが、心労の大きな原因であったのかもしれない。

こうした後をうけて、おそらく、白河院の肝入りで忠能が国守に任命され、立荘の推進が期待されたのであったが、これまた、年を経ても立荘に至らず、白河院崩御の後の大治五年一一月に至り、在地の主張に譲歩する形での、国守忠能の意見具進によって、ようやく立荘の運びに至ったものと思われる。そして、こうした経過からは、この問題の原因である志太山の囲い込みが、法皇の強い意志より出たものであり、その死去によって解決をみることができたことを、うかがい知ることができるのである。

白河上皇による皇室領の新設は、その死によって勢いを止められたかにみえるが、すでに存命中から、その強引さは在地に紛争を引き起こしていた。

益頭荘の立荘に先だつ大治四年一二月の陣定（公卿らが陣座で行なう国政会議）において、益頭郡方上御厨では御厨から上納する供祭物が、国使および太政官の官人（地元出身の衛士か）によって差押えられ、さらに御厨の神人（下級役人）と官使・火長（兵士・衛士の長）との間で乱闘となった事件の評議があったことを、『中右記』は記している。[33]国司の上申書の言い分は、太政官に問い合わせたところ、方上御厨は廃止されたのではないかとの宣旨（返答）を得た、というのである。この時の国守は平宗実であるが、すでに病を得て国政の指揮を執れなかった可能性がある。そうなると、ここにいう国司とは、在庁官人だったのかもしれない。筆者宗忠の判断（定文）は、方上御厨は存続、暴力事件はそれとは切り離し、事実に即して罪を問うとしている。方上御厨はその後も存続していることからみて、陣定の最終判断（裁可）もそれに落着いたと思われる。

益頭荘立荘問題も、この事件の延長上にあり、白河法皇の強引な立荘に対する在地の反発であって、その争点は、「志太山」を含めるか否かにあった。結果として志太山が荘域から除外されたことは、志太山がその名の示すように志太郡に属し、益頭郡内ではなかったからであろう。このことは、益頭荘が益頭郡内に限られた荘園であったことを示唆する。益頭荘の四至（範囲）や段別等は、当時の史料から知ることはできないが、『焼津市史』がその範囲を、方上御厨を除く益頭郡全域と推定しているように、[34]荘名が郡名を負うことからしても、益頭郡の大部分を占める広大な荘園であったと推測できるのである。

こうした荘園は今日、院政確立期に始まる「郡庄」[35]、あるいは、領域型荘園と呼ばれている。[36]大井川の中流域の志太郡対岸に、西に向かって展開した長講堂領山香荘もまた、十二世紀末葉の後白河院政期に、遠江国山香郡を一郡規模で立荘した、領域型の荘園だったのである。

時代は下り、戦国時代の享禄四年（一五三一）正月の日付をもつ、「志た山のふた／卅文」と書かれた山札が焼津市小川の道場田遺跡から出土している。[37]この山札について石井進氏は、志太山は藤枝市志太町の山野で、裏面の日付の下に記された花押は、小川城主・長谷川氏が発行した証明とし、三〇文はその利用権の代価であるとした。[38]志太山を志太町周辺の山野に限定できるかどうかは一つの問題であるが、志太山が領主の支配権の内にあり、その用益が価値を生みだすものであったことは重要である。

このことは、遡って平安末期の益頭荘立荘で、志太山が問題となった背景を示唆するところがある。やはり、そこには、奈良時代以来の志太・益頭両郡の郡司や在庁官人に代表される、志太山用益権の問題があり、郡域を越えた荘域の設定には、白河法皇の力をもってしても容易には越えがたい壁があったと推定されるのである。

志太山問題で一歩譲歩することによって、益頭荘立荘問題を解決した藤原忠能は、その後長承二年（一一三三）までの四年間、駿河守として在任し、ついで待賢門院庁別当となった。駿河守在任中は、白河法皇の意を体し、五世紀以来の王領・皇室領の荘園制的再編に尽力したことは右に見た通りであり、その中心に益頭荘があったのである。

久能寺経と益頭荘

静岡市清水区村松にある鉄舟寺は、元は久能寺といい、武田信玄によって久能城築造のため現在地に移されるまでは、現在の久能山東照宮の地にあった。

久能寺には、現存する装飾経としてはわが国最古の紙本墨書の法華経、いわゆる久能寺経が伝えられてきた。現在鉄舟寺には一九巻（うち二巻は補入品）が現存し、国宝に指定されている。久能寺経は、元来は法華経二八品（巻）に開経と結経合せて三〇巻よりなっていたとされるが、現在所在の判明するものは二七巻である（写真2参照）。この久能寺経は、鳥羽上皇と中宮待賢門院璋子を中心した縁者が奥書を記した、結縁経と呼ばれるもので、王朝文化を代表するこの華麗な装飾経が、なぜ久能寺に伝えられたのか、という問題は大きな謎であった。

最近この久能寺経について、静岡在住の書家・良知文苑氏が『国宝久能寺経の歳月―駿州秘抄―』（二〇〇八年）

を著し、永年の調査結果と顕彰の熱意を示された。その中で良知氏は、待賢門院は西行の憧憬の女性であったとする白州正子説[39]に触発され、また、西行が久能山で詠んだ歌、

なみだのみかきくらさるるたびなれや　さやかに見よと月はすめども

（『山家集』）

にも注目して、康治元年（一一四二）の待賢門院の出家に際し、西行が仲立ちとなって結縁法華経を勧進し、院の御願寺円勝寺領益頭荘や質侶荘のある、「東の補陀落」、観音浄土の地・駿河国久能寺に施入した、とする興味深い考察を示した。ここで、西行の久能寺経勧進・奉納仲介説にたち入って論評する用意はないが、中宮璋子の御願寺領益頭荘と久能寺経との関係は、もう少し考えてみる必要がある。

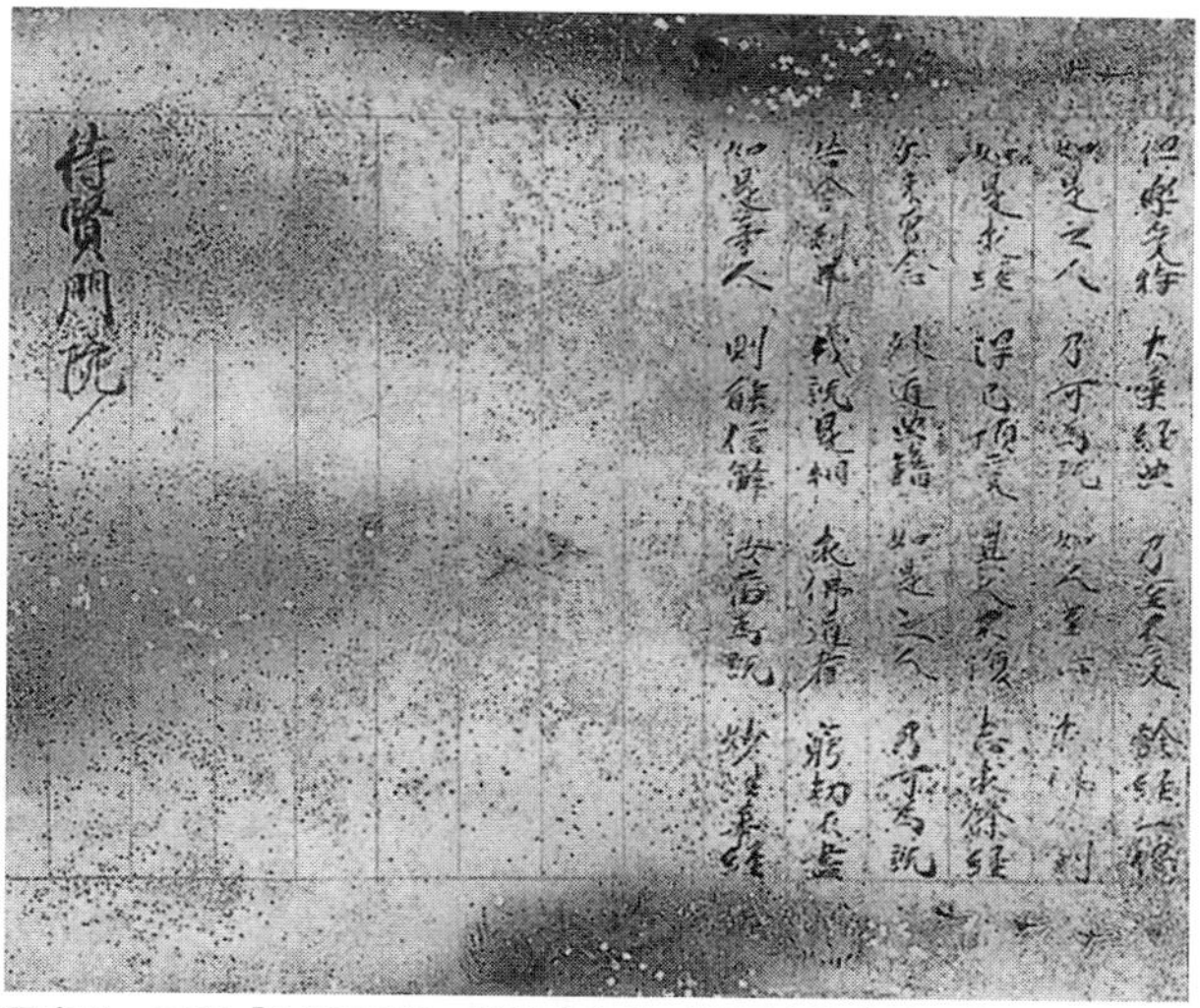

写真２　国宝『久能寺経』譬喩品奥書（静岡市清水区　鉄舟禅寺所蔵　東京国立博物館寄託）

　待賢門院璋子が、白河法皇の寵愛を得て養育され、鳥羽天皇に入内、中宮となったのは元永元年（一一一八）のことで、時に一八歳であった。そして、鳥羽天皇の譲位を受けて保安四年（一一二三）に皇子であった崇徳天皇が即位すると、翌天治元年、璋子は待賢門院の院号を賜わり、院庁が設置された。中宮とは奈良時代では、広く天皇の母およびその居所を意味したが、平安時代になると、一条天皇の時に二后併立制となり、中宮はいわば

二人いる皇后の二人目の別称（皇后宮と中宮）となった。

　この時期の二人の皇后の湯沐（封戸）の実態は、必ずしも明らかではないが、大治三年（一一二八）の円勝寺の造立と、それに伴う益頭荘立荘は、この地が五世紀以来の王領・皇后領封戸の地であったことを考える時、事実上の皇后湯沐・封戸の設置とみなしてよいと思う。

　そして、それはまた、白河院政による皇室領の荘園制的再編成でもあったのである。わけても、益頭荘の地が、かつて光明皇后・紫微中台（中宮）ゆかりの湯沐＝封地であったことを想い起せば、白河法皇が寵愛、殊のほか著しかったと伝えられる、待賢門院璋子にこの地を与えたことの意味の重大さは、思い半ばに過ぐるものがある。益頭荘は、由緒正しい皇后湯沐中の、華の中の華だったのである。

　一方、久能寺経についてみると、その奥書に記された結縁者は、待賢門院に有縁の者の数が鳥羽院のそれよりも多く、しかも判明する二五名中（その中には前の駿河守であった藤原忠能の名も、人記品第九に「内蔵頭　忠能」としてみえる）、女性が一五名を占めていることは、この結縁経の事業が、待賢門院の出家を契機としたものであったことを、反映しているようにもみえる。久能寺経は、女人往生の結縁経というべきものかも知れない。

　久能寺の山下には、かつて大谷川の河口がここに開き、湊＝川津となり、用宗（持舟）・大崩の沖合を経て、瀬戸川河口に通じていた。また、瀬戸川を遡れば、清笹峠を越えて藁科の久能尾に通じ、更に東藤川・小長井・千頭、古称で言えば、上志太の三ケ野や、大野郷田邑里（田代）・大部（青部）に至る。そして、久能寺や久能尾の久能は、袋井市久能・久努の地名に通じ、その背後には物部氏の存在を考えなくてはならない。

『久能寺縁起』にいう久能寺の開創・久能忠仁は、これを秦氏とする旧説には確かな根拠はなく、遠江の久努国造系の物部氏一族にかかわる人物とみるべきである。有度郡は志太地域と同様、古代では物部系の珠流河国造の支配領域であり、古来、志太地域と一体的な土地柄であった。

こうした、古代以来の地域的一体性が、由緒ある皇后領・益頭荘を財政基盤とする待賢門院の結縁経を久能寺に奉納するという、宗教的・文化的行為の地政的（geopolitical）な背景であったと推考されるのである。そして、益頭・志太の政治的・経済的・文化的中心部が藤枝とよばれるようになるのは、右に述べた益頭荘に象徴される皇室領の再編が行なわれた十二世紀の院政時代からだったのではあるまいか。

4　王領・皇室領の行方

鎌倉時代初期の益頭荘

白河上皇に始まる院政時代は、鳥羽・後白河とつづく三上皇（法皇）の時代に、皇室領は画期的に拡大したといわれ、この三代に設立された社寺・女院等の荘園は、鎌倉時代以降、三代御起請符地とよばれるようになり、不輸・不入などの特権を持つようになった。三代御起請符地とは、白河・鳥羽・後白河の三代に、これら上皇・女院等の、神仏への起請（請願・発願）の符（文書）によって成立した荘園であることに由来する。待賢門院御願寺円勝寺領益頭荘も、すでに述べたように白河上皇の強い意志に支えられた、待賢門院の御願寺領であり、御起請地のひとつに数えられている。

これら三代につづく後鳥羽院政の時代は、皇室領の黄金時代であり、その財力を背景に承久の乱（一二二一）が発生したともいわれる(40)。

後鳥羽上皇に関連して、『駿河記』に収録されている、小川の法栄長者・長谷川氏にかかわる系図の中に、興味深い記事がある。系図は、清和源氏多田流の源長宗に始まり、六代長易の尻付（人名の下、または脇に書かれた細字注）に、「建保二年（一二一四）依二鳥羽上皇勅一、赴二駿河国藤枝駅一、討二久能大膳太夫藤原定富一、依二其功一給二駿河藤枝・阿辧《倍》庄鹿島瀬名郷一、終子孫住レ此」（『駿河記』上巻五九〇頁）とある。

これによれば、承久の乱に先だつ七年前、長易は、後鳥羽上皇の命により、藤枝の駅（宿）に赴き、久能大膳太夫藤原定富を討ち、その功により、藤枝と阿辧《倍》庄鹿島瀬名郷（静岡市葵区瀬名か）を給わり、これが機縁となってこの地に住みついたというのである。

この藤枝の地で、久能大膳太夫藤原定富を討ったというのは、益頭荘と久能寺の関係を考える上で気になる点であり、久能大膳太夫という職名らしきものの実体が知りたいところである。久能大膳が久能寺にかかわる職分とすれば、益頭荘内に、久能寺の台所＝厨房に上納される所領＝得分が存在したことになり、その管理人・雑掌が藤原定富だったということになるかもしれない。また、この時から、長谷川氏が藤枝に住み始めたとすれば、長谷川（粉川）長楽斎の伝説にも厚みを与えることにもなる。

しかし、この線引き系図の原本は料紙が乱れて、父子・兄弟関係が定かではなかったようで、編者の桑原藤泰は、「正しき系図を得て可レ改」と言っている(41)。この系図の原本、または別本の出現を待ち、再考されるべきであろう。

時は前後するが、文治元年（一一八五）の地頭設置後間もない同三年九月、後白河法皇は、源頼朝に対する同月二〇日付の院宣の中で、益頭荘についてふれるところがあり、これまで同荘を知行してきた平信業の死去に伴い、一条能保が預所職に任命されたのであるが、能保は辞退したという。それ故、早く沙汰して、年貢を怠りなく納めさせよと命じている。ここで沙汰するの意味は、辞退した一条能保の妻が、頼朝の同母妹であったことなどを考えると、益頭荘の預所の選任が、知行国主である頼朝に、一部ゆだねられていた節がある。[42]

ついで、翌文治四年六月の院からの返報に添えられた権右中弁定長の奉書[43]によると、一条能保の辞退の問題は、北条時政が益頭荘の地頭となり、他人の言うことなど聞くような性格ではないと聞いているところから、院が望んでいる平家時代の放任を糺し、現地の事情をよく聞いた上での、荘務の遂行などは、望むべくもないので、預所辞退の返事はそのままとなっていた（能保の辞退を認めたわけではない[44]）、ということが明らかとなった。

文中、「能保朝臣に仰せられ候いき」とある箇所を、能保に預所を仰せ付けた、と解する向きもあるが、この件はこれまで放置されていた荘務を糺すよう指示した、に止まるもので、預所任命の件にまで及ぶものではない。この奉書から、時政の一筋縄ではいかない性格や、預所職の推挙・監督を頼朝にゆだねながら、承認権は保持していた院の荘園所有者としての姿勢がうかがえるのであるが、それ以上に、王領としての長い歴史をもつ益頭荘に対する院の強い関心と意欲を知ることができるように思う。

ついで、承元三年（一二〇九）一一月、将軍源実朝は北条義時に対し、益頭荘の年貢から鶴岡八幡宮の常灯灯油料にあてるよう命じている。これは義時が、益頭荘地頭職を父時政から引継いでいたことによるものと推定されている。

承久の乱後の皇室領と益頭荘

承久の乱後の、後鳥羽上皇の隠岐配流は、皇室領に甚大な影響を及ぼした。幕府は上皇方三〇〇〇余の所領を全て没収したが、後に一部は返還されて、後嵯峨天皇に伝領された。その後、両統に分れるに及んで、大覚寺統亀山上皇の所領は二国三八〇ヵ所、持明院統は長講堂領を中心に約二五〇ヵ所といわれている。この時点で、皇室領は往時の約五分の一にまで減少したことになる。

そして、さらに南北朝時代になると、南朝方・大覚寺統の所領は消滅し、北朝方・持明院統も、頼みの綱の長講堂領は、二〇〇以上の実数が一割の二〇ヵ所に激減したという。そして、荘園制衰退の時代的趨勢の中で、戦国時代には、皇室領は約二〇ヵ所に過ぎなかったとされている。[45]

南北朝・室町時代の益頭荘

このような皇室領荘園・料所の衰退の中で、益頭荘は比較的健在であった。元弘三年（一三三四）五月、鎌倉幕府が亡ぶと、建武二年（一三三五）一二月、摂津親秀が益頭荘地頭職を拝領、[46]以後は摂津氏が代々継承した。これらの経緯は本編に詳述されるところであるので、それに譲る。

延文三年・正平一三年（一三五八）、益頭荘の年貢につき、地頭・摂津右衛門太夫が、守護・今川範氏方に年貢を納めたと称して、円勝寺に渡さないという事態が生じた。[47]円勝寺雑掌からのこの訴えに対し、室町幕府は従来通り寺家に年貢を渡すべきよう命じている。このことから、背後に、守護今川氏の領国一律支配の圧力のあったことがうかがえるのであるが、康暦元年・天授五年（一三七九）、足利義満は益頭荘の守護不入権を認め、守護の干渉を排除し、益頭荘の権益を保護している。[48]

こうした室町幕府の姿勢は、その後も一貫しており、嘉慶元年（一三八七）から明徳三年（一三九二）の間のものと推定される、守護今川泰範の摂津能秀宛の書状[49]では、一国内の例外なき支配をめざす今川氏の要望に対して、幕府は「御料所《（皇室領）》の上は、余所に准じ難し」として、従来通り権益・特権を守護に認めさせている。このことは現実的には、応永四年（一三九七）・同八年の一国平均の伊勢神宮造営料役夫工米徴収の停止として現れた。[50]そこでは、「御起請符之地たるの上は」として、立荘の由緒が強調されている点が注目されるのである。こうした特権のもとでは、荘内住民にもその恩恵が及んでいたであろうことは想像に難くない。中世を通じて激減を続けたとされる皇室領にあって、益頭荘は五世紀以来の王領としての特権を、なお亨受していたものと見て誤りないであろう。

贄殿御料所田尻郷と大草氏

中世史料としては、藤枝市史の範囲をいささか超えるものではあるが、興味深い史料二通がある。[51]その一通を左に掲げよう。

足利義持御判御教書　古文書集（京都大学総合博物館所蔵）

（花押）
贄殿料所駿河国田尻郷内正税并久富名等事、
早退多胡・石河等押領、可令大草三郎左衛
門尉公範所務、自今以後、又可為守護不入
地之状如件、

応永廿五年十二月廿一日

「（足利義持）（花押）
贄殿料所《にえどのりょうしょ》、駿河国田尻郷の内正税ならびに久富名等の事、
早く多胡《たいご》・石河等《ら》の押領を退け、大草三郎左衛門尉公範に所
務せしむべし、自今《じこん》以後、また守護不入《しゅごふにゅう》の地たるべきの状
くだんの如し、

応永二十五年十二月二十一日」

まず、田尻郷の位置から述べよう。現在の田尻は焼津市小川港の南約三、四キロメートルの位置にあり、近世は田尻村と呼ばれ、志太郡に属した。明治二二年（一八八九）、和田村の大字となり、現在は焼津市に編入されている。通説では田尻郷をここにあてている。

しかし、『静岡県志太郡誌』（大正五年）は、小川村石津に注して「大津荘田尻郷なりしなり」[52]とし、和田村の田尻北については、貞享二年（一六八五）、田中藩内に北村が益津郡内にもあることから混乱をさけ、「本村は田

尻の隣村なるを以て、田尻の二字を冠せるなりといふ」[53]としている。つまり、田尻北は田尻の北に位置するところから生じた地名ではないことを示唆している。

　これらのことから判断すると、中世田尻郷の本郷とも言うべきものは現在の石津地区にあたり、小川港（石津和田）に近接することとなる。そうなると現在の田尻は、観応二年（一三五一）の足利義詮御判御教書[54]や応永二年（一三九五）の今川貞世書状[55]に見える「田尻郷南村」に相当し、現在の田尻北は、この田尻の南村の中の北だったのではなかろうか（図3参照）。

　このことを前提に足利義持御判御教書について考えてみよう。

　この文書は贄殿料所である駿河国田尻郷の正税と久富名等の諸役に対する多胡・石川ら（守護今川氏の被官と考えられている）の押領を止め、大草公範の元通りの支配を認めたものであるが、それにつづく「自今以後、又可為守護不入地」の文言を、『焼津市史資料編二』の解説は「今後この所領は守護不入とする」（三八六頁）と、この時初めて不入権が成立したかのように解釈しているが、これは誤読というべきで、ここは、「今後もまた、これまで同様守護不入の地たるべし」と読解しなければならないところである。つまり、従来の不入権の再確認である。

　また、贄殿料所[56]についても、『焼津市史』は資料編で皇室の内膳司贄殿としながら、通史編では室町将軍家の贄殿としている。しかし、室町将軍家の台所が贄殿と呼ばれたとする根拠は明らかではない。また、将軍家が自家の料所の不入権を命じたり、再確認するというのも解せぬところで、やはり、ここでいう贄殿料所、または御料所は、通説通り、律令制以来の内膳司、伊勢神宮、摂関家の贄殿（『古事類苑』当該項）の順序で考えるべきであろう。

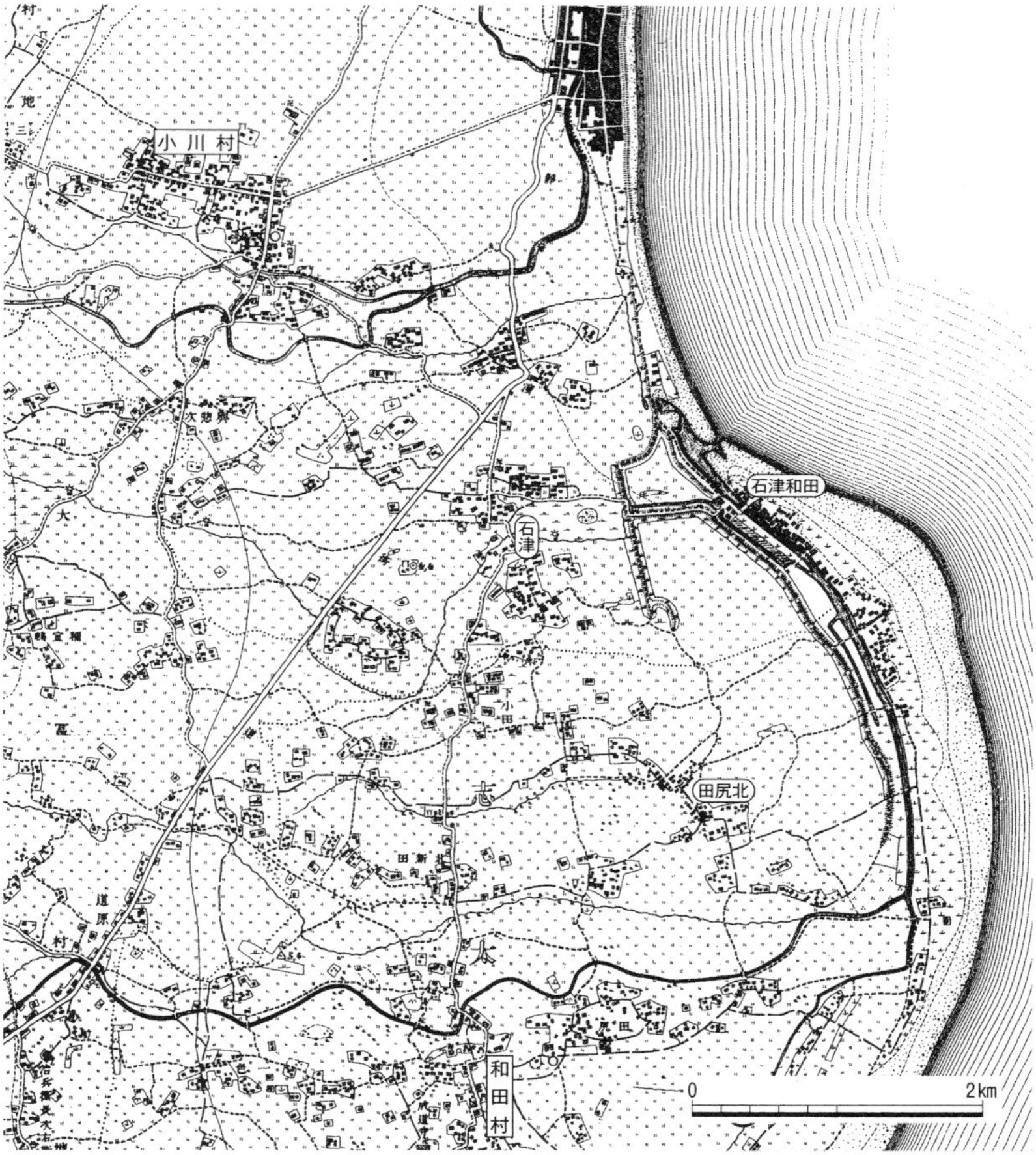

図3　焼津市石津・田尻付近図

このうち、三番目の摂関家の場合は理由が見当らないから消去するとして、神宮贄殿については、田尻郷が大津荘内であったということになると、その可能性は捨て切れない。また、第一の内膳司贄殿については、八世紀に益頭郡高楊郷等から光明皇后宮に調の荒堅魚が直送されていたことを考えると、その伝統が数百年を経てなお維持されていた可能性もあり得るように思う。そして、贄としての食材が小川湊から直接に、都あるいは伊勢に送られていたと考えてよいと思う。王領の伝統は室町時代まで引き継がれていたのである。

『焼津市史通史編上』のいうように、大草氏が庖丁士の家職を保持する一族であるとすれば、その職分を維持しつつ、同時に、室町幕府の被官となったことも、考えられるのではなかろうか。また、大草氏は、三河大草郷を本領としたとされているが、島田市の大津谷川上流部（大津荘の地でもある）に、大草の地名が残ることも気になるところである。

享徳元年（一四五二）二月、室町幕府は、摂津之親に、亡父の譲状のままに益頭荘他を安堵した[57]。ついで、同年六月一八日、之親に仁和寺より「御室御領駿河国益頭荘領家代官職」の補任状が下され、また、同年九月八日には幕府から、本所仁和寺の補任を追認する、奉行人連署奉書が発行された[58]。益頭荘が仁和寺領となるについては、これより先、円勝寺が衰退し、寺領財産等が、天皇御願の四円寺や、六勝寺等を検校する、仁和寺の管理下に入ったためである。以後、益頭荘は、仁和寺領として存続することとなる。

下って、天文二年（一五三三）一二月、仁和寺尊海は、所用のため（寺領の視察も兼ねてであろうか）東国に下る道すがら、藤枝「長閑寺」（長楽寺の誤りとされる）に、善得寺の承芳（後の今川義元）が居る、ときいて立寄り、九英（のちの太原崇孚雪斎）と三人で「和漢の一折」（連句）を興行した。喜ト＝尊海が発句を詠み、九英と承芳が、これに付けた[59]。

ゆきやらて　はなや春まつ　宿の梅　　喜卜

友三話歳寒（友は三話す、歳寒し）　　九英

扣氷茶煎月（氷を扣え、茶煎と月）　　善徳寺（得）承芳

天文二年は、承芳還俗の契機となる、花蔵の乱の一年半前であり、それによって、今川家当主の座を得た義元が、桶狭間に落命するのは、二七年後のことである。この日集った三人にとっては、尊海が、長楽を長閑と誤記するほど、長閑《のどか》な一日だったのであろうか。もっとも、連句の席は多分、夜分ではなかったかと思われるのではあるが。

おわりに―志太郡への回帰―

戦国の動乱を経て成立した幕藩体制社会は、律令国家成立以来、九〇〇年の古典的文明社会を支えていた所有関係と生産様式に激変をもたらした。益頭荘をはじめとする皇室領は、戦国動乱の過程でほとんど姿を消すこととなった。かつて、この変革を「封建革命」と呼んだ学者がいたが、それは、王朝交代という、東洋古典的政治革命とは異質の、まさに、社会革命と呼ぶにふさわしいものであった。

近世社会が整うとされる寛文・延宝期（一六六一～八一）を経て、元禄九年（一六九六）に作成された、元禄郷帳によると、志太郡の石高は五万五三八石余、村数一二五ヵ村、益津郡の石高は、一万一八四七石余、村数三二ヵ

表3　志太郡・益津郡村数石高等変遷表（近世～近代）

出典＼郡名	志太郡		益津郡	
	村数	石高	村数	石高
元　禄　郷　帳　元禄9年（1696）	125	50538.35333石	32	11847.7430石
天　保　郷　帳　天保6年（1835）	126	54391.49339石	32	12136.8553石
旧高旧領取調帳　明治5年（1872）	144	54290.66000石	36	12136.4490石
	町村数		町村数	
地方行政区画便覧　明治19年（1886）	144	—	37	—
町　村　制　施　行　明治22年（1889）	25	—	3	—
静岡県下郡廃置法施行　明治29年（1896）	28	—	益津郡を廃止して、志太郡に統合	

村とあり、古代では志太郡よりも大きかった益津郡が、石高で、志太郡の約四分の一弱（二三パーセント）、村数で約四分の一（二五・六パーセント）と、郡の規模は大きく逆転している。元禄から約一四〇年後の天保郷帳では、それぞれ微増に止まり、基本的数値に変化はない（表3参照）。

この志太地区における、益頭郡と志太郡の、相対的地位の逆転はどうして起こったのか。それは、直接的には中世から近世への政治的・社会的変化にかかわる問題であって、ここで簡単に、答えは出せそうにない。

ついで、明治維新を経た、明治二二年（一八八九）の市町村制施行時には、志太郡は、島田・藤枝・岡部の三町と、二二ヵ村とからなっている。これに対し、益津郡は、西益津・東益津・焼津の三村のみへと、さらに縮小する。そして、明治二九年（一八九六）の郡制施行・廃置分合により、益津郡は志太郡に併合され、ここに、八世紀以来、一二〇〇年にわたって存続してきた益津（頭）の郡名は消滅し、志太＝山西地域は、志太郡に統一されて、七世紀以前の史佗評の昔に回帰したかにみえる。

志太・益津の相対的比重が逆転した近世以降の流れをみれば、

志太一郡への統合は、必然の結果ともみられるが、西益津・東益津・焼津という、いわゆる益津三村が、かつての益頭荘、さらに遡っては、光明皇后湯沐封戸の中核的地域であったと推定されることを想起すると、近代に入っての益津郡の消滅は、王領の衰退という事態と、深いところでつながっているのかもしれない。

また、ひるがえって、東・西益津と焼津の三村が、五世紀以来一〇〇〇年余にわたって、皇室領の中核でありつづけたとすると、古代の益頭郡の設置自体が、王領管理のための立郡ではなかったのか、とすら思えてくるのである。

藤枝という地域の土地柄の特質と、それをふまえた、今後のありようを考える上で、これらの問題は、じっくりと考えてみる必要があるように思われるのである。

注

（1）拙稿「なぜ藤枝か―地名に藤枝の古代をさぐる」（『藤枝市史研究』一号、二〇〇〇年三月）。
（2）拙著『地域と王権の古代史学』（塙書房、二〇〇二年）。
（3）『県史通史編』1。
（4）荻美津夫「東遊と駿河・伊豆国」（『静岡県史研究』九号、一九九三年三月）。
（5）拙著前掲書。
（6）山梨玄度『駿河郡志附日本總国風土記』駿河之部（一九三四年）。
（7）『古事記』允恭段。
（8）『駿河記』上巻、五四三頁。
（9）『同』五四四頁。

(10)『古事記』では意富臣、後に朝臣。太朝臣安麻呂は、この氏族より出た。
(11) 狩野久「額田部連と飽波評」(『日本政治社会史研究』上、塙書房、一九八四年)。
(12) 磯部武男「『青池の大蛇』伝説をめぐって」(『藤枝市郷土博物館紀要』二号)。
(13)『県史別編3』四九頁。
(14) 木下良『事典日本古代の道と駅』(吉川弘文館、二〇〇九年)。
(15)『資料編2』歌謡など三号。この短歌は、原文の「可牟志太」を「上志太」とすることについて、上代特殊仮名遣いから不可能とする説が通説となっている(南信一『萬葉集駿遠豆』風間書房、一九六九年、一七九頁)。
しかし、神と上を通用する例外的事例(『播磨国風土記』揖保郡条)もあって、通説は不動の学説ではない上に、特殊仮名遣いを絶対的基準とする方法にも、異論がある(川瀬一馬「日本書誌学の立場」『続日本書誌学の研究』雄松堂、一九八〇年)。それ故、通説を定説とすることはできない。

そこで、ひとまず上志太と解し、歌とその歴史的・地理的背景とが、矛盾なく調和して解釈できれば、これをもって、上志太説を正解とすることが許されるべきであろう。本稿はそのひとつの試みである。
(16)『資料編』木簡三号。
(17)『資料編2』木簡一四〜一六号。
(18)『同』一四・一五号。
(19)『同』一六号。
(20)『同』一六号。
(21)『同』一六号解説(一六五頁)。
(22) 奈良国立文化財研究所編『平城京長屋王邸宅と木簡』一九九一年。
(23) 田島公「抹消された『湯沐倉』」(『正倉院文書論集』)。
(24)『資料編2』二四号。
(25)『資料編2』三八号。

(26) 拙著『地域と王権の古代史学』（塙書房、二〇〇二年、第一部第四章）。
(27) 『志太郡誌』第二編第七章。
(28) 『資料編2』八三号。
(29) 『同』一一三号。
(30) 『同』一五八号。
(31) 『金谷町史通史編』第一編第二章第四節。『焼津市史資料編二』七一号。
(32) 『資料編2』九一号。
(33) 『同』九〇号。
(34) 『焼津市史通史編』上。
(35) 工藤敬一『九州庄園の研究』（塙書房、一九六九年）。
(36) 川端新『荘園制成立史の研究』（思文閣出版、二〇〇〇年）。
(37) 『資料編2』二五八号。
(38) 石井進「中世木簡の一形態」（『木簡研究』一〇号）。
(39) 『西行』（新潮社、一九九六年）。
(40) 奥野高廣「皇室領」（『国史大辞典』）。
(41) 『駿河記』上巻、五九一頁。
(42) 『資料編2』一〇八号。
(43) 『同』一〇九号。
(44) 『吾妻鏡』文治四年六月四日条の原文では「言上不㆑及㆓沙汰㆒」としているが（『資料編2』一〇九号）、新訂増補国史大系本には「言」に校訂注があり、「言、吉本作㆑其」としている。
　この箇所は、言上では意味が通りにくく、吉川本に従って、「其上沙汰に及ばず」（それ以上の沙汰はしなかった、放置していた）と、すべきところであろう。『焼津市史』『藤枝市史』いずれの「資料編」も、この頭注に注意せず、理解に苦しむ解釈となっているので、一言付言した。

なお、先頃刊行の五味文彦・本郷和人編『現代語訳吾妻鏡4』（二〇〇八年）は、吉川本による訳文と思われる。

(45) 奥野高廣、前掲書。
(46)『資料編2』六〇号。
(47)『同』一七六号。
(48)『同』一八三号。
(49)『同』一八六号。
(50)『同』一八九・一九四号。
(51)『焼津市史資料編』二（三八五～六頁）。
(52)『志太郡誌』二二九頁。
(53)『同』二二八頁。
(54)『焼津市史資料編二』一七号。
(55)『同』三三号。
(56) 同月二六日付の、管領細川満元奉書写（『同』四七号）では、「贄殿御料所」とする。
(57)『資料編2』二一三号。
(58)『同』二一四・二一五号。
(59)『同』二六一号。

【付記】

この特論の執筆に先立ち、平成二〇年度・第一回藤枝市史学習会（平成二〇年一二月六日開催）において、「ここまでわかった古代の藤枝―益頭・志太地域の水陸交通を論じて、古代藤枝の特質に及ぶ―」の演題で講演し、その講演記録が『藤枝市史研究』一一号（平成二二年三月）に掲載され、発行された。本稿と関連するところが多く、六間川水運や、志太の浦の復元などについて、やや詳しく論及するところがあったので、参照されることを望みたい。

【補注】

『藤枝市史』資料編2（静岡県藤枝市、二〇〇三年）の資料番号。以下、同じ。

初出一覧（初出は括弧内に示す。）

第一部　木簡・土器墨書と正倉院文書

第一　木簡と土器墨書（『岩波講座　日本通史』第5巻、古代4、一九九五年二月、岩波書店）

第二　静岡県城山遺跡出土の具注暦木簡について（『木簡研究』第三号、一九八一年一一月）

第三　倉札・札家考（『木簡研究』第八号、一九八六年一一月）

付論　木簡学会創立のころ（『木簡研究』第三二号、二〇一〇年一一月）

第四　土器に書かれた文字（『日本の古代　第14巻　ことばと文字』一九八八年三月、中央公論社）

第五　静岡県坂尻遺跡出土の土器墨書（「土器墨書」『坂尻遺跡―奈良時代篇―』一九八五年三月、袋井市教育委員会）を改題

第六　小杉榲邨旧蔵『写経所請経文』について（『南都仏教』第四三・四四号、一九八〇年九月、東大寺図書館）

第七　小杉榲邨旧蔵山背国愛宕郡計帳断簡調査抄報（『日本歴史』三九〇号、一九八〇年一一月）

第八　小杉榲邨と小杉文庫（『藤江家旧蔵　小杉文庫名品抄』一九八八年、静岡県立美術館）

第二部　荘園と地域研究

第一　律令制経済の変容と国家的対応（『日本経済史を学ぶ　上　古代・中世』一九八二年四月、有斐閣）

第二　八世紀における開発について（『日本史研究』第六一号、一九六二年七月）

第三　八・九世紀における農民の動向（『日本史研究』第六五号、一九六三年三月）

第四　荘園形成過程の一齣（『人文論集』第一八号、一九六七年一二月、静岡大学人文学部）
第五　田使と田堵と農民（『日本史研究』第八〇号、一九六五年九月）
第六　遠江国質侶荘に関する二、三の問題（『静岡県史』創刊号、一九八六年三月、静岡県教育委員会・文化課県史編さん室）
第七　名の成立と構造（塩澤君夫・後藤靖編『日本経済史—経済発展法則の検証—』一九七七年一二月、有斐閣）
第八　なぜ藤枝か（『藤枝市史　通史編』上、「原始・古代・中世」二〇一〇年三月、藤枝市教育委員会）

編輯後語

木に竹を接いだような題名の書籍を編集し終えて、さて何か一言をと筆を執ってはみたものの、中々糸口が見付からない。

元々、体系的に構想して積み上げた論集ではなく、折々に課題を与えられたり、降って湧いた幸運にとびついて調査したり、研究した結果の寄せ集めであってみれば、当然の仕儀ではある。

本書に収録の諸論考は、学問の世界に入った駆け出し時代のものが大半を占め、すでに賞味期限の切れたものばかりで、われながら今更の感は否めない。しかし、人生の終局を迎え、初出のままに放置するには忍びなく、何よりも己の生きた証として、ささやかな紙碑を、うつし世の片隅に立てさせて頂くつもりで、本書の刊行に踏み切った次第である。

それ故、縁あって本書を手にされた方々に、読解の一助ともなればと思い、往時を思い起し、記憶の一端を記し置くこととした。

第一部第一から第三の三編は、一九六五年大学院博士課程修了と同時に、奈良国立文化財研究所平城調査部史料調査室に勤務することとなり、木簡の調査・研究技術と、木簡学会の創設に関わることができ、そのことが機縁となって、執筆の機会を与えられたものであった。

史料調査室在勤は、僅々一年有半に過ぎなかったが、そこで与えられた学恩は限りなく大きい。その頃、史料調査室の中心に居られたのは、田中稔室長と狩野久さんであった。狩野先輩は、大学院時代以来、静岡での学部時代は考古七分・文献三分だった私の、文献古代史学の「師範代」的存在であり、それは今に至るも変わらない。

本書第一部第二の「城山遺跡出土の具注暦木簡」、および第二の「倉札・札家考」は、いづれも狩野先輩の高配・指示によって研究に着手し、成稿の後、『木簡研究』掲載に至ったものである。その折、狩野さんは、具注暦木簡を考証するに当っては、研究所内を見るに、考古分野の諸氏は具注暦について自分で調べる時間を中々持ちにくい様子だから、その点も考慮するようにと示唆された。

この事も伏線にあって、論述がやや冗漫となったきらいがある。しかし、この教示は私にとって、その後大変役立つこととなり、いわゆる古事記崩年干支問題をテコに、紀・記読解の年代学的基準を探る方法論の形成に大いに資することとなった（拙著『地域と王権の古代史学』序章、塙書房、二〇〇二年）。

第一部の冒頭に配した「木簡と土器墨書」は木簡論の総説的位置を占めている。このテーマは、今は亡き、早川庄八氏の恩情によって与えられたものであった。

早川さんは、坂本太郎先生門下の俊秀として知られた、戦後の東大実証主義派を代表する、国史学科出の古代史学者である。私とはたしか一つ違いの同年配で、坪井清足さんの一声で、私が木簡学会出発時に委員の一人となった折（第一部第三付論）、東西バランスもあってか、同時に委員に就任した。

木簡学会委員会の帰路などには何時も、奈良から名古屋までの約二時間、四方山話をしたものであった。そうした早川さんとのお近づきが、岩波講座『日本通史』古代4の編集委員の折に、特論の一項目を私に振って下さったものと思っている。私には分不相応、実績不足は承知の上で、この恩情を多とし、重責をお引受けしたのである。

しかし、問題は、この大項目をどう書くかであった。すでに、先達・先輩たちによって、木簡とは何か、或いは日本木簡の特質についても、要を尽した概説的記述は尽されていて、後進の出る幕はない。

苦吟の果て、行き着いたのが、岸俊男先生執筆の、『木簡研究』創刊号・「創刊の辞」であった。その第二段落末尾には、「日本の木簡の分類とその性格・機能の究明など、多くの基礎的・本質的な問題についてはなおすべて解明の緒についたばかりというのが現状である。」という一節があった。私は、この先生の指摘された原点に立返って、木簡研究の現状や課題をできるだけ具体的に考えてみようと試みたのである。

しかし、私の記憶の中では、この論文は学界では立枯れ状態で、誰の関心も引くことはなかったが、唯一人、担当の女性編集者だけが、この論文は面白いですね、と電話口の向こうで呟いてくれたことが忘れられない。

早川さんから与えられた墨書土器の課題は、右のような次第で、ほとんど何も書けないままに終り、本当に申訳けないことをしてしまったと、悔恨の念は尽きない。その埋め合わせと言う訳ではないが、第四・第五に収めた「土器墨書」――私は「墨書土器」の対象を限定して斯くいうのであるが――二編はその罪滅しでもある。改めて、泉下の早川さんに御寛恕を乞いたい。

とりわけ、第五論文は、遺跡出土の文字資料が、その遺跡の性格決定の根本史料であることの重要性を、釈読・論証手続をも含めて詳論してみたものであり、ひとつの事例研究《ケース・スタディ》として受止めてほしいと希っている。

この事例研究の好個の場を提供してくれたのは、静岡県袋井市国本の坂尻遺跡である。国道一号袋井バイパスの拡幅工事に伴う調査（昭和五五年～六〇年）で発見され、佐野郡家と推定される遺跡であり、一部に日根駅家関連の遺構を含む、複雑な性格をもった、むずかしい遺跡でもあった。

この発掘調査および報告書作成に中心的に関わったのは、袋井市教育委員会学芸員・吉岡伸夫氏であった。その整理と刊行は、難航し、吉岡氏は平成二五年六月、その精勤振りと人柄とが評価され、副市長に選任されたが、難病に見舞われ、翌年四月に逝去、ついに報告書の完成を見ることなく幽明境を異にした。

当時、私は袋井市史編さん委員長として、この調査に関わり、この良質な資料に出会うことができた。若し、この事例研究に取るべき所ありとせば、その功は一重に、吉岡君の命を賭した、基礎資料の提供にあった。志半ばにして逝った、故人の冥福を祈るや切である。

第六～第八の諸論考は、最後の国学者ともいわれる小杉榲邨旧蔵の古文書・書画・拓本類の発見と調査・収蔵に関わる論考である。老境を迎えた今、改めて来し方を顧ると、この小杉文庫との遭遇は、その後の私の研究と社会的活動にとってまことに得難い幸運であった、と心底身に沁みて思い知らされている。この出会いを契機として、歴史史料を中心とした文化財学との関りと、地域に腰を据えた歴史・文化の研究と教育への、確信と方向性とを決定づけてくれたように思う。誠に、人と物とに恵まれた学究人生であった、と感謝の念は尽きない。

第二部・荘園と地域研究に収めた八編は、最後の第八・なぜ藤枝かを除いて、比較的初期の論考に属する。

先師・内藤晃先生は、私の京大大学院進学に際し、国史学専攻では、赤松俊秀先生について荘園の研究に取組むようにと、餞《はなむけ》のご指導を与えられた。その時、先生は大学院の受験時と同様、何の説明もなしに、赤松先生の下での荘園研究との一言であったから、真意の程は不詳であるが、その理由の一つには、後述の田井啓吾氏のことが念頭にあったように思う。

それに加えてもうひとつ、私が伊豆の農家出身ということもあったかも知れない。先生は常日頃、体験ということを、とりわけて重視されていた。その頃、京大国史に集う院生・学生等八十余名のうち、農家出身者は、安丸良夫兄と私の二人だけで、彼は越中砺波の散居村落農家の安丸名《みょう》、私は南伊豆の、平安中・末期に定住した山村宿場村農家の渡辺家がルーツであった。

入学後の講義・講読・演習等では、赤松先生の『平安遺文』の講読と、岸俊男先生の『続日本紀』と『令義解』・『令集解』を隔年に取上げた講読と、そして、主任教授小葉田淳先生の、研究室をあげての越前・若狭の古文書調査とが、とりわけ忘れ難い。

赤松先生の『平安遺文』講読は、確か新制大学院の出発当初から始められていたと言われ、一九六〇年の私の入学時には、第六巻を使っておられた。一コマ二時間を使って、一人で二〇通を担当、全てを読み下し、各文書の関連文書や、先行研究・論点等があれば解説を加え、足らぬ所は、先生が補う形式で進んでいった。

私も入学後しばらくして担当の順番が回って来たが、その準備は、売券ばかりではないから、初心者には甚だ大変であった。平安時代の古文書などほとんど読んだことはなかったし、また、講読に数回出席したとて、二時間の発表を無事担当できるはずもない。思い余って、当時博士課程在学中だった工藤敬一さんに、特に指導をお願いし、発表に先立っては、銀閣寺門前の下宿に参上、座卓をはさんで予行演習もして頂き、当日に臨んだ。それ故、工藤先輩は、狩野さん同様、私にとっては荘園研究の「師範代」なのである。

第六に収めた、質侶荘文書の調査報文は、天理図書館所蔵の「大蔵卿公房副状案」の原本調査を中心としたものであるが、公刊直後に、工藤さんにお送りしたところ、これでよし、との合格点を頂戴した。私には、端裏書の新発見というおまけとともに、うれしい思い出である。

第二・八世紀における開発については、処女論文で、越前国の初期庄園を扱った修士論文「初期庄園の歴史的性格——東大寺領荘園の開発と経営の分析——」の前半部分である。論文発表後に、岸先生からは、経営を扱った後半部分の方が面白かったよ、と言われ、正倉院文書の表裏関係を調べてみるとよい、との指導も頂戴した。そこで、母校に帰った直後に、科学研究費で正倉院文書のマイクロフィルムと、マイクロリーダーを購入し、早速表裏調査に取組んではみたものの、その操作中目が回ってしまって、ついにダウン、不首尾に終ってしまった。後に、自動車教習所でも、動画面を見ながらの訓練では同様であったから、どうやらこの手の作業は私には不向きであったようである。

荘園研究で最初に目標としたのは田堵論で、第五「田使と田堵と農民」の、標題左下に掲げた田井啓吾の一文は、その表明でもある。田井さんは、昭和初期、三浦周行教授・西田直二郎教授の時代に、赤松俊秀・清水三男氏らとともに、荘園研究や寺社の古文書調査の担い手の一人として活躍したが、惜しくも敗戦直後に逝去した。内藤先生は国史の副手・助手時代に田井さんと親交があり、学生時代にその人柄や、お仕事について、しばしば聞かされていた。私はその遺志を受け継ごうと考えていたのである。この論文は、その手始めとして、確か博士課程の年次報告として提出したものである。或日の午後、国史研究室での雑談中に、俺は一通の文書で一本論文書いたぞ、と大声を上げたら、恰度、講義の終了直後で、お茶を飲んでおられた林屋辰三郎先生が「西田先生は、常々、史料は多きをもって善しとせず、と仰っていたよ」と、合の手を入れて下さったことが忘れ難い。

一九五〇年代から六〇年代前半にかけては、新制大学初期の院生たちの活躍時代で、国史研究室は活気に溢れていた。荘園研究では、戸田芳実・河音能平氏のいわゆる領主制論・富豪層論・農奴制論が指導的理論として、牽引役を果していた。私はその勢いの一寸途切れた空《す》き間に、幸運にも紛れ込んだ一人であったが、戸田・河音説の影響は、第二から第五に至る個別論文の中には、そこかしこに影を落している。

その影響から私が脱却するのは、第五論文補注に記したように（四六〇頁）、一九六九年のアジア的生産様式論以降のことである。これまで私は、戸田・河音両氏との見解の相違の由ってくる根源的・理論的な問題点について、正面きって論及・批判したことはなかった。それは卑俗な表現を以てすれば、曲りなりにも同じ釜の飯を喰った仲であり、而も先輩達であって見れば、そこには犯すべからざる禁忌があったからである。しかし、お二人とも幽明境を異とした今、事実と論理と倫理に照しつつ、相違の由ってくる所を明示すべき時期が来たようにも思う。

両人の学説の渕源は、一九三七年一一月、秩父山中将監峠で三一歳の若さで不慮の死を遂げた、早川二郎＝小出民声の言説にあり、その核心は、死去の翌月に刊行された『日本歴史論』（白揚社、昭和一二年一二月二五日）に端的に示されている。その特徴は、大化改新以降を封建的社会構成とし、日本における奴隷所有者的社会構成の欠如＝いわゆる「跳び越え」説である。この説は、ソ連崩壊以前の、ロシヤ共産党支配下のソ連邦公認学説でもあった。端正な文体や、大風呂敷の言説で包まれてはいても、その本質はここに在る。

私の社会構成論、日本古代・中世経済史、および日本荘園制論は、第二〜第五の個別実証的論考を踏まえて、第一および第七の、古代・中世社会の経済的基礎過程と荘園制に関する研究は、荒削りながらも、この二本の概説的な論述をもって、一九八〇年代に至り、事実上終了した。

そして、次なる私の主要な関心は、日本古代王権の成立問題と、日本文明の始原の探求に、地域と王権の複眼的視座から立ち向かうこととなる（拙著『地域と王権の古代史学』塙書房、二〇〇二年）。

第二部の掉尾に掲げた、第八・なぜ藤枝かは、平成一〇年（一九九八）より、静岡県藤枝市の市史編さんに、顧問として関わることになり、特論として執筆したものである。

私はかねがね、市町史の多くが開巻冒頭、自然環境の叙述から始まるのは、市民読者の感興を削ぎがちであることに、不満を感じていた。そこで、自分が自治体史の編さんを主宰するに当っては、巻頭に地域の歴史を時代を超えて総括的に叙述する「序章」（金谷町史・沼津市史）、又は「序説」（大仁町史）を据えることにした。本論はその一環で、顧問の立場上、巻末に特論として収録したものである。

この特論を書き終え、改めて気付いたことは、焼津・益津の地名・郡名が、王領の地、又、皇后・中宮領としての性格と、深く結び付いている事であった。今、取組んでいる下田市史でも、田方・那賀・賀茂三郡と王領との関係は深い。

恩師の餞の言葉の重さが、その学恩とともに、改めて身に沁みる秋である。

謝辞

本書の成るにあたっては、とりわけて、東京大学教授・田島公氏には、激務ご多忙の中、何くれとなく御高配を忝くし、又、塙書房社主・白石タイ様には、出版事情多難の中、前著に引き続き、お世話になる事となりました。加えて、校正・索引作成などでは、静岡大学日本史学研究室の卒業生・酒井雅子、同・佐藤正知両君に格段の協力を頂戴しました。これらの恩情と助力なくして、本書の刊行は実現しなかった、と思っています。

本当に　ありがとう　ございました。萬感の思いをもって、衷心より、深く厚く、御礼申し上げます。

平成三〇年　中秋

筒井庵　原　秀三郎

さ行

た行

索　引

1　本索引の作成に当っては、簡潔を旨とし、各論文の叙述文を中心として作成した。
2　それにより、論述の主題（題名）、および、その主要論点（節名）については、目次を参看されたい。又、節名は、発表年次により欠くものがあり、今回新たにこれを補い、全体の統一をはかった。
3　研究者名・論文名・史料出典等については、各論文末尾の注・補注を参照されたい。

あ行

か行

原　秀三郎（はら・ひでさぶろう）

略　歴
1934年　静岡県下田市横川に生まれる。
静岡県立下田北高等学校を経て
1958年　静岡大学文理学部史学専攻卒業
1965年　京都大学大学院文学研究科博士課程国史学専攻修了
奈良国立文化財研究所員、静岡大学人文学部教授、千葉大学文学部教授を経て
現　在　静岡大学名誉教授
下田市史編さん委員長
京都大学文学博士

主な著書
『日本古代国家史研究』東京大学出版会　1980年
『歴史における家族と共同体』（共編）青木書店　1992年
『地域と王権の古代史学』塙書房　2002年
『日本古代国家の起源と邪馬台国』国民会館　2004年

日本《に　ほん》古代《こ　だい》の木簡《もっ　かん》と荘園《しょう　えん》

2018年10月26日　第1版第1刷

著　者　原　秀三郎
発行者　白石タイ
発行所　株式会社　塙書房

〒113-0033　東京都文京区本郷6丁目8—16
電話　03(3812)5821
FAX　03(3811)0617
振替　00100-6-8782

亜細亜印刷・弘伸製本

定価はケースに表示してあります。落丁本・乱丁本はお取替えいたします。

ISBN978-4-8273-1297-3　C3021